卓越法律人才培养系列教材

刑事诉讼法案例研习

胡铭　陶加培　王志坚　陶焜炜　主编

法律出版社
LAW PRESS · CHINA
——北京——

图书在版编目（CIP）数据

刑事诉讼法案例研习 / 胡铭等主编. -- 北京 : 法律出版社, 2025. -- ISBN 978-7-5197-1942-5

Ⅰ. D925.205

中国国家版本馆 CIP 数据核字第 20250QR246 号

刑事诉讼法案例研习
XINGSHISUSONGFA ANLI YANXI

胡　铭　陶加培
王志坚　陶焜炜　主编

责任编辑 罗　欣
装帧设计 凌点工作室

出版发行 法律出版社
编辑统筹 法律教育出版分社
责任校对 王语童
责任印制 刘晓伟
经　　销 新华书店

开本 710 毫米 × 1000 毫米　1/16
印张 19　　**字数** 336 千
版本 2025 年 3 月第 1 版
印次 2025 年 3 月第 1 次印刷
印刷 天津嘉恒印务有限公司

地址：北京市丰台区莲花池西里 7 号(100073)
网址：www.lawpress.com.cn
投稿邮箱：info@lawpress.com.cn
举报盗版邮箱：jbwq@lawpress.com.cn
销售电话：010-83938349
客服电话：010-83938350
咨询电话：010-63939796

书号：ISBN 978-7-5197-1942-5　　**定价**：49.00 元

凡购买本社图书，如有印装错误，我社负责退换。电话：010-83938349

序　言

“法学是实践之学”,法学教育也应当是适应实践的专业化教育。为了培养具有实践能力的复合型法律人才,浙江大学光华法学院开设了系列案例研习课程,以培养学生在进入法律职业后具备法律逻辑思维,善于处理纷繁复杂的法律实务问题,践行让人尊重的法律职业道德。

在我国,传统法律制度便强调“援法断罪、罚当其罪”。如《唐律疏议》规定:“诸断罪皆须具引律、令、格、式正文,违者笞三十。”在大陆法系国家,学者们毕生的研究就是为了搭建“从法条到司法”的桥梁。法教义学的精髓不是教条的逻辑推演,而是为了获得更加妥适的裁判结果的路径探索,通过事实与规范的有效互动,将法律规范具体化到个案裁判中,并以法律原则和法益衡量来不断修正阶段性的结论,最终获得公正的裁判结果。在普通法系国家,判例法制度下针对某一判决的法律规则不仅适用于该案,而且往往作为一种先例适用于以后该法院或下级法院所管辖的案件,从而使案例研习更为重要。

刑事诉讼法学是一门实践性很强的学科。刑事诉讼法案例研习,旨在总结我国刑事诉讼实践活动的基础上解释法律规定的含义,运用法教义学方法评析重要的刑事诉讼理论和刑事诉讼案例。通过案例研习来展现我国刑事诉讼立法、司法解释和刑事司法的基本样态,以及探究其背后承载的刑事诉讼法理。透过案例,本书的重点是解释和评析,试图洞见我国刑事诉讼法的实然状态和应有的理想状态,而不是司法对策或立法建议。

本案例研习的主线是刑事诉讼实践背后的理律例的贯通。唯有将案例融合法律、制度及其背后的法理,一体化考虑理律例,方能深刻理解刑事诉讼法和刑事诉讼制度。当然,刑事诉讼法学涉及的问题很多,每一个知识点都可以结合案例来讲解。其中,不少程序问题是操作层面的,或者说是容易理解的。鉴于篇幅和本书意旨,我们着重选择了刑事诉讼法学中的一些重点难点问题,展开案例研习式研究,不苛求体系性解释和完整解读,但求在若干问题中体现法理、法条和案例的融通。

本书是我和我指导的博士后、博士生和硕士生们共同努力的成果。很多时候,我常常感到是学生们推着我往前走,让我不敢懈怠。和学生们的交流过程也是思想砥砺和学术互动的过程，我为有这样一批优秀的学生而自豪。浙江大学光华法学院博士后陶加培、王志坚、陶焜炜、严敏姬，博士生郑骅、何子涵、楼梦琳、严嘉琪、袁韬、陈高鸣、洪涛、徐翼，硕士生项圣翔、梅紫蕾等参与了本书的资料收集与撰写，还有更多的同学在课堂讨论、文稿校对与审读中作出了自己的贡献。希望本书可以为刑事诉讼案例教学作出些许贡献，也希望本书能为法律实践工作者提供一点参考。案例研习类教材的编写还处于尝试阶段，不妥当不成熟之处敬请指教。

是为序。

胡　铭
甲辰年阳春于之江

目录
Contents

第一编　刑事审前程序与侦诉关系

第二编　刑事审判程序与民刑衔接

第一编 | 刑事审前程序与侦诉关系

1-1 CASE 范某某非法制造枪支案

——大数据侦查的法律定位和应用规制

一、基本案情[1]

2019年,范某某在N市J区某镇五金店购买了一把射钉枪,后又使用某网络购物平台账号上网订购无缝钢管、瞄准镜、击针等枪支零配件,通过拼接、焊接等方式组装成一把枪支,并将其藏匿于N市J区某镇×村×号×房。2020年11月23日,N市公安局J分局民警根据公安部网安大数据侦查发现范某某在网络购物平台购买制造枪支的配件。同日,范某某被抓获。随后,公安机关押解范某某在N市J区某镇×村×号×房查获上述枪支。经N市公安局物证鉴定所鉴定,该枪支属于非制式枪支,以火药为动力,能通过击发空包弹发射钢珠,其枪口比动能大于1.8焦耳每平方厘米,可以被认定为枪支。范某某因涉嫌非法制造枪支罪于2020年11月24日被N市公安局J分局刑事拘留,同年12月9日被逮捕。

据此,公诉机关向当地人民法院提起公诉并提交证人范某、谢某、黄某的证言,搜查笔录,搜查物品照片,扣押清单,提取笔录及提取照片,现场勘查笔录,现场照片及现场示意图,N市公安局物证鉴定所出具的鉴定书,当地村民委员会证明,情况说明,抓获经过,户籍证明,被告人范某某的供述及辨认笔录等证据。公诉机关认为范某某非法制造以火药为动力发射枪弹的非军用枪支一支,其行为已触犯《刑法》第125条第1款的规定,应以非法制造枪支罪追究其刑事责任,建议判处被告人范某某有期徒刑3年。人民法院经审理查明的事实、证据与公诉机关的指控一致,被告人范某某对指控事实、罪名及量刑建议没有异议,同意适用简易程序并签字具结,人民法院最终判处被告人范某某犯非法制造枪支罪,判处其有期徒刑3年。

---

〔1〕 福建省宁德市蕉城区人民法院刑事判决书,(2021)闽0902刑初175号。

二、案例述评

本案例基本案情较为清晰，但是发现案件的方式较为特殊。当地民警根据公安部网安大数据侦查，发现范某某在网络购物平台购买制造枪支的配件，从而进行实地侦查并缴获枪支。与传统刑事侦查方式相比，这是数据时代大数据侦查的优势所在，体现了大数据侦查对传统刑事侦查方式的变革。

从侦查学发展的历史进程来看，侦查活动的出现有特定的社会历史背景。有学者将传统的刑事侦查方式定义为调查型侦查，其是对正在发生或已造成结果的刑事案件的一种回溯型调查，目的是打击犯罪。总体而言，犯罪侦查是有关人员为了查明案情和收集证据而就被控犯罪行为进行的调查活动，是人们对已发事件的一种认识活动。侦查的基本任务是查明案情和收集证据。查明案情，就要从已知的犯罪结果出发，根据收集到的案件材料进行逆向思维，判断已经发生的案件事实。收集证据也是对过去事件的一种认识方式，往往也需要回溯推理。〔2〕然而此种调查型侦查在面对数据时代新类型案件的侦破时却开始呈现弊端，导致一些案件难以被发现和侦破。

大数据侦查是传统调查型侦查权力扩张的体现。在面对传统调查型侦查权失利的背景下，有学者基于风险社会的理论顺势提出犯罪治理型侦查权概念。犯罪治理型侦查权概念最主要的就是实现侦查权与犯罪的共时性关系状态，并鼓励侦查权提前介入。此时，侦查权的启动不完全以犯罪行为已经发生乃至实害结果已经产生为唯一根据。在行为处于危险性状态，或者滋生、助长犯罪形成的一定条件因素已经显现并且足以促成高概率犯罪发生时，侦查权即以干预性形态介入；同时，警方可对犯罪发生的可能性和危害性进行评估预判，作为制订侦查计划、配置侦查资源以及选择相应侦查措施的依据；最终，通过电子监控技术、图像视频监控技术、网络监控技术、电信监控技术以及人力情报等技术和路径，努力实现侦查权与犯罪的共时性关系状态。〔3〕

在本案中，民警通过公安部网安大数据的分析研判，发现范某某在某购物平台购买可以组装枪支的工具，可能具有非法制造枪支的事实进而引发社会危险，从而对其进行侦查、抓捕，体现了大数据侦查的预测性作用，真正实现侦查权与犯罪的共时性关系状态。同时，本案还可以延伸出对大数据侦查所形成“资料”

---

〔2〕 何家弘编著：《外国犯罪侦查制度》，中国人民大学出版社 1995 年版，第 4－5 页。

〔3〕 韩德明：《风险社会中犯罪的规制和侦查》，中国人民公安大学出版社 2016 年版，第 164－165 页。

的证据属性问题的探讨。在本案中，最终对范某某进行定罪量刑的依据还是传统的刑事证据种类，大数据侦查在本案中起到的是发现案件线索的作用，这对延伸探讨大数据证据在现行刑事立法上的定位具有一定意义。此外，大数据研判、无差别的数据分析也引发大数据侦查对公民个人隐私侵犯等问题，亟须结合大数据侦查的技术特征，设计其适用条件、使用权限和外部监督制度。

案例使用说明

一、教学目的与用途

本案例主要用于讲授数字化时代大数据侦查方式在侦查实践工作过程中的具体应用。目的在于让学生了解大数据侦查的发展背景，思考大数据侦查在现行刑事司法系统中的法律定位及其所形成的“资料”“分析报告”的证据属性，以及分析此种新型侦查方式可能面临的法律风险及应用规制。具体要深入探讨和分析的问题包括：其一，大数据侦查的发展背景；其二，大数据侦查的法律定位；其三，大数据侦查所形成“资料”的证据属性，即纳入传统证据种类抑或创建“大数据证据”之新类别；其四，大数据侦查对刑事司法基本原理的冲击；其五，大数据侦查的法律风险及应用规制。

本案例供法学硕士案例教学使用，法学本科（大四）、法律硕士也可以参酌试用。

二、涉及知识点

（一）大数据侦查的发展背景

在信息化浪潮席卷全球的背景下，人们的生活、交往方式都充斥着科学技术进步的缩影。大数据、人工智能等已经成为全球范围内各国进行竞争的重要战略资源。刑事司法作为社会生活的一部分亦不可避免地被卷入技术发展潮流。国家层面出台的一系列文件，政策性的导向，导致我国公安、司法机关拥抱大数据、人工智能技术成为必然。随着政策科学的发展，以量化分析为基础的政策分析得到极大发展，其强调现代科学技术和各种研究论证方法的使用。

我国公安机关从 20 世纪 90 年代全面开始信息化建设。2018 年后，随着我国公安大数据战略的推进，以大数据、云计算、人工智能为主导的信息警务空前发展。信息化的发展，为大数据侦查的出现及应用提供了一定的现实基础与条件。

刑事侦查信息化需要借助一定媒介，依托大数据之犯罪预测是传统侦查向信息化的大数据侦查转型的纽带。公安机关利用大数据进行刑事侦查早已存在，大数据侦查的核心就在于利用大数据技术进行犯罪预测与打击。在传统侦查模式中，公安机关侦查犯罪主要体现为事后型侦查。随着信息化的发展，犯罪方式与手段更为多样，互联网犯罪等虚拟网络犯罪层出不穷。此类犯罪具有灵活性、高隐蔽性等特点，更需要从防控角度切断犯罪行为的发生。对于此类犯罪，事后侦查存在较大难度且一旦犯罪行为开始则损害难以立即终止。[4] 此时，通过大数据的运用，对公安、执法部门存储的结构化数据以及在社交媒体等各种开放网络空间搜集的非结构化数据进行整理和建模分析，可以及时发现正在进行或将要实施的犯罪，将侦查机关启动刑事侦查的时间大幅提前，从而使公安机关的侦查模式由传统事后型侦查向大数据背景下的主动型侦查转变。

因此，大数据侦查通常被认为是法定侦查机关以大数据思维为主导，以大数据技术为支撑，对已经发生或尚未发生的犯罪行为以收集证据、查明犯罪事实、预测犯罪行为等为目的所采取的相关侦查活动。[5] 通过多渠道搜集犯罪信息、绘制犯罪画像、制定高效科学的侦查方案，侦查效率与质量得以提升。在司法实践中，大数据助力破获的案件、抓捕的罪犯数不胜数。大数据已经成为罪犯的“克星”。大数据技术的广泛应用赋予了公安机关更高的案件侦破能力，使许多依靠常规技术无法或难以侦破的案件得以解决。例如，福建省厦门警方在“云剑行动”中成功抓获潜逃23年，涉及三地、7条人命的命案逃犯劳荣枝，就是依靠大数据的精准研判，通过人脸图像对比成功锁定的。

（二）大数据侦查的法律定位

1. 强制性侦查抑或任意性侦查

西方法学界根据是否会对公民自由和权利进行限制和剥夺，把侦查手段分为强制性侦查手段和任意性侦查手段，认为只有强制性侦查手段才涉及对公民的权利和自由进行限制和剥夺，而任意性侦查手段并不涉及。因此，强制性侦查需要有严格的审批程序和外部监督机制。

就我国现行法律规定而言，大数据侦查等新型侦查方式并未被明确归入具体的侦查措施种类，其法律属性也存在争议、尚未明确。实践中，侦查人员可根据案件情况自由裁量决定适用此种侦查方式，并未受到案件类型限制或是具体

[4] 郭志远：《大数据背景下未来犯罪侦查模式的转型》，载《兰州大学学报（社会科学版）》2019年第2期。

[5] 王燃：《大数据侦查》，清华大学出版社2017年版，第32页。

程序规制。因而，大数据侦查在此种意义上似乎更倾向于任意性侦查措施。然而，侦查权介入公民数据采集、数据分析的权限泛化和扩张，势必引发对公民自由和权利保护的担忧，即便此种权利侵害并不针对特定个人，但侦查层面的打击犯罪与保障人权必然面临失衡。因此，有学者认为任意性侦查措施不能涵盖数据驱动型侦查因技术应用而附带的强制属性，有必要尝试将数据驱动型侦查归属于强制性侦查措施，以规避隐私权侵害之危险。[6]

2. 大数据侦查与技术侦查

倘若明确大数据侦查是一种强制性侦查措施，那么其究竟属于哪一种强制性侦查措施类别？若试图将大数据侦查纳入传统侦查措施的既有类别之中，则结合我国现行强制性侦查措施的种类来看，似乎大数据侦查与技术侦查手段更为相似。因而，有观点认为应将大数据侦查作为技术侦查的一种。但是，技术侦查的采用有特殊的案件类别要求和严格的审批程序。根据《刑事诉讼法》第150条第1款的规定，公安机关在立案后，对于危害国家安全犯罪、恐怖活动犯罪、黑社会性质的组织犯罪、重大毒品犯罪或者其他严重危害社会的犯罪案件，根据侦查犯罪的需要，经过严格的批准手续，可以采取技术侦查措施。虽然本条款有一个兜底条件“其他严重危害社会的犯罪案件”，但是实践中技术侦查的采用还是较为严格地被限定在明确列举的四种案件当中。目前常见的大数据侦查方法有数据搜索、数据碰撞、数据挖掘、犯罪网络关系分析以及数据画像等，在网络诈骗、金融犯罪等案件中运用广泛。若将大数据侦查定位为技术侦查，那么对此类犯罪采用大数据侦查手段的合法、合理性何在？

另外，技术侦查遵循严格的审批程序，若不对大数据侦查的实施阶段与实施类别加以区分，将其全部等同于技术侦查，则会导致侦查失去活性，延误侦查时机。例如，技术侦查多发生于“回溯性侦查”，而大数据侦查在“回溯性侦查”与“预测性侦查”中均有适用。根据侦查启动时点不同，侦查可分为案发后由案到人的“回溯性侦查”与案发前预警布控的“预测性侦查”。技术侦查的实施必须以“立案”为启动时点，而大数据侦查的启动时点更为宽泛，案前案后均可启动。因此，大数据侦查既可通过数据采集研判实现犯罪预防，又可通过数据挖掘分析实现案后精准打击。若以技术侦查的启动程序约束大数据侦查，则无法解释其预测属性。

因而，结合大数据侦查的技术特点，有必要分阶段明确其法律属性。首先，将大数据侦查确立为一种新的侦查措施，区别于传统侦查手段。其次，犯罪预测

---

〔6〕 孙航：《数据驱动型侦查法律属性的重释与厘定》，载《甘肃政法大学学报》2024年第1期。

阶段的大数据侦查的目的在于预防犯罪,并不针对特定个人,因而可将其定义为任意性侦查措施,侦查机关可以基于大数据侦查手段获取数据、分析犯罪的高发人群和进行犯罪热点预测,维护社会公共安全。最后,案件发生后的“回溯性侦查”的目的在于发现案件事实、固定证据,此时往往与特定人员和特定案件相联系,侦查人员不得无差别地进行数据获取和挖掘,应将此阶段的侦查定义为强制性侦查措施,其使用需经过严格的批准程序并且不得超过必要的限度。总体而言,此种分类仍较为粗糙,在司法实践中还需要不断完善,以明确大数据侦查的使用范围和界限。

(三)大数据侦查所形成“资料”的证据属性

在上述范某某非法制造枪支案当中,最终对范某某进行定罪量刑的依据还是传统的刑事证据种类,如证人证言、搜查笔录、搜查物品照片、扣押清单、提取笔录及提取照片、现场勘查笔录、现场照片及现场示意图、公安局物证鉴定所出具的鉴定书、被告人范某某的供述及辨认笔录等证据,大数据侦查在本案中起到的是发现案件线索的作用。由此,可以延伸出对大数据侦查所形成“资料”的证据属性问题的探讨。

1. 作为线索的大数据侦查

线索是刑事侦查过程必不可少的内容。侦查线索的发现与收集是刑事案件侦查的基础。人的行为轨迹追踪和社会关系的调查是侦查破案的主要途径。传统犯罪学和警务理论认为,刑事案件侦查的开展依赖线索进行。侦破任何犯罪的第一步都是分析线索。自古以来,了解谁是可能的犯罪嫌疑人一直是警务工作(或者类似警察部门执法)的重点。人民法院自产生以来,也一直在记录犯有罪行人员的各种个人信息和社会资料,这更成为后续刑事司法活动的基础。在信息化和大数据时代,大数据侦查无可避免地会受到传统犯罪学和警务理论的影响。大数据侦查可以借助大数据分析手段预测违法犯罪活动,同时为警方打击违法犯罪行为提供更多的线索和方向。在数据化的分析模式下,人的行为轨迹和社会关系通过数据化的模式表现出来。在日常生活中,我们每天都会留下数百条数字痕迹。当我们使用手机、互联网进行检索,使用银行卡、信用卡或者快捷支付软件进行购物结算、转账汇款,使用手机地图定位导航,使用社交媒体在线浏览文章或参与讨论、发表言论时,都会留下数字痕迹。现代生活就是以这些数以百万的数字痕迹和数据点所构成的。这些数据在日后都有可能成为案件侦查的线索。例如,在毒品犯罪案件中,执法部门可以从供应模式(购买小密封袋、橡皮筋、电子秤)、可疑交易(存入现金、全现金购买)和出行模式(经常往返于毒品来源城市)中识别毒贩。这些信息不需要100%准确,但是从理论上来讲,质量更高的信息可以帮助警方更好地处理相关的犯罪问题,达到预防犯罪或者防止社会危害进一步扩大的效果。上述范某某非法制造枪支案,就是公安机关通过数据分析,发现案件线索并侦破案件的体现。

2. 作为证据的大数据侦查

目前,学界和实务界对大数据侦查的证据属性争议仍然较大。有观点认为应将大数据侦查形成的"资料"认定为鉴定意见、电子证据,也有观点认为需要更新证据种类,确立大数据证据。笔者较为赞同后一种观点。但是大数据证据在司法实践中如何适用还面临不少困境,究其根本还是制度规范的缺失和观念革新不够。大数据证据的本体为大数据报告,而大数据集仅是大数据证据的生成基础和分析对象,大数据算法则是生成大数据证据的方法依据。[7] 有学者认为,大数据证据出现后,电子证据的关联性问题得到了缓解。通过对海量数据信息的分析,办案人员可以轻易地将"行为"与"人"联系起来。在"大数据反腐"和"大数据反扒"中,办案人员通过对关联数据的分析,便可以得知哪些主体已经有或者可能有腐败行为或扒窃行为。[8] 在我国当今的司法实践中,海量的大数据分析报告主要服务于侦查工作,即通过大数据侦查形成大数据分析报告。然而现实是侦查阶段的各种分析报告无法直接提交法庭成为证据。

有观点认为,大数据的最大优势在于使重要证据的保留变得更加容易,大量案件通过视频证据(video evidence)得以解决。然而,证据性质的特殊性以及法律规范的不明确,导致此类证据在刑事侦查中的运用存在一定的困境与模糊地带。传统刑事侦查中,侦查工作的开展主要依赖于案件与事实之间的因果关系分析,是由果到因的追溯型侦查方式。此种侦查方式符合刑事实体规范所确立的归责原则。但是,大数据侦查中的相关性替代了因果性。由大数据所导出的结论仅是案件相关性的体现,与"犯罪事实清楚,证据确实、充分"的司法证明要求存在天然紧张关系。此外,由于大数据收集过程中"黑数据"的存在,证据的可信度不能得到完全保证。因而从刑事证据角度来看,大部分大数据侦查所获证据只能作为案件的线索依据,为侦查机关办案提供方向性意见,而不能作为定案的根据。通过大数据分析技术所获的证据需要借助诉讼中证据认定的方式再行认定。因此,涉及大数据证据的司法证明思路仍是将大数据材料转化为传统证据,即以转化性证据办案,其共同之处是利用证据所蕴含的内容或信息。大数据证据可以直接被运用才是大数据被用作证据证明的新境界。

---

〔7〕 周慕涵:《论大数据证据的法律地位》,载《法律科学(西北政法大学学报)》2023 年第 4 期。

〔8〕 刘品新:《电子证据法》,中国人民大学出版社 2021 年版,第 146 页。

此外,大数据证据面临的最大问题是证据的证明力问题。因为大数据区分的是个人而不是群体,传统群体分析的“按图索骥”式方法不再适用于大数据证据的处理。如今大数据证据在我国的法律定位尚不明确,更遑论其证明力大小。例如,e 租宝被认定为非法集资最初就是由机器人而非人作出的预测性“判定”。由机器人作出法律判断挑战了法官等法律群体的经验法则,进而影响了确定证据证明力大小的方式。[9]

(四)大数据侦查对刑事司法基本原理的冲击

1. 刑事侦查理性主义与经验主义的冲突与平衡

传统侦查决策讲求经验决策,主要凭借“决策者在业务工作中积累的办案经验或形成的办案直觉来指导办案工作”[10]。然而,此种依赖侦查人员个人主观经验与判断的侦查模式在大数据时代显得捉襟见肘。大数据时代的侦查工作急需理性主义及精算司法的普及。然而,理性主义和经验主义的极端化都不可取。西方学者曾提出“大数据经验主义”概念,认为大数据时代“理论终结”。[11]如若延伸到刑事侦查领域,是否意味着大数据时代的刑事侦查只需要数据理性而不用讲求传统经验、理论分析的运用? 实则不然,大数据时代侦查工作的开展应讲求理性主义与经验主义的平衡。在犯罪学领域,研究人员早已将社交媒体上的数据作为研究数据的来源。作为用户自我生产的数据,研究人员可以看到用户实时生成的自我报告数据。这些数据可以补充或替代传统来自实验、调查和访谈等途径的社会科学数据。此时数据的海量与混乱导致只有使用全体数据而不是样本数据才能对相关问题进行解释。大数据侦查即是如此。虽然在面对新型犯罪、网络犯罪等特殊犯罪类型时,大数据侦查尤显必要,但面对传统类型的犯罪案件时,侦查人员个人的主观能动性以及经验决策在案件侦查过程中仍具有重要地位,大数据侦查仅起到辅助作用。

2. 大数据侦查对刑事司法无罪推定原则的冲击

无罪推定原则是刑事诉讼的基本原则,其基本含义是未经人民法院作出生效的有效判决,任何人都应被推定为法律上无罪的人,即任何人未经审判不得确定有罪的原则。在刑事审理程序中,无罪推定原则贯穿全程。在没有经过正式的举证、质证并进行最后的法庭审判环节,任何人都不能在法律上被确定有罪。“嫌疑程度”理论则要求刑事诉讼的启动必须至少有初始嫌疑,不能仅凭单纯的

---

〔9〕 刘品新:《电子证据法》,中国人民大学出版社 2021 年版,第 146 页。

〔10〕 陈刚:《大数据时代犯罪新趋势及侦查新思路》,载《理论探索》2018 年第 5 期。

〔11〕 齐磊磊:《大数据经验主义——如何看待理论、因果与规律》,载《哲学动态》2015 年第 7 期。

猜测。但随着"犯罪预防优先"理念的渗入以及警务情报机构向刑事司法的渗入,以大规模监控、大规模数据存储以及大数据分析为典型代表的犯罪预防方法开始成为各国强力遏制犯罪尤其是有组织犯罪的重要工具。[12] 大数据侦查具有预测属性,此时难免在一定程度上带有有罪推定的色彩,如大规模 DNA 样本收集,尤其是针对性犯罪者和暴力犯罪者而言。

(五)大数据侦查的法律风险及应用规制

1. 大数据侦查的法律风险

在人工智能、区块链等信息技术实现了跨越式发展的背景下,司法活动也因技术创新而进入全新的智慧司法阶段。公安机关的犯罪防控、刑事侦查活力和力度也得到极大提升。但是,侦查权作为国家垄断刑罚权的体现,其在数字时代的无限扩张也极易引发一定的风险。

(1)大数据侦查与刑事诉讼法的衔接。大数据侦查在我国的刑事诉讼法中并没有被明确规定。有学者结合大数据侦查的预测属性以及刑事司法的无罪推定原则,认为应从较为保守的角度出发,建议在刑事初查阶段引入大数据侦查手段。初查是在立案之前对案件线索进行初步的筛选和过滤,以判断是否达到立案的条件并为正式侦查做准备的调查活动,其已经成为我国当前刑事办案中不可或缺的前置程序。根据我国《刑事诉讼法》的规定,立案是开启侦查的前提,而公诉案件的立案条件为"有犯罪事实需要追究刑事责任"。这说明侦查开启的节点至少是一个事件的发生,至于是否是刑事案件则需后续的审查认定。然而,大数据侦查既可以涵盖立案前的刑侦基础工作也可以助力立案后的侦破工作。明确大数据侦查与刑事诉讼法的衔接机制是后续立法需要重点考虑的问题。

(2)技术偏差与司法精确性的矛盾。当前大数据侦查所采用的数据质量可能并没有达到理想状态。一方面,面对庞大、不断增长的网络数据系统,其缺乏相应共享数据的质量控制。侦查部门可以在各种网络社交媒体上收集数据,而此类平台的数据往往缺乏监管,可靠性存疑。另一方面,数据来自现实世界,带有种族差异和不公平的"天性"。若缺乏数据搜集过程中的质量监督,预测结果可能会产生偏见,甚至扩大现有偏见。此外,大数据侦查分析报告依赖一定的算法,算法黑箱的存在导致相关涉案人员乃至社会公众难以对分析的具体过程进行质询和监督。

(3)大数据侦查与公民个人隐私的矛盾。大数据侦查使隐私侵权变得十分

---

〔12〕 施鹏鹏:《"普遍嫌疑"及其规制以德国法为借鉴》,载《中外法学》2024 年第 1 期。

容易、普遍。早在2014年,美国国家安全局就因监听用户移动通信信息被推至舆论的风口浪尖。随后,美国司法部下属的美国执法官局也被披露采取秘密行动获取、收集信息。该部门利用建立假基站的方式,骗取用户移动端自动接入,进而获取用户资料。假基站实际上是一种安装在小型飞机上的设备,通过飞机巡航,使地面上的手机误以为其是移动运营商的手机基站。然后,手机会自动请求介入,使假基站得以与手机建立连接。建立连接后,假基站可以自动窃取手机的注册信息、位置信息等资料。该飞机飞行一次,可以收集数以千计用户的手机信息,这些用户可能包括犯罪嫌疑人但也包括大批无辜的民众。若无关用户的信息被保存并泄露,普通公众的个人隐私将无所遁形。数据挖掘使民众的隐私权遭受前所未有的侵犯。

2. 大数据侦查的应用规制

对于大数据侦查行为的规制,侦查法应在功能逻辑上实现由"犯罪控制模式"向"正当程序模式"的目的转向,在实际逻辑上实现比例原则的回归,在行为逻辑上修正现行任意侦查与强制侦查的标准。[13] 应建立公安机关大数据侦查的配套制度,加强对大数据侦查的规制和监督,保障公民的基本权利。

(1)遵循比例原则。比例原则包括合目的性原则、必要性原则(最小侵害原则)以及狭义比例原则(均衡原则)。我国刑事诉讼法学界有学者也曾提出要在刑事诉讼程序中引入比例原则。2016年公布的《人民警察法》(修订草案稿)中提出了权力行使适度原则,这被视为比例原则的另一种表达。有学者因此认为公安机关的行政执法和刑事侦查都应遵循《人民警察法》的规定,因而从法律衔接的角度来看,刑事诉讼中也需要适用比例原则。[14] 在大数据侦查的运用中,用比例原则进行规范主要可从比例原则的三个元素进行构建。

首先,目的正当性原则要求侦查机关在利用大数据侦查方式时必须是出于侦查犯罪的需要,同时利用大数据侦查获取的相关公民个人信息、数据也必须用于刑事侦查的目的,不能私用。此点存在的争议主要是大数据侦查在刑事侦查的时点上呈现出前瞻性和主动性的特征。传统意义上的刑事侦查需要在立案程序完成后才能进行各类侦查措施。然而,在大数据侦查过程中,侦查机关利用侦查手段的时间大大提前,出于侦查犯罪的时点似乎站不住脚,最多是出于犯罪预警和控制的目的,而不是出于犯罪侦查之目的。对此,有学者认为立案前的预警

---

〔13〕 李涛:《数据侦查行为规制的逻辑解析与改革进路》,载《中国人民公安大学学报(社会科学版)》2023年第1期。

〔14〕 熊秋红:《〈人民警察法〉与〈刑事诉讼法〉的衔接》,载《中国法律评论》2017年第4期。

和调查核实是出于服务侦查之目的,此前收集的证据和线索对后续侦查工作具有根源性影响。[15] 大数据侦查的本质特征之一就是提前启动刑事侦查的时点,这是在具有一定案件线索材料的基础之上的,如公安机关根据反诈信息研判提前锁定可能的受害人并开展案件侦查最终查获犯罪嫌疑人的情形。因而,不能以大数据侦查具有前瞻性就否认其侦查行为的本质特征。

其次,必要性原则要求大数据侦查在有多种侦查措施可供选择时,选择对公民甚至犯罪嫌疑人权利侵害最小的方式。比如,在侦查机关侦查犯罪嫌疑人的时候,若涉及公民个人隐私的信息对案件并无助益,则能不获取就不获取并及时销毁避免外泄。因此,明确刑事领域的"数据被遗忘权",确立相关个人敏感数据的封存和销毁制度十分重要。目前,我国施行的《数据安全法》中并没有关于个人敏感数据的封存和销毁的规定。但是《个人信息保护法》中有个人信息"删除权"的规定,其中第 47 条第 1 款规定,处理目的已实现、无法实现或者为实现处理目的不再必要的,则个人信息处理者应当主动删除个人信息;个人信息处理者未删除的,个人有权请求删除。该条款也可以引申到大数据侦查领域中对个人信息数据的处理。

最后,均衡原则要求侦查机关在采取侦查措施时对公民权益的干预不得超过侦查所应达到的目的。最为明显的是侦查机关在最初的侦查中查封、扣押了相关物品,若后续证明这些物品与案件无关,则应及时解除查封、扣押,否则就超出了侦查目的,侵犯了相关人员的合法权益。

(2)注重数据隐私保护。大数据侦查现今主要的表现形式为数据侦查,利用数据之间的相关性分析研判案情、助力侦查机关案件的侦破。数据获取是大数据侦查开展的前提。在数据获取过程中,"个性化数据"的过度整合与利用是预测型侦查过度侵犯隐私权的重要体现。在我国,数据隐私近年来越发受到重视。随着《网络安全法》《数据安全法》《个人信息保护法》的陆续颁布和实施,侦查部门在利用职权搜集整合数据、共享数据的同时必须要重视个人隐私的保护,规范数据使用情况。当务之急是要明确信息时代个人数据的权利属性。《民法典》把个人信息保护放在人格权编,并强调"自然人的个人信息受法律保护",但是《民法典》并没有像规定隐私权一样将个人信息明确规定为一种权益或权利。个人数据的权利属性仍然缺乏明确的立法规定。2021 年 7 月,深圳市人大常委会发布《深圳经济特区数据条例》,首次明确个人数据的权利属性。众

---

〔15〕 刘玫、陈雨楠:《从冲突到融入:刑事侦查中公民个人信息保护的规则建构》,载《法治研究》2021 年第 5 期。

所周知,个人信息进行数据化转变后成为数据,数据则在加工处理后才能表达出其存储的个人信息。以数据为核心的大数据侦查蕴含着相关人员的个人信息,倘若不明确数据权利的属性,一旦公安、司法机关在犯罪预测过程中存在泄露数据、侵犯个人隐私的情况,造成相关人员的权益损害时,将无法对其进行救济。

三、配套教材

1. 胡铭、周翔等:《数字法治:实践与变革》,浙江大学出版社 2022 年版。

2. 李双其等:《大数据侦查实践》,知识产权出版社 2019 年版。

3. 刘品新:《电子证据法》,中国人民大学出版社 2021 年版。

4. 马长山:《数字法治概论》,法律出版社 2022 年版。

5. [荷]玛农·奥斯特芬:《数据的边界——隐私与个人数据的保护》,曹博译,上海人民出版社 2020 年版。

四、启发思考题

1. 什么是大数据侦查?大数据侦查的发展背景及其特征是什么?

2. 大数据侦查的法律属性与定位。

3. 大数据侦查形成的“材料”、大数据分析报告与大数据证据的概念。

4. 大数据侦查对刑事司法基本理念、无罪推定原则及基本人权保障的冲击。

5. 大数据侦查的权力边界以及可能引发的法律风险。

6. 大数据侦查的程序规制以及程序救济。

五、理论依据

刑事正当程序　无罪推定原则　个人信息保护　比例原则　人权保障

六、背景信息

数字时代的算法应用日益普及,在刑事诉讼中,侦查机关积极运用人工智能等算法技术应对日益复杂的犯罪种类与方式,由此催生新的侦查方式与证据类型。“数据治理”成为信息化时代的重要特征,数据也成为一国竞争力的重要体现。在我国,公安机关承担着预防、制止、查处和惩治违法犯罪活动的任务。大数据侦查所产生的分析报告、审计机构运用算法对海量数据分析后所产生的分析报告等新型证据已经在刑事诉讼中被隐性运用。与域外国家类似,我国大数据侦查的开展也面临着算法不透明、数据壁垒以及数据获取与个人隐私保护之间的固有矛盾等不足。因此,我国公安机关在采取大数据侦查时,必须要注意数据获取的客观真实，在获取数据时保护个人隐私、遵循比例原则，通过科学数据的预测，更好地预防犯罪的发生以及更好地打击犯罪，在信息化时代担负起维护国家安全的重要使命。

七、关键要点

1. 大数据侦查是传统调查型侦查权力扩张的体现。大数据侦查的核心就在于利用大数据技术进行犯罪预测与打击。近年来，国家大力推进大数据战略并加快公安机关信息化建设等，都为大数据侦查的有效开展奠定了基础。互联网技术的发展创新加速了以海量信息和数据挖掘为特征的大数据时代的步伐，人类的生产生活及社会管理的环境因此变成一个个由数据连接与共享形成的“智慧”世界，“智慧”公安也成为新一轮公安信息改革与发展的潮流。信息采集搜索与各种数据库的建立使侦查部门在侦查过程中的信息化、科技化程度增强，加强了其对未然事件的提前预警与预防功能，并为案件的侦破提供科技支持。

2. 规制大数据侦查是为了防止公权力过度侵犯公民基本权利及不当使用侵犯权利所获的证据材料。现代刑事侦查具有双重的内涵：从技术上讲，刑事侦查是侦查机构为收集犯罪证据、查明犯罪事实而进行的一系列调查活动；同时，刑事侦查作为侦查机构代表国家针对个人进行的追诉活动，要考虑是否存在限制和剥夺公民基本权利的问题以及是否存在侦查机关滥用国家权力的风险。在大数据和人工智能的加持下，在侦查手段效率提高的同时更伴随侦查权对公民基本权利领域的侵入。因而要以本案为基础，重点就数字化时代大数据侦查的应用对刑事司法无罪推定原则和公民隐私的侵犯进行研讨，明确个人信息的权利属性，强化侦查机关在使用大数据侦查时需遵循比例原则的规定，并通过后续立法予以明确。

八、课堂计划

本案例可以作为专门的案例教学课来进行，整个案例课的课堂安排 3 个课时，每课时 45 分钟。如下课堂设计，仅供参考。

1. 课前计划：安排学生阅读案例及相关参考资料，对案例涉及问题进行思考并撰写答案。

2. 课中计划：介绍教学目的，明确讨论主题；学生分组讨论，回答各项思考题，讨论其分析重点和要点；小组代表提出撰写要点，学生讨论和分析；教师归纳总结。

3. 课后计划：布置学生思考大数据侦查、数据时代公民权利的保护等问题；

思考在数据时代，大数据侦查的必要性以及限度，并就其规制问题进行讨论分析。

九、参考文献

1. 韩德明：《风险社会中犯罪的规制和侦查》，中国人民公安大学出版社2016年版。

2. 王燃：《大数据侦查》，清华大学出版社2017年版。

3. [德]尼克拉斯·卢曼：《风险社会学》，孙一洲译，广西人民出版社2020年版。

4. 卞建林、钱程：《大数据侦查的适用限度与程序规制》，载《贵州社会科学》2022年第3期。

5. 陈刚：《解释与规制：程序法定主义下的大数据侦查》，载《法学杂志》2020年第12期。

6. 程雷：《大数据侦查的法律控制》，载《中国社会科学》2018年第11期。

7. 何军：《数据侦查行为的法律性质及规制路径研究》，载《中国人民公安大学学报（社会科学版）》2021年第1期。

8. 何军：《数据侦查启动时点问题研究》，载《中国人民公安大学学报（社会科学版）》2023年第1期。

9. 何家弘等：《大数据侦查给证据法带来的挑战》，载《人民检察》2018年第1期。

10. 胡铭、龚中航：《大数据侦查的基本定位与法律规制》，载《浙江社会科学》2019年第12期。

11. 胡铭、张传玺：《大数据时代侦查权的扩张与规制》，载《法学论坛》2021年第3期。

12. 李涛：《数据侦查行为规制的逻辑解析与改革进路》，载《中国人民公安大学学报（社会科学版）》2023年第1期。

13. 刘玫、陈雨楠：《从冲突到融入：刑事侦查中公民个人信息保护的规则建构》，载《法治研究》2021年第5期。

14. 刘品新：《论大数据证据》，载《环球法律评论》2019年第1期。

15. 商瀑：《人工智能时代的侦查变革及其法治图景》，载《中国人民公安大学学报（社会科学版）》2019年第6期。

16. 施鹏鹏：《“普遍嫌疑”及其规制以德国法为借鉴》，载《中外法学》2024年第1期。

17. 孙航:《数据驱动型侦查法律属性的重释与厘定》,载《甘肃政法大学学报》2024 年第 1 期。

18. 汪海燕:《大数据侦查的哲学思考》,载《公安学研究》2019 年第 5 期。

19. 徐明:《大数据时代的隐私危机及其侵权法应对》,载《中国法学》2017 年第 1 期。

20. 杨建军:《数字治理的法治进路》,载《比较法研究》2023 年第 5 期。

21. 张晶:《大数据侦查中的信息隐私权保护》,载《北京航空航天大学学报(社会科学版)》2023 年第 6 期。

22. 张全涛:《大数据时代侦查机关获取公民数据信息的权力边界与实践规制研究》,载《中国人民公安大学学报(社会科学版)》2023 年第 3 期。

23. 周慕涵:《论大数据证据的法律地位》,载《法律科学(西北政法大学学报)》2023 年第 4 期。

24. Andrew Guthrie Ferguson, *The Rise of Big Data Policing: Surveillance, Race, and the Future of Law Enforcement*, New York University Press, 2017.

25. Sarah Brayne, *Predict and Surveil – Data, Discretion, and the Future of Policing*, Oxford University Press, 2021.

1-2 CASE 郎某某、何某某诽谤案

——网络诽谤案件自诉与公诉的界限与衔接

2020年7月7日，郎某某、何某某捏造谷某某因取快递结识快递员、二人多次发生不正当性关系的微信聊天记录，并将捏造的微信聊天记录截图及视频、图片等发布于微信群，引发大量评论。2020年8月13日，浙江省杭州市公安局余杭分局决定对郎某某、何某某作出行政拘留9日的处罚。2020年10月26日，被害人谷某某向杭州市余杭区人民法院提起刑事自诉。同年12月14日，杭州市余杭区人民法院决定立案，并依法要求杭州市公安局余杭分局提供协助。2020年12月25日，根据杭州市余杭区人民检察院建议，杭州市公安局余杭分局对郎某某、何某某以涉嫌诽谤犯罪立案侦查。侦查终结后，杭州市余杭区人民检察院于2021年2月26日向杭州市余杭区人民法院提起公诉。2021年4月30日，杭州市余杭区人民法院依法公开开庭审理被告人郎某某、何某某诽谤一案，并判处二被告人有期徒刑1年，缓刑2年。[1]

一、本案的自诉情况

2020年8月13日，浙江省杭州市公安局余杭分局依据《治安管理处罚法》第42条之规定，决定对郎某某、何某某作出行政拘留9日的处罚。

2020年10月26日，被害人谷某某委托诉讼代理人向杭州市余杭区人民法院提起刑事自诉，以郎某某、何某某捏造事实、通过网络诽谤且情节严重为由要求以诽谤罪追究其刑事责任。2020年12月11日，被害人谷某某的诉讼代理人向杭州市余杭区人民法院补充提交了刑事自诉状及证据材料。

同年12月14日，杭州市余杭区人民法院决定立案，并依法要求杭州市公安局余杭分局提供协助。

---

〔1〕 郎某某、何某某诽谤案，最高人民检察院检例第137号(2022)。

二、本案的公诉情况

2021年2月26日,杭州市余杭区人民检察院依法就被告人郎某某、何某某涉嫌诽谤一案向余杭区人民法院提起公诉。2021年4月30日,杭州市余杭区人民法院依法组成合议庭,公开开庭审理该案并当庭宣判。

(一)一审公诉机关的指控

2020年7月7日18时许,被告人郎某某在余杭区良渚街道某快递驿站内使用手机偷拍正在等待取快递的被害人谷某某,并将视频发布在某车队微信群。后被告人郎某某伙同被告人何某某出于寻求刺激、博取关注的目的,使用各自微信号假冒快递员和被害人谷某某,捏造谷某某因取快递结识快递员、二人多次发生不正当性关系的微信聊天记录。二被告人为增强聊天记录的可信度,还捏造"赴约途中""约会现场"等视频、图片。同年7月7日至16日,被告人郎某某将上述捏造的微信聊天记录截图及视频、图片陆续发布在某车队微信群。

上述偷拍的视频、捏造的微信聊天记录截图被他人合并转发,相继扩散到多个微信群、微信公众号等网络平台后,引发了大量点击、阅读以及低俗评论,引起网络热议。

被害人谷某某因被诽谤无法正常履职被公司劝退,后被医院诊断为抑郁状态。

(二)一审法院查明的事实

2020年7月7日,被告人何某某使用微信号冒充谷某某与自己聊天,后伙同郎某某分别使用各自微信号冒充谷某某和快递员,捏造谷某某结识快递员并多次发生不正当性关系的微信聊天记录。2020年7月7日至16日,郎某某将上述捏造的数十张微信聊天记录截图及视频、图片陆续发布在微信群,被他人相继扩散到110余个微信群(群成员总数2万余人),引发大量低俗评论。多个微信公众号、网站等就上述聊天记录亦合辑转载推文(总阅读数2万余次),影响了谷某某的正常工作生活。2020年8月至12月,此事经多家媒体报道并引发网络热议,其中仅微博话题"被造谣出轨女子至今找不到工作"的阅读量就达4.7亿,讨论达5.8万人次。

谷某某向公安机关报案后,郎某某、何某某主动到公安机关接受调查,承认前述事实。被告人郎某某、何某某案发后对被害人谷某某进行了赔偿。

(三)一审法院的判决

杭州市余杭区人民法院认为,被告人郎某某、何某某出于寻求刺激、博取关注等目的,捏造损害他人名誉的事实并在信息网络上散布,造成该信息被大量转发阅读,严重侵害了被害人谷某某的人格权,影响其正常工作生活,使其遭受一定的经济损失,贬损其社会评价,属于捏造事实通过信息网络诽谤他人且情节严重,二被告人的行为均已构成诽谤罪,公诉机关指控的罪名成立。

考虑到二被告人具有自首、自愿认罪认罚等法定从宽处罚情节,能主动赔偿损失、真诚悔罪,积极修复法律关系且系初犯,无前科劣迹,适用缓刑对所居住社区无重大不良影响等具体情况,人民法院对公诉机关建议判处二被告人有期徒刑 1 年,缓刑 2 年的意见及被告人辩护人提出适用缓刑的意见予以采纳。

杭州市余杭区人民法院判决:被告人郎某某、何某某犯诽谤罪,判处有期徒刑 1 年,缓刑 2 年。

三、本案焦点的综合评述

1. 关于对犯罪情节的评价问题。检察机关、人民法院均认为二被告人捏造损害他人名誉的事实,并使该事实在信息网络中被大量阅读、转发,致使被害人遭受一定的经济损失及社会评价贬损的行为情节严重,且已触犯《刑法》第 246 条第 1 款的规定,依法应以诽谤罪追究其刑事责任。

2. 关于本案应以自诉程序还是公诉程序追究被告人刑事责任的问题。检察机关、人民法院均认为本案应采取公诉程序。其中,检察机关认为,网络诽谤案件中的被害人按照刑事自诉程序自行取证或者由公安机关协助取证以追诉犯罪、维护权益,困难重重,只有启动公诉程序,才能及时有效追诉犯罪、维护被害人的合法权益。人民法院认为,鉴于二被告人的犯罪行为已并非仅仅对被害人谷某某造成影响,其对象选择的随机性造成了不特定公众恐慌和社会安全感、秩序感下降;诽谤信息在网络上大范围流传,引发大量淫秽、低俗评论,虽经公安机关辟谣,但仍对网络公共秩序造成很大冲击,严重危害社会秩序,公诉机关应以诽谤罪对二被告人提起公诉。对于公诉机关主动介入网络诽谤案件处理之行为,学者或社会舆论大多给予了高度评价,认为这是司法机关积极适用法律的表现,是公安机关、检察机关司法自觉的表现,有助于培育刑事自诉案件新的增长点。也有部分观点认为公诉程序的启动是对现有法律规定的突破,是司法机关对自诉人起诉权的僭越。之所以会出现上述争议,归根结底是因为缺少明确、具体的诉权分配规则。

案例使用说明

一、教学目的与用途

本案例主要用于讲授刑事自诉案件的类型、启动和审判流程，诽谤案件启动公诉程序之实体条件"严重危害社会秩序和国家利益"的内涵与外延，网络诽谤案件自诉转公诉的程序衔接，平衡自诉程序与公诉程序中被害人的权益保护。以本案为例，具体要解决的问题包括：其一，网络诽谤案件的审判现状与特点；其二，刑事自诉案件的启动和处理；其三，人民法院认定"严重危害社会秩序和国家利益"的标准与实践情况；其四，在保护被害人权益的前提下，如何实现诽谤案件自诉转公诉的程序衔接；其五，完善网络诽谤案件中的被害人权益保护机制。

本案例供法律硕士案例教学使用，法学本科（大四）、刑法学硕士、诉讼法学硕士也可以参酌试用。

二、涉及知识点

（一）自诉案件有哪些种类？提起自诉需要满足哪些条件？自诉案件一审程序有何特征？

自诉，是指法律规定的享有自诉权的个人直接向有管辖权的人民法院提起的刑事诉讼。根据《刑事诉讼法》第 210 条的规定，自诉案件可分为三类。第一类，告诉才处理的案件，包括侮辱、诽谤案（《刑法》第 246 条），暴力干涉婚姻自由案（《刑法》第 257 条第 1 款），虐待案（《刑法》第 260 条第 1 款），侵占案（《刑法》第 270 条）。第二类，被害人有证据证明的轻微刑事案件。第三类，被害人有证据证明对被告人侵犯自己人身、财产权利的行为应当依法追究刑事责任，而公安机关或者人民检察院不予追究被告人刑事责任的案件。

提起自诉，需要满足下列条件：（1）根据《刑事诉讼法》第 114 条的规定，自诉人是自诉案件的被害人或者其法定代理人、近亲属。（2）案件属于《刑事诉讼法》第 210 条规定的案件范围。（3）有明确的被告人、具体的诉讼请求和能证明被告人犯罪事实的证据。（4）案件属于受诉人民法院管辖范围。（5）对于公诉转自诉案件，应当提交公安机关或者人民检察院已经作出不予追究刑事责任的书面决定。

由于自诉案件本身的特殊性，自诉案件的审理程序具有不同于公诉案件一审程序的特点。第一,人民法院对于告诉才处理的案件和被害人有证据证明的轻微刑事案件,可以在查明事实、分清是非的基础上,根据自愿、合法的原则进行调解。第二,自诉人可以在人民法院宣告判决前同被告人自行和解或者撤回起诉。第三,在自诉人案件审理过程中,被告人下落不明的,人民法院可以中止审理;被告人归案后,应当恢复审理,必要时应当对被告人依法采取强制措施。第四,告诉才处理的案件和被害人有证据证明的轻微刑事案件的被告人或者其法定代理人在诉讼过程中可以对自诉人提起反诉。

(二)自诉案件审查后有哪几种处理结果?

《刑事诉讼法》第211条规定:"人民法院对于自诉案件进行审查后,按照下列情形分别处理:(一)犯罪事实清楚,有足够证据的案件,应当开庭审判;(二)缺乏罪证的自诉案件,如果自诉人提不出补充证据,应当说服自诉人撤回自诉,或者裁定驳回。自诉人经两次依法传唤,无正当理由拒不到庭的,或者未经法庭许可中途退庭的,按撤诉处理。法庭审理过程中,审判人员对证据有疑问,需要调查核实的,适用本法第一百九十六条的规定。"同时,最高人民法院《关于适用〈中华人民共和国刑事诉讼法〉的解释》(以下简称《刑诉法解释》)第320条第2款规定:"具有下列情形之一的,应当说服自诉人撤回起诉;自诉人不撤回起诉的,裁定不予受理:(一)不属于本解释第一条规定的案件的;(二)缺乏罪证的;(三)犯罪已过追诉时效期限的;(四)被告人死亡的;(五)被告人下落不明的;(六)除因证据不足而撤诉的以外,自诉人撤诉后,就同一事实又告诉的;(七)经人民法院调解结案后,自诉人反悔,就同一事实再行告诉的;(八)属于本解释第一条第二项规定的案件,公安机关正在立案侦查或者人民检察院正在审查起诉的;(九)不服人民检察院对未成年犯罪嫌疑人作出的附条件不起诉决定或者附条件不起诉考验期满后作出的不起诉决定,向人民法院起诉的。"

自诉人撤回起诉或者被驳回起诉后,又提出了新的足以证明被告人有罪的证据,再次提起自诉的,人民法院应当受理。此外,被告人实施两个以上犯罪行为,分别属于公诉案件和自诉案件的,人民法院可以一并审理,对于自诉部分的审理,按照自诉案件的相关规定。

(三)如何看待刑事诉讼中自诉与公诉的关系?

从刑事诉讼原理来看,在刑事追诉中,公诉为绝对优先原则,自诉是极少情形中的补充。从刑事诉讼的发展历程来看,公诉取代自诉具有必然性和优越性。检察机关代表国家统一行使追诉权,有助于统一追诉标准、提高追诉效率,并发挥其"法律守护者"之职能,维护犯罪嫌疑人、被告人和被害人的合法权益以及社会的公共利益。相比之下,被害人在自诉时面临诸多困境,在网络诽谤案件中很难收集海量证据。而且,从《刑事诉讼法》第210条规定的第三种自诉案件的实务来看,即使被害人有证据证明犯罪嫌疑人、被告人侵犯了自己的人身、财产权利,也很难获得公安机关或检察机关不立案、不起诉的决定文书,举证困难可见一斑。此外,自诉案件需达到公诉案件的证明标准,这导致被害人难以通过自诉来实现诉权、维护权益。域外经验显示,刑事自诉案件范围非常有限,无论是在起诉法定主义模式还是在起诉便宜主义模式下,检察机关都享有一定的裁量权,其在依法行使追诉职责的同时,也有权判断是否有必要基于公共利益、刑事政策等考量因素,在法定范围之外启动刑事追诉。在有被害人的案件中,《德国刑事诉讼法》第172条规定了强制起诉程序,日本允许被害人针对不起诉的决定向由市民组成的检察审查会提出申诉,以此使被害人获得公诉救济的机会。我国在设定自诉和公诉的范围时,充分贯彻国家追诉原则,由检察机关代表国家统一行使追诉权,减少公民个人证明犯罪的负担,在类似郎某某、何某某涉嫌的网络诽谤案中,若确实达到"严重危害社会秩序和国家利益"的程度,那么公诉必是不二选择。

(四)人民法院如何区分诽谤罪构成要件之"情节严重"与启动公诉程序之实体条件"严重危害社会秩序和国家利益"?

诽谤罪是指被告人捏造、散布虚假事实,情节严重的行为,自诉与公诉案件的范围划分主要受《刑法》第246条调整。"情节严重"与"严重危害社会秩序和国家利益"是性质完全不同的要件。首先,前者是构成诽谤罪的必要条件,决定被告人的行为是否构成了犯罪;后者则是启动公诉程序的必要条件,决定该案件是否应当按照公诉程序进行。其次,诽谤罪中的"情节严重"包括诽谤信息传播的数量、收到回应的数量、对被害人及其近亲属造成的损害抑或被告人的多次犯罪等,更多是从个体角度出发;而"严重危害社会秩序和国家利益"更关注社会秩序、国家利益。最后,"情节严重"与否的判断优先于"严重危害社会秩序和国家利益"。启动公诉程序的诽谤案件仍需满足诽谤罪的立法本意与构成要件。诽谤行为首先损害特定人的名誉权并构成犯罪,同时该行为直接或间接造成了社会秩序或国家利益的损害,在此基础上,公诉机关才能启动公诉程序。倘若行为人的诽谤行为并非针对特定的人,而是针对单位或者是不特定对象,则该行为应当以利用信息网络寻衅滋事罪论处。

(五)诽谤案件启动公诉程序之实体条件"严重危害社会秩序和国家利益"的内涵与外延是什么?破坏网络秩序的行为是否一定危害公共秩序?

《民法典》对公民的人格权保护提供了强有力的法律武器,普通诽谤案件的受害公民可以通过民事侵权之诉获得救济。本案中公安机关已经决定对郎某某、何某某作出行政拘留9日的处罚，郎某某、何某某的违法行为已经受到一定的法律制裁。刑事追诉是最后的救济途径，若能通过民事、行政手段处理纠纷，决不能轻易启动刑事程序加以干涉，更不能仅因被害人未获得充分的民事赔偿而让犯罪嫌疑人、被告人承担刑事责任。简言之，在设定和判断入罪门槛时，要恪守民事纠纷和刑事追诉的界限。

一方面，要谨慎解释和判断是否构成“严重危害社会秩序和国家利益”。这是目前我国诽谤案件“自诉”向“公诉”的转化标准。最高人民法院、最高人民检察院《关于办理利用信息网络实施诽谤等刑事案件适用法律若干问题的解释》第3条规定，利用信息网络诽谤他人，具有下列情形之一的，应当认定为《刑法》第246条第2款规定的“严重危害社会秩序和国家利益”，其中第7项规定为“其他严重危害社会秩序和国家利益的情形”。对第7项之兜底条款的解释应将刑事诉讼作为最后的救济手段，优先适用民事或行政途径，并为判断严重侵害公共利益的情形提供相对明确的标准，以此对启动国家追诉设定门槛，防止刑法的不当扩张和对公民权益的侵害。在郎某某、何某某涉嫌诽谤案中，检察机关应关注违法行为是否对公共秩序造成严重影响，对于被害人个人权利的侵害或对公共秩序的一般影响都不足以构成启动刑事追诉的合法依据。而且，应当由省级以上的检察机关来判断是否“严重危害社会秩序和国家利益”，以便能更准确把握公共利益和国家利益的范畴，由其作出追诉决定也更能体现制度权威并维护法律的统一实施。

另一方面，破坏网络秩序的行为并非都满足“严重危害公共秩序”的要求。网络空间并非法外空间已逐步达成共识，特别是在疫情的特殊背景下，网络犯罪更是受到重视。第十五次全国检察工作会议中，最高人民检察院检察长提出，在疫情期间网络犯罪严峻的背景下，要加大惩治网络违法犯罪力度，降低公民维权成本。网络诽谤作为诽谤罪的新类型引起人们的关注。随着信息网络的飞速发展，诽谤案件多发生于网络社会，诽谤信息突破了传统物理距离、沟通渠道的限制，能快速在网络空间内传播，具有速度快、受众广、影响大等特点。最高人民法院、最高人民检察院《关于办理赌博刑事案件具体应用法律若干问题的解释》、最高人民法院、最高人民检察院《关于办理利用互联网、移动通讯终端、声讯台制作、复制、出版、贩卖、传播淫秽电子信息刑事案件具体应用法律若干问题的解释》等将网络空间拟制为公共空间。对于网络诽谤行为，应当结合罪刑法定原则、公民言论自由权的保障要求以及网络言论的危害程度要求划定网络言论的刑法规制范围。网络诽谤是传统诽谤罪在互联网大背景下的异化，并非所有扰乱网络秩序的行为都属于危害社会公共秩序的行为，发生在网络空间中的活动同样要达到物理空间中破坏公共秩序的程度才能启动公诉程序。具体而言,第一,网络诽谤行为不仅侵害个人利益,同时阻碍了正常的社会秩序。值得注意的是,网络诽谤对特定人的生产、生活造成了困扰,并且引发了其他相似网民的担忧,担忧本身不能被认定为对社会秩序造成了损害。危害社会秩序或国家利益是指在诽谤行为的基础上发酵、激发严重危害社会的活动。第二,无论是损害网络空间秩序还是社会秩序,都需要造成实害结果,当诽谤信息被删除或虽已公开但仅在有限的范围内传播,并未被大量转发评论时,不应认定其危害社会秩序。第三,明确网络自有秩序的破坏并不意味着网络空间的社会秩序遭到破坏,即单纯的诽谤信息传播数量叠加不能成为严重危害社会秩序的判断标准。譬如诽谤信息实际被点击、浏览次数达到5000次以上或者被转发次数达到500次以上的破坏了网络秩序,满足诽谤罪中"情节严重"这一构成要件,但并未满足严重危害社会秩序之要求。第四,网络诽谤因突破网络空间的限制造成物理意义上公共秩序的破坏。"严重危害社会秩序和国家利益"应从一般人的角度进行判断,考察该诽谤行为是否突破了网络空间的限制对社会公共秩序造成冲击,比如,违背了社会主义核心价值观,或者严重违背社会公序良俗,或者引发不同社会群体冲突,或者阻碍了正常政府管理、社会管理的有序开展。

(六)如何实现网络诽谤案件中自诉与公诉的程序衔接?

网络诽谤案件自诉向公诉的转化应从纠纷解决与正当程序的要求出发。首先,对于被害人已提起自诉的案件,公诉机关能否再提起公诉,不同国家有不同的规定。《英国起诉罪行法》(Prosecution of Offenses Act)第23条则明确,皇家检察署有权接管、结束或者以其他方式控制自诉。在英国,诽谤案件需要法官或总检察长的同意,同时在发出传票或案件开始后,皇家检察署在特殊情况下仍有权接管私人起诉,如涉及公共利益或案件证据敏感等。在我国,诽谤案件原则上属于自诉案件,只有在满足特定实体要件时才能转为公诉案件。在能转为公诉处理的诽谤案件中,诽谤行为除侵犯个体利益外,还损害了公共利益、国家利益。自诉人只能处分自己的权利,无权处置损害公共利益与国家利益的行为。在严重危害社会秩序和国家利益的情况下,个体利益让位于公共利益。也正因如此,检察机关启动诽谤公诉案件属于强制启动,检察机关具有强制起诉义务。

其次,在自诉转公诉的情况下,被害人能否要求转回自诉处理?在家庭暴力案件中,根据2015年最高人民法院、最高人民检察院、公安部、司法部《关于依法办理家庭暴力犯罪案件的意见》第8条,被害人享有更广泛的程序选择权,被害人要求公安机关处理的,公安机关应当依法立案、侦查。而且在公诉过程中被害人自愿提出不再要求公安机关处理或要求转为自诉的,公安机关应依法撤销案件。从表面上看,家庭暴力被害人似乎在启动公诉程序后享有更为广泛的程序选择权。家庭暴力被害人在违法行为构成犯罪时可自由选择公诉或自诉,而诽谤罪的被告人更为被动,只能等候公诉机关确认是否满足启动公诉条件。事实上,这恰恰体现了诽谤案件的特殊性。家庭暴力案件多发生在家庭之内,具有私密性,对社会秩序和国家利益的影响有限。而诽谤行为可能发生在网络空间、物理空间中,故法律设置了启动诽谤公诉的强制条件。当诽谤行为严重危害社会秩序和国家利益时,公诉机关的介入就拥有了正当性基础。一般情况下,启动公诉程序后,自诉人只能以被害人的身份参与诉讼。当然,公诉案件中的被害人虽丧失了诉权,但并不意味着丧失了所有的诉讼权利。

(七)如何平衡自诉程序、公诉程序中被害人的权益保护?

在实践中,刑事诽谤自诉案件的被害人虽享有诉权,但启动诉讼程序后其诉讼权利却缺乏相应的配套保障措施,面临着取证难、举证难、证明难的问题。首先,自诉人取证具有身份困难。根据《刑诉法解释》的规定,人民法院受理诽谤自诉案件的条件包括有明确的被告人、具体诉讼请求和证明犯罪的证据。一般情况下,自诉人难以获得网络服务提供商的配合。其次,自诉人取证具有技术困难。网络诽谤行为多发生在虚拟空间,该如何固定证明诽谤实施的证据,该如何证明自己遭受的损失,对自诉人而言都是难题。甚至可能因为不具有专业知识与技能,被害人耗费精力收集的证据材料不具备证据能力。最后,与行政违法相比,自诉人获得公安机关的协助更难。倘若诽谤行为是单纯的行政违法,行政区域内的公安机关将依照《治安管理处罚法》第 42 条对违法者处以拘留或罚款。当受害人提起自诉时,反而更难获得公安机关的协助。与单纯的行政违法相比,被害人虽享有诉权,但在证据收集、终止侵害行为等方面却面临更加不利的局面。

基于上述情况,应不断完善诽谤案件的被害人保护机制。其一,法官在处理诽谤自诉案件时可对自诉人进行适当的举证指导,同时当被害人提出调取证据申请时尽可能满足。《刑法》第 246 条第 3 款规定,通过信息网络实施诽谤行为,被害人提供证据确有困难的,人民法院可以要求公安机关协助。《刑诉法解释》第 325 条规定,自诉案件当事人因客观原因不能取得的证据,申请人民法院调取的,应当说明理由,并提供相关线索或者材料。人民法院认为有必要的,应当及时调取。对通过信息网络实施的侮辱、诽谤行为,被害人向人民法院告诉,但提供证据确有困难的,人民法院可以要求公安机关提供协助。其二,可结合审判经验,制定类案中公安机关提供协助的具体规则。其三,对于自诉案件,检察机关应充分发挥法律监督职能。当被害人提起自诉后,人民法院应当及时告知同级检察机关。检察机关经审查认为确有出庭必要的，应当指派检察官参与庭审。人民法院宣判后应当及时将判决书送达检察机关，这不仅是填补自诉案件法律监督“空白”的最佳路径选择，也是检察机关全面履行法律监督职责的客观要求。

在互联网法治的大背景下，惩治诽谤案件应立足于当下的法律规范以及司法实践，厘清自诉与公诉的关系。起诉方式的选择是多因素角力的结果，包括诉讼经济原则、被害人权利保护、历史背景与传统文化影响等。郎某某、何某某诽谤案一石激起千层浪，暴露了我国公诉、自诉程序的矛盾与漏洞。一方面，司法机关应当有力打击网络平台中的诽谤犯罪，坚持宽严相济的刑事政策，将打击面控制在适当的范围内；另一方面，在司法资源紧缺的情况下，借助私人起诉惩治诽谤犯罪活动能够真正从源头上实现诽谤案件的公诉、自诉分流。要想真正解决司法实践中诽谤案件公诉与自诉混乱的问题，实体限制与程序衔接就如同鸟之双翼，齐头并进、缺一不可。实体上，应对启动诽谤案件的实体条件“严重危害社会秩序和国家利益”作严格解释，区分网络秩序与公共秩序，明确划分刑事自诉与公诉范围。在此基础上，增强刑法与刑事诉讼法衔接的有序性与紧密性，通过司法解释明确“严重危害社会秩序和国家利益”的内涵与外延。同时，可通过发布指导性案例引导各地公安机关、检察机关、人民法院（以下简称公检法）在面对类似案件时尽可能行动一致，统一公检法适用标准。程序上，公诉启动应以被害人告诉或有告诉意愿为前提，为实现诽谤案件公诉与自诉的衔接，应使人民法院成为审查是否满足实体限制条件的最终主体。此外，应加强诽谤案件中被害人的权利保护。公检法三方应分工合作、相互配合、相互制约。在以审判为中心的刑事诉讼改革背景下，人民法院作为诽谤案件自诉转公诉的连结点，更应充分发挥平衡自诉与公诉的重要支点作用。

三、配套教材

1. 胡铭：《刑事诉讼法学》（2019 年修订版），法律出版社 2016 年版。
2. 胡铭等：《刑事诉讼法入门笔记》，法律出版社 2019 年版。
3. 陈瑞华：《论法学研究方法》，法律出版社 2017 年版。

四、启发思考题与实践题

（一）思考题

1. 网络诽谤行为的法律责任有哪些？
2. 实践中，网络诽谤案件违法必究为何难以实现？

3. 诽谤罪包括哪些犯罪构成要件？根据我国法律与相关司法解释，如何判断各个犯罪构成要件？

4. 一般诽谤案件与网络诽谤案件相比有何异同？虚拟空间内该如何认定诽谤行为？

5. “告诉才处理”类自诉案件启动公诉程序需满足何种条件？如何认定“严重危害社会秩序和国家利益”？

6. 恢复性司法理念的兴起会对诽谤案件公诉、自诉范围划定产生何种影响？

7. 网络诽谤案件中公诉程序的启动权归谁享有？在自诉案件转为公诉程序，而公安机关撤案或者检察机关未移送起诉的情况下，被害人能否再次提起自诉？

8. 本案中检察机关提起公诉后，人民法院有哪几种处理方案？

9. 本案是否符合启动公诉程序的要求？

10. 网络诽谤案件自诉转公诉可能涉及哪些程序问题及刑事诉讼原理？该如何实现对被害人权益的保护？

11. 如何评价我国自诉程序、公诉程序的设置？

（二）实践题

1. 根据本案的相关新闻报道与一审信息，撰写一份辩护意见书。

2. 根据本案一审的相关信息以及类似案件的审理结果，结合诉讼法原理，分析一审判决书的得失之处以及一审法院是否有其他更为适宜的处理方法。

3. 根据本案的相关报道与一审信息，尝试罗列网络诽谤案件自诉转公诉之程序衔接的注意要点。

4. 根据本案一审的相关信息，结合相关法律和司法解释，分析被告人是否满足诽谤罪的犯罪构成要件，以及是否满足适用缓刑的要求。

五、理论依据

审判中心主义　罪责刑相适应原则　正当程序原则　恢复性司法理念　国家追诉原则

六、背景信息

根据2020年《中国互联网络发展状况统计报告》，截至2020年年底，我国网民规模已达9.89亿，互联网普及率高达70.4%。伴随网民数量的增多、网络空间的日渐复杂，网络诽谤案件也不断增加，规制网络诽谤行为迫在眉睫。从整体来看，伴随刑法犯罪圈的扩大，检察机关的负担越来越重，耗时长久的公诉程序难以满足与日俱增的刑事案件需求。根据最高人民检察院《关于人民检察院适用认罪认罚从宽制度情况的报告》,从 1999 年至 2019 年,刑事案件的数量不断增长,2019 年检察机关审查起诉的刑事犯罪高达 220 万人,其中轻微型刑事案件(被判处 3 年有期徒刑以下刑罚的案件)占比从 54.4% 上升到 83.2% 。网络空间的形成以及网络信息传播的广度、深度与速度的不断革新,使网络诽谤刑事案件的惩治更为复杂。

七、关键要点

1. 从程序正义的角度分析本案例,把握提起自诉、建议立案侦查、侦查终结、提起公诉、一审等重要节点,着重理解诉讼法原理对各环节的影响和要求,通过案件审理经过和结果,对比各环节的实然作用和应然作用。增进学生对相关法条与诉讼法原理的了解,启发学生思考如何在个案中体现程序正义,提高学生的辩证分析能力。

2. 重点分析本案例自诉和公诉之间的界限和衔接问题,包括自诉程序的启动、审理和处理,国家追诉原则、罪责刑相适应原则、正当程序原则等,尤其要深入探讨具体个案中自诉与公诉的程序衔接,进一步鼓励学生立足纠纷解决和正当程序的要求,思考转化标准、公检法三机关的职能定位等。分别从刑事诉讼原理和发展历程角度,加强学生对我国刑事诉讼诉权分配方式的把握,鼓励学生批判性思考法律规定和司法实践背后的原理,进一步提高对制度的省思能力。

3. 关注本案例中刑法与刑事诉讼法的交叉内容,包括诽谤罪的构成要件要素,启动公诉程序之实体条件"严重危害社会秩序和国家利益",缓刑的适用条件等。加强学生结合案件事实运用法条的能力,培养、锻炼学生的跨部门法思维。

八、课堂计划

本案例可以作为专门的案例教学课来进行,整个案例课的课堂安排 6 个课时,每课时 45 分钟。如下课堂设计,仅供参考。

1. 课前计划:安排学生阅读案例及相关参考资料,对案例涉及问题进行思考,撰写实践题答案。

2. 课中计划:介绍教学目的,明确讨论主题;学生分组讨论,回答各项思考题,讨论实践题的撰写要点;小组代表提出撰写要点,学生讨论和分析;教师归纳总结。

3. 课后计划:布置学生思考诉权分配、国家追诉原则、自诉与公诉的界限与衔接的相关问题，梳理、归纳网络诽谤自诉、公诉案件的审判结果与特点，并进一步思考在互联网时代的大背景下，该如何合理划分网络诽谤案件自诉、公诉的案件范围，探索自诉转公诉程序衔接的具体路径。

九、参考文献

1. 樊崇义主编：《诉讼原理》（第 2 版），法律出版社 2009 年版。

2. 王爱立、雷建斌主编：《〈中华人民共和国刑事诉讼法〉释解与适用》，人民法院出版社 2018 年版。

3. 胡铭：《刑事诉讼法学》（2019 年修订版），法律出版社 2016 年版。

4. [美]约翰·罗尔斯：《正义论》，何怀宏等译，中国社会科学出版社 2001 年版。

5. [日]田口守一：《刑事诉讼法》（第 5 版），张凌、于秀峰译，中国政法大学出版社 2010 年版。

6. 熊秋红：《论公诉与自诉的关系》，载《中国刑事法杂志》2021 年第 1 期。

7. 吴宏耀：《告诉才处理犯罪的追诉制度：历史回顾与理论反思》，载《中国刑事法杂志》2021 年第 1 期。

8. 时延安：《"自诉转公诉"的法理分析》，载《中国刑事法杂志》2021 年第 1 期。

9. 车浩：《诽谤罪的法益构造与诉讼机制》，载《中国刑事法杂志》2021 年第 1 期。

10. 樊崇义：《诽谤罪之自诉转公诉程序衔接——评杭州郎某、何某涉嫌诽谤犯罪案》，载《检察日报》2020 年 12 月 28 日，第 3 版。

11. 张明楷：《网络诽谤的争议问题探究》，载《中国法学》2015 年第 3 期。

12. 王一超：《论"告诉才处理"案件的追诉形式》，载《环球法律评论》2014 年第 4 期。

13. 曲新久：《惩治网络诽谤的三个刑法问题》，载《人民检察》2013 年第 9 期。

14. 于冲：《网络诽谤刑法处置模式的体系化思考——以网络水军为切入点》，载《中国刑事法杂志》2012 年第 3 期。

15. 兰跃军：《自诉转公诉问题思考》，载《中国刑事法杂志》2008 年第 6 期。

1-3 CASE 李某诈骗、传授犯罪方法，牛某等人诈骗案

——附条件不起诉的适用、挑战与数字化变革

2018 年 11 月至 2019 年 3 月，李某利用某电商超市 7 天无理由退货的规则，多次在某电商超市网购香皂、洗发水、方便面等日用商品，收到商品后上传虚假退货快递单号，骗取某电商超市退回购物款累计 8445.53 元。后李某将此犯罪方法先后传授给牛某、黄某、关某、包某，并收取 1200 元“传授费用”。得知这一方法的牛某、黄某、关某、包某以此方法分别骗取某电商超市 15,598.86 元、8925.19 元、6617.71 元、6206.73 元。

本案例中，虽然涉案的 5 名人员不属于共同犯罪，但犯罪对象和犯罪手段相同，案件之间存在关联，为便于查明案件事实和保障诉讼顺利进行，公安机关采纳检察机关建议，对 5 人依法并案处理。[1]

一、审查逮捕阶段的检察履职情况

审查逮捕期间，检察机关依法分别告知 5 名未成年犯罪嫌疑人及其法定代理人认罪认罚从宽制度的法律规定，促使其认罪认罚。5 名犯罪嫌疑人均表达了认罪认罚的意愿，并主动退赃，取得了被害方某电商超市的谅解。检察机关认为 5 人虽利用网络实施诈骗，但并非针对不特定多数人，系普通诈骗犯罪，且主观恶性不大，犯罪情节较轻，无逮捕必要，加上 5 人均面临高考，因而依法作出不批准逮捕的决定。

二、审查起诉阶段的检察履职情况

审查起诉阶段，检察机关通知派驻检察院的值班律师向 5 人及其法定代理人提供法律帮助，并根据 5 人的犯罪情节、认罪悔罪态度，认为其符合附条件不起诉条件，提出适用附条件不起诉的意见，将帮教方案和附带条件作为具结书的

---

〔1〕 李某诈骗、传授犯罪方法，牛某等人诈骗案，最高人民检察院检例第 105 号（2021 年）。

内容一并签署。司法实践中,因缺乏明确的法律规定,对犯数罪的犯罪嫌疑人很少适用附条件不起诉。本案中,虽然李某涉嫌诈骗和传授犯罪方法两罪,但综合全案事实、社会调查情况以及犯罪后表现,依据有关量刑指导意见,李某的综合刑期应为1年以下有期徒刑,对其适用附条件不起诉制度有利于顺利进行特殊预防、教育改造。为此,检察机关专门针对李某涉嫌数罪是否可以适用附条件不起诉召开了不公开听证会,邀请了未成年犯管教干部、少年审判法官、律师、心理咨询师、公益组织负责人等担任听证员。经听证评议,听证员一致认为应对李某作出附条件不起诉的决定,以最大限度促进其改恶向善、回归正途。通过听证,李某认识到自己行为的严重性,李某父母认识到家庭教育中存在的问题,参加听证的各方面代表达成了协同帮教意向。2019年12月23日,检察机关对李某等5人依法作出附条件不起诉决定,考验期为6个月。

三、考验期内的检察履职情况

针对家庭责任缺位导致5人对法律缺乏认知与敬畏的共性问题,检察官会同司法社工开展了家庭教育指导,要求5人及其法定代理人在监督考察期间定期与心理咨询师沟通、与检察官和司法社工面谈,并分享法律故事、参加预防违法犯罪的宣讲活动。同时,针对5人各自特点分别设置了个性化附带条件:鉴于李某父母疏于管教,亲子关系紧张,特别安排追寻家族故事、追忆成长历程以增强李某的家庭认同感和责任感,修复家庭关系;鉴于包某性格内向无主见、极易被误导,安排其参加“您好陌生人”志愿服务队,以走上街头送爱心的方式锻炼与陌生人的沟通能力,同时对其进行“朋辈群体干扰场景模拟”小组训练,通过场景模拟,帮助其向不合理要求勇敢说“不”;鉴于黄某因达不到父母所盼而缺乏自信,鼓励其发挥特长,担任禁毒教育、网络安全等普法活动主持人,使其在学习法律知识的同时,增强个人荣誉感和家庭认同感;鉴于牛某因单亲家庭而自卑,带领其参加照料空巢老人、探访留守儿童等志愿活动,通过培养同理心增强其自我认同,实现“爱人以自爱”;鉴于关某沉迷网络游戏挥霍消费,督促其担任家庭记账员,激发其责任意识克制网瘾,养成良好习惯。

在办理案件的过程中,检察机关还引入司法社工全流程参与精准帮教,充分发挥“3+1”(检察院、未管所、社会组织和涉罪未成年人)帮教工作平台优势,并结合法治进校园“百千万工程”,联合团委、妇联、教育局共同组建“手拉手法治宣讲团”,要求5人及其法定代理人定期参加法治教育讲座。此外,检察机关还与辖区内广播电台、敬老院、图书馆、爱心企业签订观护帮教协议,组织5人及其法定代理人接受和参与优秀传统文化教育或实践。

2020 年 6 月 22 日,检察机关根据 5 人在附条件不起诉考察期间的表现,均作出不起诉决定。

四、本案焦点的综合评述

附条件不起诉是起诉便宜原则的重要体现,根据此种制度安排,检察机关对于符合法定条件的犯罪嫌疑人决定暂时不起诉,并令其于监督考察期限内履行特定义务。我国的附条件不起诉制度源于对国外类似制度的参考以及对基层检察机关试点的经验总结,2012 年修正的《刑事诉讼法》以特别程序的形式正式确立了附条件不起诉制度。根据立法机关的安排,这一制度的适用对象仅限于可能判处 1 年有期徒刑以下的未成年犯罪嫌疑人。随着犯罪圈的日臻扩张,加之舆论场对犯罪附随性后果的非理性介入,理论界和实务界亟须思考何以实现更为包容的现代化犯罪治理。对此,主流观点认为有必要拓宽实定法关于附条件不起诉的适用条件,将实施对象扩张至成年人,以程序出罪机制节制刑罚的司法适用。同时,为纾解"醉驾""帮信"等轻罪案件大规模入罪的困局,实践中部分基层检察机关将附条件不起诉制度扩大适用到部分轻罪案件,这些通过自发探索形成的轻罪治理经验为一般社会规范的制定提供了重要资源。然而立法者的顾虑似乎一直存在,既有对我国法治状况的综合考量,也有对检察机关可能滥用自由裁量权以及对社会公众认可度的关切。

本案中,虽然 5 名当事人在犯罪时均系未成年人,但所涉及的罪名却是较为常见的网络诈骗,对于数字时代附条件不起诉制度的改良具有重要意义。此外,附条件不起诉裁量的关键在于风险和量刑评估。本案中,李某涉嫌诈骗和传授犯罪方法两罪,符合起诉条件,办案机关根据李某认罪认罚的情况,并综合其犯罪行为的性质、情节、后果以及社会调查报告中的犯罪原因、犯罪前后的表现等,评估李某的综合刑期应为 1 年以下有期徒刑,故依法适用附条件不起诉制度。如何从本案出发,探究制约检察机关自由裁量权的控制程序,塑造公正、理性、客观的量刑评估程序,亦是重要关注点。当然,本案的焦点还在于如何因案因人设计个性化的帮教措施,依托个案办理整合帮教资源,推动未成年人检察工作社会支持体系建设。随着现代科技持续赋能数字法治与智慧司法建设,刑事司法中的各主体皆在以新理念和新模式推动新实践。数字化驱动下的司法实践,不仅产出了全域数字法院、数字检察等智慧司法成果,更已然转向了数字决策,数字技术被用于评估暂缓起诉之风险已不再是虚无的愿景。同时,一些数字化的监督考察平台也随之兴起。事实上,这些现代技术给刑事司法系统带来的深刻变革不亚于犯罪结构的转变,后者在理念上激活附条件不起诉制度,而前者使科学规范持续运行成为可能。虽然本案的处理模式、方法、路径仍较为传统，但通过解剖本案所蕴含的案件适用、量刑评估、附带处分、教育考察等方面背后的深刻原理，可以探索附条件不起诉制度的数字化变革路径，为附条件不起诉的制度改良提供有力支撑。

案例使用说明

一、教学目的与用途

本案例主要用于讲授附条件不起诉制度的相关问题，围绕附条件不起诉制度的基本原理、适用条件、具体程序、监督考察机制等传统问题，揭示现有的附条件不起诉制度在应对犯罪结构转变时所面临的困境。同时，随着数字检察等智慧司法成果全方位兴起，本案例所提供的传统模式样本还将为数字时代附条件不起诉制度的改良路径提供智识资源。

以本案为例，具体要解决的问题包括：其一，附条件不起诉制度的基本原理及适用程序；其二，数字时代刑事司法的转型是否为附条件不起诉制度带来新的机遇，这些机遇能在何种程度消解制度扩张之疑虑；其三，数字时代的技术手段如何与附条件不起诉的制度价值相协调；其四，数字时代的附条件不起诉制度的改良路径为何？何以防范数字技术可能裹挟的程序性风险以及如何为立法提供教义学准据？

本案例供法律硕士案例教学使用，法学本科（大四）、刑法学硕士、诉讼法学硕士也可以参酌试用。

二、涉及知识点

（一）附条件不起诉制度体现了何种起诉原则？两种起诉原则的理论基础何在？

在实行检察官制的控诉制度之下，依照检察官的起诉准则，具体可分为起诉法定原则和起诉便宜原则。

起诉法定原则，是指检察机关等法律规定享有起诉权的国家专门机关如认为刑事案件具备起诉的条件，就必须向人民法院提起公诉，而不能根据案件的具体情况自行斟酌处理。其理论基础在于：第一，起诉法定原则主要表现在国家独占刑罚权之后，同时负担追诉义务，因此可以说起诉法定原则与国家追诉原则相互依存、并行不悖；第二，起诉法定原则之下检察官需严格依法提起公诉，与被追诉者的身份、地位无关,是平等原则的重要体现;第三,起诉法定原则与刑罚哲学报应论息息相关,体现了所谓的“有罪必究”。当然,起诉法定原则的重要目的还在于控制和制约检察官,避免滥权追诉或不追诉。

起诉便宜原则,是指检察机关等法律规定享有起诉权的国家专门机关对于具备起诉条件的犯罪,并非一律要提起公诉,而是可以根据案件具体情况进行利害权衡之后,再裁量决定起诉或者不起诉。由于严苛的起诉法定原则在实际运行的过程中难免背离公平、正义的刑事司法理念,且无益于被追诉者的再社会化以及轻微犯罪的除罪化,故在部分案件中允许检察官依照合目的性的考量,权衡个案是否应提起公诉。当存在比追诉更为轻缓的刑事转处方式,且能达到相当的惩罚效果时,国家并无必要强行启动整套刑事审判程序,以免追诉强度超过追诉目的。起诉便宜原则主张不同案件的追诉方式与强度应动态调整,最终达成合乎比例的平衡。英美等国家贯彻较为彻底的起诉便宜原则,我国则是以起诉法定原则为主,但同时参酌适用起诉便宜原则。

回到附条件不起诉制度本身,其背后蕴含的乃是起诉便宜原则的精神。对于那些已构成犯罪的案件,为更好地维护社会公共利益,达到良好的社会效果,检察机关对被追诉者施加一种附条件的便宜不起诉处分,令其于一定期间内履行特定负担。从 19 世纪后半叶开始,起诉便宜主义日渐盛行,法国、德国、意大利、日本等国家深受影响且纷纷结合本国国情制定了名称不尽相同的不起诉制度,如暂缓起诉、缓起诉、起诉犹豫等。我国则是在 2012 年《刑事诉讼法》修改时以“特别程序”的形式正式确立了附条件不起诉制度,但仅限于未成年犯罪嫌疑人。需要指出的是,未成年人刑事程序本就以特别预防目的为导向,故引入附条件不起诉制度实属应然之举,而在成年人案件中,在多大程度上兼顾预防目的,如何实现轻罪和重罪案件处理方式与强度的分野才是应该认真思考的问题。

(二)不起诉的类型有哪些?哪些属于便宜不起诉?

根据《刑事诉讼法》和《人民检察院刑事诉讼规则》的相关规定,我国检察机关的不起诉包括法定不起诉、证据不足不起诉、相对不起诉、附条件不起诉以及特别不起诉这五类,其中后三类属于便宜不起诉。

1. 法定不起诉。法定不起诉又称为绝对不起诉,是指犯罪嫌疑人没有犯罪事实,或者有《刑事诉讼法》第 16 条规定的情形之一的,人民检察院应当作出不起诉决定。也就是说,法定不起诉适用于犯罪嫌疑人没有犯罪事实的情况,以及以下六种情形:第一,情节显著轻微、危害不大,不认为是犯罪的;第二,犯罪已过追诉时效期限的;第三,经特赦令免除刑罚的;第四,依照《刑法》告诉才处理的犯罪,没有告诉或者撤回告诉的;第五,犯罪嫌疑人、被告人死亡的;第六,其他法律规定免予追究刑事责任的。在法定不起诉中,检察官没有自由裁量权,“应当”作出不起诉决定。

2. 证据不足不起诉。证据不足不起诉,是指根据《刑事诉讼法》第 175 条第 4 款的规定,对于二次补充侦查的案件,人民检察院仍然认为证据不足,不符合起诉条件的,应当作出不起诉的决定。

3. 相对不起诉。相对不起诉又称酌定不起诉,是指《刑事诉讼法》第 177 条第 2 款规定的,对于犯罪情节轻微,依照刑法规定不需要判处刑罚或者免除刑罚的,人民检察院可以作出不起诉决定。通常情况下,相对不起诉是基于刑事政策的考量以及诉讼经济的要求作出的决定。

4. 附条件不起诉。2012 年《刑事诉讼法》正式确立了针对未成年犯罪嫌疑人的附条件不起诉制度,即对于未成年人涉嫌《刑法》分则第四章、第五章、第六章规定的犯罪,可能判处 1 年有期徒刑以下刑罚,符合起诉条件,但有悔罪表现的,人民检察院可以作出附条件不起诉的决定。

5. 特别不起诉。2018 年《刑事诉讼法》修改,在第 182 条第 1 款规定了一项特殊情形的不起诉,即犯罪嫌疑人自愿如实供述涉嫌犯罪的事实,有重大立功或者案件涉及国家重大利益的,经最高人民检察院核准,公安机关可以撤销案件,人民检察院可以作出不起诉决定,也可以对涉嫌数罪中的一项或者多项不起诉。

其中,相对不起诉、附条件不起诉和特别不起诉系便宜不起诉,检察官在个案中可以进行自由裁量,尤其必须考量对公共利益的维护,审酌放弃追诉是否会造成一般预防及正义观感的负面影响。本案中,李某等人以非法占有为目的,使用欺骗方法,骗取某电商超市数额较大的购物款,已构成诈骗罪,且数罪并罚,根据《刑法》的规定可能判处 1 年有期徒刑以下的刑罚,故已经符合起诉条件,不能作相对不起诉的处理。

(三)附条件不起诉与相对不起诉之间有何区别和联系?如何破解界限模糊的难题?

一般认为,相对不起诉和附条件不起诉在具体运行上相互重叠,部分适用相对不起诉的案件亦可适用附条件不起诉,甚至实践中还出现标准不一导致的相似犯罪情节得到相对不起诉和附条件不起诉两种性质不同的处分的情况。同样地,附条件不起诉与缓刑亦有重叠,前者之所以适用率较低,是因为相对不起诉和缓刑的量刑建议都近乎终局性处置,不再有后续烦琐的监督考察程序。鉴于此,有观点主张在制度上设计明确两种不起诉制度的逻辑关系,形成阶梯式裁量体系。这种观点可能有一定的道理,但根本原因仍然在于裁量的过程缺乏刚性的制约机制。通过对现行规范的目的解释,已经可以得出相对不起诉适用于那些没有监督考察必要性的案件,并且在与附条件不起诉竞合时具有优位性的结论。问题的本质在于,检察官总能找到合适的理由来论证是否具有监督考察必要性,这才泛化了两类不起诉之间的界限。

事实上,数字技术辅助附条件不起诉法定要件的识别对界限的廓清具有重要意义。一方面,监督考察必要性在很大程度上是一个统计学问题,即在过去相同或类似情节的案件中有效地监督考察组成了界分两者的经验束;另一方面,引入数字技术辅助要件识别还能倒逼量刑指南的完善,使各种案件情节收敛于一个严格可重复的空间,如果没有充分的理由检察机关一般不宜突破。

(四)附条件不起诉的适用应当满足哪些条件?

根据《刑事诉讼法》第282条之规定,附条件不起诉的适用应当满足如下条件:(1)实施对象,附条件不起诉只适用于未成年人,即犯罪时未满18周岁的人。(2)罪名限制,能够适用此制度的罪名,只能是《刑法》分则第四章、第五章、第六章规定的犯罪,即侵犯公民人身权利、民主权利,侵犯财产和妨害社会管理秩序犯罪。(3)刑罚条件,即未成年人涉嫌的罪名,依照法律规定,只可能是判处1年有期徒刑以下刑罚的。在此,对于"可能判处"的理解,应该是指结合未成年人的主观恶性和客观危害,综合考虑案件的事实和情节,人民检察院经过审查起诉以后认为人民法院实际能够判处的刑罚,而不是指罪名的法定刑。(4)罪后主观表现,即未成年犯罪嫌疑人认罪认罚,向被害人赔礼道歉、积极退赃、尽力减少或者赔偿损失,取得被害人谅解,具有自首或者立功表现,等等。具备以上条件,人民检察院可以作出附条件不起诉的决定。

(五)附条件不起诉的适用条件之"可能判处的刑罚"在实际运行中可能存在哪些问题?进入数字时代后,这些问题可否避免?

附条件不起诉的适用基础在于"可能判处的刑罚"之判断。目前的实证规范要求办案机关综合个案情况评估犯罪嫌疑人是否"可能被判处1年有期徒刑以下刑罚"。这一设计未能在附条件不起诉与相对不起诉之间勾勒出清晰的边界,从而可能造成制度浪费;同时,过窄的准入范围极大地压缩了轻罪除罪化空间,背离制度的立法意旨。但倘若扩张至全部轻微罪案件(3年有期徒刑以下刑罚),立法者似乎又对"事实的轻罪"可能缺乏刚性制约存有隐忧:一方面,为使"事实的轻罪"的宣告刑落入附条件不起诉的适用范围,检察机关必须权衡减轻和从轻情节,这不仅在识别难度上高于"法定的轻罪",还可能人为制造同案量刑的偏离;另一方面,附条件不起诉本就被指侵犯人民法院的审判权,"事实的轻罪"在一般性的构成要件之外又需要检察机关作出更深层次的实体处遇决定,这无疑给予检察机关过多不受约束的裁量空间。

在数字时代,计算机技术对数据要素的充分利用将使案件的情节筛选与要件识别更为准确严密,一些风险评估和量刑辅助系统的介入可有效消除量刑时人为预断的差异,相当多的成果已在世界范围内被广泛应用。例如,在美国,COMPAS 是一款基于机器学习的风险评估工具,该工具由 43 个风险量表模型组成,其键入数据主要源于一份包含 137 个问题的长问卷,实践中辅助法官进行量刑预测的准确度超七成。在我国,各地人民法院先后开发智审辅助量刑裁决系统、量刑建议辅助分析系统等数字应用,通过人工智能辅助量刑。同样地,检察机关也在检察业务应用系统 2.0 版中增加了量刑辅助系统等智能辅助办案工具,利用大数据提供历史上同类案件的量刑情况,辅助检察官提出精准化的量刑建议,人民法院的最终采纳率接近 97% 。数字时代下司法机关充分利用数字技术三大基本要素,通过深度学习训练人工智能,评估被追诉者的再犯风险并得到较为精准的量刑预测。总体而言,数字技术所提供的量刑预测资源有助于附条件不起诉法定要件的规范判断,从而消解不起诉决策的差异化可能,避免了司法的任意性和不确定性。

(六)附条件不起诉制度的正当性基础何在?数字技术如何能够约束检察官的自由裁量权?

附条件不起诉制度的正当性基础在于保障被追诉者、被害人以及社会公众的实质平等,既要避免轻微犯罪之人被标签化,又要防止过度倚重特别预防,从而动摇社会对司法的信赖。就具体化的实证规范而言,当前各国的程序法主要呈现两种模式。一是直接将“满足公共利益”规定为附条件不起诉的法定条件。例如,《德国刑事诉讼法》第 153a 条就规定,对被指控人发布的要求和指示必须可以消除起诉的公共利益。《荷兰刑事诉讼法》第 167 -2 条也明确了检察官可以公共利益为由在不起诉决定中附加条件,并由总检察长委员会细化放弃起诉的指导原则。二是将“公共利益”隐匿于法伦理性原则身后,透过规范间的关联互动进行言说。譬如,美国的暂缓起诉制度适用于“推定被告可被成功起诉”的案件。同样地,我国《刑事诉讼法》虽未明确指出附条件不起诉制度须更符合公共利益,但规定了启动的前提在于符合起诉条件,至于缘何放弃起诉,实际是在国家追诉利益、社会公共利益以及当事人利益间均衡调整的结果。因此,检察官得依照合目的性的考量,在处理案件时参酌公共利益之维护,尤须审酌放弃追诉是否造成一般预防及正义观感的负面影响。相对于量刑情节的班班可考,公共利益的内涵则较为抽象:年龄、种族和社会阶层等法外因素可能会左右检察官对追诉利益之衡量。如此一来,宽阔的裁量空间可能使附条件不起诉制度沦为先入为主的选择性执法,进而侵蚀公平正义的刑事司法理念,因此立法者极力避免大范围释放附条件不起诉制度的启动空间。

智慧司法技术的出现无疑极大地消解了前诉讼环节自由裁量的无序扩张。原因在于，数字技术接管了规范言说、犯罪情节呈现等工作，为系争中的多元利益平衡提供资源，跳出了常规的诉讼机制。实践中，检察机关已经通过犯罪信息汇集、大数据要素生产、规则制定搭建新型检务中枢，辅助案件的审前处理。在过去，面对可能判处相同刑罚的两人，检察官可能在潜意识里将一个身材魁梧、目光凶狠的贫穷青年视为聚众斗殴的惯犯，反之容易相信一名外表看似孱弱实则是滋事老手的家境殷富的少年，并作出不起诉决定。这种偏见在不知不觉中被前置，导致检察官在考量是否追诉的各方面因素时出现系统性偏差。在数字时代，法治监督业务知识图谱已与数据知识图谱有效结合，由“数据找人”绘制的人物虚拟肖像基于机器学习的精算能够过滤掉一些自由裁量的偏差，从而保障裁量的结果更符合公共利益。甚至基于模拟大脑运作的机制、深度学习理论以及计算机对人类心理状态的阅读，人工智能能够对公共利益等价值问题进行判断，并通过属性特征、属性值以及最终形成特征向量的过程使价值数据化，形成价值数据集。由此可见，搭载深度机器学习的数字平台的出现能有效限制检察机关的起诉裁量权，令附条件不起诉制度的扩张具备了实质公平的可能。

（七）为什么说社会支撑体系尚无法满足附条件不起诉制度的扩张需要？数字化监管平台和应用的出现能够有效弥补社会支撑体系的“先天不足”？

监督考察并非传统办案审查证据和适用法律的工作，而是一个需要多元主体参与互动的过程。欧洲检察官咨询会（CCPE）曾指出，大量的物质资源、精心准备的公众教育、充分的信息公开是起诉替代措施能够实施的前提；当然，还需要训练有素的专业人员（如调解员）与检察官共同执行和跟进这些措施，这些专业人员还必须获得适当的报酬。实际上，司法周边资源匮乏导致起诉替代措施效果减损的事例屡见不鲜。例如，捷克司法系统的数智化、智能化水平相当有限，只能通过缓刑监督官的随机探访来监管嫌疑人，使发现违反替代起诉管理规定的行为演变为一场“猫鼠游戏”。因此有不少观点主张当前社会支撑体系的建设尚无法满足附条件不起诉制度的扩张需要。

然而数字时代的司法实践表明，技术升级与司法效率间可以形成正向循环，高效处理重复性工作又恰好是数字技术的特质，因此数字化的监督考察环境使弥补社会支撑体系的“先天不足”成为可能。所谓数字化的监督考察体系，既包括对行为人的实时管控及动态预警，也包括依托数字技术的个性化教育矫治和考察方式。当前，各国检控部门正探索数字技术在附条件不起诉制度监督考察中的运用，根据其介入的程度及发挥的功能，具体可分为两类。一是数字化平台提供应用辅助,监督考察的主体依旧是司法官。例如,一些检察机关专门开发附条件不起诉制度的监督帮教平台,以学院化、学分制的方式对被附条件不起诉人进行分级干预;同时,通过移动终端绘制学员行动轨迹的精准“画像”,设置多重电子围栏。还有一些检察机关开发微信小程序,为涉案人员提供法规学习、公益服务打卡的虚拟考察平台,用于对附条件不起诉制度的监督考察。亦有检察机关在数字平台内搭建“双向联系”管道,个性化帮助涉案人员回归社会。二是数字化平台可以自主输出个性化的监督考察建议,司法官是平台的监督者。颇具代表性的是美国皮纳尔县检察官办公室启动社区监管数字化转型项目(DTCS)。该平台集成的 Reconnect 程序能以涉案证据为基础并综合案件的基本情况,为嫌疑人量身定制转处方案:如果程序判断涉案青年受家庭教育的程度严重不足,就会自动推荐一定时长的“父母教育”课程;行为人若涉嫌交通类犯罪,则该制度程序除提供数据库内的驾驶类课程以外,还会建议行为人与因交通事故致残的社区居民接触,帮助行为人深刻认清不良驾驶的后果。

(八)数字技术介入后的附条件不起诉制度面临哪些主要困境?

当前,各类数字技术已在刑事司法中普遍应用,面对的冲击和挑战也具有融贯性,不因具体应用的场景而转移。数字技术介入下的附条件不起诉制度同样存在一些共性的困境。

1. 评估犯罪嫌疑人社会危险性、特殊预防必要性算法的结果公正性存疑。数字技术可能将那些人类潜意识里蕴含偏见的不当决策固化,量刑辅助系统可能包含隐性偏见。而且机器学习的复杂性可能会降低检察官推翻机器建议的可能性,从而形成结果依赖。

2. 犯罪嫌疑人、被害人和社会公众在裁量过程中的参与权和知情权受限。一般情况下,检察机关在附条件不起诉决定书的正文部分不会详述量刑评估的缘由,风险评估也会在社会调查情况的部分被带过,而对“不诉”是否符合公共利益则通常不予论证。诉讼当事人无法获取检察裁量的过程性信息,间接增加了救济的难度。

3. 数字化监督考察平台的建设无法剥离现实场景的支持,且总体设计仍较为单一和粗疏。就附条件不起诉制度的监督考察而言,云题库、在线课程等虚拟场景仅是多元教育矫治措施中的一面,数字化平台无法替代社区服务场所、特定诊疗项目、社工群体招募等现实场景。

除了上述几个共性问题,数字技术还对附条件不起诉制度的基本价值造成冲击。首先,数字时代附条件不起诉制度的全面扩张实际造成司法资源转移而不是节约。从表面上看,附条件不起诉制度所预期的繁简分流能够实现,但案件总量并未减少，原先由法官处理的案件改由检察机关进行终局性处理，司法资源的分配此消彼长。其次，数据获取环节的实证规范非常少，被污染的数据源将削弱风险评估算法的准确性，最终影响犯罪预防效果。辩方应当有权知晓所有键入风险评估系统的数据，例如，身份信息、前科、性格测试等。然而法律尚未规定数据获取的正当程序，至于如何清除被污染的数据也无据可循。最后，数字技术的介入强化了控辩双方的实质不平等，既不利于犯罪嫌疑人的再社会化，又影响法秩序的恢复。由于辩方对技术介入的程度和方式并不知情或知道的相当有限，所以对结果有异议时，难免将其归因于控方，加剧控辩双方冲突。

（九）数字时代附条件不起诉制度的适用条件应当如何调整？

1. 在案件准入上，可进一步放宽对涉案对象的限制。实定法将适用主体框定在未成年人本就出于渐进式立法的考量，那些对社会危害性不大、改造较为容易的人群理应进入附条件不起诉制度的视野。考虑到未成年司法的特殊性，有学者建议构建成年人与未成年人案件附条件不起诉制度的二元化处理模式。

2. 对于适用的案件类型，当前将其限制在《刑法》分则第四章至第六章主要是基于未成年人犯罪的特点。进入数字时代，附条件不起诉制度的评估主要围绕风险和量刑评估展开，一套科学且保障正当程序的算法具有极强的个案生命力，没必要削足适履，大范围限制案件类型。但完全不加限制似乎也不合适，依据数学原理和统计学原理建构的算法得出的分析结果尽管可能是准确的，但不排除严重冲击社会公众对公平正义之观感。实际上，域外国家多从反面列举不能适用的具体情形，例如，美国审前转处计划将涉嫌严重暴力、性虐待或性侵犯、危害国家安全、公职人员违反职务公正等犯罪的人员排除在外。对此，我国可予以参考，绝对禁止对实施危害国家安全犯罪、恐怖活动犯罪等严重损害公共利益的犯罪嫌疑人适用附条件不起诉制度；此外，围绕数字技术提供的社会危险性量化评估结果，将人身危险性较大的、共同犯罪中的主犯、累犯、再犯等具有国家追诉利益的情形亦排除在外。

3. 在刑罚条件上，一方面，实定法“可能判处一年有期徒刑以下”的限制导致了部分轻罪被排除在适用范围之外，使罪刑不均衡等缺陷更为突出。另一方面，倘若直接将适用条件放开到“可能判处三年有期徒刑以下”，在数字量刑和风险评估技术的精准性尚待实证进一步检验时，这种突兀的空间释放无疑极大地扩张了裁量空间，极端情况下一些法定刑在10年以上的案件亦可满足附条件不起诉的法定要件。对此，可以采用“两步走”的改革路径：第一步，在下一轮修法时率先解决当前实践中基层检察机关在醉驾等轻罪中探索的所谓“附条件的”相对不起诉之正当性问题，将刑罚条件规定为“可能判处一年有期徒刑以下”，既囊括了危险驾驶罪、妨害安全驾驶罪、高空抛物罪等法定刑在1年以下的轻罪，也为像袭警罪、故意伤害（轻伤）罪这样法定的轻罪提供了过渡地带；第二步，以部分区域试点的形式，为“可能判处一年以上三年以下有期徒刑”的案件提供准入许可，但应同步限制为“再犯可能性低或过失犯罪”，后续再根据试点情况解除全部限制。如此，既涵盖了全部有出罪必要的轻罪，同时提供了数字辅助技术充分运转的空间。

4. 在罪后主观表现方面，现行规范中所谓的“有悔罪表现”尚不足以吸收协商式司法的理念，且存在重叠认定的问题。具言之，虽然具有自首或立功表现，犯罪中止等情节可以视为有悔罪表现，但这部分情节已经在数字技术评估风险、提出量刑预测的时候被吸收，不具有独立价值。实际上，该要件的意义在于凸显犯罪嫌疑人在刑事诉讼中的主体地位，赋予其直接参与形塑附条件不起诉之负担的权利。例如，在本案中，检察机关将附条件不起诉的意见和附带条件作为具结书的内容让犯罪嫌疑人一并签署。未来修法时，应当明确认罪认罚从宽与附条件不起诉制度的衔接，将“有悔罪表现”修改为“认罪认罚”，当然具体的表现形式可以是向被害人赔礼道歉，积极退赃，尽力减少或者弥补损失等。

（十）如何依托数字监督考察平台开发个性化的教育矫治模块？

数字时代下附条件不起诉制度的监督考察的关键在于设计一套内嵌于数字化监督考察平台的通行算法，自动输出个性化教育矫治方案。所谓个性化方案，是在基础性的监督考察模块之外，设置一套旨在消除行为人犯罪的内生性因素，实现特殊预防的举措。数字时代对犯罪嫌疑人的监督考察可以考虑围绕犯罪侵犯的法益定制矫治方案，分别为以下五类：(1)危害公共安全类犯罪矫治项目。该项目主要针对危险驾驶、高空抛物等危害不特定多数人的生命、健康的行为，安排犯罪嫌疑人接受公共安全教育类课程（如交通警示案例、高空抛物危害的情境模拟），同时进行交通疏导、安全提醒等社会公益服务。(2)破坏经济秩序类犯罪矫治项目。该项目主要安排犯罪嫌疑人接受公司、企业、金融管理类课程以及产品安全生产教育，并进行再入社会的考试，同时还要参与金融诈骗类反诈宣传、市场秩序劝导等服务。(3)侵犯人身类犯罪矫治项目。该项目主要在司法社工、心理专家的参与下侧重犯罪嫌疑人与被害人的和解以及社会关系的修复，在涉及激情犯罪、被害人有一定过错的案件中，犯罪嫌疑人要特别接受情绪控制、心理辅导类课程，在测验合格后复归社会。(4)侵犯财产类犯罪矫治项目。该项目主要针对盗窃、诈骗犯罪，结合社会调查中犯罪嫌疑人的家庭及经济状况适情况安排职业规划类教育，同时犯罪嫌疑人还要接受反盗窃、反诈骗类课程并在相关公共场所进行宣传。(5)妨害社会管理秩序类犯罪矫治项目。该项目包括毒品、药品戒瘾治疗（考察小组不定时进行抽检），公共秩序和社会管理秩序类课程，犯罪嫌疑人既要在特定的公共场所从事公益服务，还要根据案件类型筛选出身边的不良人员并制订远离方案。

具体到个案中，数字监督考察平台将根据具体案情和社会调查结果，生成相对灵活的监督考察项目单，再由控辩双方协商确定。例如，在本案中，检察机关可以使用量刑评估系统得出李某等 5 人均可以判处 1 年有期徒刑以下刑罚的结论后，再综合衡量本案行为人虽侵害了商家对香皂、洗发水、方便面等日用商品的所有权等法益，但并未针对不特定社会公众，且被害人的损失较小，甚至刚刚达到“数额较大”的标准，再加上 5 名犯罪嫌疑人均表达了认罪认罚，并取得了被害方某电商超市的谅解，总体不具有显著的国家追诉利益。据此，数字监督考察平台生成了系列考察项目，包括接受一定时长的反诈骗课程、走进学校和社区进行反诈宣传、在超市社区等场所进行一定时长的公益服务等。检察机关在与犯罪嫌疑人协商后，根据个案的特殊性，决定实施前两项考察方案，并随认罪认罚具结书一并签署。

当然，监督考察平台个性化模块的开发是一个系统且长期的工程，需要不同部门在数字战略指引下，科学地开发并进行试验。一方面，同步推进数字场景与现实场景建设。检察机关应联动政府部门，接轨司法社工、公益组织等，开发教育考察场景（如动物园、医院、图书馆、商场、火车站等社会综合场所）数据库，扩展打造法治领域乃至社会治理领域一体化平台。例如，本案办理过程中，检察机关充分发挥“3＋1”（检察院、未管所、社会组织和涉罪未成年人）帮教工作平台优势，并结合法治进校园“百千万工程”，联合团委、妇联、教育局共同组建“手拉手法治宣讲团”，要求涉案的 5 人及其法定代理人定期参加法治教育讲座。另一方面，在监督考察的验收方面，确立检察主导、其他部门辅助的工作格局。具言之，犯罪嫌疑人的考察方案由检察机关制定，日常考察由司法社工进行，最终结论由检察机关作出。数字监督考察平台链接监督考察的多元主体，实现事实信息上载和意见的交互，并在保障犯罪嫌疑人权利、维护社会公共利益间动态调整考察方案。

三、配套教材

1. 胡铭：《刑事诉讼法学》（2019 年修订版），法律出版社 2016 年版。

2. 林钰雄：《刑事诉讼法》，台北，新学林出版股份有限公司 2020 年版。

3. 贾宇、王敏远主编：《检察学》，中国检察出版社 2023 年版。

4. 陈光中、［德］汉斯－约格·阿尔布莱希特主编：《中德不起诉制度比较研究》，中国检察出版社 2002 年版。

5. 张智辉主编：《附条件不起诉制度研究》，中国检察出版社 2011 年版。

6. [美]肯尼斯・卡尔普・戴维斯：《裁量正义—— 一项初步的研究》，毕洪海译，商务印书馆 2009 年版。

7. [德]诺伯特・霍斯特：《何以刑罚？：哲学立场的思辨》，王芳凯译，北京大学出版社 2023 年版。

8. 胡铭：《司法制度的中国模式与实践逻辑》，商务印书馆 2023 年版。

9. 郑曦：《数字时代的刑事诉讼变革》，法律出版社 2023 年版。

10. Roland Vogl ed., *Research Handbook on Big Data Law*, Edward Elgar Publishing Limited, 2021.

四、启发思考题与实践题

（一）思考题

1. 附条件不起诉制度是否违背“控审分离”原则？是否侵蚀人民法院的定罪量刑权？

2. 附条件不起诉的异议程序有哪些？被害人的意见是否会影响检察机关作出附条件不起诉的决定？

3. 附条件不起诉决定是否具有终局性？附条件不起诉决定书的生效时间与不起诉决定书的生效时间是否相同？

4. 对于已经适用过一次附条件不起诉的被追诉者可否二次适用附条件不起诉？如果可以，有什么注意事项？

5. 当前我国的犯罪结构发生了哪些转变？对刑事司法系统的影响有哪些？对个人的影响又有哪些？

6. 程序出罪的方式有哪些？请结合犯罪结构和时代背景的深刻变革谈一谈为什么附条件不起诉制度需要扩张？

7. 本案中，检察机关是如何对李某等人的量刑作出评估的？是否能与“可能判处的刑罚”相一致？有哪些技术可以辅助检察机关进行量刑预测？准确性如何？

8. 倘若未来人工智能参与了附条件不起诉的决策过程，其限度如何？应当以何种方式消解数字技术介入刑事司法的系统性痼疾？

9. 如何理解附条件不起诉适用条件中的“社会公共利益”？对此，算法可否有效识别？如果不能，算法在其中可以发挥什么作用？

10. 附条件不起诉的所附条件是否是一种惩罚？除了《人民检察院刑事诉

讼规则》第476条所规定的一系列矫治和教育措施还有哪些?可否数字化?

(二)实践题

1.请在裁判文书网上检索100份不同类型、地区和时期的轻罪判决(宣告刑在3年有期徒刑以下),分别键入量刑辅助系统(如小包公:https://www.xiaobaogong.com/index.html)进行量刑预测,并统计预测的准确性。

2.根据本案的相关报道和检察履职过程,尝试撰写一份附条件不起诉决定书。

3.请观看电影《第二十条》,分析电影中检察机关对当事人王永强依法作出不起诉决定前是否进行了检察听证环节?是否存在疏漏和不足之处?分析完毕后尝试根据本案基本情节模拟一次附条件不起诉听证。

4.根据本案的基本信息,结合轻罪时代犯罪结构的转变,尝试对附条件不起诉制度作一次系统的文献梳理,并撰写一篇文献综述。

5.根据类似案件的办理情况,在条件允许的情况下,前往检察机关采访办案人员对附条件不起诉制度的疑虑和关切。

五、理论依据

起诉便宜主义　数字检察　检察裁量权　报应理论　预防理论　比例原则　社会公共利益　刑事正当程序

六、背景信息

附条件不起诉制度不仅关涉轻罪嫌疑人的再社会化,更关乎社会宽宥以及刑罚哲学非报应论的义理,是刑事程序中恒常的命题。自2012年《刑事诉讼法》修改正式确立该制度后,理论界一直呼吁吸纳更多适用主体并为案件类型"松绑"。随着风险社会下责任刑法向安全刑法的转向,我国刑事法网也在不断扩张,从《刑法修正案(八)》至《刑法修正案(十二)》,大量轻微犯罪被纳入刑事法网,使我国刑事案件的结构发生显著变化。根据最高人民检察院2021年的工作报告,轻罪案件的比例大幅升高,判处不满3年有期徒刑及以下刑罚的案件,从2000年占53.9%升至2020年的77.4%。令人唏嘘的是这些轻罪的附随性后果不仅伴随终身,有的还直接影响了直系亲属的就业和正常生活。所以程序法学者普遍认为,应当探究完善程序出罪的新路径,去找寻理性、包容、现代的轻罪治理模式,附条件不起诉制度就是其中至关重要的抓手。

一方面,基层司法机关开展了由下至上的试点。例如,浙江、广东、福建等地的基层检察机关在轻微醉驾案件中引入"社会公益服务考察""交通志愿服务考察”等项目,对于符合条件的醉驾犯罪嫌疑人,可以责令其参加社会公益服务,对于公益服务表现良好的行为人可以作出不起诉决定。又如,湖北等地的检察机关对帮信、掩隐等犯罪中符合不起诉条件的犯罪嫌疑人,以不起诉社会公益服务的方式强化“反向衔接”,做好不起诉的后半篇文章。上述检察机关对附条件不起诉制度的探索也得到了最高司法机关的肯定。2023 年 12 月 18 日,最高人民法院、最高人民检察院、公安部、司法部联合发布《关于办理醉酒危险驾驶刑事案件的意见》,其中明确可以将犯罪嫌疑人接受安全驾驶教育、从事交通志愿和社区公益服务等情况作为不起诉决策的考量因素。另一方面,随着数字时代越来越多的人工智能应用于刑事司法的各色场景,附条件不起诉制度同样应当紧随浪潮,以开放的姿态去吸纳时代的变革、技术的赋能。数字技术的介入无疑使实践中遇冷的附条件不起诉制度具有复苏之态势。尤其是量刑辅助系统和风险评估系统在轻罪案件中的精准作业有效约束了检察裁量的宽泛空间,提振了立法操持者和社会公众对于附条件不起诉制度的信心。与其他的应用场景类似,数字技术应用于司法系统的系统性弊病尚未革除,同时还反过来冲击着附条件不起诉的制度意旨。面对内外双重困境,数字时代的附条件不起诉制度应当更加坚守刑事司法的正当程序。诚如费利克斯法官在罗钦案中论证的那样:“如果认为可通过将‘正当法律程序’冻结在某个固定的时间或思想阶段来避免这种司法判断……是无生命机器的功能,而不是法官的功能。”

需要指出的是,数字时代附条件不起诉制度的建构不是“新瓶装旧酒”式的立法,而是一种基于数字司法战略,对司法系统布局进行改良的一次万里长征。尤其是监督考察所需要的社会支撑体系的完善,更是难以毕其功于一役。面对附条件不起诉制度适用范围的进一步扩张,数字技术所做的并未背离传统法学理论的规训。当然,数字时代附条件不起诉的程序仍有许多问题有待继续研究,比如,如何筛选量刑和风险评估所需的基础大数据,使数字技术对适用条件的判断更加精准;数字时代附条件不起诉的标准化指南如何建构;如何在不平衡不充分的区域发展之间寻找监督考察的平衡点;等等。

七、关键要点

1. 本案是一起典型的利用互联网诈骗的案件,检察机关对李某等 5 名主要犯罪嫌疑人依法适用附条件不起诉,程序严谨、方法准确,具有较强的代表性意义,为研究附条件不起诉的适用条件、所附条件和期限、监督考察机制提供了案例支撑。附条件不起诉的适用基础在于“可能判处的刑罚”之判断,结合犯罪行为的性质、情节、后果、社会调查报告、风险评估结果等综合评估量刑难度较大,这也是监督和制约附条件不起诉的重点。此外,本案还涉及社会调查、人格甄别、认罪教育、不公开听证、监督考察、跟踪帮教等多个环节,能够充分反映附条件不起诉作业的全过程、全链条,具有样本性的指引意义。

2. 以本案例为基础,分析了数字时代下附条件不起诉制度的新机遇。首先,在数字时代,一些风险评估和量刑辅助系统的出现能消除量刑时的人为差异,并且相当多的成果在欧美和我国都已取得广泛应用。其次,数字技术还有助于限制自由裁量。一方面,某些算法刻画的人物画像比人为判断更加客观;另一方面,大数据法律监督平台具备识别司法人员违法、违规裁量行为的能力,能起到司法控制的作用。最后,数字化监督考察能有效完善社会支撑体系。近年来仅在未成年人案件中开展监督考察就面临重重困境,更遑论对成年人进行日常行为的考察监督。进入数字时代,检察机关可利用专门开发的附条件不起诉监督帮教平台,以学院化、学分制的方式对被附条件不起诉人进行分级干预。

3. 以本案例为基础,重点就数字技术介入附条件不起诉的困境展开分析并提出破解路径。为充分利用数字技术赋能的积极影响,避免减损制度功能,在整体布局附条件不起诉的制度建构时应当遵循数字正当程序、人权保障、法和平性恢复等原则,在运用数字技术进行评估前主动开始数据开示并个案救济,明确数字技术与附条件不起诉裁量过程既合作又适度分离的关系,并强化数字化监督考察平台的多部门互通与共建。

围绕数字时代和轻罪时代的社会背景对传统案例进行分析,有利于加强学生结合案件事实运用法条的能力,培养、锻炼学生系统性分析问题、举一反三、推陈出新的思维以及统领全局解决问题的能力。

八、课堂计划

本案例可以作为专门的案例教学课来进行,整个案例课的课堂安排 6 个课时,每课时 45 分钟。如下课堂设计,仅供参考。

1. 课前计划:安排学生阅读案例及相关参考资料,对案例涉及问题进行思考,撰写实践题答案。

2. 课中计划:介绍教学目的,明确讨论主题;学生分组讨论,回答各项思考题,讨论实践题的撰写要点;小组代表提出撰写要点,学生讨论和分析;教师归纳总结。

3. 课后计划:布置学生思考起诉便宜原则、检察裁量、非报应论的刑罚哲学、数字时代的刑事司法变革等内容。着重指出在数字时代的大背景下,检察机关如何以公平正义的刑事司法理念为指导,正确依法实施附条件不起诉制度,并检视附条件不起诉的制约和监督问题。同时,还可以要求学生进一步思考附条件不起诉的适用条件和监督考察措施如何顺应时代的需要进行改良。

九、参考文献

1. 贾宇、王敏远主编:《检察学》,中国检察出版社 2023 年版。

2. 王爱立主编:《中华人民共和国刑事诉讼法释义》,法律出版社 2018 年版。

3. 林钰雄:《刑事诉讼法》,台北,新学林出版股份有限公司 2020 年版。

4. 杨帆:《不起诉种类的边界厘定及体系重塑研究》,载《东方法学》2022 年第 6 期。

5. 陈光中:《关于附条件不起诉问题的思考》,载《人民检察》2007 年第 24 期。

6. 陈瑞华:《轻罪案件附条件不起诉制度研究》,载《现代法学》2023 年第 1 期。

7. 樊崇义:《中国式刑事司法现代化下轻罪治理的理论与实践》,载《中国法律评论》2023 年第 4 期。

8. 郭斐飞:《附条件不起诉制度的完善》,载《中国刑事法杂志》2012 年第 2 期。

9. 何挺:《附条件不起诉扩大适用于成年人案件的新思考》,载《中国刑事法杂志》2019 年第 4 期。

10. 贾宇:《论数字检察》,载《中国法学》2023 年第 1 期。

11. 刘学敏:《附条件不起诉与刑事政策目的之达成|附带处分的性质辨析》,载郭烁主编:《刑事诉讼法案例进阶》,法律出版社 2023 年版。

12. 卢建平:《轻罪时代的犯罪治理方略》,载《政治与法律》2022 年第 1 期。

13. 史立梅:《论醉驾案件的程序出罪》,载《中国法学》2022 年第 4 期。

14. 孙道萃:《人工智能辅助量刑的实践回视与理论供给》,载《学术界》2023 年第 3 期。

15. 王迎龙:《轻罪治理背景下出罪模式研究——实体与程序路径的双重反思》,载《比较法研究》2023 年第 4 期。

16. 张明楷:《轻罪立法的推进与附随后果的变更》,载《比较法研究》2023 年第 4 期。

17. Doaa Abu Elyounes, *Bail or Jail? Judicial versus Algorithmic Decision – Making in the Pretrial System*, Columbia Science and Technology Law Review,

Vol. 21:376(2020).

18. John Villasenor & Virginia Foggo, *Artificial Intelligence, Due Process and Criminal Sentencing*, Michigan State Law Review, Vol. 2020:295(2017).

19. Rebecca Wexler, *Life, Liberty, and Trade Secrets: Intellectual Property in the Criminal Justice System*, Stanford Law Review, Vol. 70:1343(2018).

20. Richard Berk, *Artificial Intelligence, Predictive Policing, and Risk Assessment for Law Enforcement*, Annual Review of Criminology, Vol. 4:209(2021).

1-4 CASE 石某职务侵占案

——“宽严相济”背景下对逮捕的再认识

石某曾任杭州某上市公司中层管理职务，于2018年上半年擅自调整了公司向供应商分包业务的结算款项比例，导致公司额外支付了15万元货款至其个人账户。随后被公司发现，公司进行了报警处理。案发后，石某坦白交代了自己的犯罪事实，表示认罪认罚，并全额退还了非法所得，由此获得了公司的谅解。鉴于石某展现出的良好认罪态度，且该案件的社会危害性相对较低，公安机关决定对其采取取保候审措施，并应用非羁押强制措施数字监控系统（以下简称“非羁码”）对其进行监管。

在取保候审期间，石某严格遵守规定，每日通过“非羁码”完成打卡签到，确保随时可接受司法机关的传唤，并限制活动范围于指定的市域内，其间未发生任何违反取保候审规定的行为。数月之后，该案件移送至检察院进行审查起诉。综合考量了案件的具体情节、石某的认罪悔过态度以及其在取保候审期间的整体表现，检察院向法院提出了对其判处缓刑的量刑建议。[1]

一、审查结果

公安机关以犯罪嫌疑人石某涉嫌职务侵占罪立案后，经审查认为，石某的认罪态度良好，在案件调查初期便如实供述了自己的全部犯罪事实。从案件的性质与后果来看，该案的社会危害性相对较轻，石某的行为虽然触犯了法律，但并未造成广泛而严重的社会影响，且其非法所得已全额退还，有效挽回了受害公司的经济损失，并获得了公司的谅解。

尤为重要的是，“非羁码”这一智能化监管工具的引入为石某的取保候审提供了有力的技术支持与保障。通过“非羁码”，公安机关能够实现对石某的动

---

〔1〕《杭州“非羁码”：实现非羁押人员“云”监控》，载杭州网2021年6月8日，https://baijiahao.baidu.com/s?id=1701967496854517187&wfr=spider&for=pc。

态、精准监管,要求其每日打卡签到,可确保其在规定的市域范围内活动,并随时接受司法机关的传讯。

因此,综合考量石某的认罪态度、案件的社会危害性以及“非羁码”监管的可行性与有效性,公安机关决定不对石某提请逮捕,而是采取了更为人性化、科学合理的取保候审措施,并使用“非羁码”进行监管。

二、审查思路

1979 年《刑事诉讼法》第 40 条关于逮捕措施的适用条件的规定是对 1979 年《逮捕拘留条例》相关内容的继承发展。1979 年《逮捕拘留条例》第 3 条第 1 款规定,“主要犯罪事实已经查清,可能判处徒刑以上刑罚的人犯,有逮捕必要的,经人民法院决定或者人民检察院批准,应即逮捕”。1979 年《刑事诉讼法》第 40 条第 1 款规定,“对主要犯罪事实已经查清,可能判处徒刑以上刑罚的人犯,采取取保候审、监视居住等方法,尚不足以防止发生社会危险性,而有逮捕必要的,应即依法逮捕”。1996 年《刑事诉讼法》修改后,逮捕的事实条件由“主要犯罪事实已经查清”改为“有证据证明有犯罪事实”。2012 年《刑事诉讼法》第 79 条第 2 款规定:“对有证据证明有犯罪事实,可能判处十年有期徒刑以上刑罚的,或者有证据证明有犯罪事实,可能判处徒刑以上刑罚,曾经故意犯罪或者身份不明的,应当予以逮捕。”2018 年《刑事诉讼法》将 2012 年《刑事诉讼法》第 79 条改为第 81 条,并增加一款,即第 2 款:“批准或者决定逮捕,应当将犯罪嫌疑人、被告人涉嫌犯罪的性质、情节,认罪认罚等情况,对所居住社区的影响等情况,作为是否可能发生社会危险性的考虑因素。”就本案而言,公安机关认为石某的认罪态度良好、未造成广泛而严重的社会影响,且其非法所得已全额退还,故其并不符合逮捕的条件。

三、本案焦点的综合评述

我国刑事司法实践中存在“构罪即捕”“一押到底”“不判不放”的执法模式,审前刑事羁押率居高不下,容易形成“羁押是常态,不羁押是例外”的不良状况,不仅浪费有限的司法资源,也难以落实无罪推定原则下对犯罪嫌疑人、被告人的人身权利保障。司法工作者应当对逮捕条件的司法适用、逮捕的功能价值重新梳理考量,并将逮捕的审查模式放入捕诉一体等司法改革措施的大背景中,从观点、制度、立法三方面对于逮捕条件审查与适用模式进行优化。围绕检察工作实际,辨析关于逮捕条件司法适用中的一些模糊认识,从审查范围、主体、对象、程序和机制等方面全面规划逮捕条件的审查模式。

与此同时,长期以来,司法机关适用非羁押措施时往往采取审慎的态度,一方面是因为公安机关警力缺乏、权责不清,犯罪嫌疑人又多为外来人员,流动性较大,非羁押措施监管难、执行难,存在取保期间逃跑的可能性;另一方面,大量的非羁押人员不再移送起诉的情况(主要是存疑不捕被取保候审的犯罪嫌疑人)使外界误认为“不逮捕”就是“不追究”,“取保了”就是“没事了”,部分犯罪嫌疑人在取保后不再配合司法机关的诉讼活动,导致司法人员对适用非羁押措施也存在一定的抵触心理。随着经济的持续发展,科技的不断进步,密布全国各城市的天眼系统,散布于互联网世界的应用为非羁押性措施的数字化创造了条件,以解决传统非羁押监管措施存在的顽瘴痼疾,各地也均有开展此类尝试的案例。如浙江省杭州市公检机关共同研发了“非羁码”App,对不需要羁押和非羁押的犯罪嫌疑人进行全方位的监控。故检察机关应当积极推进对逮捕认识的重塑。

案例使用说明

一、教学目的与用途

本案例主要用于讲授逮捕条件的适用和审查、逮捕功能定位等相关问题,以在司法实践层面解释逮捕条件司法适用的困境,并在此基础上探讨“宽严相济”刑事政策指引下逮捕实践的重构。以本案为例,具体要解决的问题包括:其一,逮捕条件的适用和审查;其二,“宽严相济”刑事政策下逮捕的功能定位;其三,“宽严相济”刑事政策对逮捕理念的重塑;其四,“宽严相济”刑事政策对逮捕实践的重构。

本案例供法律硕士案例教学使用,法学本科(大四)、刑法学硕士、诉讼法学硕士也可以参酌试用。

二、涉及知识点

(一)逮捕的定义

逮捕是指公安机关、人民检察院和人民法院为防止犯罪嫌疑人、被告人实施妨碍刑事诉讼的行为,逃避侦查、起诉和审判,或者发生社会危险性,而依法暂时剥夺其人身自由的一种强制措施。对于逮捕条件含义的界定,学界存在两种观点:第一种观点认为逮捕条件就是指逮捕的实质条件,即《刑事诉讼法》第 81 条的规定;第二种观点认为逮捕条件既包括实质条件又包括形式条件。

（二）一般逮捕条件

"一般逮捕条件"是关于逮捕条件的一般规定，须符合下列三个条件。

1. 任何提请逮捕的案件均须具备"证据证明存在犯罪事实"这个大前提。相关司法解释对其细化解释为同时符合以下三种情形。

(1)有证据证明发生了犯罪事实。在审查逮捕阶段，并不要求查清犯罪嫌疑人的所有犯罪事实，只要有查证属实的证据可以证明其实施了相应的犯罪行为即可。但由于逮捕涉及对人身权的剥夺，因此必须严格把握罪与非罪的界限。

(2)有证据证明该犯罪事实是犯罪嫌疑人实施的。这一要求使客观存在的犯罪事实与可能适用逮捕的犯罪嫌疑人通过证据联系起来，防止张冠李戴、错捕无辜。

(3)证明犯罪嫌疑人实施犯罪行为的证据已经查证属实。这是对证据的要求，所谓"查证属实"，即侦查人员依照法定程序采集的证明犯罪嫌疑人实施犯罪行为的证据有其他证据与之相互印证，不是孤证。同时证据应依照法定程序取得，不能是非法证据，侦查机关应当对证据能力有瑕疵的证据进行补正或作出合理解释。证据条件应尽量达到"确实、充分"之标准，但鉴于侦查时间较短等因素，不应作过于苛刻的要求。

2. 对于轻微的犯罪行为并不需要采取逮捕措施，故要求犯罪行为"可能判处徒刑以上刑罚"。在审查案件期间，应当考虑犯罪嫌疑人所犯罪行的严重程度、犯罪情节、认罪悔罪态度等因素综合分析判断其是否可能被判处徒刑以上刑罚。比例原则也是制约"构罪即捕"的措施之一，并非构成犯罪的都应当批准逮捕，如果可适用缓刑或者适用罚金刑、拘役刑等，则无须逮捕。如果检察机关在审查起诉阶段对犯罪嫌疑人作出相对不起诉的决定，则更无须逮捕。

3. 逮捕并非唯一的强制措施，我国《刑事诉讼法》还规定了取保候审、监视居住等，所以还有一个条件是"采取取保候审尚不足以防止社会危险性的发生"。对于该情况我国的《刑事诉讼法》第81条罗列出五种法定情形，并加入了在认定时是否可能发生社会危险性的相关考量因素以对五种法定情形之外的情况进行补充。社会危险性是对还没有发生的犯罪行为的发生可能性的预测，是一种风险评估，并非实际且现实意义上的概念。但其具有可证明性，也就是认定具有社会危险性一般要有迹象表明或者有证据证明，不得肆意逮捕。这就要求在提请逮捕时，应当移送证明符合法定社会危险性条件的证据材料，如犯罪嫌疑人的主观恶性、悔罪表现或者认罪态度等因素。举例而言，如果犯罪嫌疑人是惯犯，或曾毁灭证据，抑或与同伙串供，就可以认为其具有社会危险性。但实践中累犯、惯犯较少,大多为初犯、偶犯。对于认罪态度较好,有固定居所的犯罪嫌疑人,一般不认为其具有社会危险性,可以选择较轻的强制措施。

(三)逮捕的提请主体、决定主体和执行主体

1. 提请主体

根据对实践中现有案例的分析,不难发现提请逮捕的主体均为公安机关,原因在于公安机关的侦查权管辖范围最为广泛。除了公安机关作为提请主体,刑事诉讼法还规定了国家安全机关、军队保卫部门以及监狱等都是提请逮捕的主体。司法改革后,国家监察委员会(以下简称监察委)依法成立,其与前述机构的不同之处在于其有留置权力,对于被留置的对象,移送审查起诉后检察机关一般均决定逮捕。

2. 决定主体

我国公民的人身自由权利受《宪法》第 37 条的保护,只有经过人民检察院批准或者人民法院决定,并由公安机关执行,才能够被逮捕。我国《刑事诉讼法》第 3 条也有配套规定,人民检察院是批准逮捕权(以下简称批捕权)的唯一行使者,其他任何机关团体或者个人都无权行使该权力。对于逮捕决定权的归属问题,国内理论界对检察机关行使批捕权提出了诸多异议,主要包括:批捕权是一项重要的司法权力,应当由人民法院来行使方显公平;检察机关作为法律监督机关,不应当行使逮捕的裁判权;检察机关作为犯罪的追诉机关,其居中裁判是否逮捕与其本身职能定位相冲突;等等。伴随理论界的诸多异议,司法实务界也从我国法律的既有规定、检察机关的职能定位以及多年来行使批捕权所形成的工作机制等方面予以了相应的回应。应该说,在现行宪法的框架下,批捕权被赋予检察机关行使有其特定的历史原因,虽然与域外主流的司法实践不同,但经过多年的运行,目前符合我国的国情和刑事诉讼的体制构造。《刑事诉讼法》之所以多次修改,其中一方面就是为了进一步保障批捕权的正确行使,维护犯罪嫌疑人的合法权益,对社会危险性条件进一步细化、明确径行逮捕的适用范围等的目的也在于对批捕权进行进一步规范和完善。

3. 执行主体

关于逮捕的执行主体,我国《刑事诉讼法》第 3 条有明确的规定,即只能由公安机关负责。虽然批捕权由人民检察院行使,人民法院也有决定逮捕的权力,但是具体执行逮捕的只有公安机关,这也是为了保障逮捕执行的统一和高效。

(四)逮捕的功能定位

我国《刑事诉讼法》自 1979 年颁布施行以来进行过三次修改(1996 年、2012

年、2018 年)，对逮捕条件的规定也存在一定的变化。1979 年《刑事诉讼法》第 40 条第 1 款规定，对主要犯罪事实已经查清，可能判处徒刑以上刑罚的人犯，采取取保候审、监视居住等方法，尚不足以防止发生社会危险性，而有逮捕必要的，应依法逮捕。1996 年《刑事诉讼法》对 1979 年《刑事诉讼法》关于逮捕的证据条件进行了修改，第 60 条第 1 款将“主要犯罪事实已经查清”改为“有证据证明有犯罪事实”。2012 年《刑事诉讼法》第 79 条除将 1996 年《刑事诉讼法》关于逮捕的社会危险性条件细化为五个分项外，还增设了“可能判处十年以上有期徒刑”“曾经故意犯罪或者身份不明”的径行逮捕条款。2018 年《刑事诉讼法》在 2012 年《刑事诉讼法》的基础上，增加了“批准或者决定逮捕，应当将犯罪嫌疑人、被告人涉嫌犯罪的性质、情节，认罪认罚等情况，作为是否可能发生社会危险性的考虑因素”的规定。

虽然《刑事诉讼法》对于逮捕的规定进行了多次修改，但有几个基本点始终是没有变化的，这也是我们理解逮捕功能最重要的因素。

1. 无论《刑事诉讼法》如何修改，逮捕的规定始终是在《刑事诉讼法》第六章的“强制措施”之内。强制措施，是国家为了保障侦查、起诉、审判活动的顺利进行，授权刑事司法机关对犯罪嫌疑人采取的限制其一定程度人身自由的方法，故逮捕虽然剥夺了犯罪嫌疑人的人身自由，但它依然只是一种保障诉讼顺利进行的措施，而不是对犯罪嫌疑人的惩罚。

2. 无论《刑事诉讼法》如何修改，逮捕的一般条件始终是证据条件、刑罚条件及社会危险性条件，且刑罚条件一直要求可能判处徒刑以上刑罚，2012 年《刑事诉讼法》新增的径行逮捕条款将刑罚条件设置为 10 年以上有期徒刑，可以看出逮捕作为一种长时间剥夺人身自由、最为严厉的强制措施，其针对的应当是严重刑事犯罪，而非可能被判处拘役及以下刑罚的轻微刑事犯罪。

3. 从 2012 年《刑事诉讼法》细化后的五项社会危险性条件可以看出，对犯罪嫌疑人采取逮捕措施的目的只有两项：一是防止犯罪嫌疑人实施新的犯罪活动，二是防止犯罪嫌疑人对刑事诉讼的顺利进行造成影响。2018 年《刑事诉讼法》新增的条款也只是将犯罪嫌疑人“犯罪的性质、情节，认罪认罚”作为是否有社会危险性的考量因素。除此之外，通过逮捕来促使犯罪嫌疑人认罪、赔偿、取得谅解等均不是《刑事诉讼法》规定的逮捕目的。

（五）在“宽严相济”刑事政策指引下，逮捕的功能发生的改变

1. 从“打击犯罪”到“保障权益”的转变。审查逮捕的考量永远是在“打击犯罪”和“保障权益”两种价值间往返流转，以求得符合时代要求的动态平衡，由于我国过去一段时间严重暴力犯罪的多发频发，因此司法实践中将打击犯罪作为

主要或者唯一目标的观念使两种价值的协调平衡难以实现，加上长期受“以侦查为中心”理念的影响，逮捕迁就侦查从而出现了以捕代侦、久押不决等与法治原则相悖的现象，使逮捕的法律价值失衡。在当前严重暴力犯罪大幅下降，不断强调“以审判为中心”的新时代，应当扭转过去“重打击、轻保护”的旧观念，突出强调保障权益，逐步实现控制犯罪与保障权益的再平衡。

2. 从“构罪即捕”到“比例原则”的转变。从适当性、必要性和适应性三方面把握逮捕的适用。所谓“适当性”，是指逮捕只能是实现刑事诉讼目的的手段，而不是目的本身，其不应具有实体惩罚性，应改变将逮捕异化为惩罚措施的现象。所谓“必要性”，是指在多种刑事强制措施均可以起到保障诉讼作用时，应当优先选择对犯罪嫌疑人人权限制最少的措施，将逮捕作为最后的选择，而不是将逮捕视作常态。所谓“适应性”，是指通过价值衡量，适用逮捕对犯罪嫌疑人的侵害必须小于羁押所保护的社会利益，逮捕的刑罚条件就是该原则最典型的体现。

（六）在“宽严相济”刑事政策指引下，逮捕的三个条件的逻辑关系

最高人民检察院原副检察长孙谦在《司法改革背景下逮捕的若干问题研究》一文中对逮捕三项条件的关系有过这样的论述：逮捕三条件之间存在内在逻辑关系，三者处于不同的地位，证据条件是逮捕的前提，但不是逮捕的主要理由；刑罚条件是判断社会危险性的最低标准，即低于法定刑罚标准的，法律推定采取取保候审足以防止发生社会危险性；保障诉讼是逮捕的本质功能，能否保证刑事诉讼顺利进行的关键就在于是否存在社会危险性。由此可见，证据是逮捕的前提条件，刑罚是逮捕的基础条件，社会危险性是逮捕的核心条件，三者在逻辑上属于递进的关系。

司法实践中，对于逮捕的三项条件采取先证据，再刑罚，后社会危险性的顺序，这也是最为经济效率的判断层次。首先，证据和刑罚条件均是基于已发生的事实证据进行判断，而社会危险性则是对尚未发生的危险进行推断，是先已知后未知的顺序；其次，证据条件和刑罚条件的依次判断也符合审查逻辑中先定罪后量刑的顺序；最后，三者之间层层递进，无前者即无后者的判断顺序也符合当前审查的逻辑（没有人会在认为证据存疑的情况下还去考虑刑罚和社会危险性条件）。所以，在分析逮捕条件时应当采取证据、刑罚、社会危险性递进式的审查方式以及无前者即无后者的判断模式，对犯罪嫌疑人是否符合逮捕条件进行准确的判断。

（七）“宽严相济，慎用逮捕措施”的价值

“宽严相济，慎用逮捕措施”，严格适用逮捕条件，即“可捕可不捕的不捕”，

对“一犯再犯、危险性高,情节恶劣”的进行逮捕,其意义主要包括以下几个方面:

1.“宽严相济,慎用逮捕措施”具有积极维护宪法所规定的人身自由权的价值。逮捕完全剥夺了被刑事追诉之人的人身自由权,逮捕的条件规定得越严苛、程序越复杂,要实施逮捕的难度就越大,宪法所规定的公民人身自由权受保护的力度就会越大。

2.“宽严相济,慎用逮捕措施”反映了通过积极规范逮捕的职权持续促进刑事诉讼文明的提升的目标。以往侦控部门重视采用逮捕措施,一方面是其有利于保障诉讼的顺利进行,另一方面则是基于审讯等侦破案件的需要,以至于实践中普遍适用较长时间的羁押。纵观逮捕程序规定从1979年至今的变化,由开始阶段的注重保障诉讼顺利进行,到逐渐强化对职权机关采用逮捕措施的规范以尽量规范逮捕适用,这期间逮捕的条件与程序不断趋于复杂与完善。

如今,人们对强制措施制度功能的认识,应超越以往旨在保障诉讼的顺利进行的认知。应当看到,强制措施制度的功能主要在于规范职能部门、保障人权。若强制措施制度只是为了保障诉讼的顺利进行,那么,只要设置羁押一种强制措施就够了,因为剥夺人身自由的羁押措施比限制人身自由的非羁押措施更有利于保障诉讼的顺利进行;若只是为了保障诉讼的顺利进行,那么,对刑事羁押也不需要设置期限,因为只要诉讼没有终止,采用羁押的方法保障诉讼顺利进行的必要性就一直存在。由此可见,若没有人权保障和规制职权的需要,则难以想象强制措施制度将会如何设置。正是人权保障和规制职权这样的诉讼文明发展的需要,才有必要设置对人身自由权利影响程度有差别的不同的强制措施并要求尽量采用非羁押措施,才需要对逮捕确定越来越严格的期限和相关程序的限制。

因此“宽严相济,慎用逮捕措施”与诉讼文明的发展趋势相符。这些年来,《刑事诉讼法》在数次修改的过程中不断提高职权机关采取逮捕措施的“门槛”,由仅可能存在危害社会的“抽象可能性”就应逮捕(1996年《刑事诉讼法》第60条),到需要证明存在社会危险性是应当逮捕的一个前提条件(2012年《刑事诉讼法》第79条),就是其中一例。与逮捕相关的程序也渐趋复杂,例如,在批准逮捕时人民检察院需根据情况讯问犯罪嫌疑人;又如,逮捕过程中需听取律师意见;再如,需加强羁押必要性审查以及采用听证方式进行审查等。

3.“宽严相济,慎用逮捕措施”作为刑事司法的导向,既要求立法在相关程序中作出明确规定,还要求司法机关肩负严格适用逮捕的社会责任。例如,《刑事诉讼法》第280条规定,(基于未成年人心智不成熟、易于在看守所受交叉感染以及应以挽救为主等原因）对未成年刑事被追诉人应当严格限制适用逮捕措施。

（八）"非羁码"数字监控对实现"宽严相济，慎用逮捕措施"的积极意义

随着经济的持续发展，科技的不断进步，密布全国各城市的天眼系统，散布于互联网世界的应用为非羁押性措施的数字化创造了条件，以解决传统非羁押监管措施存在的顽瘴痼疾，各地也均有开展此类尝试的案例。浙江省杭州市公检机关共同研发的"非羁码"充分运用大数据、云计算、人工智能等现代科技手段，在非羁押监管领域实现数据化、网络化、智能化，监管人员可实现"以一管多"。同时，该系统重塑了非羁押监管措施的监控模式和理念机制，成为破除"以捕代侦、以押促侦、以押便诉"这一顽疾的良方，确保不应逮捕的坚决不捕，羁押率明显下降，节约了司法资源。

三、配套教材

1. 陈光中主编：《刑事诉讼法》（第6版），北京大学出版社2016年版。
2. 胡铭：《刑事诉讼法学》（2019年修订版），法律出版社2016年版。
3. 苏力：《制度是如何形成的》（增订版），北京大学出版社2007年版。
4. 童建明主编：《新刑事诉讼法理解与适用》，中国检察出版社2012年版。

四、启发思考题与实践题

（一）思考题

1. 逮捕的适用条件的特征及其类型有哪些？
2. 逮捕的提议程序、决议程序和执行程序分别如何？
3. 如何准确理解逮捕的刑罚条件"可能判处徒刑以上刑罚"？
4. 如何准确认识逮捕的社会危险性条件？
5. 司法改革"捕诉合一"后，对审查逮捕工作有哪些积极影响？
6. 检察机关面临的哪些困境倒逼检察机关运用"非羁码"降低逮捕率？
7. 对比中外逮捕的适用条件与审查模式，分析它们的差异有哪些？

（二）实践题

1. 根据本案的相关报道与信息，写一份逮捕申请书。

2. 根据本案的相关报道，小组模拟以检察机关的立场向公安机关进行作出不予逮捕决定的说理。

3. 尝试对逮捕措施适用条件的制度流变进行一次系统梳理。

4. 在条件允许的情况下，前往公检法机关进行"非羁码"对逮捕率的影响的

采访调查。

五、理论依据

刑事正当程序　审判中心主义　人权主义　“宽严相济”刑事政策　“科技强检”检察精神

六、背景信息

2004 年，党的十六届四中全会正式提出了“构建社会主义和谐社会”的重大命题，这一命题的提出，促使党在多个领域内对其工作思路进行深刻的调整与优化。同年 12 月，时任中共中央政治局常委、中央政法委书记罗干在中央政法工作会议上着重强调了“正确运用宽严相济的刑事政策”的重要性，明确指出对于严重危害社会治安的犯罪活动必须予以严厉打击，同时也要坚持惩办与宽大相结合的原则，体现了政策的灵活性与人文关怀。

2010 年 2 月，最高人民法院在经过深入细致的调查研究，并广泛吸纳各方意见的基础上，正式出台了最高人民法院《关于贯彻宽严相济刑事政策的若干意见》。该意见对人民法院在刑事审判工作中如何更好地贯彻和执行宽严相济的刑事政策，提出了具体而明确的要求，为司法实践提供了有力的指导。

2023 年 11 月，最高人民检察院与公安部联合发布了《人民检察院、公安机关羁押必要性审查评估工作规定》，进一步强调了宽严相济政策在羁押强制措施适用中的重要作用，要求依法规范羁押强制措施的适用，这不仅是对侦查机关贯彻宽严相济刑事政策的具体要求，也是公安机关履行刑事司法职能的必然需求。

从数据上看，我国法院判处不满 3 年有期徒刑及以下刑罚的案件比例，从 2000 年的 53.9% 显著上升至 2020 年的 77.4%，这一变化充分说明，在过去 20 余年间，我国的刑事诉讼结构正逐步向轻刑化方向转变，这与全国治安形势的持续好转和社会局面的长期稳定是高度契合的。然而，值得注意的是，尽管刑事案件的审前羁押率已从 2000 年的 96.8% 下降到 2020 年的 53%，但仍远高于同年 22.6% 的重刑率，意味着在 2020 年至少有 30.4% 的轻刑罪犯被采取了审前羁押措施。

因此，在刑事诉讼结构轻刑化的大背景下，进一步准确适用非羁押性强制措施，降低审前羁押率、缩短审前羁押期限，不仅是贯彻宽严相济刑事政策对轻罪依法宽缓处理的内在要求，也是化解社会矛盾、提升社会治理效果的重要途径。然而，公安机关“以捕代侦”的陈旧办案方式、检察机关“宁左勿右”的追责机制等司法实务问题仍然存在。

在习近平法治思想引领下，我国法治"数字化"治理处于新发展阶段，以认罪认罚从宽制度为代表的中国特色社会主义司法制度不断完善，"宽严相济"等现代司法理念深入人心。非羁押人员数字监控系统准确把握我国当前轻罪案件、法定犯犯罪案件大幅上升的时代背景，及时回应了犯罪结构变化，是侦查水平以及非羁押性刑事强制措施科技保障能力不断提升的重要体现，有助于精准把握"宽严相济"刑事政策的价值内涵。

七、关键要点

1. 本案为探索"宽严相济"刑事政策下，逮捕条件的司法适用提供了案例支撑。逮捕条件的司法适用问题，是指司法工作者在实践中具体如何正确理解逮捕条件，从而作出逮捕决断；其审查模式是从实务操作层面，探索通过哪些途径，可以帮助司法工作者正确适用法律。

2. 本案适用非羁押性刑事强制措施，具有较强的代表性意义。非羁押人员数字监控系统的确立与应用，有利于认罪认罚从宽制度的全面、正确、广泛适用，是顺应"宽严相济、重视人权保障"的刑事诉讼改革发展趋势，推动国际司法文明进步的有效举措。

3. 以本案为基础，重点在"宽严相济"刑事政策下对逮捕理论进行重塑。特别是对逮捕的适用条件、功能定位、审查逻辑等作出分析，并延伸至非羁押人员数字监控系统的实际应用的积极作用，统筹构建新的逮捕制度。提升学生结合案件事实运用法条的能力，培养、锻炼学生系统性分析问题的思维和统领全局解决问题的能力。

八、课堂计划

本案例可以作为专门的案例教学课来进行，整个案例课的课堂安排 6 个课时，每课时 45 分钟。如下课堂设计，仅供参考。

1. 课前计划：安排学生阅读案例及相关参考资料，对案例涉及问题进行思考，撰写实践题答案。

2. 课中计划：介绍教学目的，明确讨论主题；学生分组讨论，回答各项思考题，讨论实践题的撰写要点；小组代表提出撰写要点，学生讨论和分析；教师归纳总结。

3. 课后计划：布置学生思考"宽严相济"刑事政策、"科技强检"检察精神、"数字化"法治等内容，检察机关基于该理念应当如何加大对逮捕条件的知识储备并转变办案思路;并进一步思考侦检机关协作配合统一的机制。

九、参考文献

1. 孙长永主编:《中国刑事诉讼法制四十年:回顾、反思与展望》,中国政法大学出版社 2021 年版。

2. 高铭暄:《宽严相济刑事政策与酌定量刑情节的适用》,载《法学杂志》2007 年第 1 期。

3. 万春:《宽严相济刑事政策创新发展的检察实践》,载《中国刑事法杂志》2022 年第 4 期。

4. 黄海龙、张庆彬:《审查逮捕工作与宽严相济刑事司法政策之适用》,载《人民检察》2007 年第 4 期。

5. 范跃红、方芳、方利利:《对非羁押人员“码”上监管——浙江杭州:应用“非羁码”降低审前羁押率提升监管效能》,载《检察日报》2020 年 11 月 9 日,第 2 版。

6. 王敏远:《刑事程序法治的发展与学者的坚守》,载《法治研究》2017 年第 1 期。

7. 吴宏耀、梁平:《论逮捕措施的适用条件》,载《人民检察》2012 年第 23 期。

8. 卓凯:《论审查逮捕程序的司法化及其限度》,载《中国检察官》2018 年第 3 期。

9. 李洪亮:《再论审查逮捕诉讼化》,载《中国检察官》2018 年第 21 期。

10. 万毅:《法定逮捕要件模式的反思与重构》,载《江苏行政学院学报》2023 年第 6 期。

11. 陈卫东、崔鲲鹏:《逮捕措施适用条件反思与建构——从“一般逮捕”与“径行逮捕”展开》,载《上海政法学院学报(法治论丛)》2023 年第 5 期。

12. 聂友伦:《逮捕的实质化审查与诉讼化改革》,载《中国人民大学学报》2023 年第 4 期。

第二编　刑事审判程序与民刑衔接

2-1 CASE 聂某某再审宣告无罪案

——以审判为中心改革的重大举措和历史意义

2016年12月2日，最高人民法院第二巡回法庭对聂某某故意杀人、强奸妇女再审案公开宣判，宣告撤销原审判决，改判聂某某无罪。最高人民法院认为，原判定案的证据没有形成完整的证据链，没有达到证据确实、充分的证明标准，也没有达到基本事实清楚、基本证据确凿的定罪要求。河北省高级人民法院向聂某某的父母及其亲属表达歉意，并将根据聂某某父母提出的国家赔偿申请及时启动国家赔偿程序，并就是否存在违法审判问题及时展开调查。[1]

一、聂某某案的历史脉络

（一）聂某某案的第一审事实认定和判决要旨

1994年8月10日上午，河北省石家庄市郊区下聂庄村的康某2向石家庄市公安局郊区分局报案，称其女儿（康某1）失踪。同日下午，康某2和康某1的同事余某某等人在孔寨村西玉米地边发现了被杂草掩埋的康某1的连衣裙和内裤。8月11日上午，康某1的尸体在孔寨村西玉米地里被发现。同日下午，办案机关对康某1的尸体进行了检验。在案件侦查过程中，有群众向办案机关反映，称有一名骑蓝色山地车的男青年常在离案发现场2千米外的石家庄市电化厂平房宿舍区公共厕所附近闲转，发现有女人上厕所就进去窥看，有流氓行为。康某1被害案专案组遂组织人员在该公共厕所旁蹲守。

1994年9月23日18时，聂某某骑一辆蓝色山地车路过时，侦查人员认为其是群众反映的男青年而将其抓获，当晚就将聂某某关进石家庄市公安局郊区分局留营派出所，第二日以监视居住的名义继续关押。同年10月1日，聂某某以涉嫌犯故意杀人罪、强奸妇女罪被刑事拘留，10月9日被逮捕。

1995年3月3日，石家庄市人民检察院以聂某某涉嫌犯故意杀人罪、强奸妇

---

〔1〕 最高人民法院刑事判决书，（2016）最高法刑再3号。

女罪向石家庄市中级人民法院提起公诉，因该案涉及当事人的隐私，石家庄市中级人民法院决定不公开审理。1995 年 3 月 15 日，石家庄市中级人民法院作出（1995）石刑初字第 53 号刑事附带民事判决。

1995 年 4 月 25 日，河北省高级人民法院作出刑事附带民事判决：维持对聂某某犯故意杀人罪的定罪量刑，撤销对聂某某犯强奸妇女罪的量刑，改判有期徒刑 15 年，与故意杀人罪并罚，决定执行死刑，剥夺政治权利终身。根据最高人民法院授权高级人民法院核准部分死刑案件的规定，河北省高级人民法院同时核准了对聂某某的死刑裁决。1995 年 4 月 27 日，聂某某被执行死刑。

（二）王某某案和“一案两凶”的争议

2005 年 1 月，王某某归案后主动供述 1994 年石家庄市西郊玉米地的案件是他所为，也就是自认其系杀害康某 1 的凶手，此事经媒体报道后引发社会广泛关注。2007 年 5 月，聂某某的家人向河北省高级人民法院和多个部门提出申诉，请求认定王某某为本案真凶，宣告聂某某无罪。由于在王某某是否系本案真凶和聂某某案是否系错案等问题上，有关方面存在不同认识，故申诉人的申诉没有获得及时答复，申诉人便继续向最高人民法院申诉。

（三）聂某某案的复查和再审判决

2014 年 12 月 4 日，根据河北省高级人民法院的请求，最高人民法院指令山东省高级人民法院复查该案。山东省高级人民法院组成五人合议庭对该案进行了全面审查，并专门召开听证会听取专家学者意见。山东省高级人民法院审判委员会经讨论后认为，原审认定聂某某犯故意杀人罪、强奸妇女罪的证据不确实、不充分，建议最高人民法院启动审判监督程序重新审判该案。2016 年 6 月 6 日，最高人民法院作出再审决定，提审该案并决定由最高人民法院第二巡回法庭审理，经审理后认为：原审认定聂某某犯故意杀人罪、强奸妇女罪的事实不清、证据不足。2016 年 11 月 30 日，最高人民法院作出判决。2016 年 12 月 2 日，最高人民法院第二巡回法庭公开开庭宣判了再审判决：撤销河北省高级人民法院作出的刑事附带民事判决和石家庄市中级人民法院于 1995 年作出的判决；原审被告人聂某某无罪。

二、聂某某再审案的审查范围问题

王某某自己供述其就是杀害康某 1 的凶手，供述前后一致，相关事实也有证据佐证，存在高度的可能性，王某某就是聂某某所涉案件的真凶。因此，在启动聂某某案的再审之后，有观点认为应当一并审查王某某案，以便查清真相，实现勿枉勿纵的目标。

最高人民法院决定再审审查只限于聂某某案，不涉及王某某案。主要理由如下：第一，再审程序依法只能针对原审认定的事实和证据；第二，人民法院负责再审，查清王某某案是办案机关的职责；第三，审理王某某案违背不告不理的原则；第四，实践中还有其他人作案的可能性；第五，王某某关于自己是本案真凶的供述，已经被河北两级办案机关通过诉讼程序和法律文书予以否定。同时，也有反对理由指出，应当一并再审王某某案。主要理由如下：第一，王某某供述系有利于聂某某的新证据，王某某可以作为证人参与审判。第二，王某某的供述和本案现场勘查、检验结论有高度一致之处，其中一些隐蔽情节，如案发现场的一串钥匙、被害人的内裤被包裹在连衣裙内等，非本人亲自实施犯罪或到过案发现场不可能知道。此处的法律依据是《刑诉法解释》第 141 条，即"根据被告人的供述、指认提取到了隐蔽性很强的物证、书证，且被告人的供述与其他证明犯罪事实发生的证据相互印证，并排除串供、逼供、诱供等可能性的，可以认定被告人有罪"。第三，一并再审王某某案体现出对事实真相和人权的尊重。

此外，本案检察机关否认王某某是聂某某案的真凶，理由包括：第一，当时被害人的尸体身着白色背心，脚穿尼龙袜，颈部压有玉米秸秆，拿开玉米秸秆后，可见一件花衬衣缠绕在颈部。王某某却供述被害人全身赤裸，也没供述被害人颈部缠绕花衬衣的事实。第二，被害人全身未发现骨折，被害人系窒息死亡。王某某却供述是先掐被害人的脖子后踩其胸腹致被害人当场死亡。如果被害人是被人踩死，尸体不可能没有骨折。第三，该案案发于 1994 年 8 月 5 日下午 5 时以后。被害人下午上班，5 点下班与同事一起洗澡后，骑车沿新华路至孔寨村之间的土路回家，途中经过案发地遇害。王某某却始终供述其是在中午 2 时左右作案。第四，被害人身高 1.52 米，王某某却说被害人身高和他差不多，但其身高 1.72 米，比被害人高出 20 厘米。

三、聂某某再审案控辩双方提交的证据和理由

（一）申诉人张某某（聂某某亲属）的理由

申诉人张某某提出，聂某某系被错抓、错判，是冤枉的，请求宣告聂某某无罪。主要理由是：(1)1994 年 9 月 23 日聂某某被抓获之后前 5 天的口供缺失，怀疑因对聂某某有利而被办案机关销毁。(2)聂某某供述勒死被害人的花上衣是从废品堆、三轮车上拿的，但三轮车主根本就没有丢花上衣，作案工具不吻合。

(3)聂某某根本没有作案时间。考勤表被办案机关提取了,应该入卷,该考勤表可以证明聂某某1994年8月5日是否上班,没有考勤表就不能认定聂某某有作案时间。(4)王某某自认真凶,且供述出案发现场有串钥匙,本案是王某某所为。

(二)代理律师提出的辩护意见

诉讼代理人李某某提出,原审认定聂某某强奸妇女、故意杀人的事实不清、证据不足,应当依法宣告聂某某无罪。主要理由是:(1)公安机关在没有掌握聂某某任何犯罪事实和犯罪线索的情况下,仅凭主观推断,就将骑了一辆蓝色山地车的聂某某锁定为犯罪嫌疑人,对聂某某采取的监视居住实际上是非法拘禁。(2)不能排除侦查人员采用刑讯逼供、指供、诱供的方式收集聂某某有罪供述的可能性。(3)聂某某的供述、证人证言和尸体检验报告均不能确定案发时间,被害人遇害时间不明,原审认定的聂某某作案时间的事实不清。(4)原审认定的作案工具事实不清,物证彩色照片上的半袖上衣极大可能在原始案发现场并不存在,是侦查人员为印证聂某某供述的作案工具而编造出来的物证。(5)现场勘查笔录无见证人参与,不符合法律规定;尸体检验报告结论不具有科学性,其真实性、合法性存疑,原审认定被害人系窒息死亡的证据不确实、不充分。(6)聂某某1994年9月23日至27日的供述材料以及聂某某的考勤表缺失,原办案人员的解释不合理,不排除公安机关隐匿了对聂某某有利的证据。(7)证人余某某后来证明,被害人尸体被发现后公安机关立即展开调查并形成了调查材料,但原审卷宗中余某某等人的多份初始证言缺失,去向不明,这些证言可能对聂某某有利。(8)现有卷宗中存在签字造假等问题,不排除伪造或变造案卷的可能。(9)被害人落在案发现场的一串钥匙是本案中具有唯一性和排他性的隐蔽细节,聂某某却始终没有供出,使其所供作案过程的真实性受到严重影响。(10)王某某异地归案后即主动交代了石家庄西郊玉米地强奸、杀人的犯罪事实,特别是供述出案发现场所留的一串钥匙,且其供述的作案时间、作案地点、作案过程以及抛埋衣物地点等都与本案情况相符,王某某的供述应被视为本案出现了新证据,其作案的可能性远远大于聂某某。诉讼代理人李某某还向最高人民法院提交了聂某某的同学的证言,以证明聂某某胆小、性格内向,思想比较保守,家庭经济状况较好,平时没有偷窃、打架等不良行为。

(三)最高人民检察院提出的书面意见

最高人民检察院向最高人民法院提交的书面意见提出,原审判决采信的证据中,直接证据只有聂某某的有罪供述,现场勘查笔录、尸体检验报告、物证及证人证言等证据均为间接证据,仅能证明被害人康某1死亡的事实,单纯依靠间接证据不能证实康某1的死亡与聂某某有关,而聂某某有罪供述的真实性、合法性存疑,不能排除他人作案可能。原审判决认定事实不清、证据不足,依据现有证据不能认定聂某某实施了故意杀人、强奸妇女的行为,应当依法宣告聂某某无罪。主要理由是:(1)被害人的死亡原因不具有确定性,原审判决所采信的尸体检验报告的证明力不足。(2)作案工具来源不清,原审判决认定花上衣系作案工具存在重大疑问。(3)聂某某始终未供述出被害人携带钥匙的情节。(4)原审判决所采信的指认笔录和辨认笔录存在重大瑕疵,不具有证明力。(5)证实聂某某实施强奸的证据严重不足。(6)聂某某供述的真实性、合法性存在疑问。

四、聂某某再审案的判决理由和结论

最高人民法院经再审认定如下:第一,聂某某被抓获之时无任何证据或线索指向其与康某1被害案存在关联;第二,聂某某被抓获之后前5天的讯问笔录缺失,严重影响在卷讯问笔录的完整性和真实性;第三,聂某某有罪供述的真实性存疑,且不能排除指供、诱供可能;第四,原审卷宗内案发之后前50天内证明被害人遇害前后情况的证人证言缺失,严重影响在案证人证言的证明力;第五,案发当月聂某某所在车间的考勤表缺失,导致认定聂某某有无作案时间失去重要原始书证;第六,原审认定的聂某某作案时间存在重大疑问,不能确认;第七,原审认定的作案工具存在重大疑问;第八,原审认定康某1死亡时间和死亡原因的证据不确实、不充分;第九,原办案程序存在明显缺陷,严重影响相关证据的证明力。

据此,最高人民法院认为,原审认定原审被告人聂某某犯故意杀人罪、强奸妇女罪的主要依据是聂某某的有罪供述,以及聂某某的有罪供述与在案其他证据印证一致。但综观全案,该案缺乏能够锁定聂某某作案的客观证据,聂某某作案的时间不能确认,作案工具花上衣的来源不能确认,被害人的死亡时间和死亡原因不能确认;聂某某被抓获之后前5天的讯问笔录缺失,案发之后前50天内多名重要证人的询问笔录缺失,重要原始书证考勤表缺失;聂某某有罪供述的真实性、合法性存疑,有罪供述与在卷其他证据供证一致的真实性、可靠性存疑,本案是否另有他人作案存疑;原判据以定案的证据没有形成完整的证据链,没有达到证据确实、充分的法定证明标准,也没有达到基本事实清楚、基本证据确凿的定罪要求。原审认定聂某某犯故意杀人罪、强奸妇女罪的事实不清、证据不足。根据1979年《刑事诉讼法》的相关规定,不能认定聂某某有罪,撤销河北省高级人民法院和石家庄市中级人民法院所作判决,宣告原审被告人聂某某无罪。

案例使用说明

一、教学目的与用途

本案例主要用于讲授刑事诉讼第一审程序的理论基础、基本程序和改革动向,无罪推定原则和疑罪从无原则的内涵和要求,证据裁判原则和非法证据排除规则的适用程度,“以审判为中心”和认罪认罚从宽制度改革的辩证关系。本案具体解决的问题包括:其一,“以审判为中心”改革的具体举措和历史意义;其二,无罪推定原则和疑罪从无原则的含义和要求;其三,非法证据排除规则的实体要求和适用程序;其四,如何理解“以审判为中心”改革和认罪认罚从宽制度改革之间“一体两面”的关系。

本案例供法律硕士案例教学使用,法学本科(大四)、刑法学硕士、诉讼法学硕士也可以参酌试用。

二、涉及知识点

(一)为什么要启动“以审判为中心”的刑事诉讼制度改革?

2000年云南杜培武案、2005年湖北佘祥林案和2010年河南赵作海案是这10年间我国具代表性的三起刑事冤假错案。它们产生的共同原因在于,侦查机关通过刑讯逼供等违法方式获取有罪供述后,收集其他证据与供述相互印证,最后形成全案证据体系来证明被告人有罪。但是,一旦侦查机关违法所得的供述出错,就会导致检察机关审查起诉和人民法院认定事实出错,酿成“起点错、接着错、错到底”的后果。为保障基本人权、确保司法公正、避免冤假错案,我国必须在刑事诉讼的整个环节进行结构性改革,改变过去“以侦查为中心”的格局,逐步确立“以审判为中心”的侦查、起诉和审判之间的关系。

2014年10月,党的十八届四中全会审议通过了《中共中央关于全面推进依法治国若干重大问题的决定》,提出要“推进以审判为中心的诉讼制度改革,确保侦查、审查起诉的案件事实证据经得起法律的检验。全面贯彻证据裁判规则,严格依法收集、固定、保存、审查、运用证据,完善证人、鉴定人出庭制度,保证庭审在查明事实、认定证据、保护诉权、公正裁判中发挥决定性作用”。这标志着我国正式启动了“以审判为中心”的刑事诉讼制度改革。

（二）如何理解“以审判为中心”的改革？

1.“以审判为中心”的核心要求是，在诉讼全过程以司法审判标准为中心。“以审判为中心”不违反公检法三机关“分工负责、互相配合、互相制约”的基本原则。

2.“以审判为中心”不能等同于“以法院为中心”。时任最高人民检察院副检察长朱孝清同志指出，“在诉讼中，审判是中心；在审判中，庭审是中心；在庭审中，法官是中心”。

3.“以审判为中心”反对“侦查中心”“口供中心”等违反诉讼规律的办案模式，要求充分发挥庭审功能，实现程序公正与实体公正的内在统一，从而达到防范冤错案件的目的。聂某某再审宣告无罪案以及“赵作海案”“佘祥林案”“浙江张氏叔侄案”“呼格吉勒图案”等一系列有影响的冤错案件都是提出“以审判为中心”改革的“催化剂”。因此，此项改革的重要目的之一便是希望“通过法庭审判的程序公正实现案件裁判的实体公正，有效防范冤假错案产生”。

（三）“以审判为中心”改革的具体要求有哪些？

第一，坚持严格司法原则，树立依法裁判理念；第二，规范庭前准备程序，确保法庭集中审理；第三，规范普通审理程序，确保依法公正审判；第四，完善证据认定规则，切实防范冤假错案；第五，完善繁简分流机制，优化司法资源配置。

（四）聂某某案再审宣告无罪为什么可以彰显“以审判为中心”改革的重要意义？

聂某某案的无罪判决已经远远超出个案纠错本身，对于如何处理历史上的类似案件也很有启发和指导价值。具体体现在以下几个方面：第一，表明人民法院坚持有错必纠、有冤必申的态度；第二，向各级司法机关传递了严格司法、规范办案的要求；第三，坚持无罪推定和疑罪从无原则的基本要求，在“事实不清，证据不充分”的时候要敢于作出无罪判决；第四，切实排除非法证据，避免冤假错案，彰显程序公正的基本理念。

（五）如何理解“以审判为中心”和认罪认罚从宽制度改革的辩证关系？

“以审判为中心”的诉讼制度改革和完善刑事诉讼中认罪认罚从宽制度根植于相同的时代背景，服务于共同的司法目标，但二者有不同的功能定位。前者指向“推进严格司法”，是对程序法治和司法规律要求的回应，而后者是“优化司法职权配置”的重要内容，强调司法资源的优化配置和刑事诉讼体系的科学构建。“以审判为中心”的改革强调审判对于整个刑事诉讼程序的统摄作用，侦查程序是审判程序的准备阶段，案件事实和证据的查证以法庭调查程序为准，整个刑事诉讼过程中应当以司法权为中心，强调刑事审判（尤其是第一审程序）的决定性作用，事实证据调查、定罪量刑辩论、裁判结果形成均决定于法庭。认罪认罚从宽制度是指针对犯罪嫌疑人、被告人自愿如实供述自己的罪行，对指控的犯罪事实没有异议，同意检察机关量刑建议并签署具结书的案件，可以依法从宽处理。

为破解法院"案多人少"的矛盾，应在民事、刑事、行政诉讼领域进一步推进繁简分流机制改革。繁简分流机制改革，主要是根据案件难易、标的额大小、刑罚轻重、认罪与否、当事人意愿等情况，加大案件繁简分流力度，完善小额速裁、刑事速裁、简易程序、普通程序等多层次的诉讼程序体系，实行"繁案精审、简案快审、类案专审"。"以审判为中心"要求在重大、疑难、复杂案件以及被告人不认罪案件中贯彻最严格的证据规则和最正式的审理程序，将司法资源向此类案件及其审理程序倾斜。"繁者更繁"必然要求"简者更简"，在被告人认罪认罚的案件中，可以适当简化审理程序，允许犯罪嫌疑人、被告人以程序权利来换取实体优惠，体现出我国宽严相济的刑事政策。

（六）如何理解非法证据排除规则的实体内涵和适用程序？

严格贯彻证据裁判原则是"以审判为中心"改革的首要要求，聂某某案反映出当年侦查机关可能存在违法取证的情形。为保障基本权利、维护司法公正、避免冤假错案，我国自 2010 年初步建构起非法证据排除规则，并通过 2012 年《刑事诉讼法》、2017 年《关于办理刑事案件严格排除非法证据若干问题的规定》等一系列法律和司法文件不断完善非法证据排除规则。为了达到"事实清楚，证据确实、充分"的标准，尤其是为了防止认罪认罚案件出现冤错，还应当遵守口供补强规则、非法证据排除规则以及疑罪从无原则。

非法证据排除规则的实体内涵主要体现在两个条文中。第一，《刑事诉讼法》第 56 条规定，采用刑讯逼供等非法方法收集的犯罪嫌疑人、被告人供述和采用暴力、威胁等非法方法收集的证人证言、被害人陈述，应当予以排除。（绝对排除规则）收集物证、书证不符合法定程序，可能严重影响司法公正的，应当予以补正或者作出合理解释；不能补正或者作出合理解释的，对该证据应当予以排除。（裁量排除规则）在侦查、审查起诉、审判时发现有应当排除的证据的，应当依法予以排除，不得作为起诉意见、起诉决定和判决的依据。第二，最高人民法院《关于建立健全防范刑事冤假错案工作机制的意见》第 8 条规定，采用刑讯逼供或者冻、饿、晒、烤、疲劳审讯等非法方法收集的被告人供述，应当排除。除情况紧急必须现场讯问以外，在规定的办案场所外讯问取得的供述，未依法对讯问进行全程录音录像取得的供述，以及不能排除以非法方法取得的供述，应当排除。

非法证据排除规则的适用程序主要包括以下四个方面：第一，程序启动，被告人提供线索和材料;第二,法庭初步审查,“有疑问”才进行调查;第三,控方证明,证明方式有讯问笔录、录音录像、讯问在场人员和其他人;第四,双方质证,法庭处理。

三、配套教材

1. 陈光中主编:《证据法学》(第 5 版),法律出版社 2023 年版。

2.《刑事诉讼法学》编写组编:《刑事诉讼法学》(第 4 版),高等教育出版社 2022 年版(马工程系列教材)。

3. 张保生主编:《证据法学》(第 4 版),中国政法大学出版社 2023 年版。

4. 陈瑞华:《刑事证据法》(第 4 版),北京大学出版社 2021 年版。

5. 胡铭:《刑事诉讼法学》(2019 年修订版),法律出版社 2016 年版。

6. 许身健:《法律职业伦理》,中国政法大学出版社 2019 年版。

四、启发思考题

1. 刑事诉讼第一审程序的基本步骤有哪些?

2. 自 2010 年刑事司法改革以来,刑事诉讼的审理对象细分为哪三项?

3. 刑事诉讼第一审程序的功能定位是什么?

4. 无罪推定原则有哪三个子要求?

5. 我国为什么要确立非法证据排除规则?

6. 我国针对非法言词证据和非法实物证据分别确立了何种排除规则?

7. 非法证据排除规则在“以审判为中心”改革中的作用和意义是什么?

8.“疑难”案件和“错案”有什么差异?

9. 刑事诉讼程序如何体现认罪认罚从宽制度的具体要求?

10. 如何理解“以审判为中心”和认罪认罚从宽制度的辩证关系?

五、理论依据

“以审判为中心”的刑事诉讼制度改革　无罪推定原则和疑罪从无原则　非法证据排除规则和程序性救济理论　认罪认罚从宽制度改革　再审的全面审查原则　“事实清楚,证据确实、充分”的证明标准　顶层设计和地方试验相结合的改革方法论

六、背景信息

1995 年 4 月 25 日,聂某某因故意杀人、强奸妇女被判处死刑,剥夺政治权利

终身，同年4月27日被执行死刑。

2005年1月17日，河南省荥阳市公安局索河路派出所干警抓获河北省公安机关网上通缉逃犯王某某，他除交代在广平县实施多起强奸杀人案件外，还供称曾在石家庄西郊方台村附近玉米地内强奸、杀害一名青年女性，此案即原聂某某案。由于王某某自己供认的相关事实和情节与聂某某案高度相似，出现"一案两凶"的现象，引起聂某某亲属和全社会的关注。

2014年12月4日，最高人民法院指令山东省高级人民法院复查河北省高级人民法院终审的聂某某故意杀人、强奸妇女一案。2016年12月2日，最高人民法院第二巡回法庭对原审被告人聂某某故意杀人、强奸妇女再审案公开宣判，宣告撤销原审判决，改判无罪。

七、关键要点

1. 从依法治国和公平正义的高度理解"以审判为中心"改革的历史意义，培养学生爱国爱党的家国情怀和使命感、责任感。依据教育部、中央政法委《关于坚持德法兼修实施卓越法治人才教育培养计划2.0的意见》，既要讲授刑事诉讼的相关知识，更要润色课堂思政元素，进行法律职业伦理和理想信念教育，在研究分析聂某某案再审改判无罪的原理和制度的同时，宣扬社会主义的公平正义价值观，让学生切实感受如何通过刑事诉讼法的相关知识来实现公平正义。

2. 以案例分析促进法学教育和司法实务的有机融合。在案例教学过程中，教师应做到理论分析和案例运用相结合、国内法治和国际视野相结合，践行"宽阔视野、宽博技艺"的目标，深化法学专业学生职业理想、职业道德和专业技能教育，让学生在个案正义中体会社会主义法治建设的成就，并引导他们成为志存高远、公正执法、勇于担当的法治人才。

3. 就聂某某再审宣告无罪案本身来说，重点分析该案再审认定的事实和原第一审、第二审事实认定的区别，以此突出再审改判的证据和说理。此外，特别关注再审审查的范围问题，分析最高人民法院未将王某某案纳入审查范围的理由是否充分。

4. 从"以审判为中心"和认罪认罚从宽制度之间关系的角度，鼓励学生思考检察机关和人民法院的职能定位，以及检察权和审判权的运行规律，以此加强学生对我国刑事司法改革的理解和把握，并鼓励学生批判性思考法条和具体改革背后的原理。

5. 关注该案例体现出的政治和法律的相互关系，加强学生从个案中理解事实和运用法条的能力，并培养学生跨领域的思维方式，使其充分理解我国当前顶层设计和地方试点相结合的改革方法论。

八、课堂计划

本案例可以作为专门的案例教学课来进行，整个案例课的课堂安排6个课时，每课时45分钟。如下课堂设计，仅供参考。

1. 课前计划：安排学生阅读案例及参考资料，对所涉问题进行思考，以问题导向展开学习。

2. 课中计划：介绍教学目的和基本案情，明确讨论主题，强化问题意识；围绕教材详细讲授"以审判为中心"改革的具体内容和历史意义，并对刑事审判的第一审程序和非法证据排除规则的适用程序进行详细分析；从比较法层面对案例所涉及的理论加以介绍和评析；分组讨论，让学生结合样本案例、基础知识、改革动态和域外经验来初步回答各个思考题，并撰写答题要点；小组代表分析讨论结果，其他学生参与讨论并提出问题和意见；在思政触点融入案例的研习过程中，培养学生成为"德法兼修"的法治人才；教师归纳总结。

3. 课后计划：鼓励学生思考非法证据排除规则、再审审查的范围等相关问题，体会聂某某再审宣告无罪案对进一步推进"以审判为中心"改革的重要意义，结合教育部、中央政法委《关于坚持德法兼修实施卓越法治人才教育培养计划2.0的意见》感受课程思政中法律职业伦理和理想信念教育的引导作用。

九、参考文献

1. 陈光中等：《司法改革问题研究》，法律出版社2018年版。

2. 樊崇义主编：《诉讼原理》（第2版），法律出版社2009年版。

3.《刑事诉讼法学》编写组编：《刑事诉讼法学》（第3版），高等教育出版社2019年版。

4. 李少平主编：《最高人民法院关于适用〈中华人民共和国刑事诉讼法〉的解释理解与适用》，人民法院出版社2021年版。

5. 胡铭：《刑事诉讼法学》（2019年修订版），法律出版社2016年版。

6. 许身健：《法律职业伦理》，中国政法大学出版社2019年版。

7. 胡云腾：《聂树斌案再审：由来、问题与意义》，载《中国法学》2017年第4期。

8. 陈卫东：《认罪认罚从宽制度研究》，载《中国法学》2016年第2期。

9. 王敏远：《认罪认罚从宽制度疑难问题研究》，载《中国法学》2017年第1期。

10. 胡铭:《审判中心、庭审实质化与刑事司法改革——基于庭审实录和裁判文书的实证研究》,载《法学家》2016 年第 4 期。

11. 汪海燕:《认罪认罚从宽制度视野下的“以审判为中心”》,载《中国法学》2023 年第 6 期。

12. 魏晓娜:《以审判为中心的刑事诉讼制度改革》,载《法学研究》2015 年第 4 期。

13. 张建伟:《审判中心主义的实质内涵与实现途径》,载《中外法学》2015 年第 4 期。

2-2 CASE 余某某交通肇事案

——认罪认罚从宽制度与第二审程序基本原则的适用

2019年6月5日,余某某酒后驾驶,撞到宋某致其死亡,未作停留、驶离现场。2019年6月6日,余某某向公安机关投案。经查,余某某担任中国中铁股份有限公司总部的高级经理,在纪检部门的办公室工作。本案审查起诉阶段,余某某认罪认罚,获得被害人近亲属的谅解,检察机关提出判处缓刑的量刑建议。本案一审判决未采纳检察机关的量刑建议,并判处实刑。余某某上诉、北京市门头沟区人民检察院提出抗诉后,北京市人民检察院第一分院支持抗诉,二审判决审理后加重了余某某的刑罚。[1]

一、本案一审情况

(一)一审公诉机关的指控

2019年6月5日21时许,被告人余某某酒后驾驶小型普通客车撞到被害人宋某致其死亡,撞人后余某某驾车逃逸。经北京民生物证科学司法鉴定所鉴定,被害人宋某为颅脑损伤合并创伤性休克死亡。经北京市公安局门头沟分局交通支队认定,被告人余某某发生事故时系酒后驾车,且驾车逃逸,负事故全部责任。被告人余某某到公安机关自动投案,如实供述了自己的罪行。被告人余某某的家属赔偿被害人宋某的近亲属各项经济损失共计人民币160万元,获得了被害人近亲属的谅解。另查,被告人余某某经呼吸式酒精检测,血液酒精浓度为8.6毫克/100毫升。

---

〔1〕 北京市门头沟区人民法院刑事判决书,(2019)京0109刑初138号;北京市第一中级人民法院刑事判决书,(2019)京01刑终628号。

（二）一审被告人及其辩护人的辩护

辩护人根据事实和法律规定，发表辩护意见如下：第一，对公诉机关指控被告人余某某交通肇事的犯罪事实和证据没有异议。对公诉机关指控被告人余某某的行为构成交通肇事罪没有异议。第二，余某某平时表现一贯良好，没有前科。本案属于过失犯罪，案发以后余某某投案自首，积极赔偿被害人亲属。在审查起诉阶段，在辩护人在场的情况下，余某某也表示认罪认罚。基于以上情节，依法应予从轻处罚。第三，同意公诉机关的量刑建议，也就是对余某某判处有期徒刑 3 年，缓刑 4 年。

（三）一审法院的判决

北京市门头沟区人民法院认为，被告人余某某违反交通运输管理法规，酒后驾驶机动车，因而发生重大事故，致一人死亡，并负事故全部责任，且在肇事后逃逸，其行为已构成交通肇事罪，应依法惩处。北京市门头沟区人民检察院指控被告人余某某犯交通肇事罪的事实清楚，证据确实、充分，罪名成立。鉴于被告人余某某自动投案，到案后如实供述犯罪事实，可认定为自首，依法减轻处罚；其系初犯，案发后其家属积极赔偿被害人家属经济损失，得到被害人家属谅解，可酌情从轻处罚。因此，北京市门头沟区人民法院判决被告人余某某犯交通肇事罪，判处有期徒刑 2 年。

二、本案二审情况

（一）原公诉机关的抗诉意见

原公诉机关认为，原判量刑错误。第一，本案不属于法定改判情形，一审法院改判属程序违法。第二，一审法院不采纳量刑建议的理由不能成立。第三，余某某符合适用缓刑条件，该院提出的量刑建议适当。第四，一审法院对于类似案件曾判处缓刑，对本案判处实刑属同案不同判。2018 年 12 月，一审法院曾对一件与本案案情相似、量刑情节相同、案发时间相近的率某交通肇事案适用了缓刑，而对本案却判处实刑，属同案不同判。

（二）二审抗诉机关的意见

二审抗诉机关认为，原判量刑确有错误，原公诉机关提出抗诉正确，建议予以改判。第一，余某某符合适用缓刑的条件。第二，北京市门头沟区人民检察院提出的量刑建议适当,一审法院不采纳量刑建议无法定理由。第三,一审法院曾判处类似案件的被告人缓刑,本案判处实刑属同案不同判。第四,对余某某宣告缓刑更符合诉讼经济原则,也能取得更好的社会效果。

(三)上诉人及其辩护人意见

上诉人认为,原判事实认定不清,证据不足,法律适用错误。第一,原判认定其主观恶性较大,判处缓刑不足以惩戒犯罪,属于认定事实不清,证据不足。第二,原判量刑过重,适用法律错误,违反罪刑相适应原则。其属过失犯罪,性质不严重,情节较轻,且其在犯罪后投案自首、积极赔偿被害人近亲属 160 万元并取得被害人近亲属谅解、自愿认罪认罚,没有再犯罪危险,宣告缓刑对所居住社区不会产生重大不良影响,原公诉机关的量刑建议与辩护人的量刑请求均是适用缓刑。第三,发生事故时其没有意识到撞人,离开事故现场时没有逃避法律追究的意图。

辩护人认为,原判法律适用错误。第一,余某某的行为构成一般的交通肇事罪,不属于"交通运输肇事后逃逸"的情形。第二,余某某符合适用缓刑的条件。第三,一审判决不适用缓刑没有法律依据。

(四)二审法院的判决

北京市第一中级人民法院认定,上诉人余某某违反交通运输管理法规,驾驶机动车发生重大事故,致一人死亡,并负事故全部责任,且在肇事后逃逸,其行为已构成交通肇事罪,依法应予惩处。余某某因在交通肇事后逃逸,依法应对其在 3 年以上 7 年以下有期徒刑的法定刑幅度内处罚。鉴于余某某在发生本次交通事故前饮酒,属酒后驾驶机动车辆,据此应对其酌定予以从重处罚。其在案发后自动投案,认罪认罚且在家属的协助下积极赔偿被害人近亲属并取得谅解,据此可对其酌定予以从轻处罚。北京市门头沟区人民检察院及北京市人民检察院第一分院有关原判量刑错误并应对余某某适用缓刑的意见均不能成立,法院均不予采纳;上诉人余某某所提应对其改判适用缓刑的理由及其辩护人所提原判量刑过重,请求改判 2 年以下有期徒刑并适用缓刑的意见均缺乏法律依据,法院均不予采纳。原审人民法院根据余某某犯罪的事实、性质、情节以及对于社会的危害程度作出判决,认定余某某犯交通肇事罪的事实清楚,证据确实、充分,定罪正确,审判程序合法,但认定余某某的行为构成自首并据此对其减轻处罚,以及认定余某某酒后驾驶机动车却并未据此对其从重处罚不当,法院一并予以纠正。

北京市第一中级人民法院判决:驳回北京市门头沟区人民检察院的抗诉及

余某某的上诉;撤销北京市门头沟区人民法院(2019)京0109刑初138号刑事判决;上诉人余某某犯交通肇事罪,判处有期徒刑3年6个月。

案例使用说明

一、教学目的与用途

本案例主要用于讲授第二审程序的功能、启动、展开和处理,全面审查原则与上诉不加刑原则的内涵,审判中心主义视域下认罪认罚从宽制度的运行。以本案为例,具体要解决的问题包括:其一,第二审程序的启动和处理;其二,全面审查原则和上诉不加刑原则的实践情况;其三,人民法院审查认罪认罚案件量刑建议的过程和特点;其四,在符合审判中心主义的前提下,如何确定检察机关与人民法院的职能定位。

本案例供法律硕士案例教学使用,法学本科(大四)、刑法学硕士、诉讼法学硕士也可以参酌试用。

二、涉及知识点

(一)第二审程序有哪些功能和意义?检察机关和被告人分别有哪些抗诉理由和上诉理由?

第二审程序,又称上诉审程序,是指上一级人民法院根据上诉人的上诉或者人民检察院的抗诉,就下一级人民法院尚未发生法律效力的判决或裁定认定的事实和适用法律进行审理时,所应遵循的步骤和方式、方法。第二审程序主要发挥救济和纠错两大功能:(1)救济。第二审程序是一个重要的司法救济途径,其为当事人在第一审程序中的应有权利提供救济空间。被告人、自诉人及其法定代理人、被害人及其法定代理人不服地方各级人民法院第一审的判决、裁定的,可以向上一级人民法院上诉;附带民事诉讼的当事人和他们的法定代理人可以就第一审的判决、裁定中的附带民事诉讼部分提出上诉。《刑事诉讼法》第227条第3款规定:“对被告人的上诉权,不得以任何借口加以剥夺。”(2)纠错。检察机关对人民法院的判决、裁定提出抗诉或提请抗诉,是其履行审判监督职能的重要途径。检察机关通过抗诉确保国家法律得到正确实施,《刑事诉讼法》第228条规定:“地方各级人民检察院认为本级人民法院第一审的判决、裁定确有错误的时候,应当向上一级人民法院提出抗诉。”

根据《刑事诉讼法》第236、238条和《刑诉法解释》第383、391条的规定,抗诉理由和上诉理由主要涉及第一审程序的程序问题、第一审判决的事实认定问题和法律适用问题、第一审程序未审理的新的事实或证据。概括而言,抗诉理由和上诉理由可归纳为以下三种:(1)判决、裁定的事实认定不清或错误,或者缺乏确实、充分的证据;(2)判决、裁定的法律适用错误,量刑畸轻或畸重;(3)在侦查、审查起诉、第一审程序中,存在违反法定诉讼程序的情形,可能影响判决、裁定的正确性。

(二)第二审程序有哪些处理结果?

第二审程序的处理结果,是指针对不服一审判决的上诉、抗诉案件,二审法院经过审理后,依据案件情况分别作出的处理。《刑事诉讼法》第 236 条规定:"第二审人民法院对不服第一审判决的上诉、抗诉案件,经过审理后,应当按照下列情形分别处理:(一)原判决认定事实和适用法律正确、量刑适当的,应当裁定驳回上诉或者抗诉,维持原判;(二)原判决认定事实没有错误,但适用法律有错误,或者量刑不当的,应当改判;(三)原判决事实不清楚或者证据不足的,可以在查清事实后改判;也可以裁定撤销原判,发回原审人民法院重新审判。原审人民法院对于依照前款第三项规定发回重新审判的案件作出判决后,被告人提出上诉或者人民检察院提出抗诉的,第二审人民法院应当依法作出判决或者裁定,不得再发回原审人民法院重新审判。"《刑诉法解释》第 406 条规定:"第二审人民法院发现原审人民法院在重新审判过程中,有刑事诉讼法第二百三十八条规定的情形之一,或者违反第二百三十九条规定的,应当裁定撤销原判,发回重新审判。"

(三)什么是上诉不加刑原则?上诉不加刑原则对我国司法实践有何影响?

上诉不加刑原则是第二审程序应当遵循的基本原则,指第二审人民法院审理只有被告人一方提出上诉的案件时,不得以任何理由加重被告人的刑罚。该原则统摄于禁止不利益变更原则,其核心目的是保障被告人的上诉权,消除被告人一方对上诉的思想顾虑,使其充分行使其法定权利。对于上诉不加刑原则的理解,应从三方面展开:(1)在只有被告人一方提出上诉的情形下,不得加重被告人的刑罚。《刑事诉讼法》第 237 条第 1 款规定:"第二审人民法院审理被告人或者他的法定代理人、辩护人、近亲属上诉的案件,不得加重被告人的刑罚。第二审人民法院发回原审人民法院重新审判的案件,除有新的犯罪事实,人民检察院补充起诉的以外,原审人民法院也不得加重被告人的刑罚。"(2)在被告人一方提出上诉、检察机关提出抗诉的情形下,二审判决不受上诉不加刑原则的限制。《刑事诉讼法》第 237 条第 2 款规定:"人民检察院提出抗诉或者自诉人提出上诉的,不受前款规定的限制。"《刑诉法解释》第 401 条第 1 款第 7 项规定:"原判判处的刑罚不当、应当适用附加刑而没有适用的,不得直接加重刑罚、适用附加刑。原判判处的刑罚畸轻，必须依法改判的，应当在第二审判决、裁定生效后，依照审判监督程序重新审判。”(3)根据《刑诉法解释》第401、402条的规定，在共同犯罪的案件中，只有部分被告人上诉的，该原则也适用于同案其余未上诉的被告人；检察机关只对部分被告人的判决提出抗诉或自诉人只对部分被告人的判决提出上诉的，该原则也适用于同案其余被告人。

《刑事诉讼法》及《刑诉法解释》原则性地规定了检察机关提出抗诉的案件不受上诉不加刑原则的限制，未区分不利于被告人的抗诉和有利于被告人的抗诉等具体情形。全国人大常委会法制工作委员会(以下简称法工委)则肯定了上诉不加刑原则适用于为保障被告人利益而提起抗诉的情形，《〈中华人民共和国刑事诉讼法〉释解与适用》(2018年版)中解释道：“人民检察院认为第一审判决确有错误，处刑过重而提出抗诉的，第二审人民法院经过审理也不应当加重被告人的刑罚。”在余某某交通肇事案中，检察机关抗诉和被告人上诉一致要求改判适用缓刑，纠正一审判决的量刑畸重问题。二审法院则认为一审判决对余某某酒后驾车的事实并未予以从重处罚，且对自首的认定不当，应予以纠正，改判加重被告人的刑罚。从二审法院的判决可以看出，司法实践中存在“一刀切”地理解上诉不加刑原则及其例外情形的现象。虽然当前《刑事诉讼法》和《刑诉法解释》的相关法条可以证成对被告人加刑的合法性，但是正是相关法条的模糊性，引起了实务界与理论界就本案判决正当性的争议。未来，法官也应当重视这种模糊性，辩证地对待检察机关提出抗诉的案件；立法者则有必要进一步细化相关法条的内容，明确检察机关提出抗诉的具体情形。

(四)什么是全面审查原则？全面审查原则对我国司法实践有何影响？

全面审查原则是第二审程序应当遵循的另一基本原则，指第二审人民法院应当就第一审判决认定的事实和适用法律进行全面审查，不受上诉或者抗诉范围的限制。《刑事诉讼法》第233条规定：“第二审人民法院应当就第一审判决认定的事实和适用法律进行全面审查，不受上诉或者抗诉范围的限制。共同犯罪的案件只有部分被告人上诉的，应当对全案进行审查，一并处理。”《刑诉法解释》第388条规定：“第二审人民法院审理上诉、抗诉案件，应当就第一审判决、裁定认定的事实和适用法律进行全面审查，不受上诉、抗诉范围的限制。”同时，《刑诉法解释》第399条第1款规定，开庭审理上诉、抗诉案件，可以重点围绕对第一审判决、裁定有争议的问题或者有疑问的部分进行。

在诉讼法原理中，控审分离原则是刑事诉讼基本原则和程序正义的体现，其位阶优先于全面审查原则。控审分离原则要求人民法院审理和裁判的对象和范围仅限于检察官指控的对象和范围，不得审理任何未经指控的被告人和行为。

二审法院全面审查案件事实和法律适用时同样需要符合控审分离原则，不能取代检察机关的"控诉者"角色。在余某某交通肇事案中，二审法院加重刑罚的理由之一是一审判决对被告人自首的认定错误，应当撤销其自首认定，一审判决未以醉驾从重处罚。虽然二审法院审查自首情节符合全面审查原则，但是本案上诉、抗诉的范围并不包含一审判决的自首认定，二审法院在上诉、抗诉范围之外主动纠正一审判决的自首认定，且未给予被告人充分辩论的机会。从诉讼法原理看，这种做法是否符合控审分离原则和程序正义，是否有任意扩大审判对象的可能，仍有待讨论。

(五)认罪认罚从宽制度的内涵是什么？人民法院如何处理认罪认罚具结书和量刑建议？

认罪认罚从宽制度，是指针对犯罪嫌疑人、被告人自愿如实供述自己的罪行，对指控的犯罪事实没有异议，同意检察机关量刑建议并签署具结书的案件，可以依法从宽处理。认罪认罚从宽制度是我国宽严相济刑事政策的体现，《刑事诉讼法》第174条第1款规定："犯罪嫌疑人自愿认罪，同意量刑建议和程序适用的，应当在辩护人或者值班律师在场的情况下签署认罪认罚具结书。""两高三部"《关于适用认罪认罚从宽制度的指导意见》(以下简称《指导意见》)明确了"认罪"、"认罚"和从宽幅度的具体内涵：(1)"认罪"。《指导意见》第6条规定："认罪认罚从宽制度中的'认罪'，是指犯罪嫌疑人、被告人自愿如实供述自己的罪行，对指控的犯罪事实没有异议。承认指控的主要犯罪事实，仅对个别事实情节提出异议，或者虽然对行为性质提出辩解但表示接受司法机关认定意见的，不影响'认罪'的认定。"(2)"认罚"。根据《指导意见》第7条的规定，"认罚"是指犯罪嫌疑人、被告人真诚悔罪，愿意接受处罚。"认罚"的考察重点是犯罪嫌疑人、被告人的悔罪态度和悔罪表现，应当结合退赃退赔、赔偿损失、赔礼道歉等因素来考量。犯罪嫌疑人、被告人享有程序选择权，不同意适用速裁程序、简易程序的，不影响"认罚"的认定。(3)从宽幅度。从宽处理包括实体上从宽处罚和程序上从简处理，《指导意见》第9条第2款明确认罪认罚情节与自首、坦白情节不作重复评价："认罪认罚的从宽幅度一般应当大于仅有坦白，或者虽认罪但不认罚的从宽幅度。对犯罪嫌疑人、被告人具有自首、坦白情节，同时认罪认罚的，应当在法定刑幅度内给予相对更大的从宽幅度。认罪认罚与自首、坦白不作重复评价。"

在审查起诉阶段，犯罪嫌疑人自愿认罪，同意量刑建议和程序适用的，应当在辩护人或者值班律师在场的情况下签署认罪认罚具结书。针对被告人的认罪认罚具结书和量刑建议，人民法院可以从三个方面进行处理：其一，人民法院一般应当采纳检察机关提出的指控罪名和量刑建议,《刑事诉讼法》第 201 条第 1 款规定:“对于认罪认罚案件,人民法院依法作出判决时,一般应当采纳人民检察院指控的罪名和量刑建议。”其二,《指导意见》第 40 条规定人民法院应当依法审查人民检察院提出的量刑建议,《刑事诉讼法》第 201 条第 1 款同时明确,当符合五种例外情形时,人民法院应当拒绝采纳量刑建议并依法作出判决。例外情形包括:(1)被告人的行为不构成犯罪或者不应当追究其刑事责任的;(2)被告人违背意愿认罪认罚的;(3)被告人否认指控的犯罪事实的;(4)起诉指控的罪名与审理认定的罪名不一致的;(5)其他可能影响公正审判的情形。其三,人民法院认为量刑建议明显不当的,《刑事诉讼法》第 201 条第 2 款和《指导意见》第 41 条明确,人民法院可以建议检察机关调整量刑建议,检察机关不调整量刑建议或者调整量刑建议后仍然明显不当的,人民法院应当依法作出判决。

(六)什么是审判中心主义?如何理解认罪认罚案件中检察机关与审判机关的职能定位?

审判中心主义强调审判对于整个刑事诉讼程序的统摄作用,侦查程序是审判程序的准备阶段,案件事实和证据的查证以法庭调查程序为准,整个刑事诉讼过程中应当以司法权为中心,强调刑事审判(尤其是第一审程序)的决定性作用,事实证据调查、定罪量刑辩论、裁判结果形成均决定于法庭。本质上,审判中心主义反映的是刑事诉讼构造问题,其包括四个相互关联的论点:(1)诉讼构造层面,公检法三机关应将审判作为刑事司法程序的中心环节,确立以人民法院审判为中心的诉讼构造。(2)审判流程层面,法官在庭前、庭审和庭后行为中,应将法庭审判作为决定性环节,以法庭审理统摄庭前行为和庭后行为。(3)审理方式层面,法官审理案件应遵循亲历性、中立性、判断性、终局性等司法客观规律。(4)审级体制层面,在第一审程序、第二审程序和审判监督程序的审级体制中,一审最为重要,其他审判程序之展开均需要以第一审程序为基础和前提。

在刑事司法改革重置司法权力的背景下,余某某交通肇事案中一审法院、二审法院与检察机关之间的分歧,折射出检察机关与人民法院未充分认识到自身职能定位。这种不充分的认识体现为:一方面,检察机关基于认罪认罚案件的主导责任,积极推进量刑建议精准化,人民法院一般应当采纳量刑建议。对此,不乏有人担心量刑建议使检察机关拥有近似量刑权的某种职能。另一方面,人民法院则基于审判中心主义,维护“定罪量刑在法庭”的司法权威。本案中,一审判决未采纳量刑建议,检察机关以量刑畸重为由提出抗诉后,二审判决撤销了余某某的自首认定并加重刑罚。事实上,认罪认罚从宽制度与审判中心主义并非不能兼容,对于认罪认罚案件中检察机关与人民法院的职能定位,可以从三个方面把握:(1)检察机关和人民法院履行职能应当贯彻宽严相济的刑事政策,符合罪责刑相适应原则、证据裁判原则和公检法三机关配合制约原则。检察机关和人民法院都需要更加审慎地对待量刑建议;犯罪嫌疑人、被告人符合认罪认罚从宽制度的适用条件并不意味着可以怠于收集、审查证据或降低证明标准。(2)检察机关主导认罪认罚案件办理。检察机关对案件侦查、证据收集等活动给予指引,通过告知权利和听取意见等活动保障犯罪嫌疑人的程序选择权和认罪认罚的自愿性、合法性。检察机关提出量刑建议前,应当充分听取犯罪嫌疑人、辩护人或者值班律师的意见,尽量协商一致。(3)人民法院审理认罪认罚案件,裁断被告人的定罪量刑问题。法庭依法审查被告人的犯罪事实、证据和量刑建议,核实认罪认罚的自愿性、具结书内容的真实性和合法性。需要强调的是,量刑属于人民法院的裁判职权范围,经控辩双方协商一致的量刑建议对法官并不具有强制约束力。只有经过人民法院审查,确认事实清楚,证据确实、充分,指控罪名准确,量刑建议适当时,人民法院才应当采纳量刑建议。

三、配套教材

1. 胡铭:《刑事诉讼法学》(2019 年修订版),法律出版社 2016 年版。

2. 胡铭等:《刑事诉讼法入门笔记》,法律出版社 2019 年版。

3. 陈瑞华:《论法学研究方法》,法律出版社 2017 年版。

四、启发思考题与实践题

(一)思考题

1. 刑事诉讼第二审程序的启动方式和审理方式有哪些?

2. 上诉、抗诉的对象是什么?

3. 刑事诉讼第二审程序有哪些区别于刑事诉讼第一审程序的功能和原则?

4. 刑事诉讼第二审程序的审理对象和调查范围是哪些?会出现哪些处理结果?

5. 上诉、抗诉的理由有哪些?检察机关为被告人利益而提出抗诉,是否适用上诉不加刑原则?

6. 根据我国法律与相关司法解释,如何认定被告人是否存在自首情节?

7. 如何理解认罪认罚从宽制度中的“如实供述自己的罪行”?仅供述部分罪行是否能被认定为“如实供述自己的罪行”?

8. 本案是否符合认罪认罚从宽制度的适用条件?

9. 检察机关就认罪认罚案件提起公诉后,人民法院如何处理量刑建议?

10. 如何理解认罪认罚从宽制度与审判中心主义的关系？

（二）实践题

1. 根据本案一审判决书和二审判决书，撰写一份启动审判监督程序的抗诉书。

2. 根据本案一审、二审的相关信息，结合诉讼法原理，分析二审判决书的得失之处。

3. 根据本案一审、二审的相关信息，结合司法实践情况，分析二审法院作出其他处理结果是否更加适当。

4. 根据本案一审、二审的相关信息，结合相关法律和司法解释，分析被告人是否存在逃逸情节、自首情节。

五、理论依据

审判中心主义　禁止不利益变更原则　控审分离原则　认罪认罚从宽制度

六、背景信息

2019 年 6 月 5 日，余某某酒后驾驶白色丰田牌小型普通客车由南向北行驶至北京市门头沟区河堤路 1 千米处时，车辆前部右侧撞到被害人宋某致其死亡，撞人后余某某未作停留、驾车驶离。2019 年 6 月 6 日 5 时许，余某某到公安机关自动投案，如实供述自己的罪行。另查，余某某案发前在中国中铁股份有限公司总部的纪检部门工作。2019 年 6 月 17 日，余某某的家属赔偿被害人宋某的近亲属各项经济损失共计人民币 160 万元，获得了被害人近亲属的谅解。

2019 年 8 月 2 日，北京市门头沟区人民检察院提起公诉，提出“有期徒刑 3 年，缓刑 4 年”的量刑建议。

2019 年 9 月 11 日，北京市门头沟区人民法院以交通肇事罪判处余某某有期徒刑 2 年。

在法定期限内，北京市门头沟区人民检察院向北京市第一中级人民法院提出抗诉，北京市人民检察院第一分院支持抗诉。余某某提出上诉。2019 年 12 月 30 日，北京市第一中级人民法院驳回北京市门头沟区人民检察院的抗诉及余某某的上诉，撤销北京市门头沟区人民法院（2019）京 0109 刑初 138 号刑事判决，改判余某某有期徒刑 3 年 6 个月。

七、关键要点

1. 从程序正义的角度分析本案例，把握案件经过，一审、二审等重要节点，着重理解诉讼法原理对各环节的影响和要求，通过分析案件审理经过和结果，对比各环节的实然作用和应然作用。增进学生对相关法条与诉讼法原理的了解，启发学生思考如何在个案中体现程序正义，提高学生的辩证分析能力。

2. 重点分析本案例的第二审程序问题，包括第二审程序的启动、审理和处理，全面审查原则，上诉不加刑原则等，尤其要深入探讨上诉不加刑原则的例外情形，进一步鼓励学生立足审判中心主义和认罪认罚从宽制度之间关系的维度，思考检察机关和人民法院的职能定位以及检察权和审判权的运行规律。分别从宏观和微观层面，加强学生对我国刑事司法改革的理解，鼓励学生批判性思考法条和具体改革背后的原理，进一步加深对制度的省思能力。

3. 关注本案例中刑法与刑事诉讼法的交叉内容，包括自首与认罪的认定和重复评价问题，自首与从宽处罚的处理和协调问题。加强学生结合案件事实运用法条的能力，培养、锻炼学生的跨部门法思维。

八、课堂计划

本案例可以作为专门的案例教学课来进行，整个案例课的课堂安排 6 个课时，每课时 45 分钟。如下课堂设计，仅供参考。

1. 课前计划：安排学生阅读案例及相关参考资料，对案例涉及问题进行思考，撰写实践题答案。

2. 课中计划：介绍教学目的，明确讨论主题；学生分组讨论，回答各项思考题，讨论实践题的撰写要点；小组代表提出撰写要点，学生讨论和分析；教师归纳总结。

3. 课后计划：布置学生思考上诉不加刑原则、全面审查原则的相关问题，梳理、归纳上诉、抗诉的案件类型，并进一步思考在审判中心主义视域下，推进认罪认罚从宽制度的合理性和具体路径。

九、参考文献

1. 樊崇义主编：《诉讼原理》（第 2 版），法律出版社 2009 年版。

2. 陈光中等：《司法改革问题研究》，法律出版社 2018 年版。

3. 王爱立、雷建斌主编：《〈中华人民共和国刑事诉讼法〉释解与适用》，人民法院出版社 2018 年版。

4. 胡铭：《刑事诉讼法学》（2019 年修订版），法律出版社 2016 年版。

5. 陈光中、曾新华：《刑事诉讼法再修改视野下的二审程序改革》，载《中国法学》2011 年第 5 期。

6. 孙远:《论刑事上诉审构造》,载《法学家》2012 年第 4 期。

7. 王敏远:《认罪认罚从宽制度疑难问题研究》,载《中国法学》2017 年第 1 期。

8. 魏晓娜:《结构视角下的认罪认罚从宽制度》,载《法学家》2019 年第 2 期。

9. 牟绿叶:《认罪认罚案件的二审程序——从上诉许可制展开的分析》,载《中国刑事法杂志》2019 年第 3 期。

10. 陈卫东:《认罪认罚从宽制度的理论问题再探讨》,载《环球法律评论》2020 年第 2 期。

2-3 CASE 刘某某非国家工作人员受贿、职务侵占案

——刑事再审启动的条件与审查标准

原审被告人刘某某为日照市东港区农村信用合作联社原理事长兼党委书记，曾任莒县农村信用合作联社副主任、主任、理事长兼党委书记。一方面，2005年1月至2009年2月，刘某某利用担任莒县农村信用合作联社主任、理事长之职务便利，非法收受客户为办理贷款、承揽工程及单位职工为职务提拔、岗位调动等事项所送现金、有价证券、银联卡等，并为他人谋取利益。另一方面，2005年12月至2008年12月，刘某某利用其担任莒县农村信用合作联社主任、理事长之职务便利，采取侵吞、虚列支出等手段非法占有公共财物。随后，其于2009年6月24日被刑事拘留，同年7月4日被逮捕。刘某某到案后，主动供述了司法机关尚未掌握的非国家工作人员受贿罪的大部分犯罪事实。2009年7月2日，日照市人大常委会决定许可对刘某某依法采取强制措施。案发后，检察机关依法扣押原审被告人刘某某房产两处、现金52,000元、有价证券6080元、两处购房款32万元。历经一审、二审及多次再审后，刘某某因本案被判处有期徒刑9年，并处没收财产25万元，后经减刑于2016年6月9日刑满释放。[1]

一、审理经过

山东省莒县人民法院审理山东省莒县人民检察院指控原审被告人刘某某犯非国家工作人员受贿罪、职务侵占罪一案，于2010年7月28日作出(2010)莒刑初字第103号刑事判决。

宣判后，刘某某不服，向山东省日照市中级人民法院提出上诉。山东省日照市中级人民法院于2011年8月11日作出(2010)日刑终字第62号刑事判决。

该判决发生法律效力后，刘某某不服，向山东省日照市中级人民法院提出申诉，山东省日照市中级人民法院于2011年9月27日作出(2011)日刑监字第14

〔1〕 山东省德州市中级人民法院刑事判决书，(2019)鲁14刑再2号。

号驳回申诉通知书,驳回其申诉。

刘某某仍不服,向山东省高级人民法院申诉。山东省高级人民法院于2012年12月12日作出(2012)鲁刑监字第48号再审决定,指令山东省日照市中级人民法院再审本案。山东省日照市中级人民法院于2013年9月2日作出(2013)日刑再终字第1号刑事判决。

刘某某仍不服,向山东省高级人民法院申诉。山东省高级人民法院于2014年7月18日作出(2014)鲁刑监字第62号驳回申诉通知书,驳回刘某某的申诉。

刘某某仍不服,继续向山东省高级人民法院申诉。山东省高级人民法院于2019年1月24日作出(2019)鲁刑申88号再审决定,指令山东省德州市中级人民法院对本案进行再审。山东省德州市中级人民法院依法组成合议庭,于2019年9月4日、2019年11月15日、2019年11月25日召开庭前会议,于2020年4月7日公开开庭审理了本案。山东省德州市人民检察院指派检察员出庭履行职务。原审被告人刘某某及其辩护人到庭参加诉讼。在案件审理过程中,山东省德州市人民检察院以补充证据为由建议本案延期审理,山东省德州市中级人民法院决定延期审理。该案现已审理终结。

刘某某仍不服,向山东省高级人民法院提出申诉,山东省高级人民法院作出(2020)鲁刑申141号驳回申诉通知书,驳回其申诉。

刘某某仍不服,向最高人民法院提出申诉,最高人民法院于2023年8月25日作出(2023)最高法刑申63号驳回申诉通知书,驳回其申诉。最高人民法院经审查认为,山东省德州市中级人民法院再审判决认定原审被告人犯非国家工作人员受贿罪、职务侵占罪的事实和适用法律正确,量刑适当。鉴于山东省德州市中级人民法院在再审时已将在侦查期间的全部有罪供述作为非法证据予以排除,山东省高级人民法院在复查该案时不应将在侦查期间的有罪供述作为定案评判依据,但该案最终生效裁判系山东省德州市中级人民法院的再审判决,并非山东省高级人民法院的驳回申诉通知。原审被告人的申诉不符合《刑事诉讼法》第253条规定的重新审判条件,法院决定对该案不予重新审判。

二、再审的各方意见

(一)辩方意见

原审被告人刘某某及其辩护人提出:

1. 在侦查期间,侦查人员对刘某某进行了49天的连续审讯、刑讯逼供,逼迫刘某某作有罪供述,在2009年9月24日之后,刘某某推翻了前期的全部有罪供述。

2. 莒县人民检察院违法办案。刘某某不是国家工作人员,不属于特殊主体。刘某某系日照市人大代表,侦查人员在未经日照市人大常委会许可的情况下采取强制措施,违反了《全国人民代表大会和地方各级人民代表大会代表法》第32条的规定。

3. 原判决认定事实错误。刘某某在担任农村信用合作联社领导八年多的时间里,一直坚持将未能拒收的财物上缴单位,累计上缴363,000元。

(二)控方意见

山东省德州市人民检察院出庭检察员提出,山东省日照市中级人民法院(2013)日刑再终字第1号刑事判决认定刘某某非国家工作人员受贿罪、职务侵占罪事实清楚,证据确实、充分,应予维持。刘某某的申诉理由不成立,理由如下:

1. 检察机关对本案具有侦查管辖权。

2. 检察机关对原审被告人采取的强制措施合法。原审被告人案发时虽是日照市第十六届人大代表,非经法定程序批准,不受逮捕或刑事审判。但莒县人民检察院在2009年6月24日对刘某某采取的是刑事拘留措施,并非逮捕,且在对其采取强制措施的当日即上报了日照市人大常委会,而在对其逮捕前已经日照市人大常委会许可,没有违反法律规定。

3. 原审被告人在侦查阶段的有罪供述并非在受到刑讯逼供、连续讯问的情况下作出的。

4. 刘某某提外审期间形成的相关笔录,原再审判决已经予以排除,相关的瑕疵证据也已经予以排除。

5. 原再审判决认定刘某某职务侵占罪事实清楚,证据确实、充分,原审被告人提交的新证据不足以推翻原再审认定,其申诉理由不能成立。

(三)法院评判

关于辩方提出排除非法证据的申请及控辩双方出示的相关证据,结合辩方排除非法证据的理由、出庭检察员的意见,法院综合评判,原审被告人刘某某于2009年6月25日13时45分至15时30分所作有罪供述及后来在此基础上形成的有罪供述,不能被作为定案的证据,以及原审被告人刘某某审判前在莒县看守所形成的全部有罪供述(包括讯问笔录、自书供词、录音录像)均不能被作为定案的证据。

关于检方指控的原审被告人刘某某构成非国家工作人员受贿罪的其他事实,经查,以上指控仅有单一证人证言和书证,无法形成完整的证据链,故对于刘某某及其辩护人提出的辩解、辩护意见,法院予以采纳。

关于检方指控的原审被告人刘某某构成职务侵占罪的其他事实,再审中,刘某某针对以上指控提交了新证据。虽证据形式存在瑕疵,但其提交的证据导致该指控存疑,且对于刘某某侵占电视、空调、梅花牌手表的指控并无物证予以印证,根据疑罪从无的原则,对以上指控,法院不予认定。

关于莒县人民检察院对本案的侦查管辖权问题,莒县人民检察院在立案时认为刘某某涉嫌受贿罪、贪污罪,在审查起诉阶段经审查,改变定性以非国家工作人员受贿罪、职务侵占罪起诉,符合规定。

关于莒县人民检察院对原审被告人刘某某采取强制措施是否符合法律规定的问题,经查,刘某某于2009年6月24日被拘留,莒县人民检察院于当天向日照市人大常委会报告。日照市人民检察院于2009年6月29日向日照市人大常委会报请许可对刘某某采取逮捕强制措施,日照市人大常委会于2009年7月2日决定许可对日照市第十六届人大代表刘某某采取强制措施,莒县人民检察院于2009年7月4日对刘某某采取逮捕措施,符合法律规定,不存在违法办案的问题。

三、本案焦点的综合评述

启动再审程序是发挥纠错功能的重要前提,有助于维护司法公正、保障公民人权、推动法治进步。据统计,司法实践中再审案件的立案率并不高,维持在1%左右,可见再审程序的启动并非易事。本案中,申诉人刘某某反复多次提起申诉,甚至在第一次再审判决后仍然提起申诉,而对于原审被告人的申诉山东省高级人民法院、最高人民法院作出了不同的处理结果,使民众对其申诉是否满足启动再审的条件产生了疑问。

本案焦点之一在于刘某某的申诉理由是否符合法定要求。《刑事诉讼法》第253条规定,在符合五类法定申诉理由的情况下,可以启动再审程序。原审被告人刘某某提出的申诉理由主要有三个:其一,侦查阶段存在刑讯逼供,所获取的非法证据未被排除;其二,发现了新的证据;其三,存在诉讼程序违法,即检察机关不具有侦查管辖权以及采取的强制措施违法。申诉人所提交的申诉无须达到定罪量刑的证明高度,只需要让法官对原判决的正确性产生动摇,即原生效判决可能存在事实认定与法律适用错误。本案中,申诉人刘某某所提交的新证据虽存在瑕疵,但导致原指控存疑,仍符合启动再审的条件。

本案焦点之二在于再审申诉的审查范围以及审查结果效力。首先，再审程序与一审、二审程序不同，应当重点针对申诉、抗诉和决定再审的理由进行审理，必要时对原判决、裁定认定的事实、证据和适用法律进行全面审查。其次，对被追诉人申诉的驳回或审查通过的决定并不对再审判决结果产生预决效力。人民法院经审查而启动再审程序，仅说明案件符合启动再审的条件，人民法院依然可以根据法庭审理情况作出维持原判或改判决定。

本案焦点之三在于申诉权的保障与救济。我国将申诉后是否再审的决定权交由人民法院，限制启动的随意性、切实保障申诉权是完善再审启动程序的重要内容。结合本案，申诉人多次不服提起申诉被人民法院驳回后，因缺乏有效的救济，故只能反复向不同的人民法院提起申诉，使案件始终处于不安定的状态。案件再审启动的随意性与不确定性，一方面将影响个案正义的实现，另一方面也会破坏司法裁判的权威性与公信力，损害民众对司法判决的信赖。

案例使用说明

一、教学目的与用途

本案例主要用于讲授刑事再审启动条件的相关问题。我国实行两审终审制，一个案件经过两级人民法院审理即审判终结，基于“实事求是”“有错必纠”的追求，增设了刑事再审程序这一非常救济程序，用以纠正错误的生效判决、裁定。然而，对实体正确的追求必然会对程序的安定性造成冲击，该如何平衡两者之间的关系是启动再审程序制度设计的重要考量因素。以本案为例，当事人刘某某反复多次对生效的二审判决、再审判决不服并提出申诉，促使人民法院多次启动再审程序，案件无法得到终局性的处理，反映出了司法实践中再审程序启动所面临的困境。破局之法在于准确定位刑事再审程序，规范刑事再审程序的启动与展开规则，严格审查刑事再审程序启动的事由，具体要解决的问题包括：其一，刑事再审程序的规范目的与理论基础；其二，刑事再审程序的启动与一事不再理原则、禁止双重危险原则的关系；其三，当事人及其法定代理人、近亲属的申诉权的行使与保障；其四，刑事再审程序启动的决定主体以及法定事由；其五，刑事再审程序启动的限制与保障。

本案例供法律硕士案例教学使用，法学本科（大四）、刑法学硕士、诉讼法学硕士也可以参酌试用。

二、涉及知识点

（一）再审程序的理论基础与制度目的

为了防止重复追诉，世界各国对裁判的既判力都有相关规定。《公民权利和政治权利国际公约》第14条第7款规定，任何人因一国法律及刑事程序被最后定罪或者宣告无罪的，不得就同一罪名再予审判或惩罚。裁判是司法权威的重要体现，应当具有终局性、稳定性、不可随意变更性，如此才能符合当事人定分止争的诉讼预期。而且，从诉讼经济的角度看，任何一个诉讼程序都是需要成本的，时间越长发现案件真相的成本越高，重新启动已审判终结的案件会占用大量的司法资源。一旦启动再审程序，就意味着有推翻原生效裁判的可能，使纠纷重新进入未决状态，是裁判既判力的例外情形。从表面上看，再审程序与英美法系中的"禁止双重危险"原则、大陆法系中的"一事不再理"原则相悖。后两者是不同法系对生效裁判既判力的不同表述，虽其内涵的精神大致相同，但其保护的法益侧重点却稍有不同，"禁止双重危险"原则更重视程序的安定性以及被追诉人的权益保护，而"一事不再理"原则更多强调的是生效裁判的法律效力，是对已决事项的尊重。

既然如此，为何还要设置再审程序呢？有学者曾言："如果说司法是实现社会公正的最后一道防线，那么作为特殊救济程序的再审程序则是维护司法公正的最后一道防线。"刑事审判监督程序是人民法院、人民检察院对已经发生法律效力的判决和裁定，如果发现在认定事实和适用法律上确有错误，依法提出并进行重新审理的程序。再审程序具有对象特定性、启动时间无限制、再审裁判非特定性等特点，能发挥纠正冤假错案、保护人权、维护司法公正等积极作用。其与一审、二审程序不同，并非刑事诉讼的必经程序。再审程序也并非简单的刑事复查程序，其背后蕴藏着的是法的安定性、程序正当性、实体正义、人权保障等重要价值的博弈。再审程序的哲学基础是马克思主义认识论，是为了纠正确有错误的生效判决、裁定，使人们对案件事实的认识从相对真理向绝对真理迈进；其诉讼法学理论基础是实体真实主义。人的认识是有限的，而客观事物具有复杂性，也正因为此，法律为裁判的准确性预留了一定的容错空间以及修正可能，这也是再审程序存在的重要基础。同时，再审程序具有权利救济功能，为被错判的被告人提供了洗冤的可能，是保障被告人人权的体现。

就再审程序的制度目的存在多种观点，其定位不同会直接影响再审程序启动的制度设计与功能发挥。例如，若强调再审的价值在于依法纠错和维护刑事法治的权威，那么可以适当放宽人民法院对于申诉案件的立案标准，并非只有"确有错误"的案件才能启动审判监督程序，"有相当大的错误可能性"的案件也可进入再审程序中。又如,对再审程序主要功能的认知不同,对再审程序启动主体的设置就会有所不同。假如再审是为了纠错,则将启动权交由以公正裁判为己任的人民法院显得更为合理;而如果再审的主要功能是救济,则应该更多地考虑当事人的权利救济,给予当事人更多的尊重与程序保障。

党的十八届四中全会通过的中共中央《关于全面推进依法治国若干重大问题的决定》提出,再审重在解决依法纠错、维护裁判权威和健全冤假错案有效防范、及时纠正机制,保障当事人依法行使申诉权利。再审程序的启动往往牵一发而动全身,不仅仅涉及原审案件的定罪量刑,还可能关涉人权保障、司法责任制、纠正错判后的国家赔偿等一系列问题。再审程序的启动应当慎之又慎,一方面要充分发挥纠错、救济功能,另一方面要防止恣意启动,严格审查是否符合法定条件与程序要求,尽可能减少对生效裁判的稳定性、司法的权威性造成的损害。

(二)刑事再审程序的启动主体包括哪几类?现有规定是否存在权力垄断?

根据现有的法律规定,刑事再审程序的启动主体主要包括以下几类。一是各级人民法院对本院已经发生法律效力的判决和裁定,如果发现在认定事实上或者在适用法律上确有错误,提交审判委员会讨论通过后方可决定再审。二是最高人民检察院对各级人民法院已经发生法律效力的判决和裁定,上级人民检察院对下级人民法院已经发生法律效力的判决和裁定,如果发现确有错误,有权按照审判监督程序向同级人民法院提出抗诉。三是最高人民法院对各级人民法院已经发生法律效力的判决和裁定,上级人民法院对下级人民法院已经发生法律效力的判决和裁定,如果发现确有错误,有权提审或者指令下级人民法院再审。

其中,作为审判者的人民法院能否成为启动再审程序的决定者引发了一系列讨论。支持者认为人民法院主动启动再审程序有利于被告人的权益保障,是上级人民法院对下级人民法院监督的体现,可在现有基础上增加限制条件以避免人民法院自行启动的弊端。反对者则认为人民法院主动启动再审程序违背了控审分离的诉讼原则,背离了人民法院客观中立的地位,与"不能自以为非"的诉讼规律相悖。而且,由于目前缺少启动再审程序的具体规则与详细标准,人民法院在申诉审查以及自行启动再审程序时缺乏规范性与统一性,容易恣意处置。同时,在司法责任制及错案追究制的制约下,同为人民法院系统的再审法院难以保持客观中立,为避免启动再审程序在申诉审查时往往采取较高的判断标准,存在行政化倾向。

除了人民法院自行启动再审程序,检察机关也能通过抗诉启动再审程序。我国对于检察机关的抗诉事由并不加以限制,检察机关可以提出对被告人有利的抗诉,也可提出对被告人不利的抗诉。在实际运作中,公诉机关的抗诉权也可能存在维护部门利益的倾向,难以做到客观、中立、准确。倘若司法机关难以客观中立地决定再审程序的启动与否,或许可将启动权交由独立第三方专门负责。有观点认为,应当废除人民法院、检察机关的再审启动权,在全国人大、省级人大中设置刑事案件审查惩戒委员会,由德高望重的法律、法学专家型人大代表组成,负责受理、调查和启动再审程序和问责程序。也有观点认为,从我国国家机关的权力配置和性质来看,全国人大和省级人大较为适宜担负此项工作。

(三)刑事再审程序的法定启动事由有哪几种类型?源于申诉、抗诉以及人民法院自行启动的再审,对启动事由的判断标准有何异同?

《刑事诉讼法》第254条规定了人民法院可在认定事实或者适用法律确有错误的情况下自行启动再审程序,人民检察院可在发现确有错误的情况下抗诉并引发再审程序。这一规定明确了确有错误时应启动再审程序,却并未明确错误类型、错误的严重程度以及错误严重程度的衡量标准。司法实践中,由于标准的模糊、主观,司法机关享有较大的自由裁量权,在一定范围内可自由地决定是否启动再审程序。有实证研究发现,司法实践中存在大量启动事由模糊、启动理由无法纳入现有法定事由的再审案件,甚至存在许多不适宜启动再审程序的情况,如仅仅因为当事人反复申诉而出于维稳需求启动再审,或因为案件所涉罪名的敏感性启动再审。

除上述两种情形外,若人民法院经审查认为申诉符合法定条件,也可启动再审程序。《刑事诉讼法》第253条规定了五种可启动再审的法定申诉理由:(1)有新的证据证明原判决、裁定认定的事实确有错误,可能影响定罪量刑的;(2)据以定罪量刑的证据不确实、不充分、依法应当予以排除,或者证明案件事实的主要证据之间存在矛盾的;(3)原判决、裁定适用法律确有错误的;(4)违反法律规定的诉讼程序,可能影响公正审判的;(5)审判人员在审理该案件的时候,有贪污受贿,徇私舞弊,枉法裁判行为的。《刑诉法解释》第457条第2款明确了十类再审程序的启动事由,包括:(1)有新的证据证明原判决、裁定认定的事实确有错误,可能影响定罪量刑的;(2)据以定罪量刑的证据不确实、不充分、依法应当排除的;(3)证明案件事实的主要证据之间存在矛盾的;(4)主要事实依据被依法变更或者撤销的;(5)认定罪名错误的;(6)量刑明显不当的;(7)对违法所得或者其他涉案财物的处理确有明显错误的;(8)违反法律关于溯及力规定的;(9)违反法定诉讼程序,可能影响公正裁判的;(10)审判人员在审理该案件时有贪污受贿、徇私舞弊、枉法裁判行为的。

关键的问题在于,对于申诉理由的认定缺乏统一的标准,不同的人民法院秉持着不同的观点，导致相似案件能否启动再审存在随机性。申诉理由的认定难点之一在于，是否属于“新的证据”“诉讼程序违法”“适用法律错误”等情形。如常见的法律适用错误有自首、累犯、立功的认定错误，适用缓刑认定错误等。申诉理由的认定难点之二在于，申诉理由的审查标准应当达到何种程度。部分人民法院以申诉未达到“确实、充分”的证明程度，无法认定原生效判决、裁定存在事实认定或法律适用错误而驳回申诉。这一方面严格限制了再审程序的启动条件，另一方面有未审先定之嫌。再审启动程序不同于再审程序，对于是否符合启动条件的判断标准不宜设置得过高。再审启动程序应坚持“补充性”“救济性”“衡平性”的本质定位，以案件社会结构理论作为指引，强化再审诉讼构造的实质均衡，借此提升再审启动审查的有效性，使启动再审的衡量因素回归事实与法律本身，最大限度消解社会地位差异对于再审案件公正处理的不利影响。

（四）申诉权的行使与保障

首先，可以提起申诉的人员不限于当事人。申诉是每一个公民的基本权利，《宪法》第 41 条规定：“中华人民共和国公民对于任何国家机关和国家工作人员，有提出批评和建议的权利；对于任何国家机关和国家工作人员的违法失职行为，有向有关国家机关提出申诉、控告或者检举的权利，但是不得捏造或者歪曲事实进行诬告陷害。对于公民的申诉、控告或者检举，有关国家机关必须查清事实，负责处理。任何人不得压制和打击报复。由于国家机关和国家工作人员侵犯公民权利而受到损失的人，有依照法律规定取得赔偿的权利。”《刑事诉讼法》第 252 条规定，当事人及其法定代理人、近亲属，对已经发生法律效力的判决、裁定，可以向人民法院或者人民检察院提出申诉，但是不能停止判决、裁定的执行。除此之外，刑事诉讼法司法解释明确了案外人认为已经发生法律效力的判决、裁定侵害其合法权益的也可提出申诉。在司法实践中，人大代表的议案，企事业单位、公众等提出的案件质疑与反馈等都可能成为刑事案件再审程序启动的契机。

其次，申诉并不必然启动再审程序。申诉是对已生效的判决、裁定声明不服并申请再审的方式，与上诉不同，当事人及其法定代理人、近亲属的申诉仅仅是再审程序启动的重要材料来源，并不必然导致再审程序的启动。申诉一般情况下向原终审法院提起，若申诉被驳回，申诉人可向上一级人民法院提起申诉。这一规定受到了质疑，原终审法院虽对案件情况有清楚了解，对申诉进行审查能大大降低审查成本、提高审查效率，但同时为了避免随意认定原生效裁判确有错误，对申诉的审查将更为严苛，提高了申诉成功的难度。总体而言，当事人的申诉成功率极低，再审程序的启动权归司法机关所有，当事人的主体性地位并未得到充分体现，该如何保障当事人的申诉权以及规范引导当事人申诉权的行使值得进一步展开研究。

导致申诉困难的原因有很多。其一，审查申诉的人民法院不确定，增加了被追诉人申诉救济的难度。司法解释规定，上一级人民法院对未经终审人民法院审查处理的申诉，可以告知申诉人向终审人民法院提出申诉，或者直接交终审人民法院审查处理，并告知申诉人；案件疑难、复杂、重大的，也可以直接审查处理。可见，申诉由哪个人民法院最终审查处理由人民法院内部决定，申诉人无权得知，且对人民法院内部对申诉的互相推诿毫无办法。其二，申诉审查程序的不公开。当前司法机关在申诉审查上往往采取独自、书面的审查方式，申诉人在审查的过程中并不享有程序参与权。为提高申诉审查的公开性与规范性，2018 年 6 月最高人民检察院就曾下发通知要求各级检察院刑事申诉检察部门加大公开审查的力度，简化操作，探索除公开听证外的其他便捷的公开审查程序。如聂树斌案件中曾尝试在申诉审查模式中引入听证程序。其三，申诉审查的标准模糊、抽象，且大量的申诉驳回通知书并未就驳回理由展开详细的论证说理。当驳回申诉的理由无法说服申诉人时，将激发申诉人反复提起申诉，缠诉频发，造成司法资源的浪费。

为实现申诉权的保障与救济，有学者提出可将申诉权改造成诉权，只要申诉人提交的申诉理由符合再审的法定条件，人民法院就应当启动再审程序。同时，人民法院要保障申诉权的行使，明确申诉受理与审查的期限以及处理决定的告知义务。此外，充分发挥律师在申诉程序中的作用。根据《刑诉法解释》第 451 条第 3 款的规定，申诉可以委托律师代为进行。而且根据 2015 年发布的中央政法委《关于建立律师参与化解和代理涉法涉诉信访案件制度的意见（试行）》以及 2017 年公布的最高人民法院、最高人民检察院、司法部联合发布的《关于逐步实行律师代理申诉制度的意见》第 9 条的规定，将依法保障代理申诉律师的阅卷权、会见权。在诉讼服务大厅或者信访接待场所建立律师阅卷室、会见室，为律师查阅、摘抄、复制案卷材料等提供方便和保障。

（五）司法实践中启动再审“新的证据”的认定

对于《刑事诉讼法》第 253 条规定的法定申诉理由之一“新的证据”，《刑诉法解释》第 458 条进行了进一步的解释，包括：（1）原判决、裁定生效后新发现的证据；（2）原判决、裁定生效前已经发现，但未予收集的证据；（3）原判决、裁定生效前已经收集，但未经质证的证据；（4）原判决、裁定所依据的鉴定意见，勘验、检查等笔录被改变或者否定的；（5）原判决、裁定所依据的被告人供述、证人证言等证据发生变化，影响定罪量刑，且有合理理由的。

对于第 1 项、第 2 项的判断较为明确、简单，第 3 项已收集但未经质证的证据包含哪些情况，实践中出现了不同的看法。大多数刑事案件中，控辩双方提交的证据总量较大，基于诉讼经济和诉讼效率的考量，大多通过“批量举证”“分组举证”的方式进行。那么在原审裁判中已被提交但并未单独进行质证的某一证据是否属于该项规定的“新的证据”呢？有无被质证的判断应当从原审证据提交所要证明的事项与提起再审申诉时试图通过该证据证明的事项是否一致展开，若一致则不能被认定为“新的证据”。

其中，第4项“原判决、裁定所依据的鉴定意见，勘验、检查等笔录被改变或者否定的”是否属于新证据也有所争议。从字面含义看，“新的证据”是指在一、二审和死刑复核程序中没有被发现或没有被使用的证据。原判决、裁定所依据的证据虽被改变或否定，但仍属于原有证据，不属于新证据范围。倘若因证据改变导致原审裁判事实认定错误，人民法院裁判援引《刑事诉讼法》第253条第2项显得更为适宜。事实上，是否将被改变或否定的鉴定意见，勘验、检查等笔录划归为“新的证据”影响申诉人申诉的难易程度。关于发现“新的证据”，2012年《刑事诉讼法》修改时增加了“可能影响定罪量刑的”的限定条件，提高了因发现新证据启动再审的门槛。因此，有学者认为司法解释这一规定违反了申诉制度及时纠正错误裁判的规范目的。

在具体个案中，“新的证据”是启动再审程序最明确也是最重要的理由。任何证据未经质证不得成为审判依据，一方面要对新证据的客观性、合法性进行审查，另一方面应当结合原审裁判中的其他证据综合判断新证据是否可能影响定罪量刑。

（六）“证据不确实、不充分、依法应当排除”及“主要证据之间存在矛盾”的认定规则与证明标准

证据是刑事诉讼的基石，认定案件事实必须以证据为根据。证据未经当庭出示、辨认、质证等法庭调查程序查证属实，不能作为定案的根据。对证据的审查应当遵循综合审查判断原则，不可就单一证据进行判断，“证据确实、充分”就是对案件中所有证据审查后的总体判断。对于在案发现场提取的物证等实物证据，未经鉴定且在诉讼过程中丢失或者毁灭，无法在庭审中出示、质证，有罪供述的主要情节又得不到其他证据印证，而原审裁判认定被告人有罪的，应当依法进行监督。特别是在将犯罪嫌疑人、被告人的有罪供述作为定罪主要证据的案件中，尤其要重视以客观性证据检验补强口供等言词证据。只有口供而没有其他客观性证据，或者口供与其他客观性证据相互矛盾、不能相互印证，对所认定的事实不能排除合理怀疑的，应当坚持疑罪从无原则，不能认定被告人有罪。关于“主要证据之间存在矛盾”，我国《刑事诉讼法》第253条将“主要证据之间存在

矛盾”作为当事人申请再审的法定情形。《刑诉法解释》在“证据”一章中对各类证据的矛盾审查作出了明确规定,包括证人证言、被告人供述和辩解、鉴定意见、勘验检查笔录、间接证据以及采取技术调查、侦查措施收集的证据材料等。但即便如此,由于相关规定对于证据矛盾审查的具体操作语焉不详,这就使前述规定能否落实留有疑问。

再审程序的启动具有独立的程序价值,其证明标准与最终判决所需达到的证明标准之间应当有高低之分。再审启动是案件进入正式审判程序的前提,是否存在事实认定错误与法律适用错误应当在庭审中确定。只要提出的证据质疑能够引起对原审裁判的合理怀疑,使原审裁判无法维持“事实清楚,证据确实、充分”的证明标准,即应当认为达到了启动再审程序的证明标准。

(七)《刑事诉讼法》第 253 条第 4 项“违反法律规定的诉讼程序,可能影响公正审判”包括哪些情况?

程序性违法不仅破坏了程序机制,侵害了当事人的合法权益,而且损害了程序的正当性,违背了司法正义。刑事诉讼法虽将诉讼程序违法作为五类法定申诉理由之一,但在司法实践中,大多数再审案件皆因事实认定错误或法律适用错误启动再审,因诉讼程序违法启动再审的少之又少。出现这一情况的原因在于,一方面受到“重实体、轻程序”观念的影响,程序性违法在实体正义面前并未受到足够关注;另一方面现有规定概括模糊,缺乏具体可操作性。

第一,法律规定的“诉讼程序违法”所包含的事项不明。司法解释并未就“违反法律规定的诉讼程序”展开进一步解释,其具体事项能否参照一审程序中的诉讼程序违法认定规则?《刑事诉讼法》第 238 条列举了二审法院发现一审程序中的程序违法情形,包括:(1)违反本法有关公开审判的规定的;(2)违反回避制度的;(3)剥夺或者限制了当事人的法定诉讼权利,可能影响公正审判的;(4)审判组织的组成不合法的;(5)其他违反法律规定的诉讼程序,可能影响公正审判的。值得注意的是,再审与二审程序存在较大差异,再审程序针对的是已生效的判决、裁定,对诉讼程序违法的严重程度要求应当有所不同。除此之外,除了审判阶段的程序违法,该项申诉理由还包括哪些侦查、审查起诉过程中的程序违法尚且不明,如本案例中刘某某提出的检察机关无侦查管辖权、采取强制措施违法等能否成为启动再审的合理理由。

第二,“诉讼程序违法”的程度判断困难。考虑到生效裁判的权威性以及终局性,在事实认定、法律适用并未出现重大错误的情况下,并非所有的诉讼程序违法都能启动再审程序,关键在于判断诉讼程序的违法程度。对于“可能影响公正审判”这一限定条件,检察机关与人民法院有不同的理解。最高人民法院

《关于规范人民法院再审立案的若干意见(试行)》第7条将“审判程序不合法,影响案件公正裁判的”作为人民法院应当决定再审的理由;而《人民检察院复查刑事申诉案件规定》(现已失效)第19条将原处理决定、判决、裁定“是否存在严重违反诉讼程序的情形”作为刑事申诉案件立案复查的标准。学界对诉讼程序违法程度提出了不同的分类标准。如有学者认为诉讼程序的违法程度判断不在于形式违法性,而在于该行为对法律秩序和基本法律准则的破坏程度,可分为技术性违法、一般侵权性违法和宪法性侵权违法三类。还有学者认为应细化程序性违法事由的分类,对于绝对的程序性违法再审事由,人民法院无裁量权,对于相对的程序性违法再审事由,人民法院可根据是否影响定罪量刑作出再审启动与否的决定。

在程序正义理念的影响下,程序性违法逐步受到关注,伴随程序性辩护的完善,诉讼程序违法这一申诉理由或将真正落于实处,对其判断应采取“程序违法+影响定罪量刑”的综合审查。

(八)刑事再审启动有无次数限制、时间限制?是否应当区分“有利于被告人的再审启动”与“不利于被告人的再审启动”?

从现有的法律规范看,并未对再审程序的提起次数进行限制。《刑诉法解释》第452条第1款第2项规定,经过人民法院复查或者再审的,申诉时应当同时提交驳回申诉通知书、再审决定书、再审判决书、裁定书。可见,即便当事人的申诉被驳回或因申诉已进行再审,当事人对生效裁判不服仍可提起申诉。《刑诉法解释》第459条强调,人民法院对不符合规定的申诉应当说服申诉人撤回申诉,对仍然坚持申诉的,应当驳回或者通知不予重新审判,也并未就再审的次数进行明确的限制。

对再审程序的提起期限也无法律限制,在符合启动条件的情况下任何时候均可启动再审程序。至于申诉,目前仅有最高人民法院《关于规范人民法院再审立案的若干意见(试行)》第10条对刑罚执行完毕的申诉人提起申诉的时间进行了限制,人民法院对刑事案件的申诉人在刑罚执行完毕后两年内提出的申诉,应当受理;超过两年提出申诉,具有下列情形之一的,应当受理:(1)可能对原审被告人宣告无罪的;(2)原审被告人在上述第10条规定的期限内向人民法院提出申诉,人民法院未受理的;(3)属于疑难、复杂、重大案件的。不符合上述规定的,人民法院不予受理。限制申诉的提起期限,虽然有助于防止申诉人频繁地提起申诉,但“一刀切”的规定方式并未区分有利于被告人或是不利于被告人,反而不利于被告方的权利保障。有些国家如德国,会根据是否有利于被告人设置不同的时间限制,对于有利于被告人的再审启动不设限,而对于不利于被告人的再审,假如被告人已经死亡则再审被禁止提起。

除此之外,我国现有再审程序的启动规则并未对可启动再审程序的案件类型、事由、后果进行限制。根据不同的分类标准,再审程序的启动可分为因事实认定错误的启动与因法律适用错误的启动,对被追诉人有利的再审启动与对被追诉人不利的再审启动。不同的国家基于各自再审程序的制度定位,或多或少都制定了限制条件。例如,美国宪法修正案关于人权的法案中强调,“任何人均不得因同一犯罪而被迫两次遭受生命或身体上的危险”,因此在美国对于无罪判决完全禁止提起不利于被告人的再审。又如,法国的再审程序,虽然既可以针对事实错误也可针对适用法律错误,但其目的仅在于纠正关于有罪判决的错误。而且《法国刑事诉讼法典》第622条严格规定了再审申请的四个理由,分别为:(1)认定被告构成杀人罪并科处刑罚后,发现有证据证明原来认定的被害人仍然活着;(2)对同一案件的被告人前后作出了相互矛盾的判决,证明其中有一名被定罪的被告人是无罪的;(3)原来审判中证人之一被判决犯有伪证罪;(4)发现原来审判中未曾知悉的新的事实或者证据,足以对被定罪人是否有罪产生怀疑。再如,德国的再审程序是为了审核原审判决的事实而设定的,基本不存在为纠正法律错误而提起的非常上诉制度。同时,根据再审是否有利于被告人,允许提起再审的事由有所不同。有利于被告人和不利于被告人的再审在三种法定情形下均可提起:一是在法庭审判中曾提出过的书证是伪造的或者变造的;二是证人、鉴定人在原审中犯有故意或过失违反宣誓义务,或者故意作虚假陈述之罪;三是参与原审裁判制作的法官、陪审员在与该案件有关的问题上犯有职务的犯罪。除上述三种情形外,在作为原审刑事判决基础的民事判决已被生效判决所撤销,对被告人有利的新事实和新证据被发现和提出,导致法院有利于判决被告人无罪或者科处较轻的刑罚,作为原审判决基础的法律条文已经被联邦宪法法院宣布为违反宪法等三种情况下,有利于被告人的再审可被提起。对于被告人不利的再审,只有在被判决无罪的被告人在法庭上或法庭外作出了可信的有罪供述的情况下才能提起。与上述国家相比,我国对于可启动再审程序事由的规定稍显粗糙,且并未对可能导致被告人不利的再审程序进行限制。《刑诉法解释》第469条规定,除人民检察院抗诉的以外,再审一般不得加重原审被告人的刑罚。再审决定书或者抗诉书只针对部分原审被告人的,不得加重其他同案原审被告人的刑罚。这一规定似乎体现了再审不加刑的精神,但是“一般”这一限定词却给人民法院留下了较大的理解空间与操作空间。能否启动对被告人不利的再审,学界有不同的看法。有观点认为,为实现审判监督程序的纠错职能以及对实体正义的追求,不应当对再审程序的启动进行限制。也有观点认为,不限制再审程序的启动是“重实体、轻程序”的体现，应当对不利于被告人的再审程序启动进行必要的限制。例如，有学者提出，为了防止自我纠正的困难性或法外不正当因素的干扰，启动再审应当由上一级人民法院或最高人民法院发起，启动再审审查时应当听取检察机关和当事人的意见。[2] 也有学者认为，应禁止人民法院启动对被告人不利的再审，只能由检察机关抗诉启动不利于被告人的再审。[3] 还有学者更进一步地提出，应当对检察机关提起再审抗诉进行限制，可参考英国等国家的做法，在检察机关内部设立独立的刑事申诉案件审查委员会，尤其对不利于原审被告人的申诉理由进行严格限定。[4] 将再审程序的启动划分为有利于被告人与不利于被告人两类，或将成为未来再审程序启动规则完善的重要内容。

三、配套教材

1. 王敏远主编：《刑事诉讼法学》（第 2 版），知识产权出版社 2023 年版。

2. 陈光中主编：《证据法学》（第 5 版），法律出版社 2023 年版。

3. 陈瑞华：《比较刑事诉讼法》（第 2 版），北京大学出版社 2021 年版。

4. 杨秀清、谢凡：《再审制度与审级制度衔接研究》，法律出版社 2021 年版。

5. 胡铭：《刑事诉讼法学》（2019 年修订版），法律出版社 2016 年版。

6. 易延友：《刑事诉讼法：规则　原理　应用》（第 5 版），法律出版社 2019 年版。

7. [日]田口守一：《刑事诉讼法》（第 7 版），张凌、于秀峰译，法律出版社 2019 年版。

8. 黄士元：《刑事再审制度的价值与构造》，中国政法大学出版社 2009 年版。

四、启发思考题与实践题

（一）思考题

1. 再审程序与一审、二审程序有何异同？

2. 刑事再审是否是对法的安定性、生效裁判稳定性的破坏？如何平衡它们

[2] 卞建林、桂梦美：《启动刑事审判监督程序的困境与出路》，载《法学》2016 年第 4 期。

[3] 汪海燕：《刑事冤错案件的制度防范与纠正——基于聂树斌案的思考》，载《比较法研究》2017 年第 3 期。

[4] 陈卫东、冯雪松：《刑事申诉审查制度改革研究》，载《浙江工商大学学报》2024 年第 1 期。

之间的关系？

3. 如何理解《刑事诉讼法》第253条第1项规定的"新的证据"以及"可能影响定罪量刑"？

4. 在司法实践中，如何认定《刑事诉讼法》第253条第2项规定的"据以定罪量刑的证据不确实、不充分、依法应当予以排除，或者证明案件事实的主要证据之间存在矛盾的"？

5.《刑事诉讼法》第253条第4项规定的"违反法律规定的诉讼程序"可能包括哪些情况？

6. 可以提起刑事申诉的人员包括哪些？该提交哪些材料以及向什么部门提交？申诉人的申诉权应当如何加以保障？

7. 刑事再审程序的启动是否应当具有次数、时间以及事由的限制？

（二）实践题

1. 结合再审判决书，假设你是被告人，撰写一份刑事申诉状。

2. 检索几例因法律适用错误而启动再审的案件，了解并学习再审法院的启动理论、裁判思路与论证说理。

3. 检索几例因发现新证据而启动再审的案件，了解并学习再审法院的启动理论、裁判思路与论证说理。

4. 检索几例刑事再审审查驳回申诉通知书，了解人民法院驳回申诉的理由与论证说理。

5. 再审判决后，若本案中原审被告人仍不服，持续向最高人民法院提出申诉，思考该如何妥善地处理这一案件。

五、理论依据

控审分离　证据裁判原则　刑事证明标准　实体正义与程序正义　禁止双重危险原则　司法责任制　人权保障

六、背景信息

随着佘祥林、张氏叔侄、聂树斌、呼格吉勒图等冤假错案被纠正并作出无罪判决，再审程序的功能与价值逐步受到重视。就目前而言，我国实行二审终审制，但由于二审以书面审理为原则、开庭审理为例外，二审的改判率并不高，导致了更多的案件流入再审程序。从审判结果看，近年来再审维持原判率逐年降低，改判率逐渐上升。这也导致越来越多的案件当事人因对生效判决不服而提起申诉，乃至上访、信访，试图促使人民法院启动再审。事实上，正式进入再审程序的案件远远少于当事人不服提起申诉的案件数量。现有刑事错案大多通过“真凶落网”“被害人复活”等偶然、被动的方式被发现，再审的功能并未得以真正发挥。而且现有法律对申诉审查的程序规定得较为简单，人民法院的审查结果往往难以使当事人信服，进而导致当事人反复申诉、缠诉以及上访，案件无法得到终局性处理。只有细化再审启动的条件，完善刑事再审制度，才能充分发挥再审的审判监督作用，维护司法公正，推动法治进步。

人民法院层级与审级的变化从属于国家政治形态设计。中华人民共和国成立之初，基于“有错必纠”与“群众路线”，1954 年《人民法院组织法》、1954 年《人民检察院组织法》首次规定了刑事审判监督程序，并明确了再审的条件与相关程序。1979 年颁布的《人民法院组织法》在审判监督部分增加了“各级人民法院对于当事人提出的对已经发生法律效力的判决和裁定的申诉，应当认真负责处理”的规定。1979 年《刑事诉讼法》第 148 条规定，相关主体享有对已经发生法律效力的判决、裁定提出申诉的权利。在这一时期，审查申诉是人民法院发现原判认定事实或适用法律确有错误的重要渠道，再审大多由申诉引起。改革开放后，法律调整逐渐成为纠纷解决的主要方式之一，再审制度改革的设计和运行逐渐转向程序正当性偏好，规范申诉与提出再审申请的程序与条件。1987 年 9 月，最高人民法院正式成立告诉申诉审判庭，其职责包括审理和审查申诉、受理有关告诉的来信来访、监督指导告诉申诉工作，以及按照“分级负责，归口办理”的原则，将不属于人民法院主管的非诉来信来访转有关部门处理。1996 年《刑事诉讼法》明确了三种提出再审的方式，人民法院依职权启动再审、当事人申诉和检察院抗诉。2000 年，最高人民法院撤销告诉申诉庭，成立立案庭和审判监督庭，将申诉和再审申请纳入规范程序处理。2002 年 9 月，最高人民法院印发《关于规范人民法院再审立案的若干意见（试行）》，在《人民法院五年改革纲要》确定审判监督改革任务的基础上，优化再审立案管辖职权分配，规范当事人申诉权利和再审提出程序，明确再审启动理由，限定申请再审的时限与次数，严格限制各类诉讼案件的再审立案标准，符合将再审启动程序作为审判监督改革重要内容的改革目标。2021 年，基于中央全面深化改革委员会通过的《关于政法领域全面深化改革的实施意见》和中共中央印发的《法治中国建设规划（2020—2025 年）》的改革任务要求，全国人大常委会作出授权决定，由最高人民法院组织开展四级法院审级职能定位改革试点工作，其中再审改革应当坚持依法纠错与维护生效裁判权威相统一，确保司法公正。2021 年 9 月，最高人民法院印发《关于完善四级法院审级职能定位改革试点的实施办法》（现已失效），限缩了向最高人民法院申请再审的条件，将向最高人民法院提出的再审申请限定在法律适用问题上，要求当事人“声明对原判决、裁定认定的基本事实、认定事实的主要证据、适用的诉讼程序没有异议”。

法定的申诉理由也经历了一个变化的过程。1996年《刑事诉讼法》第204条规定了当事人及其法定代理人、近亲属提起申诉，人民法院应当审判的四种情形：(1)有新的证据证明原判决、裁定认定的事实确有错误的；(2)据以定罪量刑的证据不确实、不充分或者证明案件事实的主要证据之间存在矛盾的；(3)原判决、裁定适用法律确有错误的；(4)审判人员在审理该案件的时候，有贪污受贿，徇私舞弊，枉法裁判行为的。2012年《刑事诉讼法》修改，第242条在“有新的证据证明原判决、裁定认定的事实确有错误”的基础上增加了“可能影响定罪量刑的”；在“据以定罪量刑的证据不确实、不充分”的基础上增加了“依法应当予以排除”；并增加了一种新的情形“违反法律规定的诉讼程序，可能影响公正审判的”。2018年《刑事诉讼法》延续了这一修改。对待涉诉案件，除了法定条件的审查、限制纠错程序的启动，还特别鼓励采取其他替代性纠纷解决方式。2018年的推进刑事申诉和再审工作的会议再次强调要在权威性与实体公正之间探索申诉指导理念。为规范再审程序的启动与审理，最高人民法院根据实践需求与制度运行效果，出台了一系列意见，如《进一步加强最高人民法院审判监督管理工作的意见(试行)》、最高人民法院《关于加强和规范案件提级管辖和再审提审工作的指导意见》等。同时，最高人民检察院印发的《2023—2027年检察改革工作规划》中明确提出，要健全保障法律统一适用工作机制，推动完善民事、行政再审检察建议制度，研究推进刑事再审检察建议工作。

七、关键要点

1. 再审程序的启动条件和判断标准设置，与再审程序的理论基础和制度定位息息相关。再审程序作为刑事审判的救济程序，区别于一审、二审程序，有其独特的理论依据与制度价值。启动再审程序，无法回避生效裁判的安定性与公正性的价值冲突问题。根据既判力理论，对生效的裁判不得再进行受理和审判，有助于维护国家司法权的威信，保证法秩序的安定性。然而，受到“实事求是”“有错必纠”“实体正义”等观念的影响，结合我国司法的现实需求，安定性往往让步于公正性，与裁判的终局性相比，裁判的公正性才是目前更为紧迫的追求。

2. 刑事诉讼法及相关司法解释虽对再审程序启动进行了规定，但其制度供给仍然不足，现有的再审程序启动模式存在缺陷，如启动程序规则粗略、启动主体单一、审查标准缺位、再审事由未区分是否有利于被告人等。

3. 保护当事人的申诉权，并细化申诉理由的审查标准。当事人并非再审程序的决定主体,其申诉仅是启动再审程序的材料来源,是否能引起再审程序由人民法院审查决定。虽然《刑事诉讼法》第253条规定了五种法定申诉理由,尤其是发现新证据、刑讯逼供等非法手段获取的证据排除、诉讼程序违法等,但司法解释及相关的规定却并未提供具体的审查标准,大大增加了申诉驳回后的救济难度。

4. 以本案为例,重点了解、学习刑事再审程序的启动条件与基本规则。了解制度设计背后的理论依据,思考在法的安定性与正当性发生冲突时的价值选择。加强学生的证据裁判意识,提升学生的案件事实认定能力,培养、锻炼学生系统性分析问题的思维和统领全局解决问题的能力。同时,提高学生的制度反思能力。完善审级制度设置,使其既要能够吸收不满,又要保证程序的安定性,实现司法终局性。在现有基础上结合政策目标、法律规定及司法实践需求,进一步思考我国现有的审级制度的优势与不足,以及未来的优化路径。

八、课堂计划

本案例可以作为专门的案例教学课来进行,整个案例课的课堂安排6个课时,每课时45分钟。如下课堂设计,仅供参考。

1. 课前计划:安排学生熟悉案件情况,检索相关法律规定与参考资料,对案例涉及问题进行思考,撰写实践题答案。

2. 课中计划:介绍教学目的,明确讨论主题;学生分组讨论,回答各项思考题,讨论实践题的撰写要点;小组代表提出撰写要点,学生讨论和分析;教师归纳总结。

3. 课后计划:在课堂讨论后,课后思考本案中人民法院的再审启动决定是否合理,反思我国现有刑事再审启动制度的不足以及可改进之处。同时,明确再审程序在我国法律体系中的准确定位,思考其背后与禁止双重危险原则之间的关系,寻找两者间恰当的平衡点。在此基础上,检索不同国家关于刑事再审启动的相关规定,分析不同法律规定背后的原因,思考哪些规定可供我国的再审程序参考。

九、参考文献

1. 汪海燕:《认罪认罚案件再审问题研究——以541份裁判文书为分析对象》,载《比较法研究》2023年第5期。

2. 周涵:《刑事再审程序启动规则探析》,载《政法学刊》2023年第4期。

3. 李卓恒:《正当性偏好影响下的再审实践与改革:1978—2021》,载《中山大学法律评论》2022 年第 2 期。

4. 孙长永、李昭婧:《再审程序视野下认罪认罚从宽制度实证研究——基于 426 件再审案件的分析》,载《西南政法大学学报》2022 年第 3 期。

5. 毛灵军:《刑事再审启动程序的类诉讼化改造》,载《江西社会科学》2021 年第 10 期。

6. 殷闻:《刑事再审启动程序的理论反思——以冤假错案的司法治理为中心》,载《政法论坛》2020 年第 2 期。

7. 陈逸宁:《刑事再审程序启动制度研究——以京津冀三地 2013 年到 2018 年间刑事再审判决书为样本》,载《厦门大学法律评论》2020 年第 1 期。

8. 龙宗智:《刑事再审案件的审理方式与证据调查——兼论再审案件庭审实质化》,载《法商研究》2019 年第 6 期。

9. 刘仁琦:《我国刑事再审程序启动实体限制规则研究》,载《浙江工商大学学报》2019 年第 3 期。

10. 汪海燕:《刑事审判制度改革实证研究》,载《中国刑事法杂志》2018 年第 6 期。

11. 陈永生、邵聪:《冤案难以纠正的制度反思——以审判监督程序为重点的分析》,载《比较法研究》2018 年第 4 期。

12. 顾永忠:《关于刑事冤案再审程序的几个问题——以刑事冤案应当专设再审程序为研究重点》,载《法学杂志》2016 年第 1 期。

13. 卞建林、桂梦美:《启动刑事审判监督程序的困境与出路》,载《法学》2016 年第 4 期。

14. 陈卫东、赵恒:《刑事申诉听证制度研究》,载《法学杂志》2016 年第 1 期。

15. 李训虎:《刑事再审程序改革检讨》,载《政法论坛》2014 年第 3 期。

16. 胡铭、郑昕:《错案追究制的法理思考与制度构建》,载《学习论坛》2013 年第 2 期。

17. 王敏远:《刑事诉讼法学研究的转型——以刑事再审问题为例的分析》,载《法学研究》2011 年第 5 期。

18. 易延友:《我国刑事审级制度的建构与反思》,载《法学研究》2009 年第 3 期。

2-4 CASE

程某某贪污案

——缺席审判程序中被告人权利保障体系的构建与优化

2022年1月17日,河南省郑州市中级人民法院依法公开宣判“百名红通人员”河南省漯河市委原书记、豫港(集团)有限公司原董事长程某某贪污一案,对被告人程某某以贪污罪判处有期徒刑12年,并处罚金人民币50万元,追缴程某某贪污犯罪所得依法予以返还。

经查,程某某于2001年2月逃往境外。2002年2月,国际刑警组织对程某某发布红色通缉令。2015年4月,中央反腐败协调小组国际追逃追赃工作办公室(以下简称中央追逃办)将程某某列为“百名红通人员”。在案件庭审过程中,郑州市人民检察院指控:2000年12月7日至15日,被告人程某某利用担任豫港(集团)有限公司董事长的职务便利,未经该公司董事会研究决定,未经国家有关部门和河南省人民政府主管单位批准,以在新西兰设立分公司为由,先后三次指使财务人员将该公司公款转入其名下个人账户,非法占有公款港元、新西兰元、美元折合人民币共计308.88万余元。

公诉机关就指控的上述事实,向法庭出示了书证、证人证言、鉴定意见等证据。公诉机关认为,被告人程某某身为国家工作人员,利用职务上的便利,非法占有公款,数额特别巨大,且在境外,应当以贪污罪追究其刑事责任,提请人民法院适用缺席审判程序依法判处。[1]

一、法庭针对本案审判程序所做的庭前准备

2020年9月21日,河南省郑州市人民检察院向河南省郑州市中级人民法院提出申请,指控被告人程某某犯贪污罪,提请适用缺席审判程序。郑州市中级人民法院依法审查后通知郑州市人民检察院补送相关证据材料。2021年6月11

---

[1] 河南省郑州市中级人民法院刑事判决书,(2021)豫01刑缺初1号。

日，郑州市人民检察院向郑州市中级人民法院补送相关材料，人民法院经审查，认为被告人程某某符合缺席审判程序的适用条件，于同日立案受理。

在确定审判程序后，2021 年 8 月 6 日，人民法院依法向被告人程某某送达了起诉书副本、传票等法律文书，书面告知了其诉讼权利义务及不按要求到案的法律后果，要求被告人程某某自收到传票后 3 个月内到案。到案期限届满后，被告人程某某未按要求到案。法院于 2021 年 10 月 26 日，11 月 7 日、21 日，分别向被告人程某某的近亲属高某玲、程根某、程某 1、程某 2 送达了起诉书副本，上述近亲属均不申请参加诉讼。两位律师分别接受被告人程某某近亲属的委托担任程某某的辩护人。人民法院依法组成合议庭，于 2021 年 11 月 8 日发布开庭公告，于 12 月 9 日公开开庭审理了本案。郑州市人民检察院指派三名检察员出庭支持公诉，委托的两位辩护人到庭参加诉讼。

二、法庭对辩护意见的回应及裁判思路

被告人程某某收到人民法院送达的起诉书副本、传票等法律文书后，未向人民法院提交辩解意见及证据，亦未出庭参加诉讼。

被告人程某某的辩护人提出如下辩护意见：认定豫港（集团）有限公司为国有公司的证据不充分；涉案款项系公款的证据不充分；涉案款项去向不明，不能排除程某某将款项用于设立新西兰分公司的合理怀疑，认定程某某具有非法占有主观目的的证据不足；程某某主动退还豫港（集团）有限公司 3.7 万余美元，请求对其酌情从轻处罚；程某某向豫港（集团）有限公司交款人民币 10.37 万余元认购房产两套，但未取得房产，购房款未退还。辩护人还向人民法院提交了相应证据证明其辩护意见成立。

人民法院经查明后认定，公司的设立资金由河南省人民政府全额出资，公司董事长及其他董事由河南省委组织部任命，人员编制问题由河南省人民政府和原对外贸易经济合作部批准，公司经营情况须定期向原对外贸易经济合作部汇报，并按照河南省人民政府的相关规定接受审计，且无任何非国有资金注资的证据。故在案证据能够证明豫港（集团）有限公司系国有公司。另外，账户存折由公司财务部或办公室统一保管，不由程某某个人保管，也不由程某某个人自主支配使用。故在案证据能够证明程某某指使财务人员转出的涉案款项均属于公司公款，且涉案款项已被程某某实际支配、控制。程某某退回豫港（集团）有限公司账户的3.7万余美元，并非主动退赃，公诉机关亦未将其列入指控金额。辩护人提交的购房款收据、购房签认单、豫港（集团）有限公司交款通知及商品房购房协议等证据与本案指控的犯罪事实无关联性。因此，针对程某某辩护人的辩

护意见,人民法院不予采纳。

对于程某某在境外的事实,人民法院则根据相应证据予以认定。护照查询结果、出入境记录查询结果等书证证明:2001 年 2 月 7 日,程某某持往来香港特别行政区通行证从深圳市福永港出境前往香港特别行政区;2001 年 2 月 8 日至 2020 年 7 月 13 日,程某某无出入境记录。相关书证和证人证言能够证明程某某多次拒绝劝返。郑州市中级人民法院刑事司法协助请求书、送达回证、送达情况说明等证据证明,2021 年 8 月 6 日,郑州市中级人民法院依法向在新西兰的程某某送达了起诉书副本、传票等法律文书,程某某予以签收。以上证据,均可认定被告人程某某在境外的事实。结合本案贪污贿赂犯罪的案件属性,人民法院亦可判断,本案满足缺席审判程序的适用条件。

人民法院综合多项证据认为,豫港(集团)有限公司系以公司董事长个人名义设立的国有公司,被告人程某某身为国家工作人员,利用职务上的便利,非法占有国有公司公款折合人民币共计 308.88 万余元,数额特别巨大,其行为已构成贪污罪。公诉机关指控被告人程某某犯贪污罪的事实清楚,证据确实、充分,指控罪名成立。程某某携款出逃逾 20 年,逃匿境外后拒不返回,其不仅未退缴赃款,造成国有资产损失,而且拒不到案接受审判,逃避刑事追究,应予从重处罚。

三、本案焦点的综合评述

程某某案是我国首例适用缺席审判程序处理的外逃国家机关工作人员贪污贿赂类犯罪案件,实现了该程序从应然向实然的转化,在行动上对潜在的离境外逃人员形成威慑效果。所谓刑事缺席审判程序,也即针对法律规定的特殊案件,人民法院要对未到案的被告人予以定罪量刑以明确刑责,后根据缺席判决的内容对被告人的财产进行处分。学理上将缺席审判程序划分为“明确刑事责任型”“解决诉讼障碍型”“为被告人正名型”,本案属于典型的“明确刑事责任型”。

然而,体现现代法治国家刑事诉讼程序文明性的重要方面在于被追诉人的诉讼主体地位得到承认,并能在公开审理环节通过辩护和商谈影响最终的定罪量刑。类似本案的形式,在被告人缺席的情形下,人民法院对其进行审判,不可避免地加剧了控辩力量的失衡,对被告人权利保护的程度造成了一定程度的克减。因此,针对此类案件,如何保障被告人在诉讼过程中所享有的各项权利,使刑事缺席审判符合审判公正的最低限度,是亟待解决的问题。

就本案而言,被告人程某某的知情权和辩护权均得到了有效保障。人民法院依照法定形式,通过司法协助方式向境外的被告人程某某送达了传票和起诉状副本等法律文书,书面告知其权利义务和不到案的法律后果,要求程某某在收到传票3个月内到案。与此同时,人民法院还将起诉状副本一并送给程某某的近亲属。这种送达形式,能够让被告人及其近亲属了解案件情况,有效地保障了被告人的知情权。虽然缺席审理时被告人不在现场,难以形成像传统对席审判般"身临其境"的场景感,但被告人的近亲属已委托两名辩护人进行辩护。辩护人全程在场,针对控诉机关的指控,提出证据不充分、难以排除合理怀疑等辩护意见,积极履行了辩护职责,且人民法院在判决中对辩护意见中的每一项均进行了说理阐释。由于程某某本人及其近亲属并未行使上诉权和异议权,故案件裁判已确定,并具备法律效力。鉴于被告人缺席,无法在庭审中自行提出陈述和辩解,故为保障被告人的合法权益,人民法院在认定事实和审查判断证据时,应当更加审慎。人民法院在审理案件时,对于程某某涉案款项的性质、转账记录、数额大小等均进行了细致核对,并对程某某"在境外"这一条件作了严密的证据审查,严控证明标准,实现了实体正义与程序正义的统一。

案例使用说明

一、教学目的与用途

本案例作为缺席审判程序在实践中适用的具体样本,能够反映出该特别程序办理过程的具体问题。自十届全国人大常委会第十八次会议决定批准实施《联合国反腐败公约》以来,为回应贪官外逃的现实情形,缺席审判制度被写入《刑事诉讼法》。然而,自该制度确立以来,除本案得以顺利完成审判流程外,多数案件的缺席审判程序都因制度不明晰或实际阻碍而难以为继。从理论层面看,公正审判作为正当程序的重要内容,其内在要求是保障刑事诉讼中被告人的权利。缺席审判的独特性却体现在审判过程中被告人的不在场状态。那么,在这种情形下,如何尽可能地给予被告人权利最大的保护力度,使刑罚在发挥制裁犯罪功能的同时兼顾多元价值诉求?如何进行各种价值权衡,使缺席审判程序的实际效果满足正当程序的底线要求?本案作为针对贪官外逃的"明确刑事责任型"缺席审判案件,办理过程细致完善、程序正当,能够作为这一特别程序在实践中运作的典范,展现出该程序在特定背景下的价值功效。以本案为例,具体要解决的问题包括:其一,刑事缺席审判案件的管辖问题;其二,刑事缺席审判程序启动的条件;其三,如何保障刑事缺席审判案件中被告人的知情权;

其四,如何保障刑事缺席审判案件中被告人的辩护权;其五,刑事缺席审判案件中被告人犯罪事实的证明标准为何;其六,被告人及其近亲属对刑事缺席审判享有的救济权的权利类型及行使途径。

本案例供法律硕士案例教学使用,法学本科(大四)、刑法学硕士、诉讼法学硕士也可以参酌试用。

二、涉及知识点

(一)刑事缺席审判案件是由哪个级别的法院管辖,立法中如此设置是基于何种考量?

《刑事诉讼法》中所确立的管辖制度,本质上是一种权力的分配和约束机制。审判管辖制度旨在解决各级人民法院间抑或同级人民法院间关于第一审刑事案件审判权的分配问题,体现出审判权的分配性。此外,管辖意味着对案件处理权力的恒定性,只要立法中明确规定,各级人民法院就应依照审判管辖的具体规范严格遵循。人民法院既不能在工作中互相推诿,也不能超越自身的职责范围而争抢管辖权。管辖恒定的理念具有程序法治意义,能够有效规避其他因素对司法的干预。对于刑事缺席审判案件的管辖权,《刑事诉讼法》第 291 条第 2 款规定,案件由犯罪地、被告人离境前居住地或者最高人民法院指定的中级人民法院组成合议庭进行审理。可见,对于这种特别程序,立法中规定由中级人民法院管辖。

立法作出如此设定主要基于以下两方面原因:第一,缺席审判程序所处理的案件性质。此类案件具有特殊性,立法的初衷是要以此种程序制裁潜逃境外的犯罪分子,实际操作层面必然会涉及保障境外被告人的知情权、辩护权和救济权等。那么,境内的审判机关势必要向身处境外的被告人送达法律文书,作出裁判后还要考虑通过刑事司法协助程序进行判决执行。倘若将这些程序事项交由基层人民法院,一方面会增加基层人民法院的协调负担,增加本就存在的案多人少的压力,另一方面还可能造成程序的进度缓慢,难以保障程序的及时性效果。第二,法律规定此类案件的有权管辖地为犯罪地、离境前居住地和指定管辖地。设置缺席审判程序的目的是加强我国反腐败境外追逃、追赃的力度,其主要适用于贪污贿赂类犯罪,而此类犯罪的审前调查机关为监察机关。为妥善配合监察机关的调查程序,管辖地通常不宜与监察机关所在地相隔过远。被告人贪污贿赂的职权行使一般与犯罪行为地紧密相关,而被告人也有将财产或其他线索遗留在离境前居住地的可能性。如此规定有利于监察机关的调查和人民法院的审判,秉持了程序便利和成本最低的理念。而且,必要时由最高人民法院指定管辖的条款突出了法律适用上的灵活性和兜底性。

在“程某某贪污案”中，程某某曾为豫港（集团）有限公司董事长，案件的犯罪地和离境前居住地均为河南省郑州市，故本案一审环节由郑州市中级人民法院管辖。

（二）刑事缺席审判案件的启动应当满足哪些条件？

在现代刑事司法中，被告人出庭接受审判兼具权利和义务的双重性质，如不具有特殊情况，被告人在法庭中的陈述和辩解应当作为法官依法裁断的重要信息来源。但缺席审判程序中被告人不在场，因而这种程序不宜轻易被启动，必须满足特定条件。基于不告不理的原则以及人民法院消极被动的角色定位，缺席审判程序的启动权应掌控在检察机关手中。也就是说，对被追诉人不在案的案件，应由检察机关进行筛查和过滤，判断是否满足缺席审判程序的适用范围。

根据立法规范中规定的刑事缺席审判程序适用的案件范围，监察机关理论上可以将所有被追诉人潜逃境外的贪污贿赂案件移送给检察机关。不过，检察机关在审查是否对该类案件启动缺席审判程序时，除考虑到立法上的案件范围外，还要审查以下事项。其一，犯罪嫌疑人、被告人在境外的状态，需要有证据证明。如果其不在境外，只是因为抗拒抓捕选择逃匿而不能到案，则这一特殊程序不能被适用。若犯罪嫌疑人、被告人逃往境外但却难以查明其境外的住所地，无法保障送达和告知程序的履行，则缺席审判程序不能被适用。其二，检察机关在提起适用这一程序时，应当保证犯罪嫌疑人的犯罪事实已经查清，证据应确实、充分。检察机关必须要恪守起诉标准，必要时可以与监察机关就犯罪证据是否完备进行沟通协调。其三，检察机关要明确，基于对外逃贪官追逃追赃的目的，缺席审判程序并非首要选择，而是不得已而为之的手段。在启动这一程序时，应当考虑先对外逃贪官进行通缉、劝返、遣返或引渡。当其余前置程序均不能奏效时再考虑适用缺席审判程序，这能够更好地保障被告人程序的参与权。

（三）刑事缺席审判案件中着重保障被告人权利的正当性依据是什么？

1. 根据人权保障理论，缺席审判程序中被告人享有的权利是法定权利，由国家通过立法形式予以确认和保障。美国的帕克教授曾经提出，刑事诉讼能够界分为“犯罪控制”与“正当程序”这两种模式，前者强调尽快地发现真实、打击犯罪，而后者主张要保障诉讼程序的独立价值，为被告人留下充足的辩解机会。相应地，我国法学界提出了刑事诉讼“惩罚犯罪”与“保障人权”的双重目的。并且，在两种目的不能同时达到时，应作出权衡和考量，优先保障人权。缘由在于，在错误定罪和错误纵放之间，前者侵犯公民的人权和基本权利，损害司法公信力，而后者仅在个案中形成不良后果。在必须犯错的前提下，错误纵放耗费的成本小于错误定罪的成本。2012 年修改的《刑事诉讼法》中增加了“尊重和保障人权”的表述,将保障公民基本权利不受国家公权力侵害作为基本的立法基调。“保障人权”在刑事诉讼程序中的突出体现,是保障犯罪嫌疑人或被告人的基本权利。相较于强大的国家公权力机关,被告人在刑事程序中往往处于弱势的地位。为规避错误定罪,防范冤假错案,也为了规制公权力的不合理扩张,应赋予被告人及其辩护人有效的权利保障。同时,刑事诉讼程序的设置也会着重强化被告人的诉讼主体地位,为其合法权利的有效行使提供充足的程序保障。缺席审判程序中的被告人在未经人民法院依法宣告有罪之前,应被推定为无罪,其享有的基本权利应被有效保障。司法救济是被告人权利救济的底线,如果在司法程序中不能够有效地保障被告人基于人权而衍生出的各项权利,则被告人难以通过其他形式寻求救济。

2. 根据程序正义理论,程序正义需要囊括以下几点要素,包括程序的参与性,裁判者的中立性,程序的对等性、合理性、及时性和终结性。程序的参与性在保证整体刑事程序正当的过程中起到了重要作用。程序的参与性又可称为获得法庭审判机会的原则,其核心内涵是,那些权益可能会受到刑事审判或者是受到诉讼结局直接影响的主体,应该有充分的机会,富有意义地参与到刑事裁判的制作过程中,并对裁判结果的形成发挥有效的影响和作用。被告人的刑事责任要通过法庭的审判加以确定,一旦被法庭定罪处罚,被告人的生命、自由、财产等权益就有可能被国家合法剥夺。因而,刑事诉讼的进行以及法庭的裁判结果必将关涉被告人的合法权益。被告人作为自主的主体,必须通过积极主动和自愿的行为,对法官的裁判结果施加有效的影响。只有参与到程序过程中,被告方才更能够接受裁判结果,否则就会产生强烈的不公正感,会感到自身的道德主体地位遭受国家的否定,人格尊严权没有在审判中得以保证。但缺席审判程序的突出特点是被告人无法参与到庭审过程中,无法作为庭审进行的一方主体,与控辩审三方进行充分的商谈和交流。为弥补这一明显的缺憾,应当对被告人的其他权利进行更具有倾斜性的保护。如果被告人在开庭之前就接受人民法院的告知,但依然选择不到庭,并不意味着被告人对辩护权和救济权也予以放弃。为更好地维护程序正义,审判机关应保证被告人的合法权益在缺席审判程序中不被非法侵害。

3. 缺席审判程序设定伊始所追求的主要价值是诉讼效率,这一特别程序的设置是为了防止在贪污贿赂案件中,国家因贪官外逃而无法处分财产,难以对贪官形成有效制裁。然而,追求诉讼效率的同时,并不能够以牺牲案件的公正为代价。所谓的诉讼效率,是指通过耗费较少的成本获得较高的收益。如果因追求案件审理速度的快捷而造成个案的实质公正的减损，势必南辕北辙，导致更多的审判资源被浪费。因此，保障被告人应有的诉讼权利、兼顾案件的实体正义与程序正义能够有效地维护审判公正，最终实现诉讼效率的提高。

（四）如何保障刑事缺席审判案件中被告人的知情权？

虽然缺席审判意味着被告人主动放弃了自己当庭接受审判并进行对质的权利，但是被告人的基础性权利应当得以保障。刑事诉讼作为一场国家启动公诉权对被告人的国家追诉，在启动前必须让被告人知悉。被告人知情权的保障是实现控辩平等对抗的前提和基础。否则程序正义便无从谈起。自刑事缺席审判程序确立后，被告人在刑事诉讼的各个环节都处于缺席的状态，知情权的保障必然缺位，因此亟待专门的制度予以加强。在刑事诉讼中，被告人的知情权指的是，其有权知晓被指控的内容以及自身所享有的诉讼权利，并要在审判前得知与审理案件有关的事项。

根据我国《刑事诉讼法》第 187 条第 1 款的规定，人民法院决定开庭审判后，应当确定合议庭的组成人员，将人民检察院的起诉书副本至迟在开庭 10 日以前送达被告人及其辩护人。这一立法上的规定的根本目的是维护控辩平等，避免辩方因开庭前无法准备而处于劣势地位。对于起诉书的送达责任，主要是由人民法院承担。在大多数普通刑事案件中，被告人往往在出庭前就已被采取刑事强制措施，处于看守所羁押的状态。因此，起诉书副本很容易通过看守所送达给被告人。然而，对于贪官逃离境外的缺席审判案件而言，送达程序可能需要通过司法协助，难以及时有效地送达被告人。而且，刑事司法协助中的文书送达一般以证人或鉴定人为对象，对被告人出庭通知的送达有时会被排除在外。由此可见，缺席审判程序在跨境送达过程中会面临多重阻碍。

有研究指出，刑事诉讼涉及当事人生命、财产、自由等重大权益的剥夺，送达和告知程序显得尤为重要。在跨境送达程序难以为继的前提下，应当尽可能地动员被告人近亲属对其进行告知，并重视近亲属对被告人劝返之功效。倘若其近亲属下落不明或近亲属不愿意送达，人民法院可以考虑采用邮寄送达方式。在数字化时代，电话短信、电子邮件以及微信送达等程序均可以起到让被告人知悉的效果。跨境送达和告知程序也不能受制于具体方式，要结合特定情况，综合运用多种途径。

如果缺席审判的被告人无法联系或下落不明，公告送达也可以作为一种送达形式被采用。公告送达的告知方式在民事诉讼法和行政诉讼法的缺席审判中早有规定，刑事诉讼法也不宜忽视这一做法。我国相关人民法院或主管犯罪追逃的机构可以利用智慧法院系统专栏，将缺席审判程序的详细情况，包括被告人的权利义务以公告的形式发布,让境外潜逃的被告人知道该公告的存在。这种做法可以有效避免缺席审判规定因送达不能而难以奏效的窘境。

(五)如何保障刑事缺席审判案件中被告人的辩护权?

缺席审判相较于传统的普通审判程序而言具有特殊性。因为在缺席审判程序中,与公权力机关相抗衡的只有辩护人,没有被告人自行辩护和自我陈述的空间。坦言之,缺席审判中被告人的辩护权得以有效保障,是被告人诉讼权利保障的重要环节,且这种权利保障必须由律师帮助。审判机关对于缺席审判程序中的辩护方,应当给予适当的诉讼关照,在庭前必须履行通知义务,告知被告人及其辩护律师确切的开庭时间和地点。

对于缺席审判案件被告人的辩护律师的覆盖范围来说,立法规范上增加了为缺席审判提供法律援助的规定。法律援助通常是指为贫穷、患病、判处死刑等无法支付律师费用的被告人提供法律上的帮助。然而,对于贪官潜逃境外的缺席审判案件,涉及贪污受贿等经济犯罪问题,辩护难度较大,所需的辩护实际费用较高。辩护律师可能因为核实经济犯罪中的某一个证据而耗费较高的成本,因此可考虑改变传统的以计件方式支付费用的模式,代之以认定工作量的形式为法律援助辩护支付必要费用。事实上,一旦法律援助辩护在缺席审判中流于形式,庭审过程势必成为为被告人盖上犯罪印记的橡皮图章,这将对被告人的权益造成无以复加的侵害,即使后续启动了愈加完备的救济机制,也将于事无补,更减损了司法的公信力。

在缺席审判程序中,由于被告人在场性的缺失,被告人难以和律师进行有效的即时交流。从实践情况看,在缺席审判案件中,被告人被判有罪的概率相对较大,而且被告人自身因不在场,无法当庭向法官提出无罪或罪轻的辩解,此时辩护律师的重要性越发凸显。对境外潜逃的被告人缺席审判的有效辩护,不能仅体现在辩护的覆盖范围上,更应体现在辩护的质量上。刑事审判承担着查明真相的职责,而缺席审判中被告人无法亲自到庭行使质证权,难以充分实现通过庭审过程查明真相的目标,而此时质证权的行使主体由被告人转换成了辩护律师。所以,辩护人在缺席审判案件中对证人证言提出的异议,将在很大程度上影响案件最终的裁判结果。为保障缺席审判案件中被告人的权益,辩护人应履行自身的职责,有效地代替被告人行使质证权。

也有学者认为,应当适当扩大被告人参与缺席审判诉讼程序的渠道。被告人即便以明示的态度表明拒绝出庭参与审判,也有权利对公权力机关的指控提出自我辩解。当然,对于被告人提出自我辩解的时间和空间可以灵活处理,未必要局限在法庭的开庭审理过程之中。如果能够允许被告人在法庭之外提出辩护主张,将被告人在庭外提出的自我答辩作为法庭认定案件事实的重要参考,则更有利于发现真相。在数字时代,数字化赋能智慧法院建设,异步审理模式象征着互联网司法对传统案件审理模式的重大革新。诉讼各方可以以录制视频的形式将所需要向法庭阐释的立场和观点上传到指定平台,用以化解异步审理对直接言词原则的冲击。这种以异步审理进行自我辩护的模式也可适用于缺席审判案件中。法庭可以利用互联网技术开辟专门的网络通道,为被告人行使自我辩护权提供数字化路径。

(六)当适用缺席审判审理外逃型被告人时,应当适用何种证明标准?

根据《刑诉法解释》第604条第2款的规定,对于贪污贿赂案件外逃类刑事缺席审判程序,与普通的刑事审判程序所适用的证明标准并无二致,同样适用“证据确实、充分”的定罪证明标准。全国人大常委会法工委在解释缺席审判程序中,甚至还认为对该程序适用的证明标准应当相较于普通刑事程序更高。对被告人不在庭审现场并具有天然弱点的刑事缺席审判程序,更应当审慎把握被告人合法的诉讼权利。在实际操作中,证明程序的严格化在一定程度上会带来证明标准的提升。缺席审判程序作出的判决通常包含定罪和量刑两部分。定罪应当达到确实、充分的证明标准,而量刑事实的证明需遵循普通事实中量刑事实的证明标准。被告人在境外这一事实的查明责任应掌握在人民法院手中。对被告人在境外事实的证明标准,并不要求达到确实、充分的程度,其证明标准与一般程序法事实的证明标准并不存在实质性差异。虽然这一特别程序存在多元化的证明标准,但缺席审判程序的定罪证明标准始终应坚持证据确实、充分。理由在于,无罪推定原则是各类刑事审判所遵循的共同价值标准,不宜由于被告人缺席而有所改变。在无罪推定原则的引领下,对犯罪事实的证明应由控方承担,并且证明标准应达到法定证明标准的程度。需延伸考虑的是,刑事证明标准的设定背后的推动因素是诉讼价值的多元追求究竟应该如何平衡的问题。如刑事诉讼中过分追求公正价值,则刑事证明标准应当更高,倘若以效率价值为先,设定过高的证明标准则会造成诉讼活动延宕日久。在刑事司法文明的今天,侧重人权保障,故而在定罪证明标准的设定上要以公正价值为先。确实、充分的定罪证明标准与刑事缺席审判中价值位阶的排序相契合。

就本案来说,被告人程某某先后三次指使财务人员将公款转入其名下账户,以及转入其在新西兰开设的个人账户,将公款占为己有,这种占有的行为需要有证据证明。控方对此案涉及款项的性质、转款时间以及转款数额作出了充分细致的证据审查。观察判决书可知,控方对程某某的指控只有确凿的三笔贪污款项,并没有贪污贿赂的其他事实情节,坚持对每一笔贪污款项的指控都做到有理有据，满足确实、充分的定罪证明标准。

(七)刑事缺席审判中，如何保障被告人的救济权？

1. 缺席审判程序中被告人的上诉权行使问题

根据《刑事诉讼法》第294条的规定，对于缺席审判程序，被告人或者其近亲属不服判决的，有权向上一级人民法院上诉。辩护人经被告人或者其近亲属同意，可以提出上诉。该条专门赋予了被告人的近亲属可不经被告人同意的独立上诉权。原因在于，被告人在境外，且极有可能在行使上诉权环节和上诉审理期间继续缺席。倘若被告人持续缺席，其实质上行使上诉权的概率并不高。不过，立法规范上必须明确为被告人提供上诉的机会，保障被告人诉讼权利的实现，这对被告人而言是一种特殊的救济手段。需要强调的是，我国缺席审判设定之初的主要功能，不仅在于对被告人是否有罪作出论断，更重要的是确认被告人的违法所得以及其他涉案财产的归属并作出处理。司法实践中的实际情况则是，被告人的违法所得财产常常与其近亲属的合法财产产生混同，需要仔细甄别，且对违法所得财产作出处理涉及近亲属的切身利益。赋予近亲属独立的上诉权，也是基于为近亲属设置合理的救济渠道的考虑。

然而，近亲属的独立上诉权也可能给司法实践造成些许隐忧。例如，在决定是否上诉的问题上，如果被告人和被告人的近亲属之间产生分歧，究竟以哪一方主体的意思表示为准？从道德直觉来看，应当尊重被告人自身的意思表示。被告人的近亲属虽然享有独立的上诉权，但这一初衷是在保障被告人诉讼权利行使基础之上的，被告人的近亲属不能够代替被告人享有独立处分的权利。另外，实践中可能会出现被告人近亲属罔顾被告人的真实意愿而提起上诉的情形，这极易造成上诉权被滥用的风险，未来的《刑事诉讼法》修改过程中可以对这一疑难问题予以考虑。

2. 缺席审判程序中被告人的异议权与重审权保障问题

我国刑事缺席审判制度沿袭了大陆法系的相关经验，为保障被告人的程序参与权，设置了缺席审判者异议权以及重新审理制度。通说认为，缺席判决生效后的异议权，包括在此基础上所规定的重新审理程序，是保证境外潜逃人员的引渡谈判顺利进行的制度基础。所谓异议权，也即缺席审判中被判有罪的被告人到案后，在其提出异议且出庭的情况下，能够再次重新开启审判程序，这也是一种保障审判正当性的补救机制。异议权的确立还有利于促进引渡的成功，但异议权的设置并不完全是为了保障引渡的顺利进行。异议权不能仅被视为服务引渡需要的一种工具，其也是促进诉讼结构平衡的一种方式。缺席审判程序中因为缺乏被告人的出庭状态，辩方与控方的力量对比差距较大。赋予被告人异议权，显然是对不完整的诉讼结构进行平衡的一种权利配置。

根据《刑事诉讼法》第295条第1、2项的规定，在审理过程中，被告人自动投案或者被抓获的，人民法院应当重新审理。罪犯对判决、裁定提出异议的，人民法院应当重新审理。这两项规定中所涉及的"重新审理"情况不同。前者所规定的重新审理情况发生在审理过程中，即从人民法院受理案件、开庭审理到判决、裁定发生法律效力之前的全过程。质言之，一旦缺席被告人选择配合诉讼程序，积极参与诉讼程序，就必须以完整的诉讼审理程序来保障被告人的程序参与权，弥补先前缺席审判程序的缺憾。异议权的提出与后者所规定的重新审理是引起与被引起的关系。异议权的提出是起因，重新审理是对异议进行审查成立的后果。有观点认为，为顾及引渡的困难性，应当在重新审理环节确立禁止不利变更原则。正如上诉不加刑原则一般，引渡返回后进行的重新审理不得加重被告人的刑罚。这种观点或许有失偏颇，因为重新审理本质上就是一项全新的审判程序，保障的是当事人的程序参与权。最终的定罪量刑应当基于事实和法律，不能为迁就引渡的效果而作出妥协，否则存在损害司法公信力的风险。

三、配套教材

1. 胡铭：《刑事诉讼法学》（2019年修订版），法律出版社2016年版。

2. 胡铭等：《刑事诉讼法入门笔记》，法律出版社2019年版。

3. G20反腐败追逃追赃研究中心编：《中华人民共和国反腐败追逃追赃条约法规汇编》，中国政法大学出版社2017年版。

4. 史可：《刑事缺席审判制度研究》，华中科技大学出版社2021年版。

5. 杨剑：《缺席审判的基本法理与制度探索》，厦门大学出版社2016年版。

四、启发思考题与实践题

（一）思考题

1. 刑事缺席审判制度是否具有必要性与法理上的正当性？

2. 庭审在场究竟属于被告人的一项权利还是一项义务？

3. 具有缺席审判必要的案件是否都能够顺利适用该程序，适用该程序的成本是否合理？

4. 现行规范只要求犯罪嫌疑人、被告人"在境外"，"在境外"的状态时间和起止时间是什么，实践操作中被告人"在境外"的具体位置是否需要明确？

5. 被告人到案后只要提出异议，对异议理由无须审查均应重新审理，是否会影响生效裁判的既判力，破坏法的安定性？

6. 国家给予缺席审判被告人机会进行重新审理,重新审理程序是否需要更换法官？为什么？

7. 对在境外被告人的缺席审判程序和因病无法出庭被告人的缺席审判程序,在适用条件、追求的价值和法律效果上有何不同之处？

8. 关于被告人因病无法出庭接受审判,《刑诉法解释》第 605 条中提到了“缺乏受审能力”的表述,“受审能力”这一概念究竟具有怎样的内涵与外延？

9. 在我国的重疾型缺席审判程序中引入“缺乏受审能力”标准,将对该类型缺席审判程序的目的实现、功能发挥产生怎样的影响？

10.“明确刑事责任型”缺席审判程序中的被告人近亲属能够以自己的意思与名义参加诉讼,行使原本专属于被告人的诉讼权利,这是否体现了刑事诉讼中的诉讼担当？这种诉讼担当是否能够予以适度扩展？

(二)实践题

1. 作为一名辩护律师,请根据本案相关情况,分析本案辩护人的辩护思路,指出缺席审判案件中辩护律师工作的特殊性,以及在当前条件下可进一步完善的地方。

2. 根据本案的相关报道与一审信息,分析检察机关提起缺席审判程序的审查起诉标准,并讨论检察机关在本案中所起到的作用。

3. 根据本案的相关报道与一审信息,尝试罗列缺席审判案件中监察机关与检察机关之程序衔接的注意要点。

4. 根据本案的一审判决,分析人民法院在认定程某某犯贪污罪时,秉持何种证明标准,且证明标准相较于一般刑事案件的证明标准有无变化。

五、理论依据

刑事正当程序　人权保障理论　审判中心主义　有效辩护　受审能力规则　刑事诉讼中的诉讼担当　刑事司法协助

六、背景信息

程某某,1941 年 7 月出生,外逃前曾任河南省漯河市委书记、豫港(集团)有限公司董事长等职,2000 年 12 月,程某某利用担任豫港(集团)有限公司董事长的职务便利,贪污公款 308 万余元。2001 年 2 月开始潜逃境外 20 余年。国际刑警组织对程某某发布红色通缉令。中央追逃办将程某某列为“百名红通人员”。

2018 年 10 月,修改后的《刑事诉讼法》正式在“特别程序”一编增设“缺席审判程序”一章,建立了有中国特色的缺席审判制度。2019 年 6 月,在中央追逃办的统一部署和指挥下，郑州市监察委将程某某贪污案的工作方向定为缺席审判。2019 年 12 月，在最高人民检察院、河南省人民检察院的组织协调、具体指导下，郑州市人民检察院抽调业务骨干，成立专案组，提前介入本案。面对证据材料零散、个别证人死亡、部分证人移居境外、豫港（集团）有限公司几经重组变卖、财务资料遗失等重重困难，检察官们集中阅卷，围绕事实认定、法律定性、证据完善、缺席审判程序适用条件等方面，提出数百条审查意见，全部得到郑州市监察委的重视和采纳。两名检察官还配合调查人员赴深圳、珠海等地，对调取的近百份书证、证人证言、鉴定意见同步审查。检察官和调查人员"一周一碰头，一月一总结"，查清犯罪事实，使案件证据体系要素完备、管辖权明确，达到缺席审判程序的适用条件，为案件顺利进入审查起诉夯实了基础。调查取证是刑事缺席审判的基础，由于程某某案件发案时间早，取证难度大，在郑州市监察委调查取证阶段，郑州市人民检察院选派法律业务精湛、办案经验丰富的检察官提前介入，在严把案件事实关、证据关的同时，帮助完善刑事缺席审判所需要的证据体系，使程某某案件刑事缺席审判进入了"快车道"。

2021 年 12 月 9 日，在国际反腐败日到来之际，郑州市中级人民法院依法对程某某贪污案公开进行了缺席审判。庭审中，公诉人围绕犯罪主体、公款性质、主观故意、客观行为进行举证、质证、辩论，有力地驳斥了辩方提出的豫港（集团）有限公司不是国有公司、程某某不是国家工作人员、涉案款项不属于公款、程某某不具有非法占有故意等辩护意见，指控犯罪事实清楚，争议问题辨析明确，法律监督履职充分。2022 年 1 月 17 日，郑州市中级人民法院对程某某一案公开宣判，支持检察机关指控的事实和罪名，全面采纳了检察机关的公诉意见，以贪污罪从重判处程某某有期徒刑 12 年，并处罚金 50 万元，追缴程某某贪污犯罪所得 308 万余元。

对程某某贪污案的缺席审判，是 2018 年我国《刑事诉讼法》修改增设此项特殊程序后的首次实践，极大地震慑了外逃贪官，不仅破解了在反腐败追逃追赃合作中的困境，丰富了追逃追赃工作的法律手段，还有助于有效打破一些国家在打击腐败犯罪中所持的"双重标准"，用其所强调的占据反腐败的道义制高点，敦促其不为腐败犯罪提供避风港。该案释放出一个强烈信号即外逃贪官无论逃到哪里、潜逃多久、藏匿何处，最终都将会受到追诉和正义的审判。

七、关键要点

1. 本案是我国首起适用刑事缺席审判程序审理外逃被告人贪污的案件，也是近年来我国追逃追赃的标志性案件之一。2018 年修改的《刑事诉讼法》在"特别程序”中专门设置了“缺席审判程序”一章，该程序的建立适应了新时代反腐败国际追逃追赃工作的需要。

2. 对于潜逃境外的被告人进行缺席审判，必须依法保障被告人的各项合法权益，需要建构一系列配套的被告人权利保障体系。本案中，人民法院在进行缺席审判时，依法保障了被告人程某某的知情权和辩护权，且依法审慎地根据证据认定案件事实，恪守了正当程序原则，具有较好的示范意义。

3. 本案例重点强调了“明确刑事责任型”缺席审判案件类型，在此基础上应做好理论延展阅读，思考刑事诉讼中的诉讼担当、程序的参与性和审判中心主义等理论命题。学生还可以自主学习因病无法出庭的被告人的缺席审判程序，并将不同条件之下的缺席审判程序进行对比。

八、课堂计划

本案例可以作为专门的案例教学课来进行，整个案例课的课堂安排 6 个课时，每课时 45 分钟。如下课堂设计，仅供参考。

1. 课前计划：安排学生阅读案例及相关参考资料，对案例涉及问题进行思考，撰写实践题答案。

2. 课中计划：介绍教学目的，明确讨论主题；学生分组讨论，回答各项思考题，讨论实践题的撰写要点；小组代表提出撰写要点，学生讨论和分析；教师归纳总结。

3. 课后计划：布置学生研究刑事缺席审判中被告人知情权、辩护权、上诉权、异议权等权利类型的各项保障措施，归纳各项权利保障的特点，并结合程某某贪污案中对被告人权利保障的举措加以分析。可以进一步思考，缺席审判是否适用认罪认罚从宽制度？有些案件，如叛国、谋杀、放火等社会危害性较大的案件，犯罪嫌疑人逃往国外，是否也可以适用缺席审判制度？这项制度的适用范围可否扩大？

九、参考文献

1. 邵劭：《我国刑事缺席审判程序中的异议权》，载《中国法学》2021 年第 5 期。

2. 吴进娥：《我国刑事缺席审判“重审规则”的合理性证成——基于程序类型化的研究进路》，载《法学论坛》2021 年第 4 期。

3. 自正法、吴万强：《刑事缺席审判程序被告人权利的演进逻辑与规范阐释》，载《中国应用法学》2020 年第 6 期。

4. 卞建林、吴思远:《刑事缺席审判程序:立法反思与实践走向》,载《求是学刊》2020 年第 5 期。

5. 张磊:《刑事缺席审判与境外追逃措施的协调适用》,载《中国刑事法杂志》2020 年第 4 期。

6. 聂友伦:《刑事缺席审判:制度设计与理论问题》,载《暨南学报(哲学社会科学版)》2020 年第 6 期。

7. 张吉喜:《刑事缺席审判的理论依据:类型及其运用》,载《比较法研究》2019 年第 6 期。

8. 王新清、胡晴晴:《刑事缺席审判程序中被告人的权利保障——以被告人在境外案件为对象展开的分析》,载《南都学坛》2019 年第 6 期。

9. 周长军:《外逃人员缺席审判适用条件的法教义学分析》,载《法学杂志》2019 年第 8 期。

10. 董坤:《论外逃人员缺席审判的三重关系》,载《法学杂志》2019 年第 8 期。

11. 杨宇冠:《刑事缺席审判被告人权利保障问题研究》,载《当代法学》2020 年第 6 期。

12. 聂友伦:《论刑事诉讼中的诉讼担当》,载《法学》2023 年第 3 期。

13. 鲍文强:《我国刑事诉讼中受审能力规则的功能反思与制度完善》,载《法制与社会发展》2023 年第 4 期。

14. 高通:《论刑事缺席审判程序中的证明标准——以被告人在境外类案件为视角》,载《法学》2022 年第 9 期。

15. 詹建红、许晏铭:《刑事缺席审判中的有效辩护》,载《华侨大学学报(哲学社会科学版)》2022 年第 2 期。

16. 宋佳宁、陆旭:《“外逃型”刑事缺席审判中权利保障体系的构建与完善》,载《人权》2021 年第 2 期。

2-5 CASE 武汉某公司与宋某某公司盈余分配纠纷案

——刑民交叉案件审理中预决效力的争议与判定标准

2010年9月29日，宋某某与武汉某连铸设备工程有限责任公司（以下简称武汉某公司）签订《离职后义务协议》，承诺离职后不得有任何损害公司利益的行为，并约定竞业限制，同时武汉某公司给予宋某某经济补偿和奖励。2011年1月27日，杨某某违反武汉某公司有关保守商业秘密的要求，注册成立了乙公司，生产设计与武汉某公司相同的连铸技术并谋取了相应经济利益。2016年1月4日，武汉市江岸区人民检察院向武汉市江岸区人民法院提起公诉，认为应当以侵犯商业秘密罪追究乙公司和杨某某的刑事责任。武汉某公司认为，设立乙公司的1000万元注册资金的每一个流动环节均受宋某某控制，这已经全部违反了《离职后义务协议》的约定。一审法院根据刑事案件的侦查结果，认定乙公司以及杨某某涉嫌侵犯商业秘密的行为与宋某某无涉，驳回武汉某公司的诉讼请求。二审法院维持原判。武汉某公司再审提出四组新证据，包括湖北省武汉市江岸区人民法院作出的（2016）鄂0102刑初17号刑事判决、相关人员的询问笔录以及公安机关远程勘验检查笔录，以证明宋某某为乙公司实施侵犯商业秘密的犯罪行为提供了资金和技术支持，严重违反了《离职后义务协议》的约定。[1]

一、裁判要旨

2019年案件再审查明，与本案相关的（2016）鄂0102刑初17号刑事判决已经生效，该判决认定乙公司及杨某某侵犯了武汉某公司的商业秘密，构成侵犯商业秘密罪。但该判决并不构成先行刑事诉讼预决事实，更不能据此直接在后行民事诉讼中认定宋某某与乙公司有关。再审认定，现有证据已足以认定宋某某是乙公司的实际出资人，其在离职后两年内以隐蔽手段隐名组建了与武汉某公

---

〔1〕 最高人民法院民事判决书，（2019）最高法民再135号。

司具有同行业竞争关系的乙公司，宋某某的行为违反了《离职后义务协议》关于竞业限制和保密义务的约定，且其手段较为隐蔽，主观恶意较为明显，武汉某公司按照约定提出的返还款项并承担违约金的要求于法有据，予以支持。

最高人民法院依照《民事诉讼法》第207条第1款、第170条第1款第2项之规定，再审判决：(1)撤销湖北省高级人民法院(2016)鄂民终1029号民事判决；(2)撤销湖北省武汉市中级人民法院(2014)鄂武汉中民商初字第00185号民事判决；(3)宋某某于本判决生效之日起10日内向武汉某公司支付应退还的奖励补偿款及违约金共计13,668,801.17元。如果未按本判决在指定的期间内履行给付金钱义务，应当依照《民事诉讼法》第253条的规定，加倍支付迟延履行期间的债务利息。一审案件受理费103,813元，二审案件受理费103,813元，由宋某某负担。

二、裁判思路

根据2019年12月25日最高人民法院修改发布的《关于民事诉讼证据的若干规定》第10条第1款第6项以及2022年3月22日修正的最高人民法院《关于适用〈中华人民共和国民事诉讼法〉的解释》第93条第1款第5项可知，在我国，已为人民法院发生法律效力的裁判所确认的事实被认为具有预决效力，在后诉中应当对前诉裁判中确认的事实适用法律上的事实推定，当事人无须再承担举证责任。根据该规定，原则上，刑事诉讼中预决的事实对于后行的民事诉讼具有预决效力。这是因为裁判统一性要求民事判决与刑事判决对于同一事实的认定应当是一致的，并且刑事诉讼的证明标准比民事诉讼的证明标准要高，所以先行刑事判决认定的基本事实对于后行民事诉讼具有预决力。但是，先行刑事案件预决事实的预决力并不是没有条件的。除了先行判决已经生效，先行案件裁判所确定的事实与后行案件事实存在相关性，预决事实的证明必须已遵循法定程序。就先行刑事案件对后行民事案件而言，有罪的事实认定当然地构成预决力；而无罪的事实认定则需要区分是因为被告人确实未参与未实施犯罪行为，还是因为证据不足、事实不清。如果是前者则有预决力，如果是后者则因为民事诉讼和刑事诉讼的证明标准不同可能有不同的认定。

本案中，刑事起诉并未指控宋某某，刑事判决自然不可能涉及宋某某是否参与实施犯罪行为，是否构成侵犯商业秘密罪，亦不会就宋某某的行为是否违反《离职后义务协议》作出明确认定。因此，宋某某与乙公司是否有关、关系如何的这部分事实在先行刑事诉讼中未涉及，更谈不上经过正当程序查证并认定，因并不构成先行刑事诉讼预决事实，更不能据此直接在后行民事诉讼中认定宋某某与乙公司有关。宋某某与乙公司之间的关系如何,还需要在本案中结合证据进行判断和认定。根据查明的证据事实,现有证据已足以认定宋某某是乙公司的实际出资人,其在离职后两年内以隐蔽手段隐名组建了与武汉某公司具有同行业竞争关系的乙公司,违反了竞业限制的约定,这正是本案争议的核心。

三、本案焦点的综合评述

随着当前社会经济的纵深发展,司法实践中刑民交叉案件日趋常态化,在刑民交叉案件的程序处理问题上,疑难争议问题也逐渐增多。概括来看,有两大基本问题:一是对刑事程序和民事程序的操作顺序如何把握,两者孰先孰后,能否并行不悖;二是刑事或者民事判决作出后的预决效力问题,也即先行作出的刑事判决或民事判决,对民事部分或刑事部分处理的效力。

1. 关于审理顺序问题。当前刑民交叉案件偏向于以"刑民并行"为主,以"先刑后民"或"先民后刑"为辅。主要是因为"刑民并行"尊重刑事法与民事法违法性判断的相对独立性,避免交叉程序可能产生的既判力问题、证据问题、执行问题等,而且又能在特别情况下适用"先刑后民"或"先民后刑",最大限度地实现法律秩序与法律效果的统一。但这种直接以案件类型来判断程序处理模式的方式实际上并不够妥善和精细。

2. 关于刑事与民事判决的预决效力问题。司法裁判中,案件结果的得出往往依赖于案件事实的认定,由于刑民交叉领域存在同一案件事实或部分相同案件事实,不同的审判程序中出现案件事实认定交互的情形也就更趋常态化。总的来看,预决效力交互主要存在两种情况,刑事案件事实认定对民事诉讼程序的影响和民事案件事实认定对刑事诉讼程序的影响,本案重点围绕前一种情况展开。但是,先行刑事案件中无罪的事实认定较为特殊,还需要区分具体情况。刑事裁判认定无罪并不导致民事案件必然认定侵权行为或违约行为不存在,相关行为是否存在还需结合证据进行判断和认定。

案例使用说明

一、教学目的与用途

本案例主要用于讲授刑民交叉程序处理中的相关问题,在司法实践层面梳理围绕刑民交叉程序处理顺序的相关争议,并释明刑事与民事生效裁判预决效力的判断标准,进而使学生理解刑民交叉案件程序处理背后的深刻法理。

以本案为例,具体要解决的问题包括:其一,刑民交叉案件的界分标准与类型划分;其二,刑民交叉案件的程序处理思路;其三,刑民交叉案件生效裁判预决效力的判定;其四,刑民交叉案件涉案款物处理的争议。

本案例供法律硕士案例教学使用,法学本科(大四)、刑法学硕士、诉讼法学硕士也可以参酌试用。

二、涉及知识点

(一)围绕刑民交叉案件的界分标准产生了何种转变?

厘清案件事实归属于刑事犯罪或民事不法是程序处理的前置要件,也是实践中的重难点问题。在界分标准上,大体存在“同一法律事实”“同一法律关系”“同一事实”等不同观点。1998 年公布的最高人民法院《关于在审理经济纠纷案件中涉及经济犯罪嫌疑若干问题的规定》(已修改)第 1 条与第 10 条使用了“不同的法律事实”与“不是同一法律关系”的表述,虽然传达出一种刑民交叉案件的判断标准,但其内容实际上并不能妥善解决现实刑民交叉案件问题,因为除了并列式刑民交叉案件,实践中大多刑民交叉还会存在另一种竞合关系,即“同一法律事实”或“同一法律关系”同时涉及民事不法与刑事犯罪。2015 年 8 月公布的最高人民法院《关于审理民间借贷案件适用法律若干问题的规定》第 6 条以及 2019 年 11 月通过的《全国法院民商事审判工作会议纪要》第 129 条中对于刑民交叉问题的判断均使用了“同一事实”的表述,意味着现阶段“同一事实”成为刑民交叉案件的新的判断标准。

从判断标准的变化上来看,其本质是围绕“法律事实”与“事实”的区分展开的。法律事实涵盖了法律关系,其是法律规定的,能够引起法律关系产生、变更和消灭的客观事由的总称。以法律事实为判定标准的依据是“法律事实是法律关系变化的条件所在,只有出现了一定的法律事实,法律关系才可能产生、变更和消灭”。对于刑民交叉案件而言,只有出现法律事实的竞合与牵连,才能产生法律关系的交叉,并继而承担刑事与民事的法律责任。但这种“同一法律事实”标准存在一些不妥善之处,主要有二。其一,法律事实依据划分标准,可以分为法律事件与法律行为,在我国类型化法律思维的影响下,法律行为通常又划分为民事法律行为、刑事法律行为、行政法律行为等,即法律事实的判定伊始就被贴上类型化的标签,只要法律规范的性质不同,法律关系或法律事实就不同,因此也谈不上“同一”。其二,“同一法律事实”的标准限缩了刑民交叉案件的认定。对于一个案件而言,其存在多种案件事实,若局限于某一具体的法律事实判定刑民交叉,显然不能涵盖案件的整体性质。基于上述分析,“同一事实”的判定标准相比于“同一法律事实”的判定标准更为妥善，案件事实的内涵与外延均广于案件法律事实，这也是《全国法院民商事审判工作会议纪要》中所主张的观点。所谓“同一事实”，是指行为主体、行为客体或对象以及行为表现三者相同的情形。具体来看，案件事实中刑民交叉部分行为的实施主体应当是同一的；在行为客体或对象上，民事不法的客体或对象应当是刑事犯罪的客体或对象；在行为表现上，该事实应当既是构成刑事犯罪的要件，也是满足民事不法的要件。

(二)司法实践中刑民交叉案件的类型划分存在几种方式？具体类型为何？

在刑民交叉案件的类型划分上也存在不同的观点，概括而言有两种分类方式。一类是以法律事实为标准，将刑民交叉案件分为法律事实牵连型案件与法律事实竞合型案件；另一类是以法律关系为标准，将刑民交叉案件划分为三类，即在表象上具有刑民交叉形式但属于单一民事法律关系的案件、被刑事法律关系所包容的民事法律关系案件和刑事法律关系与民事法律关系相并列的案件。这两种划分方式虽然结果各异，但本质上具有一定的相似性。首先，不管是法律事实标准还是法律关系标准，均是从实体判定的角度出发进行划分；其次，在类型上虽然存在区分，但其实牵连型之下存在刑民并列，竞合型之下存在单一刑事或民事。不过前面两种类型划分方式并不够全面，结合界分标准的转变，在以案件事实为标准的类型划分下可以分为以下两个方面。

1. 因不同案件事实产生的交叉关系。此种情形也可以称为牵连型刑民交叉关系，毕竟如果在案件事实上完全不同，也就并不存在真正意义上的刑民交叉。具体来看，这种交叉可发生于三个方面，即在行为主体上、行为客体或对象上、行为内容上。例如，同一主体实施了两个法律行为，形成不同的案件事实，分别归属于刑事犯罪与民事不法。在“许霆案”中即是如此，许霆第一次提款时发生机器错误使他不当得利，这归属于民事法律范畴，之后其再继续取款的行为确有必要纳入刑事法律范畴进行讨论。这就是显著的行为主体同一下不同犯罪事实产生的刑民交叉案件。

2. 因同一案件事实产生的交叉关系。在这种类型之下，存在两种不同情况。一种情况是由同一案件事实引起的，只能归属于刑事范畴或者民事范畴，即非此即彼的竞合型交叉关系。也有观点认为，此种情况不应当归属于刑民交叉范畴，因其本质上涉及罪与非罪的问题，最终也只是刑事案件或者民事案件。但有反对者认为，实践中，真正令执法者和司法者无法回避、处理难度极大的案件正是那些处于刑、民违法性中间地带的案件，该情况理应归属于刑民交叉案件。另一种情况是由同一案件事实同时引发了刑事与民事法律关系，但刑事法律关系与民事法律关系之间存在包含与被包含的关系，可称之为包含型交叉关系。例如，在涉嫌财产犯罪的集资诈骗案件当中,刑事法律需要对全案内容进行评价,民事法律则可以仅对每一份具体签订的合同进行评价。又如,行为人冒充国家公职人员与相对人签订合同,民事法律需要对整个合同的签订进行评价,刑事法律则可局限于对冒充国家公职人员的行为进行评价。

如此,通过以案件事实为核心,以不同或同一案件事实作为划分标准,可以对刑民交叉领域内的划分形成较为清晰全面的思路。概括而言,即牵连型、竞合型与包含型。但需要明确的是,类型划分并非为刑民交叉案件程序处理模式的择选提供依据,其最主要的目的是厘清刑民交叉案件的种类和交叉方式,为解决程序处理顺序问题提供基础,而非直接成为适用何种程序顺序的依据。

(三)以往刑民交叉案件的程序处理顺序为何?存在何种问题?

在刑民交叉案件的程序处理模式上,长久以来存在较多不同认识,虽然“先刑后民”占据一定的主流地位,但理论界对此一直较为审慎,也不赞同“一刀切”式的排他适用。有学者就主张,在两种诉讼相互交织或牵连时,总体上应遵循“刑事优先”原则,但实际的情况往往十分复杂,对“刑事优先”的适用不能绝对化。当下,对于刑民交叉案件的程序处理偏向于以“刑民并行”为主,以“先刑后民”或“先民后刑”为辅。

综观当下刑民交叉领域的理论研究,对于“先刑后民”的批判著述较多,其中较为有力的论点是“先刑后民”原则剥夺了当事人的程序选择权,过分强调公权优先、私权让位,这并不符合现代司法主张公权与私权平等的观念。当然,“先刑后民”观念并非我国司法制度独创性的产物,典型的大陆法系国家如法国、德国、意大利等都在其立法和司法实践中贯彻了“先刑后民”原则。不过,对于“先刑后民”的审理原则,在我国并没有明确的法律规范对其进行规定,其更像是一种司法观念的概括表达,对这种源于司法解释中的理念原则,实践部门也有不同的理解。最高人民法院曾在一份裁定书中说明,“先刑后民”并非法定的司法原则和程序规定,民事诉讼没有等待刑事案件的审判结果并不违反法定程序。

即便如此,“先刑后民”的观念在我国的司法实践中还是被上升为一种处理刑民交叉案件的基础原则,并被泛化适用,主要有以下原因。首先,我国刑事司法传统注重客观真实发现,长期的司法习惯注重惩罚有罪,实行的乃是积极的实质真实发现主义。在这种观念下,发现有罪是刑事司法最主要的目的。因此,在刑民交叉案件产生责任竞合时,毫无疑问地会坚持“刑事优先”的原则,追求和惩罚刑事犯罪。其次,刑事程序以公权力机关为依托,更有利于发现案件事实真相。相较于民事诉讼程序而言,刑事侦查程序以公安机关为支撑,所揭示的案件事实更趋向于实质真实。最后，重刑轻民思想和社会维稳因素也产生了助推效果。我国长期以来信奉“刑法有效”和“刑法正确”的社会控制理论，认为在疑难复杂的刑民交叉案件中适用“刑事优先”原则会更有利于维护社会稳定。实际上，无论是“先刑后民”还是“刑民并行”“先民后刑”，其本质上都是一种价值取舍的博弈。以往的“先刑后民”观念主导和当下的“刑民并行”观念主流都与司法观念的变迁和法治理论的发展相关。据此来看，探究刑民交叉案件程序处理的实质才是解决程序问题的关键。

（四）以类型化作为确定刑民交叉案件程序处理顺序的标准存在何种局限？

虽然当前理论界与实务界对于依据刑民交叉案件类型化的处理思路决定程序审理模式持乐观态度，但此种方式实际上还存在若干需要正视的局限之处。

1. 刑民交叉案件类型化本身存在不妥善之处。如前所述，在刑民交叉案件类型划分问题上，学界始终未能产生成为通说的标准，只能通过相关司法解释的规定来窥探刑民交叉案件类型划分标准，但这种标准却是随着不同时期不断变化的，如同一事实与同一法律事实的表述区别。有学者认为，目前的分类存在各种类型之间的界限是否清晰，分类对于解决实务中的混乱是否有意义的问题。其不仅质疑当前的类型划分，更进一步质疑是否需要存在类型划分。实际上，依据案件事实划分刑民交叉类型虽有必要，但不应过度追求。应当承认，现有的分类方式在一定程度上并不能涵盖所有的刑民交叉案件类型，依然会存在若干相对繁杂、疑难的新情况与新问题。在这种情况下，依据本就不够明晰的案件交叉类型来适用固定的程序处理模式显然不够合理。

2. 刑民交叉案件的程序审理顺序并不必然与案件的类型化存在联系。实践中，案件审理人员一般不会预先对案件进行类型划分，继而依据类型划分选择不同的程序处理方式，类型划分实际上仅停留于学术研究与理论探讨层面，实践中的程序处理更多地偏向于价值判断层面。比如，《民事诉讼法》第 153 条第 1 款关于诉讼中止情形的第 5 项规定，“本案必须以另一案的审理结果为依据，而另一案尚未审结的”。其中“必须”一词就存在价值判断，即如果产生刑民交叉，民事诉讼程序是继续还是中止，需要借由“必须”的价值判断作为前提，而不是以牵连型、包容型的类型化为判断程序适用的依据。又如，因同一案件事实产生刑事法律责任与民事法律责任的，被害人遭受物质损失的应当按照《刑事诉讼法》第 101 条的规定，提起刑事附带民事诉讼，程序适用的依据是刑事附带民事诉讼的成立要件。申言之，在判断刑民交叉案件的程序处理模式时，案件交叉类型的划分仅仅只是表象的判断依据，真正的程序处理判断应当以价值判断为依据。

(五)何为生效裁判的预决效力?

生效裁判的预决效力,即生效裁判已判定的内容在后续诉讼中未审先定的法律效力。此种预决效力也被称为"生效裁判的拘束力"。司法裁判中,案件结果的得出往往依赖于案件事实的认定,由于刑民交叉领域存在同一案件事实或部分相同案件事实,不同的审判程序中出现案件事实认定交互的情形也就更趋常态化。总的来看,既判力交互主要存在两种情况,即刑事案件事实认定对民事诉讼程序的影响和民事案件事实认定对刑事诉讼程序的影响。

根据2019年12月25日最高人民法院修改发布的《关于民事诉讼证据的若干规定》第10条第1款第6项可知,在我国,已为人民法院发生法律效力的裁判所确认的基本事实被认为具有预决效力,在后诉中应当对前诉裁判中确认的基本事实适用法律上的事实推定,当事人无须再承担举证责任。民事诉讼法学界对这样一种规则曾存在较大争议。比如,有学者就认为,该款规定的预决效力依据不应是既判力而是争点效理论,并且在我国理论现状下实属过于超前。当然,也有观点认为,预决效力来自部分既决事实,已满足法律真实的要求,因此应当具有相对的效力。实际上,预决效力理论聚焦于案件事实层面的推定,其并不会导致诉讼标的和结果层面的推定,并不是前诉裁判文书记载的所有内容均具有既判力,也不意味着当事人均不得另行起诉或者均要受到约束,承认事实预决效力并不一定对后续程序产生深刻影响。

应当说,生效裁判既判力问题具有一定的诉讼专有性,其依赖于诉讼行为而发生,而且在价值层面上具有一定的理论基础,概括而言,主要有以下三个方面。首先,其体现了司法秩序统一思维。司法秩序统一表现为司法权运行内部机制的协调自洽,更表现于外部尤其是裁判上的协调一致及无冲突。从刑民交叉的角度看,既判力的规定是为了避免在刑事与民事程序中,囿于不同审判组织、审判方式、审理依据对于同一事实作出不同的法律评价的风险,这种风险一旦发生,将导致司法的严肃性受损,也会使司法程序显得相对无秩序。其次,其蕴含了一事不再理的意思表示。一事不再理原则是现代司法制度秉持的制度理性,其是指当一件事情已经完全地和公平地经过了诉讼,其决定应当是对该问题的永久性解决。在刑民交叉案件既判力的问题上,如果刑事审判程序对某一事实进行认定,其理应不再受民事审判再次评价;反之亦然。最后,其体现了对诉讼经济效益的考量。在后审判程序中承认先前审判程序中已经判决确认的事实,对于节约诉讼资源、提升诉讼效率、减轻诉累大有裨益。但是,即便如此,在刑民交叉案件生效裁判既判力交互的问题上,也应当有合理的规范。具体而言,在刑事生效裁判对民事生效裁判的预决效力和民事生效裁判对刑事生效裁判的预决效力问题上,应当坚持不同的处理标准。

(六)刑事生效裁判对民事裁判的预决效力应当坚持何种标准?

最高人民法院《关于适用〈中华人民共和国民事诉讼法〉的解释》第93条规定:已为人民法院发生法律效力的裁判所确认的事实,当事人无须举证证明,当事人有相反证据足以推翻的除外。由此,"免证事实"成为生效裁判事实认定的预决机制。虽然民事诉讼法司法解释并未直接规定生效裁判是民事生效裁判还是刑事生效裁判,但结合前述法的合目的性解释来看,刑事生效裁判显然是该条法律规范所重点涵摄的内容。为保证不同诉讼程序的独立性,在刑事生效裁判对民事裁判的预决效力上应当坚持理性限缩的判断标准。

1. 在裁判事实内容上的限缩。从整体上来看,一份生效的刑事裁判包含的事实认定在内容上存在区别,如主要事实认定、次要事实认定或者辅助性事实认定。除此之外,还存在客观事实认定与经法律评价的法律事实认定。如在故意杀人案件中,判决确认的存在被告人杀人的事实就是客观事实,判决确认的被告人犯故意杀人罪的事实就是法律事实。在刑民交叉案件裁判既判力的交互上,应当坚持法律事实认定的标准,即经过法律评价的事实才能成为民事程序中的免证事实,扩大生效裁判事实认定的范围将不利于推进民事诉讼程序。除此之外,刑事裁判中可以适用于民事诉讼程序的"免证事实"应当与后续民事案件的审理具有一定的牵连关系,即该"免证事实"对民事案件的事实认定具有影响。

2. 产生裁判的审理程序上的限缩。刑事裁判事实认定的权威性来源于其经过了严格的证明过程,案件事实经过举证、质证、辩论程序达到刑事证明标准。这是"免证事实"具备"免"功能的深刻缘由。但是,诸如举证、质证、辩论等严格的证明程序并非存在于所有的刑事诉讼当中,比如,刑事诉讼法为适配认罪认罚从宽制度而新增的刑事速裁程序中,程序审理过程一般就不再进行法庭调查、法庭辩论,虽然刑事速裁程序审理在证明案件事实的证明标准上并没有降低,但在程序的严格程度上相较于普通程序审理的刑事案件而言就有所折损。由此可知,在不同的刑事审理程序中,可用于民事诉讼程序的"免证事实"的权威性存在优劣差异。鉴于"免证事实"在审判程序中的绝对权威性,在民事诉讼程序当中适用其时,应当摒弃其中的薄弱部分,即刑事生效裁判对民事裁判的预决效力中不应当包含刑事速裁程序的生效裁判。

3. 证据交互适用上的限缩。按照刑事诉讼法的相关规定,在证据种类上存在实物证据与言词证据的划分,不同证据种类在民事诉讼程序中的可采性也有所不同。对于实物证据而言,包括物证、书证、电子数据、视听资料等,这些证据具有客观性、稳定性,大多不以人的意志为转移,只要收集程序合法、不存在瑕疵，基本可以直接采用。但对于言词证据，包括被告人供述、证人证言、询问笔录、录音录像资料等，其容易受当事人的意志所转移，稳定性较差，对其在民事诉讼中的适用需要审慎。有学者认为，这一问题实际蕴含着更深层次的因素，即公权力在私法领域的扩张，应防止权力滥用。实际上，应当首先确认其证据能力，是否具有证据资格，如果该份被告人供述来源于非法手段，显然不应当成为民事诉讼证据。其次确认其证明力，在证明待证事实上发挥的效用。对于被告人供述而言，其以书证的形式展现，也就是传闻证据，其证明力显然逊色于当事人出庭作出的陈述。刑事诉讼证据在民事诉讼程序中的运用应当以不打破民事诉讼程序的独立性以及私权保护为标准，警惕扩张适用。

（七）民事生效裁判对刑事裁判的预决效力应当坚持何种标准？

学界就民事生效裁判对刑事裁判的预决效力研究颇少，且普遍观点认为民事生效裁判对于刑事审判的影响是较微弱的，有些甚至被刑事审判程序所否定，其至多只能成为刑事审判案件中的书证之一，谈不上对于刑事诉讼程序具有预决效力。概括来看，民事生效裁判在刑事审判程序中的运用存在三种样态：一是其直接被刑事审判程序所否定；二是其成为刑事审判程序中证据内容的一部分，但不具备预决效力，还需要经过严格的证明程序；三是直接成为刑事审判中具有预决效力的事实认定。

对于第一种样态而言，若刑事审判程序并不认可民事生效裁判的事实内容，甚至作出与民事生效裁判相斥的裁判，就极易使案件当事人对于司法的统一性产生怀疑。比如，在企业股权争议案件中，民事诉讼程序发生在先，且民事程序已经就股权争议作出判定，认定股权系某人所有。但民事案件的相对人同时提起刑事诉讼，刑事程序认定权利人系非法占有企业股权，犯职务侵占罪。实际上，刑事诉讼程序否定民事生效裁判内容的根本原因还是审判程序之间诉讼性质的差异，民事诉讼更偏向于形式正当，刑事诉讼则追求实质正当。虽然如此，司法人员也应当在法秩序性统一的思维下追求司法裁判的统一性，尤其要考虑对于当事人利益的保护。从保证司法裁判的内在统一性的标准上来看，刑事审判程序在对民事生效判决的否定上应当坚持个案审慎标准。

第二种样态实际上是民事生效裁判在刑事审判程序中被运用的常态机制。民事生效裁判不能产生预决效力的根本原因是刑事诉讼程序与民事诉讼程序在证明标准上存在显著差异，即刑事诉讼以“排除合理怀疑”作为较为严格的标准，民事诉讼则以“高度盖然性”作为较宽松的标准。在这种前提下，民事生效裁判确认的案件事实对于刑事诉讼案件事实的证明作用也就相对较弱，刑事诉讼程序一般不宜直接认可民事裁判事实的预决效力。不过，就同一事实所作的民事生效裁判可以成为刑事诉讼证据内容的一部分，并以此作为证明刑事诉讼案件事实的一种法律背书，但这种背书也需要经过刑事诉讼举证、质证与辩论程序，适用过程也应当坚持审慎标准。

第三种样态是较为特殊的，其主要适用于当前较为新兴和疑难复杂的案件领域，如知识产权案件、海商事案件等。在这些案件当中，民事法律关系往往较为复杂而且涉及许多专业性较强的领域，如果民事法律关系的判定与确权对于刑事诉讼程序具有一定的“前置关系”，应当允许先行推进民事诉讼程序的处理模式，并认可民事生效裁判的事实认定内容对刑事诉讼中同一事实认定具有预决效力。当然，需要明确的是，对于民事生效裁判确认的事实而言，虽然确认事实可以直接作为刑事诉讼程序的事实认定被使用，但证明该事实所依靠的证据内容不是免证的。不过，即使这些证据内容对后续程序不具有必然的拘束效力，但生效裁判所确认的事实本质上来源于这些证据内容，如果证明该确认事实的证据内容需要作为其他诉讼程序的证据被使用，则在一定程度上，其在证据能力与效力上也要优于其他证据。总的来说，民事生效裁判是否直接成为刑事审判中具有预决效力的事实认定需要结合个案情况，贯彻前置因素与利益保护的观念审慎判断。

（八）刑民交叉案件涉案款物在何种情况下产生交叉？

刑事诉讼执行程序中关于财物的规定主要有罚金、没收财产、责令退赔与返还，其中罚金与没收财产属于财产刑，其目的在于对犯罪嫌疑人实施惩罚。责令退赔与返还则带有权利救济目的，其本质是希望弥补被害人的合法财产因犯罪行为遭受的损失，这就会与民事诉讼程序带有私权救济理念的涉案款物执行产生交叉。如前所述，对于按照先刑方式处理的案件，从最高人民法院《关于适用刑法第六十四条有关问题的批复》来看，另行提起民事诉讼请求返还被非法占有、处置的财产的，人民法院不予受理。也就是说，在这种情况下，并不能存在两种诉讼程序之间关于涉案款物处理的交叉。因此，涉案款物处理的交叉，主要是指在按照“先民后刑”或者“刑民并行”方式处理的案件中，当民事诉讼进入执行程序之后，刑事审判程序又作出责令退赔的判决并交付执行时，该如何妥善处置。

力求解决执行难问题已经成为最高人民法院关切的重点方面，2019 年 6 月最高人民法院发布了《关于深化执行改革健全解决执行难长效机制的意见——人民法院执行工作纲要（2019—2023）》，着重对执行问题进行了全面系统的统筹安排。关于刑民交叉案件涉案款物的处理问题，是研究领域内较少关注但又十分重要的问题，这不仅是司法程序最后的关键环节，也对司法程序的公信力有重要影响。人民法院对于解决刑民交叉领域涉案财物的交叉问题虽然没有具体的指导规范,但其基本思想散见于若干规定之中。最高人民法院《关于刑事裁判涉财产部分执行的若干规定》第 13 条第 1 款规定,被执行人在执行中同时承担刑事责任、民事责任,其财产不足以支付的,按照下列顺序执行:(1)人身损害赔偿中的医疗费用;(2)退赔被害人的损失;(3)其他民事债务;(4)罚金;(5)没收财产。由此也可窥见,人民法院在处理刑民交叉案件涉案款物问题时主张一种刑事执行中民事优先的思路。

三、配套教材

1. 何帆:《刑民交叉案件审理的基本思路》,中国法制出版社 2007 年版。

2. 刘宪权、李振林:《集资类案件中的刑民交错现象及其归宿》,法律出版社 2017 年版。

3. 夏伟:《刑民交叉的理论构造》,法律出版社 2020 年版。

4. 赵龙:《民刑交叉诉讼关系协调问题研究》,法律出版社 2023 年版。

5. 陈少青:《可罚的违法性:刑民关系的本土化阐释》,法律出版社 2023 年版。

四、启发思考题与实践题

(一)思考题

1. 刑民交叉案件的界分标准为何?

2. 刑民交叉案件的类型可划分为几类?

3. 以往刑民交叉案件的审理顺序存在何种问题?

4. 如何理解刑民交叉生效裁判的预决效力?

5. 刑事生效裁判对民事裁判的预决效力的判断标准为何?

6. 如何理解刑民交叉案件中涉案财物的交叉?

(二)实践题

1. 根据本案的相关内容与裁判书,写一份再审申请书。

2. 根据本案裁判文书的相关信息,结合法学原理,分析一审、二审错判的缘由。

3. 根据本案的相关信息,尝试对刑民交叉问题进行一次系统的文献梳理,包括理论争议与实践情况。

4. 根据类似案件的审理结果,在条件允许的情况下,前往公检法机关采访办案人员的办案心得与经验。

五、理论依据

法秩序性统一原理　法益保护原则　程序正义　一事不再理　公私法耦合机制　比例原则

六、背景信息

随着当前社会经济的纵深发展，司法实践中刑民交叉案件日趋常态化，但当前学界在研究刑民交叉的问题上依旧存在较为激烈的观点碰撞。实体法学者立足于法律事实层面，聚焦于案件事实是归属于刑事犯罪还是民事不法范畴，程序法学者则聚集于诉讼程序的冲突与衔接，研究对象的不一使观点不可避免地带有一定偏向性，这也就导致刑民交叉领域的研究现状显得相对无序，尤其是在刑民交叉案件的程序处理问题上缺乏一定的清晰思路。

以往刑民交叉案件的程序处理普遍践行着“先刑后民”的认识和做法，其曾被看作解决刑民交叉案件程序问题的有效方式，但随着民事案件越发复杂，尤其是经济类民事案件与日俱增，经济纠纷与经济犯罪的壁垒变得相对模糊，极易存在交织交互，那种按照优先刑事原则一概而论的处理方式也遭到理论界与实务界的质疑。现阶段，以“刑民并行”为主、以“先刑后民”或“先民后刑”为辅的主张受到一定推崇，当然也有观点主张在刑民诉讼程序冲突的情况下，应当根据不同情况区别适用相关原则。

当下，立足于对刑民交叉案件程序处理模式的全面省察，实际上无论是“先刑后民”、“先民后刑”还是“刑民并行”均是一种程序处理模式的既定表达，并未触及刑民交叉案件程序处理的实质。在模式适用之下的实质缘由，或许才是破解刑民交叉案件程序处理难题的关键所在，即不仅应当明确刑民交叉案件的程序处理模式，还应当深刻反思模式适用的深层原因。这种实质性缘由也能为解决交叉案件程序处理上的诸多实践疑难问题提供一定的思路。诸如本案中涉及的刑事诉讼或民事诉讼判决是否对后续程序具有效力，以及刑事诉讼与民事诉讼中的证据能否交叉适用，刑民交叉案件中涉案款物如何妥善处理等都需要进一步地研究和论证。

七、关键要点

1. 本案是经由最高人民法院再审裁判的具有典型代表意义的刑民交叉案件，对于指导刑民交叉案件的司法实践具有一定意义。从程序正义与实体正义的角度来看，本案完美地彰显了再审的纠错功能。在经历一审与二审裁判之后，再审法院准确地确定了本案的关键要点是如何判定刑民交叉案件的预决效力问题,继而针对此问题对本案予以全面研判分析。

2. 刑民交叉案件生效裁判预决效力问题是刑民交叉案件研究领域中的重点内容之一,本案中重点聚焦刑事生效裁判对民事裁判的预决效力问题。实际上,从证明标准角度来看,经过严格证明的刑事生效裁判中确认的事实在民事程序中应当具有免证效力,这也是符合司法解释精神的。但本案中较为特殊的是刑事生效裁判并未对事实进行处理,当事人据此认为其无罪并要求在民事程序中免证是不符合逻辑的。

3. 以本案为基础,重点就刑民交叉的程序处理展开全面深入的分析。特别是对刑民交叉案件的界分标准、类型划分、程序审理顺序、程序处理判定标准、预决效力、涉案财物处理等作出分析。加强学生结合案件事实运用法条的能力,培养、锻炼学生的系统性分析问题的思维和统领全局解决问题的能力。

八、课堂计划

本案例可以作为专门的案例教学课来进行,整个案例课的课堂安排 6 个课时,每课时 45 分钟。如下课堂设计,仅供参考。

1. 课前计划:安排学生阅读案例及相关参考资料,对案例涉及问题进行思考,撰写实践题答案。

2. 课中计划:介绍教学目的,明确讨论主题;学生分组讨论,回答各项思考题,讨论实践题的撰写要点;小组代表提出撰写要点,学生讨论和分析;教师归纳总结。

3. 课后计划:布置学生思考刑民交叉案件的类型划分、刑民事生效裁判之间互相影响的情形、如何判定刑民交叉案件预决效力等相关问题,梳理、归纳司法实践中刑民交叉案件的特点和程序审理顺序的判断依据,进一步思考司法机关如何有效应对实践中日新月异的刑民交叉案件情况,并探索建立较为完备的处理机制。

九、参考文献

1. 孙笑侠、夏立安主编:《法理学导论》,高等教育出版社 2004 年版。

2. 简爱:《从刑民实体判断看交叉案件的诉讼处理机制》,载《法学家》2020年第 1 期。

3. 汪明亮:《刑民交叉案件的处理规则与原则》,载《法律适用》2019年第 16 期。

4. 黄祥青:《刑民交叉案件的范围、类型及处理原则》,载《法律适用》2020

年第1期。

5. 江伟、范跃如:《刑民交叉案件处理机制研究》,载《法商研究》2005年第4期。

6. 杨兴培:《刑民交叉案件的类型分析和破解方法》,载《东方法学》2014年第4期。

7. 张卫平:《民刑交叉诉讼关系处理的规则与法理》,载《法学研究》2018年第3期。

8. 纪格非:《论刑民交叉案件的审理顺序》,载《法学家》2018年第6期。

9. 曹志勋:《反思事实预决效力》,载《现代法学》2015年第1期。

10. 陶加培:《论刑民交叉案件的程序处理》,载《浙江工商大学学报》2022年第6期。

11. 胡军辉:《论民事既判事实之预决效力》,载《湘潭大学学报(哲学社会科学版)》2010年第4期。

12. 宋英辉、曹文智:《论刑民交叉案件程序冲突的协调》,载《河南社会科学》2015年第5期。

2-6 CASE 徐某某申请某公安局违法查封、冻结国家赔偿案

——刑事涉案财产处置程序下被追诉人的财产权保障

2012年12月5日，沈阳市和平区人民法院作出（2012）和刑初字第683号刑事判决，以徐某某犯非法吸收公众存款罪，判处其有期徒刑4年，并处罚金人民币20万元，上缴国库；侦查机关追缴扣押的涉案财产及违法所得，依法返还投资者。沈阳市中级人民法院二审维持原判。2013年7月19日，沈阳市和平区人民法院作出（2012）和刑初字第683号刑事裁定，认定有关资产属于非法集资款或用非法集资款购买的资产，裁定将认定的资产依法追缴，并交付给沈阳市处置非法集资领导小组办公室，依法返还投资者。沈阳市公安局和平分局（以下简称和平公安分局）在该案侦查过程中，除查封、冻结（2012）和刑初字第683号刑事裁定中依法追缴的财产外，还查封了前述刑事判决、裁定追缴财产范围以外的4套房产和中国人寿保险公司的3份保险合同。其中的1份保险合同于2018年8月31日被沈阳市和平区人民法院以（2012）和刑初字第683号查封令冻结了保单权益及孳息。徐某某刑满释放后，向和平公安分局申请刑事赔偿。[1]

一、裁判要旨

根据（2012）和刑初字第683号刑事判决、（2012）和刑初字第683号刑事裁定、立案决定书、审计报告、协助查封通知书、协助冻结通知书、协助解除冻结通知书、质证笔录等证据材料，决定由和平公安分局对不在刑事判决、裁定追缴财产范围内的4套房产以及2份保险合同予以解除查封、冻结。

二、裁判思路

依据《国家赔偿法》第18条第1项的规定，行使侦查、检察、审判职权的机关

---

〔1〕 本案例事实部分参见辽宁省沈阳市中级人民法院赔偿决定书，（2019）辽01委赔再1号。本案例属于最高人民法院2019年典型案例。

以及看守所、监狱管理机关及其工作人员在行使职权时,违法对财产采取查封、扣押、冻结、追缴等措施的,受害人有取得赔偿的权利。徐某某非法吸收公众存款罪一案所判处的刑罚及依法追缴财产已执行完毕。徐某某要求返还的4套房产及3份保险合同均不在生效裁判范围内,且和平公安分局不能证明该财产属于违法所得或者应当返还被害人的财产。依据最高人民法院、最高人民检察院《关于办理刑事赔偿案件适用法律若干问题的解释》第3条第1款第7项的规定,对生效裁决没有处理的财产或者对该财产进行其他处理的,办案机关未依法解除查封、扣押、冻结等措施或者返还财产的,属于侵犯财产权的情形。因此,和平公安分局对徐某某主张的房产及保险合同继续查封、冻结,侵犯了徐某某的财产权,应依法解除查封、冻结措施。因案涉的1份保险合同现已被沈阳市和平区人民法院冻结,故对该合同相关事宜,应另循法律途径解决,本案不予处理。遂决定由和平公安分局对不在刑事判决、裁定追缴财产范围内的4套房产以及2份保险合同予以解除查封、冻结。

三、本案焦点的综合评述

加强财产权的保障,是人权保障的一项重要内容。我国宪法和法律都明确规定和强调保护公民财产权,但是由于立法的疏漏,追诉机关查获犯罪、收集证据,采取强制措施限制或剥夺被追诉人财产权的权力并未受到有效规制,随意查封或者冻结被追诉人的财产将使涉案财产无法得到妥善保管或被随意挪用,被追诉人财产权保障处于一种不安全状态。因此,如何实现被追诉人的财产权保障,已经成为司法实践中亟待解决的一项重要的理论和实务难题。

本案的争议焦点在于,侦查机关在侦查过程中,对涉案财产采取扣押、冻结措施并无不当,但在被告人已被人民法院定罪量刑,且人民法院对涉案财产已作出明确认定之后,公权力机关应对涉案财产及时作出相应处置。如对生效刑事裁判未予认定的涉案财产继续查封、冻结,则有可能发生国家赔偿。本案是一起典型的刑事违法扣押、冻结赔偿案件,其典型意义在于,通过国家赔偿案件的审理,依法维护涉案企业和人员的合法产权,依法严格规范涉案财产的处置,以法治思维、法治方式处理“官民关系”、调和公权力和私权利冲突,一方面救济了受损的合法产权,另一方面也对于公权力机关依法正当行使职权提出了反向的参照标准,对于同类案件的处理具有示范作用。

案例使用说明

一、教学目的与用途

本案例主要用于讲授司法实践中刑事涉案财产处置程序下被追诉人的财产权保障问题，从明确涉案财产的内涵范围、涉案财产处置应遵循的基本原则到剖析涉案财产处置制度下的程序性顽疾，进一步探讨被追诉人财产权的有效保障措施。以本案为例，具体要解决的问题包括：其一，刑事涉案财产的内涵、类型与特性；其二，刑事涉案财产处置应遵守的基本原则；其三，财产保全制度、财产管理制度、追缴没收制度的内涵与实践漏洞；其四，在刑事涉案财产处置程序下，如何保障被追诉人的财产权。

本案例供法律硕士案例教学使用，法学本科（大四）、刑法学硕士、诉讼法学硕士也可以参酌试用。

二、涉及知识点

（一）刑事案件中涉案财产的内涵如何界定？涉案财产的类型及其特性如何？

关于涉案财产的内涵，《人民检察院刑事诉讼涉案财物管理规定》第 2 条以及《公安机关涉案财物管理若干规定》第 2 条给出了具体的解释：人民检察院、公安机关在刑事诉讼过程中查封、扣押、冻结的与案件有关的财物及其孳息以及从其他办案机关接收到的财物及其孳息，包括犯罪嫌疑人的违法所得及其孳息，用于实施违法犯罪行为的工具，非法持有的淫秽物品、毒品等违禁品以及其他可以证明违法犯罪行为的物品和文件。可见，司法实务部门从纯程序性角度对涉案财产的内涵进行认定。换言之，除上述四类之外的涉案人财产不属于“涉案财产”。比如，在集资诈骗罪中，涉案人通过诈骗所得的集资人款项及利息属于“违法所得及其孳息”，涉案人用于联络诈骗同伙的个人手机，用于举办宣讲会、推荐会的个人房产，用于收取集资款的个人账户属于“用于实施违法犯罪行为的工具”，而涉案人用于合法租赁的个人房产、专门用于收付其投保的保险公司保费和分红的个人账户、专门用于名下合法公司的合法业务交易资金的个人或公司账户则不属于涉案财产。

涉案财产的范围应当以刑事实体法与程序法为依据，并结合司法实践来确定。根据我国《刑法》第 64 条的规定，涉案财产的范围大致包括供犯罪所用的本人财物、违法所得的一切财物与违禁品。现行《刑事诉讼法》中的违法所得没收程序将犯罪嫌疑人、被告人的违法所得和犯罪工具作为没收对象。总的来说，涉案财产分为以下几类。

1. 犯罪之物。其是指刑事实体法意义上的涉案财产。具体包括：违法所得、犯罪工具和违禁品。违法所得，是指犯罪分子主观上恶意占有、客观上通过违法犯罪行为等违法手段，而直接获得或者间接获得的财物。不仅包括通过违法犯罪行为直接取得的他人财物、犯罪所生之物（指在违法犯罪行为实施之前并不存在，而在实施违法犯罪行为之后才产生的财物，如伪造假币罪中的假币）、涉案财产处分后的所得，还包括犯罪所得的孳息、用于违法活动产生的收益、“射幸”活动产生的收益和投资或置业产生的收益。犯罪工具，是指犯罪分子专门用于或者主要用于违法犯罪行为，以期实现违法犯罪目的的财物或者器具。该财物或者器具与违法犯罪行为之间具有密切联系，为犯罪分子实施违法犯罪行为提供了便利条件。违禁品是指国家规定限制生产、购买、运输和持有的枪支弹药、刀具、爆炸物品、淫秽物品、假币、毒品等财物、器具。既可能是犯罪分子的犯罪所得（如非法窃取所得违禁品），又可能是犯罪所生之物，还有可能是犯罪人本人非法所有的违禁品（如管制刀具）。

2. 证据之物。其是指与该刑事案件有关联且能作为定罪量刑之证据的财物，包括物证、书证、视听资料和电子证据。可从不同角度对证据之物的内涵作更加透彻的理解：(1)从法定类型而言，作为证据的涉案财产可分为物证、书证、视听资料和电子证据。(2)从证据的获取角度而言，根据对不同类型涉案财产所采用的差别化强制措施，可将作为证据的涉案财产分为：人身检查提取之物、查封之物、扣押之物、冻结之物。对不同的证据之物可采用不同强制措施，便于工作人员依照涉案财产的不同特性采取有针对性的、专门化的科学管理。值得注意的是，尽管部分犯罪之物同证据之物的范围有所重合，但依然将其如此划分，旨在通过这种方式将应当予以保障的被追诉人涉案财产尽可能都涵盖在内，避免有些应当保障的财产因未被纳入涉案财产范围内而被随意处置。

3. 保全之物。其是指为确保刑事诉讼程序的顺利进行，或者为将来判决中有关财产部分得以顺利执行，公安机关、人民检察院和法院在诉讼过程中采取保全措施所控制的财产。其可分为两类：取保候审保证金和被保全部分财产。前者是指公检法机关为确保符合《刑事诉讼法》第 68 条取保候审条件的犯罪嫌疑人、被告人在取保候审期间能够遵守及时到庭等相关要求，从而不妨碍诉讼程序的顺利进行而采取的要求其缴纳一定现金的措施。该部分保证金为保证案件顺利进行才与刑事案件发生联系，且在符合特定条件时需要归还，因此必须妥善保管。后者是2012年《刑事诉讼法》修改时新增加的内容，指为了防止犯罪嫌疑人在执行前将自己的合法财产隐匿、转移、出卖或毁损，为了保证将来法庭作出的有关财产部分的判决能够得到顺利执行，进而提前予以保全的、与案件相关的部分被告人财产。因该部分财产需要在法院作出最终判决后被用于执行，因此对该部分财产必须同其他涉案财产一样严格管理，以防止因丢失、贬值造成财产损失。

涉案财产的特性主要体现在以下几方面。

1. 法定性。从侦查阶段开始一直到审判执行阶段，有权对刑事诉讼涉案财产采取查封、扣押、冻结等强制措施的机关是公安、检察院和法院，三机关的权力均由法律赋予，三机关不得越权处理。另外，对刑事诉讼涉案财产概念和范围的界定必须依据刑事实体法和刑事程序法，这里的刑事实体法指刑法典、单行的刑事法规、其他行政经济法律中有关犯罪和刑罚的法律规定。因此，从有关管理刑事诉讼涉案财产的法定权力主体和概念范围确定的法定依据角度来讲，刑事涉案财产具有法定性。

2. 关联性。在刑事诉讼活动中，追诉机关会根据自己的经验，通过扣押、收缴、提取与案件相关的财产来尽快查明案件真相，但如果这些财产最终被证实与案件没有任何关联性，那么就不属于涉案财产。这些财产通常是指被追诉人随身携带的合法财产、弃置于犯罪现场的财产，他人在犯罪现场遗失的财产、犯罪现场的无主财产等。虽然这些财产与案件无关，但办案人员仍需根据相关规定进行暂时性保管，以维护当事人的合法权益。

3. 财产性。涉案财产是与案件有直接关系的物品，而且能为犯罪嫌疑人支配或利用，为犯罪行为服务。尽管部分涉案物品，如脚印、指纹、血迹等并不具有财产属性，但其具有特殊属性，因此是否属于涉案财产尚存争议。总的来说，大部分涉案财产都在财物范畴内，具有明显的财产性。

4. 被强制性。在刑事诉讼活动中，只要某一财产能够证明案件事实，那么追诉机关就会对之采取一些临时性的限制措施，如查封、扣押、冻结、提取等。这样一来，就会暂时性地剥夺被追诉人及其相关人员对财产的使用权、占有权、处分权和收益权。也就是说，在刑事诉讼活动期间内，被追诉人无法支配这些财产。所以，被强制性是涉案财产的另一显著特征。

（二）刑事涉案财产处置应当遵循哪些原则？

刑事涉案财产处置程序有3个重要原则，一是公平，二是合法，三是合理。公平原则要求对涉案财产的处置不能在若干当事人之间有价值上的倾向，既不能保护被害人而忽视犯罪嫌疑人的利益，又不能过分重视犯罪嫌疑人的权益而不顾被害人及其他利害关系人的利益，要在众多当事人之间进行利益的平衡，以最公平的方式处置涉案财产。合法原则要求财产处置必须有充分的法律依据，仅可就确定的涉案财产进行处置，对不应该退赔或收缴的财产不得进行处置，任何财产处置都应当遵守相应的程序性规定，不得随意地处置财产。合理原则强调财产处置应当充分考虑实际情况，应以合理的方式处置财产，若财产处置后会严重影响犯罪嫌疑人及其亲属的正常生活或导致犯罪嫌疑人管理的企业陷入严重经营困难，则需要相应地调整财产处置计划，允许嫌疑人提出替代性的财产处置方案。

此外，财产处置过程中还存在一项重要的原则，即处置财产应当尽可能维持其正常的使用方式和价值，不得对财产价值进行不当贬损。涉案财产本身是价值中性的，财产处置后其仍可维持正常的使用方式，发挥应有的效用，而实践中往往存在由于不当保存或损坏财产无法再正常使用或拍卖变卖的价格极低，财产价值显著降低等情况，在涉案财产处置中应当避免此类情况。

（三）财产保全制度的内涵？我国财产保全措施主要有哪几种？财产保全制度与诉讼中对物的强制措施有何区别？

财产保全，是指司法机关为了保证相关财产能被顺利处置，在判决之前作出的，禁止当事人对可能被处置的财产进行处分的制度。我国《刑事诉讼法》第102条规定，人民法院采取保全措施，适用《民事诉讼法》的有关规定，《民事诉讼法》第103条至第108条对财产保全作出了一般性规定，其他法律如《著作权法》等也有相关的部分规定。其所规定的保全措施主要有以下几种。

1. 冻结。冻结是针对无形财产的一种强制措施，即对存放在银行、信用社、证券交易所、期货交易所等金融机构中的货币资金、债券、国库券、股票等金融资产禁止使用、转移或者处置。根据最高人民法院《关于人民法院执行工作若干问题的规定（试行）》第38条的规定，对被执行人在有限责任公司、其他法人企业中的投资权益或股权，人民法院也可以采取冻结措施。

2. 扣押。扣押是指作出扣押决定的机关对扣押标的物实行强制提存，将其移至另外的场所加以扣留，禁止任何人占有、使用或者处分。扣押主要适用于较易移动的物品，如货币现金、实物债券或者股票、贵金属、珠宝首饰、违禁品、犯罪工具等。对于已被扣押的财产，一般由作出扣押决定的机关来自行保存，也可由其委托其他单位或个人保管，财产的原持有人不得占有和使用，保管人亦不得使用。

3. 查封。查封是指将不动产或者较难移动的动产就地封存，禁止使用、移动或者处置。其适用对象主要是不动产，如房屋、仓库以及其他建筑工程。针对部分较难移动的动产，亦可适用查封，如大宗货物、工程机械等。对于不适宜保存的物品，查封机关可要求财产持有人提供与之等价的财产担保，或将应查封物品变价处理由查封机关保管价款。

4. 禁制令。禁制令是指由人民法院发布的责令停止实施某些财产性行为的命令，其主要适用于知识产权方面，旨在限制相关人使用或者处置存在争议的著作权、专利权和商标权等无形财产，防止对权利的进一步侵害，以便诉讼的进行。

我国对财产的保全制度与诉讼中对物的强制措施基本相同，其区别主要是决定机关的不同，财产的保全由人民法院决定，而物的强制措施是侦查机关为了搜索证据而实施的对相关财物的扣押、冻结等强制措施。

（四）我国财产保全制度在司法实践中存在哪些漏洞？

尽管我国《刑事诉讼法》对财产的保全有相应的规定，对扣押、冻结等程序都有相应的限制，但仍不能满足司法实践的需要。

反映在扣押程序中的问题主要有：第一，肆意扩大扣押范围。尽管法律对禁止扣押“与案件无关的财物、文件”作了明文规定，但仍存在侦查部门扩大扣押范围，违法扣押公民的合法财产的行为。特别是在查处涉案金额较大的经济类犯罪时，更有可能出现对财产不加甄别，一律以赃款赃物予以扣押的现象。第二，不履行相应的扣押手续。我国司法实践中存在重实体、轻程序的观念，反映在扣押程序上，侦查人员在扣押相关财物时，存在不按照相关的法律规定履行程序，使用不加盖公章的白条作为扣押凭证，在没有见证人在场的情况下实施扣押的情况。第三，无期限扣押。由于立法对扣押程序的规定有限，对何谓“不需要继续扣押”的情形没有具体阐述，因此在实践中，被扣押物品被超期扣押的现象极为普遍。

反映在查封、冻结程序中的问题主要有：第一，查询权被滥用，任意扩大查询的对象，查询适用的标准也不明确，导致只要侦查人员主观认为被查询人有犯罪嫌疑，即对其存款、汇款情况进行查询。第二，不遵守法定的查询、冻结程序，如不履行相应的报批程序而擅自查询、冻结财产。第三，存在超期冻结现象。在司法实践中，在冻结犯罪嫌疑人、被告人的存款、汇款时，未确定具体期限，存在任意延长期限的现象。第四，冻结案外人财产，并且在对犯罪嫌疑人、被告人的财产进行冻结时，未给其家属留有相应的生活经费。

（五）财产管理制度规定的管理原则、管理部门以及管理义务是什么？该制度在我国司法实践中存在的问题？

我国对被采取保全以及强制措施的财产的管理主要规定在最高人民法院《关于人民法院民事执行中查封、扣押、冻结财产的规定》中，该司法解释对财产的管理原则、管理部门以及管理义务等进行了规定,大概内容如下:在财产的管理原则上,规定人民检察院实行扣押、冻结款物与保管款物相分离的原则,账实必须相符。同时规定财产的管理部门是人民检察院负责财务装备的部门。管理时的义务主要是对管理财物进行分类登记和设立专门的保管场所以及对不同种类的物品作分类储存。

该规定针对的主要对象是以有体物形式表现出来的财产,而对具有其他表现形式的财产,如知识产权和公司、企业等并未作相关的规定。

在我国司法实践中,涉案财产管理存在一定的问题,例如,我国并没有制定一套独立的财产管理制度,没有设立专门的管理机关对涉案财产进行管理,在司法实践中,对财产的管理形式也仅限于“看管”,并没有对其进行合理的分类、管理与必要的经营;《刑事诉讼法》对涉案财产只有查封、扣押、冻结的强制措施规定,《公司法》、《罚没财物和追回赃款赃物管理办法》(已失效)亦没有在公司法人代表、全部股东因涉案被采取了刑事强制措施或者因定罪被判处监禁刑而公司又须继续经营时对相关财产如何处置的规定,因而在实践中存在无法可依的尴尬局面。

(六)追缴、没收制度在我国司法实践中有哪些表现?

我国关于刑事涉案财产处置的具体方式主要规定在《刑法》第 64 条,在具体适用中,针对犯罪人是否到案可分为未定罪情形下的财产处置与定罪情形下的财产处置。

1. 未定罪情形下的财产处置,是指在刑事诉讼过程中,在犯罪嫌疑人、被告人死亡或者犯罪嫌疑人潜逃以及检察机关不起诉情形下,对相关财产的处置。因此,未定罪情形下的财产处置分为以下两种情形分别处理。

(1)犯罪嫌疑人、被告人死亡或者逃匿情形下对财产的处置。根据我国《刑事诉讼法》第 16 条的相关规定,犯罪嫌疑人、被告人死亡的,在侦查阶段,应撤销案件;在起诉阶段,应作出不起诉决定;在审判阶段,则应终止审理或宣告无罪。上述规定是对当事人主体本身的处置情况,而对相应的财产的处置,修改后的《刑事诉讼法》在特别程序中增设了“犯罪嫌疑人、被告人逃匿、死亡案件违法所得的没收程序”一章来解决问题。该程序的主要内容规定在《刑事诉讼法》第 298 条至第 301 条之中,其主要内容可以归纳为以下几点:第一,其适用对象为贪污贿赂犯罪、恐怖活动犯罪等重大犯罪案件的犯罪嫌疑人、被告人;第二,其适用条件为,上述犯罪嫌疑人、被告人逃匿,在通缉 1 年后不能到案,或者犯罪嫌疑人、被告人死亡,依照《刑法》规定应当追缴其违法所得及其他涉案财产;第三,其适用的程序为公安机关作出意见书移送检察院,由检察院向法院提出处置申请,法院对相关证据进行审核后,作出处置结论。

(2)检察机关不起诉情形下对相关财产的处置。不起诉,是指检察机关对侦查部门侦查终结后移送起诉的案件进行审查后,认为侦查机关指控的犯罪嫌疑人的行为不符合法律规定的起诉条件,而依法作出的不将犯罪嫌疑人提交至审判机关审判的处理决定。按照我国《刑事诉讼法》的相关规定,我国刑事诉讼中的不起诉主要分为3类,即法定不起诉、酌定不起诉以及存疑不起诉。对于侦查终结的案件,其涉案财产大多已被侦查机关控制,在不起诉情形下,关于涉案财产的处置,《刑事诉讼法》第177条规定,"……人民检察院决定不起诉的案件,应当同时对侦查中查封、扣押、冻结的财物解除查封、扣押、冻结。对被不起诉人需要给予行政处罚、处分或者需要没收其违法所得的,人民检察院应当提出检察意见,移送有关主管机关处理。有关主管机关应当将处理结果及时通知人民检察院"。2019年《人民检察院刑事诉讼规则》第248~251条对上述规定进行了细化,人民检察院撤销案件时,对犯罪嫌疑人的违法所得应当区分不同情形作出相应处理。

2. 定罪情形下的财产处置,是指在犯罪嫌疑人、被告人在案的情形下,通过侦查、起诉,进而由审判机关审判后,在对被告人定罪量刑的同时对涉案财产的处置。定罪情形下的财产处置,主要规定在我国《刑法》第52、53、59、64条,关于定罪情形下的财产处置方式,可归纳为以下几种。

(1)追缴。对其含义和范围的理解,《中华人民共和国刑法释义》认为:"所谓追缴,是指将犯罪分子的违法所得强制收归国有。如在刑事诉讼过程中,对犯罪分子的违法所得进行追查、收缴;对于在办案过程中发现的犯罪分子已转移、隐藏的赃物追查下落,予以追缴。所谓违法所得的一切财物,是指犯罪分子因实施犯罪活动,而取得的全部财物,包括金钱或者物品,如盗窃得到的金钱或者物品,贪污得到的金钱或者物品。"〔2〕

(2)退赔。《中华人民共和国刑法释义》认为:"责令退赔,是指犯罪分子已将违法所得挥霍、使用或者毁坏的,也要责令其按违法所得财物的价值退赔。这样规定,主要是为了保护公司财产、不让犯罪分子在经济上占便宜。"〔3〕

(3)返还。返还是指本属于被害人的合法财产被犯罪分子通过犯罪行为取得,在司法机关对其进行定性后,犯罪分子将财产返还给被害人的行为。我国《刑法》第64条规定:"犯罪分子违法所得的一切财物,应当予以追缴或者责令

---

〔2〕 胡康生、郎胜主编:《中华人民共和国刑法释义》,法律出版社2004年版,第62页。
〔3〕 胡康生、郎胜主编:《中华人民共和国刑法释义》,法律出版社2004年版,第62页。

退赔;对被害人的合法财产,应当及时返还……”其既不属于刑罚体系的组成部分,又不属于对财产的保全措施的一部分,返还的目的主要是恢复被犯罪分子破坏的社会秩序,降低犯罪行为的社会危害程度。

(4)没收。没收即对犯罪分子所有的财产或者与犯罪行为有关的财产依法无偿收缴,归国家所有。根据没收对象不同,将没收分为一般没收和特别没收。一般没收,是指将犯罪分子所有的财产的一部分或者全部强制无偿收归国有的刑罚方法。一般没收又被称为没收财产刑,是刑罚的一种,表现在立法上即我国《刑法》第 59 条:“没收财产是没收犯罪分子个人所有财产的一部或者全部……”特别没收,是指对与犯罪密切相关的特定物品的没收。为了区别于没收财产刑,理论上将特别没收简称为没收。表现在立法上即我国《刑法》第 64 条:“……违禁品和供犯罪所用的本人财物,应当予以没收……”

3. 追缴、没收后的处置。被司法机关判决追缴、没收的财产的表现形式具有多样性,其不完全表现为金钱或者其他无形财产,如被没收的房产、汽车等有体物,在上缴国库后为了方便相关财产价值的实现需对其进一步处置,将其表现形式转化为金钱等便于保存的价值表现形式。在我国立法中,对追缴、没收后的相关涉案财产的处置,主要通过拍卖方式,将其转化为货币等易于保存的形态。

(七)对于审判环节因证据不足等无法确定权属的财产,应当如何处理?刑事判决后,重新发现的涉案财产如何进行审查以及处理?

对于随案移送的涉案财产,经过审查可以分为应当予以追缴的违法所得和赃款赃物及其孳息、收益,权属明确的非涉案财产,无法确定权属的财产三大类。具体可以分下列情形分别进行处置。

1. 根据法律规定,对于经审查属于违法所得和赃款赃物及其孳息、收益的涉案财产,应当依法追缴。

2. 对于与案件无关的非涉案财产应当依法返还给所有权人,但是对于被告人的合法财产,如果需要判决责令退赔,应当根据退赔的数额在执行环节继续执行。

3. 对于权属关系复杂,在审理期限内难以查明的财产,可以借鉴刑事附带民事诉讼程序,为防止诉讼过分迟延,先就刑事部分作出判决,再由同一审判组织就涉案财产部分另行审查处理。为确保刑事打击犯罪和财产追缴处置的整体效果,可以吸收民商事法官组成合议庭参与刑事案件审理。

4. 对于依法查封的其他涉案财产,应当在执行程序中继续审查并依法处理。

5. 刑事判决决定继续追缴和责令退赔的,应当移送执行,按照最高人民法院《关于刑事裁判涉财产部分执行的若干规定》,由人民法院办理刑事裁判涉财产部分执行案件,对于在执行阶段新发现的财产应当依法进行审查判断,并根据情况采取查封、扣押、冻结、划拨等执行措施。属于违法所得和赃款赃物及其孳息、收益的,应当裁定追缴;属于被告人的合法财产的,根据刑事判决继续追缴、责令退赔的判项内容,应当予以执行。

(八)在涉案财产处置程序中,如何保护当事人、利害关系人、案外人的合法权益?在程序上如何予以完善?

在涉案财产处置程序中,应当关注当事人、利害关系人、案外人权利的保障。在程序上的完善措施可以包括以下几点。

1. 在案件审理环节应当及时处理当事人、利害关系人、案外人对查封、扣押、冻结的异议。

2. 在案件审理环节,应当增加涉外财产处置的庭审调查程序,组织举证、质证、认证,听取被告人、公诉人、利害关系人或者案外人对于涉案财产处置的意见。

3. 在刑事判决后,当事人、利害关系人、案外人对于刑事判决中涉案财产处置部分不服的,可以通过审判监督程序主张权利。

4. 对于判决以后新发现的涉案财产,当事人、利害关系人、案外人认为人民法院继续追缴财产的执行行为违反法律规定,或者案外人对于执行标的主张足以阻止执行的实体权利的,根据最高人民法院《关于刑事裁判涉财产部分执行的若干规定》第 14 条,当事人可以提出书面异议。对于案外人以实体权利主张阻止执行的申请被驳回后,是否允许其提起执行异议之诉,争议较大。对此,实务中持否定观点的人认为,在诉讼程序上无法确定异议之诉的被告人(民事执行异议之诉将原判决中的原被告双方均作为执行异议之诉的被告),支持者则认为刑事裁判部分移交执行之后,其本质上属于对财产部分的执行,与民事判决财产执行并无本质区别。另外,最高人民法院《关于刑事裁判涉财产部分执行的若干规定》第 16 条也规定,人民法院办理刑事裁判涉财产部分执行案件,《刑法》《刑事诉讼法》及有关司法解释没有相应规定的,参照民事执行的有关规定。支持者主张应该对执行异议之诉进行完善,允许案外人在刑事案件涉财产部分执行过程中提起执行异议之诉。

(九)我国立法对普通诉讼程序中处置涉案财产的程序机制如何规定?处置涉案财产在我国司法实践中存在哪些程序性顽疾?

涉案财产处置程序只是审判阶段的一个独立程序,但散布于审前财产查控、生效移送执行等诉讼阶段的扣押、保管、移送、接收、价格鉴定和执行等行为都服务于涉案财产处置程序,存在处置涉案财产的程序性问题。我国立法对普通诉讼程序中处置涉案财产的程序机制作出的原则性和纲领性制度安排体现在以下方面。

1. 在审前程序中规定了财产扣押、保管、移送的程序，扣押财产应当制作清单，原物应当随案移送，不宜移送的应当移送财产清单；确立了审前发还被害人机制；规定了当事人在刑事扣押中的权利、义务，刑事附带民事诉讼原告人有申请法院保全财产的权利；赋予当事人和利害关系人申诉和控告的权利。

2. 在审判程序中明确了司法权的适用范围，法院应当对查封、扣押、冻结的财产及其孳息作出处理；规定法庭调查的内容，包括调查财物的权属、与犯罪事实的关联；构建了案外人异议机制，法院对案外人的权属异议应当审查。

3. 在执行程序中明确了执行主体，执行主体不再限于法院，对涉案财产进行控制和保管的机关都成为执行主体。

目前，处置涉案财产的程序性规定仍有待完善。处置涉案财产的程序性问题突出表现在以下方面。

1. 审前刑事扣押缺乏制衡。扣押行为失范，存在无见证人或瑕疵见证人扣押的现象，刑事司法实践中可见由同一协（辅）警在多份扣押清单上签名的情况，违背了“无利害关系”见证人的本质，受到辩方质疑；财产管理仅有部门规章，存在保管人员擅自私用财产的情况；审前返还缺乏制度制约，影响诉讼公平。

2. 涉案财产诉讼范围混乱。立法要求涉案财产以实物移送为原则，以清单移送为例外，但立法仅列举可以不移送的财产种类，没有确立“不移送”的认定主体、认定标准，财产管理机关享有财产移送的实际决定权，且不受外界的制约和监督。法院对未移送的财产无法进行实质性审理，但法律规定必须处置全部扣押财产，是建议公诉机关追加起诉，还是径行判决，法院处于两难境地。

3. 当事人程序参与度不高。涉案财产处置程序缺乏必要的公告要求，真正权利人知情权没有得到保护；当事人在诉讼中的诉权权利和救济途径缺乏必要保证，其程序参与热情不高。

4. 开庭审理的程式缺乏立法依据，更缺乏实践经验参考。许多法官甚至资深法官缺乏在开庭审理过程中就涉案财产问题组织法庭调查和法庭辩论的经验，庭审控制力不足。

5. 涉案财产的认定、裁判的证明标准不明确，举证责任不具体，实践中跳过证明过程直接裁判的现象时有发生。

6. 裁判方式缺乏规范。现行法律对判决的方式和具体内容规定不明确，对犯罪所得财产是适用没收还是追缴，经调查不能对财产作出认定的，是在判决主文明确表述为不予没收,还是不作裁判,司法实践中各地法院做法不一。

7. 裁判执行启动随意,多以运动式、清理式的方式集中启动执行,对在执行过程中出现的财产异议,少有实质性审查。

(十)刑事赔偿制度的内涵是什么?我国司法实践中应当如何优化刑事赔偿制度?

刑事赔偿制度是国家赔偿制度的一种类型,是指公检法机关、看守所与监狱管理机关及其工作人员对其在行使职权时的侵权行为造成的损害后果需要承担责任的制度。救济同权利往往是相伴而行的,即便制度设计再无懈可击,也会有出现不足的时候,当被追诉人的财产权基于惩治犯罪被公权力侵害时,应对其予以适当救济,这有助于被追诉人的合法权益得到有效维护,进而确保公权力的行使始终处于公平、公正环境下。我国刑事赔偿制度可以从以下几个方面进行优化,从而进一步保障被追诉人的财产权。

1. 优化刑事赔偿标准。当前的赔偿标准虽然具有一定合理性,但仍有进一步优化的空间。赔付的标准是以受到的损失为基础的,对受害人所受到的财产性损害加以明确并给予赔付,理所应当地成为建立刑事赔偿制度的出发点和落脚点。如果违背了这一制度订立的初衷,不仅会导致赔偿数额无法计量,同时也会引发对受害人的二次伤害。但是,当前我国所奉行的赔偿原则及其标准却忽视了这一点,因而存在人为定性定量的情形。例如,财产已变卖或拍卖的,对于通过变卖或拍卖行为获得的价款应当予以给付。但从我国司法实践看,支付给受害人的价款常常同财物本身的价值存在一定的差距。再举例来说,《国家赔偿法》中规定:“吊销许可证和执照、责令停产停业的,赔偿停产停业期间必要的经常性费用开支。”然而司法实践中,在遭遇停产停业后,受害人的损失不仅是经常性费用开支,营业额等也会受到影响。如果对那些间接损失不予赔付,甚至一些实际发生的损失也没有得到赔付,只是获得维持开业必须支出的费用,则对受害人来说确有不公。

2. 合理界分“直接”与“间接”损失范围。我国《国家赔偿法》第 36 条规定:“侵犯公民、法人和其他组织的财产权造成损害的,按照下列规定处理:(一)处罚款、罚金、追缴、没收财产或者违法征收、征用财产的,返还财产;(二)查封、扣押、冻结财产的,解除对财产的查封、扣押、冻结,造成财产损坏或者灭失的,依照本条第三项、第四项的规定赔偿;(三)应当返还的财产损坏的,能够恢复原状的恢复原状,不能恢复原状的,按照损害程度给付相应的赔偿金;(四)应当返还的财产灭失的,给付相应的赔偿金;(五)财产已经拍卖或者变卖的,给付拍卖或者变卖所得的价款;变卖的价款明显低于财产价值的,应当支付相应的赔偿金;

(六)吊销许可证和执照、责令停产停业的,赔偿停产停业期间必要的经常性费用开支;(七)返还执行的罚款或者罚金、追缴或者没收的金钱,解除冻结的存款或者汇款的,应当支付银行同期存款利息;(八)对财产权造成其他损害的,按照直接损失给予赔偿。"该条款前7项明确了若干种应当给予赔偿的情况,同时对以何种标准和方式进行赔偿加以明确,再以兜底条款的方式表明我国财产损害赔偿遵循赔偿直接损失这一重要原则,故而对受害方所遭遇的间接损失不给予任何赔偿。最高人民法院《关于民事、行政诉讼中司法赔偿若干问题的解释》(已失效)中也未对直接损失的范畴加以明确。

3.完善刑事赔偿配套机制。首先,完善刑事赔偿立法。《国家赔偿法》对刑事司法案件中的赔偿依据、标准,需要履行的程序以及基本原则都进行了制度规定,从整体上来看,我国的刑事司法赔偿制度正在往更合理和保护人权的方向发展。虽然如此,该制度仍然有不少需要改善的地方:(1)在适用国家赔偿的范围中没有设立兜底性条款。对于能够适用国家赔偿的刑事司法案件,法律是通过列举式的立法技术来进行规定的,也就是对现实已知的刑事违法情形进行了枚举。然而,信息科技社会的发展日新月异,对被追诉人新类型的人身、财产权的侵害情形也在不断变化,如法律仅以枚举的方式规定,会使法的滞后性情况加剧,在适用上无法匹配高速发展的社会状态。解决矛盾的方法是在现有枚举情况之后加上"其他应当给予国家赔偿的情形",只有这样,当实践中发生新型的刑事司法案件时,法律适用的灵活性才能更高。(2)确立符合司法实践需求的刑事案件赔偿适用标准。近些年,不少国家都开始重新审视自己的刑事司法赔偿制度,并对其进行了革新。例如,日本修改了相关法律,将结果归责制作为国家赔偿的基本原则。其次,加强司法判例的个案引导作用。我国《国家赔偿法》设立精神损害赔偿制度是立法上的创新。然而,我国地域广袤,不同地区的经济和文化发展水平不平衡,个案的情况也存在差别,这就造成了这一制度的实施很难有统一的标准。就这一问题,实践中也有人认为,由于现实案件的情况错综复杂,用法律的统一标准去衡量精神损害显然是不恰当的,但可以根据个案的实际情况,由最高人民法院给予一定的应用方面的指引。最高人民法院可以根据不同地方的经济发展情况在进行调研的基础上结合审判实践给予一定的标准设定,同时设定一些影响具体赔偿金额浮动的相关因素,以求在最大程度上实现个案中的正义。鉴于我国确立刑事司法赔偿制度比较晚,实践的经验较少,制度规定还有很多不健全和不合理的地方,因此,相关领域的司法工作人员需要在实践中甄选典型案例,作为刑事司法赔偿的参考案例,对法律的适用进行解释和补充。同时,有了典型案例的指引,对一些处于模糊地带的问题也可以进行有指导性的试行，对于个案是否适用进行推导和论证，为今后的法律完善提供实践经验。

三、配套教材

1. 胡铭：《刑事诉讼法学》（2019年修订版），法律出版社2016年版。

2. 胡铭等：《刑事诉讼法入门笔记》，法律出版社2019年版。

3. 陈光中主编：《刑事诉讼法》（第6版），北京大学出版社2016年版。

4. 胡康生、李福成主编：《中华人民共和国刑法释义》，法律出版社2004年版。

5. 叶巍：《刑事诉讼中的私有财产权保障》，法律出版社2009年版。

6. 王君祥：《违法所得没收特别程序问题研究》，法律出版社2015年版。

7. 李长坤：《刑事涉案财物处理制度研究》，上海交通大学出版社2012年版。

四、启发思考题与实践题

（一）思考题

1. 根据我国法律与相关司法解释，如何认定刑事涉案财产？

2. 涉案财产是否适用善意取得制度？

3. 对涉案财产进行处置时，是否应当为嫌疑人及其亲属保留必需的生活费用和物品？

4. 在刑事案件被依法撤销或者检察院决定不起诉的情况下，办案机关应当如何处置涉案财产？

5. 对于涉案的毒品、淫秽物品等违禁品应当如何处置？

6. 如何认定虚拟货币的财物属性，以及如何处置涉案虚拟货币？

（二）实践题

1. 根据本案一审判决书和二审判决书，撰写一份涉案财产的辩护意见书。

2. 尝试根据涉案财产处置程序对本案进行一次系统梳理。

3. 站在公检法角度针对本案拟一份涉案财产处置的思路流程图。

五、理论依据

刑事正当程序　程序正义　公民的合法私有财产不受侵犯　刑事涉案财产处置制度

六、背景信息

2004年3月14日，十届全国人大二次会议正式通过了《宪法修正案》，首次将“人权”概念引入《宪法》，明确规定“公民的合法的私有财产不受侵犯”“国家尊重和保障人权”等重要内容，对我国刑事诉讼领域的影响深远。2012年3月14日修正的《刑事诉讼法》第2条对《刑事诉讼法》的任务进行了明确规定，并且该条款中首次提出“尊重和保障人权，保护公民的人身权利、财产权利、民主权利和其他权利”。党的十八届三中全会审议通过的《中共中央关于全面深化改革若干重大问题的决定》规定，完善人权司法保障制度、国家尊重和保障人权，进一步规范查封、扣押、冻结、处理涉案财物的司法程序等。另外，最高人民法院与最高人民检察院等机关也联合出台了相关文件，如2014年最高人民法院《关于刑事裁判涉财产部分执行的若干规定》、2015年《关于进一步规范刑事诉讼涉案财物处置工作的意见》、2016年9月12日国务院新闻办公室正式发表《中国司法领域人权保障的新进展》、2017年最高人民检察院、公安部《关于公安机关办理经济犯罪案件的若干规定》等。随着我国社会的不断发展，国家对人权的重视程度也日益提高。

“财产权作为人权重要组成部分”早已成为理论研究界的主流观点，作为公民基本人权之一，不仅很多国家的宪法都明文保障财产权，而且各国司法实践也较为重视对公民财产权的保护，所以，随着人权保障观念的传播与普及，司法实践中很多侵犯公民财产权的问题日益受到关注和重视。相较而言，我国司法实践中存在的一些问题，反映出我国公民的财产权，尤其是被追诉人财产权还没有得到应有的重视，如涉案财产未能得到妥善保管导致其被人随意挪用，追诉机关随意扣押或搜查被追诉人财产等。由于我国刑事诉讼模式的惯常思维与着眼点更多的还是强调高效地打击犯罪，在这样的价值取向之下，整部《刑事诉讼法》主要考虑的是如何便于国家机关开展追诉犯罪的工作。尽管《刑事诉讼法》经历多次修改，但关于被追诉人的财产权保障的有关规定仍然较为匮乏。除保障力度不足之外，我国刑事诉讼所保障的财产权范围也过于狭窄。例如，公民的财产权还应包括企业商业秘密、公司股份、执业证照、企业经营权等详细内容。在社会高度发达的今天，由国家政府发放给公民的一些社会福利也应被纳入公民财产权范畴中。从本质上而言，财产权是典型的对世权，其概念十分宽泛。财产权不仅限于有体物财产，还应将无形财产权囊括在内；财产权不仅限于私法创制中的财产，还应将公法创制中的财产囊括在内；财产权不仅限于法典中的财产权，还应将单行法创制的隐蔽财产权囊括在内。综上所述，刑事诉讼法保障人权任务和价值目标，要求理论研究和司法实务界充分重视被追诉人财产权的保障，并在进一步理清公民财产权的范围与内涵的基础上，在制度规范和司法实践层面完善被追诉人的财产权保障。

七、关键要点

1. 本案作为2019年最高人民法院国家赔偿和司法救助典型案例，突出强调了我国刑事涉案财产处置中程序正义以及保护公民合法财产不受侵犯的重要性，为探索涉案财产的范围与特性，合理区分被追诉人的合法财产与涉案财产提供了案例支持。

2. 从程序正义的角度分析本案例，把握涉案财产处置程序中的财产保全、财产管理、追缴没收制度的要求，通过案件审理经过和结果，对比各环节的实然作用和应然作用，探讨我国司法实践中涉案财产处置各个环节存在的程序性顽疾和解决措施，增进学生对相关法条与诉讼法原理的了解，启发学生思考如何在个案中体现程序正义，提高学生的辩证分析能力。

3. 以本案为基础，以被追诉人财产权保障的法理基础作为研究的基本理论和逻辑支撑，并在此基础上延伸司法实践中与被追诉人财产权保障联系紧密的对物强制措施适用、涉案财产管理和处置以及刑事赔偿等现实问题。加强学生结合案件事实运用法条的能力，培养、锻炼学生的系统性分析问题的思维和统领全局解决问题的能力。

八、课堂计划

本案例可以作为专门的案例教学课来进行，整个案例课的课堂安排6个课时，每课时45分钟。如下课堂设计，仅供参考。

1. 课前计划：安排学生阅读案例及相关参考资料，对案例涉及问题进行思考，撰写实践题答案。

2. 课中计划：介绍教学目的，明确讨论主题；学生分组讨论，回答各项思考题，讨论实践题的撰写要点；小组代表提出撰写要点，学生讨论和分析；教师归纳总结。

3. 课后计划：布置学生思考涉案财产处置的程序正义司法理念、公民合法的私有财产不受侵犯的司法精神，全面梳理涉案财产处置应当遵循的原则的内涵、起源、发展以及在保障被追诉人财产权方面所能发挥的作用，如何对涉案财产强制处分、保管与处置，提出设立符合我国国情的涉案财产保管中心的改革措施，并进一步探讨在实行涉案财产处置制度的基础上，保障公民合法的私有财产不受侵犯的具体优化路径。

九、参考文献

1. 陈光中主编:《刑事诉讼法》(第6版),北京大学出版社2016年版。

2. 胡康生、李福成主编:《中华人民共和国刑法释义》,法律出版社2004年版。

3. 叶巍:《刑事诉讼中的私有财产权保障》,法律出版社2009年版。

4. 王君祥:《违法所得没收特别程序问题研究》,法律出版社2015年版。

5. 李长坤:《刑事涉案财物处理制度研究》,上海交通大学出版社2012年版。

6. 闫永黎:《刑事诉讼中涉案财产的基本范畴》,载《中国人民公安大学学报(社会科学版)》2013年第3期。

7. 温小洁:《我国刑事涉案财物处理之完善——以公民财产权保障为视角》,载《法律适用》2017年第13期。

8. 陈光中、赵琳琳:《国家刑事赔偿制度改革若干问题探讨》,载《中国社会科学》2008年第2期。

9. 陈雷:《论我国违法所得特别没收程序》,载《法治研究》2012年第5期。

10. 胡宝珍、林蕾:《刑事涉案财物处理的立法缺陷与完善》,载《福建警察学院学报》2013年第4期。

11. 刘延和:《追缴、责令退赔和刑事没收探讨》,载《人民司法》2004年第12期。

12. 万毅:《刑事诉讼中的扣押:规范分析与法律解释——以两个关键词为例》,载《法学》2008年第7期。

第三编　刑事诉讼中的证据与证明

3-1 CASE 龚某某侵犯公民个人信息案[1]

——电子数据的综合式审查

龚某某曾任北京赢某通软件技术有限公司(以下简称赢某通公司,经营地为北京市海淀区)的运维总监,后于2019年8月30日离职。龚某某离职后利用原公司最高技术权限,于2019年至2020年多次超越权限登录赢某通公司的服务器,下载存储在服务器中包含客户信息在内的电子文档数据,经统计涉案客户资料数据共计28万余组。2020年9月30日,龚某某被北京市公安局海淀分局民警抓获。经查,龚某某的目的与行为均系获取赢某通公司的客户数据,且赢某通公司服务器的功能并未因龚某某的行为而损坏,由于无法认定赢某通公司保存的客户数据的具体价值,因此北京市公安局海淀分局以龚某某涉嫌侵犯公民个人信息罪,向海淀区人民检察院移送审查起诉。

一、裁判要旨

根据被告人涉案电脑中的网络连接日志、连接的远程主机信息、USB设备插拔记录、客户信息数据文档等电子数据、电子数据鉴定意见书、刑事扣押决定书、扣押清单、提取笔录及询问笔录、调取证据通知书、调取证据清单等证据,法院认定被告人离职后通过转换IP地址远程侵入原公司服务器,窃取了包含客户个人信息在内的电子文档数据,其行为已构成侵犯公民个人信息罪。被告人在庭审前拒不配合,并坚持辩称涉案客户数据系自己离职前备份的并于离职后拷贝至个人电脑,但每次辩解的具体细节不尽一致,承办检察官在庭审中出示了针对性分析意见,有力驳斥了被告人的辩解,被告人当庭表示认罪认罚。最终法院判决如下:龚某某犯侵犯公民个人信息罪,判处其有期徒刑4年3个月,并处罚金人民币4万元。

---

〔1〕 龚某某侵犯公民个人信息案,系典型案例。具体来源为张志婧、李鹏、郭树正:《龚某某侵犯公民个人信息案》,载《中国检察官》2022年第14期。

二、裁判思路

随着数字技术的发展,犯罪出现数字化趋势,网络传销、侵犯个人信息等信息网络犯罪案件的数量和比例急剧上涨,电子数据的证明价值越发重要,是新时代的“证据之王”。然而,因电子数据的系统性、虚拟性与技术性的特点,以及数据挖掘、云计算等知识、技术、设备的频繁更新,审查与运用电子数据的难度远超传统证据。从2016年最高人民法院、最高人民检察院、公安部《关于办理刑事案件收集提取和审查判断电子数据若干问题的规定》(以下简称《电子数据规定》)、2019年《公安机关办理刑事案件电子数据取证规则》(以下简称《电子数据取证规则》)、2021年最高人民法院《关于适用〈中华人民共和国刑事诉讼法〉的解释》(以下简称《刑诉法解释》)等规范来看,有效审查电子数据的路径并不明确,且相关条款的技术色彩浓厚,司法人员在具体适用上力有不逮。因此,在把握电子数据特性的基础上进行综合式审查,是充分发挥电子数据证明价值,实现案件事实准确认定的关键。

就本案而言,被告人采取技术手段转换IP地址侵入被害单位服务器窃取客户信息的行为具有高度隐蔽性,侦查机关仅在其个人电脑上提取到客户数据,但并未调取到非法侵入行为的直接证据,亦未能有效核实涉案电脑中客户数据的来源,且被告人到案后坚持主张客户数据是离职前备份、离职后拷贝至个人电脑上的,案件处于“零口供”、无直接证据、证据关联弱等情况。为此,检察机关吸纳具有专业技术背景的检察官助理作为数据审查员,邀请技术人员同步辅助审查,从侵入行为、获取的数据信息及辩解合理性三个维度进行补充侦查,法院也对相关数据进行了针对性审查,最终构建了完整证据链条。

具体而言,(1)通过取证软件固定存储介质的“E01”镜像文件,提取、固定涉案电脑的网络连接日志、连接的远程主机信息、USB设备插拔记录、客户信息文档等数据,并依法调取被侵入服务器的网络映射关系与IP地址。而后,利用仿真技术通过镜像数据完整还原并运行了涉案电脑的操作系统,发现被告人记录被害单位服务器的最高登录权限、解密权限等信息,证明其明知且能够超越权限登录被害单位服务器并解密加密文档。此外,通过数据检索技术以被害单位服务器外网IP地址为关键词,发现涉案电脑登录被害单位服务器的连接记录,证实被告人个人电脑与被害单位服务器被侵入之间的关联。(2)被害单位客户数据以电子文档形式存储于涉案电脑,司法机关对其内容信息与附属信息进行了综合审查:一是审查了涉案文档的形成时间。经查,电脑系统日志按照正常时间序列排序,说明涉案文档的“创建时间”准确。进一步发现,涉案文档的“创建时间”均系被告人离职后的时间，且“创建时间”与侵入日志直接对应，证明涉案文档由侵入行为而生成。二是审查了涉案文档的附属信息。文档“创建内容的时间”“最后一次保存的日期”均是被告人离职后的时间，且“作者”“最后一次保存者”记录的均为被害单位服务器，证明涉案文档系被告人离职后在被害单位原始形成的。(3)经审查，涉案电脑的U盘设备插拔记录的时间段为2019年9月6日至2020年4月9日，此后插拔记录显示设备多为移动硬盘而非U盘。经对涉案的105个文档进行分析，其中85个文档的生成时间均在2020年4月9日(最后一次插拔U盘的时间)之后，排除将已备份数据拷贝到涉案电脑的可能。从涉案文档来看，其中91个文档中包括了被害单位于2019年8月30日(龚某某离职)后新生成的数据，证明涉案信息并非被告人在被害单位任职期间所获取的。

三、本案焦点的综合评述

本案是一起电子数据综合式审查的典型案例，具体运用了IP地址的穿透式审查、以镜像数据完整运行操作系统的实验式审查、对涉案电脑存储介质的勘验式审查、技术人员参与的辅助式审查、涉案文档与被害单位数据的关联式审查、内容信息与附属信息的组合式审查、涉案文档与被害单位数据的比对式审查等。举例而言，基于“内外网隔离”这一普遍用网方式，聚焦审查“内网IP地址”与“外网IP地址”的映射关系。通过引入技术人员辅助，利用镜像数据完整运行操作系统进行了实验式审查，并以存储介质的勘验审查结果佐证，构建起被告人持续远程侵入被害单位服务器的证据链条，在涉案电脑同被害单位服务器被侵入之间建立了有效关联。

对本案进行“麻雀解剖式”的分析极具价值，一方面能使人们切实感受到电子数据系统性、虚拟性与技术性的特点，更加深刻地理解电子数据的“场理论”；另一方面指出电子数据的有效审查应当从单独审查到综合审查，从孤立证明到综合判断。事实上，唯有如此才能打破传统上单一的、点状的犯罪打击方式，迭代为线性、网状、多维的犯罪治理模式，助力司法公正与数字正义的实现。本案案情并不复杂但却极具示范作用，不仅在一定程度上梳理了同类案件的证明范式，更产生了溢出效应。具体来讲：(1)该案告诉我们，虽然司法人员因知识鸿沟而陷入电子数据审查困境，但不必过于悲观，可“借力打力”，即配备专业化技术辅助审查平台，吸收具有专业技术知识的司法人员或委托技术人员开展同步辅助审查等。(2)电子数据不同于传统证据，不是简单的线索或证据，而是由数据内容、附属信息与关联痕迹按照一定规律构成的场所。即便案件缺少口供或直接证据,也可借助“场理论”建构起完整的证据链条。因此,要完整地提取涉案数据,如本案中被害单位服务器 IP 地址数据、作案 IP 地址同被害单位服务器 IP 地址的交互数据等电子数据,以及电子文档的附属信息等,便形成了印证关系。(3)随着数字经济的发展,网络信息犯罪将越发频繁,如果司法人员缺乏基础的电子知识,办理此类案件时很容易陷入被动。故而,有必要确立司法人员专门性知识培训制度。司法人员学习电子知识不需要达到或超过司法鉴定人的专业水平,而只需要掌握相关术语的概念、特征等基础性知识,能够排除不合逻辑的意见或在不同意见中作出选择,而该要求并不是很高。从长远来讲,数字时代下任何人包括司法人员均要具备一定数字素养,这不再是工作要求而是生活基本需求。

案例使用说明

一、教学目的与用途

本案例主要用于讲授司法实践中电子数据有效审查的问题,借助个案情况反映电子数据系统性、虚拟性与技术性的特征,进而提出综合运用多种审查方法是实现电子数据证明价值的有效途径,并在此基础上,指出电子数据审查需要从单独审查到综合审查,从孤立证明到综合判断,构建多元关联的证明体系。以本案为例,具体要解决的问题包括:其一,电子数据的内涵及类型;其二,电子数据内容信息与附属信息的关系及证明价值;其三,电子数据在证据相关性方面的特殊表现及其审查;其四,电子数据实现有效审查的规则痛点;其五,电子数据综合式审查的必要性与规范运用。

本案例供法律硕士案例教学使用,法学本科(大四)、刑法学硕士、诉讼法学硕士也可以参酌试用。

二、涉及知识点

(一)电子数据的内涵

《电子数据规定》第 1 条第 1 款对电子数据作了明确界定,即“电子数据是案件发生过程中形成的,以数字化形式存储、处理、传输的,能够证明案件事实的数据”。之所以限定在“案件发生过程中”,是为了将案件发生后形成的证人证言、被害人陈述以及犯罪嫌疑人、被告人供述和辩解等电子化的言词证据排除在外。“以数字化形式……”强调的是记录信息的方式而非内容。为更好地理解电子数据概念,《电子数据规定》第1条第2款进行了列举式规定,即“电子数据包括但不限于下列信息、电子文件:(一)网页、博客、微博客、朋友圈、贴吧、网盘等网络平台发布的信息;(二)手机短信、电子邮件、即时通信、通讯群组等网络应用服务的通信信息;(三)用户注册信息、身份认证信息、电子交易记录、通信记录、登录日志等信息;(四)文档、图片、音视频、数字证书、计算机程序等电子文件”。需要注意的是,电子数据并不是仅有这几种类型,其表现形式复杂、种类多样,且各类数据之间可能还存在交叉。《人民检察院办理网络犯罪案件规定》第27条增加了三种:(1)电子交易记录、通信记录、浏览记录、操作记录、程序安装、运行、删除记录等用户行为信息;(2)恶意程序、工具软件、网站源代码、运行脚本等行为工具信息;(3)系统日志、应用程序日志、安全日志、数据库日志等系统运行信息。

目前,就电子数据的内涵还存在一定争论。举例而言,有观点认为,电子数据不应当限定在“案件发生过程中”,犯罪行为终结之后也会产生系列电子数据,如诉讼过程中行为人与被害人之间的聊天记录等。也有观点认为,不应将“案件发生过程中”限定为实行行为发生过程中,只要与案件事实相关的电子数据,均可视为“案件发生过程中”形成的电子数据。即便如此,仍有学者认为规范定义过于狭窄,主张将与计算机及信息技术相关的能够证明案件事实的材料均纳入电子数据范畴。然而,该观点模糊了“以数字化形式记载的传统证据”与电子数据之间的界限,与现有规定可能产生冲突。但如果按照《电子数据规定》第1条第3款,即“……确有必要的,对相关证据的收集、提取、移送、审查,可以参照适用本规定”,似乎两者在审查判断方面又不是完全对立的,《人民检察院办理网络犯罪案件规定》第27条实际上也采用了广义界定。可惜的是,究竟什么是“确有必要”,并没有科学明确的解释,且数字化证据参照适用电子数据的审查规则时,是否还要适用原本的审查规则(如数字化的书证是否适用书证审查规则)亦无明确答案。

(二)电子数据的常见类型及新样态

随着时代发展,电子数据的形态和类型也在不断变化,有必要了解其常见类型及新样态。除《电子数据规定》的划分外,当下还存在以下几种:(1)以形成方式为标准,分为电子设备生成证据、电子设备存储证据和电子设备混成证据。电子设备生成证据是指完全由计算机等设备生成的数据。电子设备存储证据是指单纯由计算机等设备所记录信息得来的数据。电子设备混成证据是指计算机等设备存储兼生成的数据。(2)以证据来源为标准,分为原生电子数据和派生电子数据。原生电子数据是指直接源于电子数据的能够准确地反映该数据内容的可感知的输出物。派生电子数据则是指通过电子的再录制，或者通过其他能正确复制原件的技术而产生的复本。(3)以依存信息系统为标准，分为封闭系统的电子数据、开放系统的电子数据和混合系统的电子数据。封闭系统的电子数据是指由独立的一台计算机组成的系统，或多台以局域网方式连接的计算机组成的系统生成、传输和存储的数据。开放系统的电子数据是指由多台计算机组成的广域网、城域网等系统生成、传输和存储的数据。混合系统的电子数据是指既能够经常出现在封闭系统又能够经常出现在开放系统的电子数据。(4)以数据内容为标准，分为内容电子数据、形式电子数据和载体电子数据。内容电子数据是指记载法律关系的发生、变更和灭失的数据。形式电子数据是指内容电子数据在生成、存储、传输、修改过程中产生的记录。载体电子数据是指电子数据运行时所处的硬件和软件环境，尤其指相关硬件规格或软件的版本等信息。

以时间线为坐标，可发现电子数据经历过两次代际转换，产生了计算机证据、网络证据和大数据证据三种形式，这些新兴电子证据不仅与传统证据并行存在，还在交叉融合中衍生出新的样态，即电子数据的大数据化和区块链化。电子数据的新样态具有两大特点：一是“海量性”，对其进行证据分析处理时，不能单纯依靠人工，而要转向机器学习算法和人工智能。司法人员在审查判断时，不仅要关注电子数据的内容信息，更要借助海量数据的规律性来证明案件事实。二是科技赋能，电子数据的新样态往往伴随大数据侦查、智慧司法、数字检察的建设发展与广泛应用，且在以上过程中与司法体制、诉讼原理、证据规则产生了不同程度的冲突，是理论研究的良好素材。辩证地来看，大数据证据、区块链证据等电子数据新样态在带来证据审查判断挑战的同时，也提醒着我们人工智能在证据审查、论证推理、司法证明等方面的潜力还未释放，数字法治的图景值得眺望。

(三)电子数据的证据定位以及与传统证据之间的关系

关于电子数据的证据定位，学界进行过激烈讨论，形成了视听资料说、书证说、物证说、鉴定意见说、独立证据说和混合证据说。目前，独立证据说得到立法认可。《刑事诉讼法》第50条第2款第8项明确将电子数据作为独立的法定证据种类之一，与视听资料并列一类。尽管立法已有定论，但学界争论并未完全消弭。至今，仍然有观点主张将“视听资料”“电子数据”统一归入“书证”。在他们看来，视听资料和电子数据的存储介质虽不同于普通书证的纸质记载，但均以记载(存储、播放)的内容或表达的思想来证明案件事实，证明方式相同。事实上，在域外，视听资料和电子数据也不是一项独立证据种类，而是作为书证接受审查。例如，英国最基本的分类包括言词证据、书面证据和实物证据；美国的证据形式包括证人证言、书证、物证以及演示证据等。除此之外，也有观点对视听资料与电子数据合一的做法表示反对，认为二者在属性上存在根本区别，应当区分开来，最新的《民事诉讼法》和《行政诉讼法》接受了这一观点。

但事实上，电子数据与传统物证、书证等证据并不处于同一个层面，二者不是所谓的并列关系，而存在明显交叉。举例而言，《民法典》第469条第3款规定："以电子数据交换、电子邮件等方式能够有形地表现所载内容，并可以随时调取查用的数据电文，视为书面形式。"如果从电子数据的新样态来看，电子数据在法定证据种类中的特殊性便越发明显。具体而言，数字化的传统证据、区块链证据本质上不是一种独立的新证据，所有的证据都可能大数据化和区块链化。譬如，区块链证据既包括物证和书证的入链，又有电子数据入链，言词证据、视听资料等亦不例外。进一步来讲，如果把电子数据的新样态作为独立证据对待，那么意味着它们需要遵循与其他独立证据完全不同的审查规则，但显然新样态并未完全摆脱传统样态的证据规则。更深层次地讲，电子数据之所以与物证、书证等传统证据被并列地规定为法定证据，一方面是我国证据的分类标准本身较为混乱，既有以材料形式为标准的物证、书证，又有以提供主体为标准的犯罪嫌疑人、被告人供述和辩解，证人证言，还有以材料制作主体为标准的勘验、检查、辨认笔录，侦查实验笔录；另一方面则是电子数据的规范定义未充分地涵盖实践应用，掩盖了电子数据与传统证据的真正关系。近年来，有学者逐渐有所认识，提出证据法结构正在经历着变革，即从"言词证据和实物证据的传统二元结构"过渡到"电子数据和传统证据的新二元结构"，大数据、人工智能等数字技术的发展，又将证据法结构推向"传统证据、传统证据数字化和数字证据的三元结构"。其中，数字证据就是电子数据的升级版，涵盖微信聊天、手机短信等典型的电子数据，且包括大数据证据、区块链证据等电子数据新样态。

（四）电子数据内容信息与附属信息的关系及其证明作用

传统证据是自为一体的，如书证包括承载内容的形式载体（如纸张、木板等）和承载信息的内容（如文字、图画等）。但电子数据不同，其本质上是一个系统，具有系统性原理。一个完整的电子数据涵盖两部分：一是内容信息，即记载法律关系发生、变更与消灭的内容数据，如电子邮件正文、文本文档的内容等；二是附属信息，即内容数据生成、存储、传递、修改时产生的记录，如电子邮件的制作人、收件人、系统日志等。也有观点认为，除以上部分外，还应包括关联痕迹，即生成、存储、传递、修改、增删内容数据而导致新产生的相关痕迹，如存储位置信息、快捷方式等。尽管对于电子数据到底是"两部分"还是"三部分"尚无定论，但可以肯定的是，其绝不是孤立存在的，内容信息和附属信息（关联痕迹）按照一定规律构成了一个系统,这也是“场理论”的根本缘起。

电子数据的系统性原理使其可以更准确、更充分、更全面地还原案件事实,这也是其成为证据之王的核心所在。具体而言,电子数据的内容信息与附属信息均可起到一定的证明作用,在“累积效应”下单个电子数据的证明意蕴变得丰富。电子数据的内容信息与附属信息的证明作用(指向)有所差异:内容信息主要用于证明法律关系或待证事实的有无,是证明法律关系争议的主要证据;附属信息主要用于证明内容信息的真实性、可靠性,是对内容信息的固定和解读。换言之,电子数据的内容信息为案件事实的证明提供了保障,而电子数据的附属信息则为电子数据本身的证明价值奠定了基础,亦即电子数据鉴真。

“鉴真”是个舶来词,原文是“authentication”,专门针对人证以外的展示性证据的真实性,要求在此类证据被采纳之前,必须证明它们就是所主张的那些东西。国内部分学者将鉴真等同于真实性审查,但实际上鉴真是用来审查证据的同一性与相关性的。电子数据鉴真就是审查电子数据在证据提取、证据移送、证据保管、证据审查等多个阶段,是否因修改、删减或替换而失真。传统证据的鉴真主要依靠“独特性确认”和“保管链证明”,其中“独特性确认”是根据证据独有的特征、标识进行的真实性确认,而“保管链证明”则是依靠从证据收集到法庭出示的整个期间,所有接触过该证据的人所提供的证言进行的真实性证明。以上方法对电子数据并不总是有效,如“独特性确认”难以适用于二进制的电子信息审查。相比之下,附属信息为电子数据鉴真提供了更可靠和更有效的办法。在龚某某案中,司法机关正是通过审查涉案文档的附属信息实现了鉴真——从文档生成时间看,涉案文档“创建内容的时间”“最后一次保存的日期”均系龚某某离职后的时间;从文档的作者信息看,“作者”“最后一次保存者”记录的均为被害单位电脑的信息,由此证明电子数据的生成是在被告人离职之后,有力地驳斥了被告人关于离职后拷贝的辩解。

值得一提的是,内容信息的审查可以通过附属信息的鉴真实现,那附属信息本身的真实性又该如何审查?对此,可借助推定规则。由于附属信息是在制作、修改、传递内容信息等过程中,计算机设备、应用系统、操作系统等电子系统自动形成的,其生成完全依赖于电子系统的内部算法。基于此,只要附属信息所赖以形成的设备及其系统是安全可靠的,便可推定该附属信息是真实可信的。在域外,加拿大《统一电子证据法》第 4 条亦规定,在最佳证据规则适用于电子记录的情形下,只要能够证明记录或存储该数据的电子记录系统的完整性,即满足最佳证据规则的要求。在龚某某案中,司法人员实际上已经有所认识,故而在利用涉案文档的“创建时间”“修改时间”等附属信息进行鉴真前,首先审查了计算机时钟是否紊乱,确定涉案电脑系统运行正常后,才认定相关时间是准确无误的。

(五)电子数据在证据相关性方面的特殊性及其审查

证据的审查判断围绕着证据属性展开。关于证据属性,学界陆续形成“三性说”“两性说”“新三性说”“四性说”。目前,“新三性说”成为主流学说,其认为一项材料只有具备真实性、相关性和合法性时,才可作为证据使用。在此基础上,证据相关性(关联性)被作为根本属性。从现有立法上看,我国对证据相关性的含义并未作出明确规定。美国《联邦证据规则》规则 401 规定,“如果证据具有使对确定诉讼具有重要意义的事实更有可能或者更不可能的任何趋向性,则该证据具有相关性”。根据该定义,相关性包含两层关系,一是证据对事实主张的证明性,又称逻辑上的相关性;二是事实主张对审判的实质性,即事实主张必须对确定诉讼具有重要意义,又称法律上的相关性。可见,相关性 = 证明性 + 实质性。学界就以上内涵基本形成共识,但就相关性大小之分尚有争论。一种观点认为,相关性存在大小之分,当对证据的真实性、合法性没有异议时,证明力就是证据与待证要件事实的关联程度;另一种观点持相反态度,认为相关性主要回答证据有无证据能力的问题,至于证据发生证明作用的内容及大小则属于证明力范畴,与相关性无涉。

事实上,审查证据相关性就是要判断其是否具备证明性与实质性,如果某一证据的信息内容具备以上两个要素,则该证据具有相关性。对于电子数据的相关性,学界的认识发生过变化。我国第一本电子证据专著《电子证据法研究》中指出:“一般来说,关联性在很大程度上是一个事实问题,电子证据是否具有关联性与传统证据相比并无特殊之处。”〔2〕这一否认电子证据相关性具有特殊之处的观点长期流行于学界。但随着研究的深入,人们发现电子数据相关性具有不同于传统证据的特点。具体而言,电子数据具有虚拟性特点,依附于物理空间中的存储介质(如手机、U 盘等),物理空间中的人处理数据时,无法通过身体器官直接予以实现,而要借助电子设备、系统程序。换言之,在电子数据形成的物质交换过程中,直接留下痕迹的不是物理空间中的人,而是其借助电子设备在数字空间中形成的虚拟映射,由此电子数据产生双重相关性。什么是双重相关性?它包括两个层面:一是内容相关性,即数据的内容信息与案件事实之间的关联性;二是载体相关性,即电子数据的信息载体同当事人或其他诉讼参与人之间的关联性。进言之,内容相关性影响案件事实存在或不存在之认定,等同于对传统证据提出的一致要求;载体相关性确定电子证据所蕴含的信息同案件当事人等

〔2〕 何家弘主编:《电子证据法研究》,法律出版社 2002 年版,第 115 页。

主体有无关联，是对电子数据提出的特殊要求。

双重相关性决定了法庭必须对电子数据作出双重的相关性审查。如前所述，内容相关性是电子数据与传统证据的一致要求，故而在审查上也基本相同。值得专门研究的是载体相关性。载体相关性不能简单地理解为电子数据信息载体同案件中的当事人或者其他诉讼参与人相关，而应考虑案件中的争议事实在虚拟空间的具体呈现。所有案件事实都可解构为人、事、物、时、空等要素，倘若这些要素在物理空间与数字空间能够形成对应关联，载体相关性即被满足。以人的关联性为例，在数字空间中人的虚拟身份表现为各种账号，包括电子邮箱、手机号、微信号等。由此产生一个身份关联的问题，需要有证据证明涉案账号归当事人或其他诉讼参与人所有或所用。如果不能排除共有、共用或者案外人使用、冒用的情况，人的关联性就无法成立。事实上，龚某某案正是从"空"的关联性寻找到突破点的。简言之，司法机关查明被告人的个人电脑未直接侵入被害单位服务器的内网 IP，但其通过访问内网 IP 对应的外网 IP，并利用掌握的最高技术权限登录被害单位的堡垒机服务器（内外网连接转换的总服务器），进而从互联网环境进入内部的局域网。

电子数据的双重相关性已得到立法认可。例如，《人民检察院办理网络犯罪案件规定》第 17 条体现了载体关联性，即"认定网络犯罪的犯罪嫌疑人，应当结合全案证据，围绕犯罪嫌疑人与原始存储介质、电子数据的关联性、犯罪嫌疑人网络身份与现实身份的同一性，注重审查以下内容：（一）扣押、封存的原始存储介质是否为犯罪嫌疑人所有、持有或者使用；（二）社交、支付结算、网络游戏、电子商务、物流等平台的账户信息、身份认证信息、数字签名、生物识别信息等是否与犯罪嫌疑人身份关联……"。该规定第 18 条则体现了内容关联性，即"认定犯罪嫌疑人的客观行为，应当结合全案证据，围绕其利用的程序工具、技术手段的功能及其实现方式、犯罪行为和结果之间的关联性，注重审查以下内容：（一）设备信息、软件程序代码等作案工具；（二）系统日志、域名、IP 地址、Wi－Fi 信息、地理位置信息等是否能够反映犯罪嫌疑人的行为轨迹……"。又如，《电子数据规定》第 25 条规定："认定犯罪嫌疑人、被告人的网络身份与现实身份的同一性，可以通过核查相关 IP 地址、网络活动记录、上网终端归属、相关证人证言以及犯罪嫌疑人、被告人供述和辩解等进行综合判断。认定犯罪嫌疑人、被告人与存储介质的关联性，可以通过核查相关证人证言以及犯罪嫌疑人、被告人供述和辩解等进行综合判断。"

（六）电子数据实现有效审查的规则痛点

由于技术性、复杂性、虚拟性等特点，电子数据有效审查的实现难度更高，然而相关证据规则目前尚不成熟,至少还存在以下痛点。

1. 相关性规则处于发展初期,内容相对简单、空泛,不能准确反映及有效审查电子数据的双重相关性。以《电子数据规定》为例,涉及相关性的条款主要是第2条和第25条。其中,第2条只是简单地规定了“人民检察院、人民法院应当围绕真实性、合法性、关联性审查判断电子数据”。至于如何审查,哪些情况下属于无相关性并无答案(相关性中的逻辑相关通常依靠经验判断,所以规则主要是否定式排除,如品格证据无相关)。第25条第1款和第2款分别规定了“人的关联”和“物的关联”,并未涉及“事的关联”“时的关联”“空的关联”。

2. 由于电子数据具有虚拟性、可复制性、相对独立性等特点,传统最佳证据规则难以顺畅适用。传统最佳证据规则要求当事人在诉讼中必须提交最符合争议事实本身性质的证据,以便准确认定案件事实。从司法实践来看,控诉方主要是通过扣押、封存原始存储介质来满足最佳证据规则,辩护方质证和法官审查电子数据原始性时,亦着眼于此。龚某某案中,侦查机关同样通过扣押、封存被告人的个人电脑,来确保涉案的客户信息数据符合最佳证据规则。然而,将原始存储介质作为原件的做法逃避了最佳证据规则与电子数据不相匹配的现实,尽管能在一定程度上解决最佳证据的认定问题,但无法平息理论争议。从长远来看,该做法与数据司法趋势相背,难以满足未来诉讼活动的需求。事实上,因电子数据可复制性的特点,传统原件与复制件的证明价值趋于一致。最高人民法院在证据运用的实务问答中提到,电子数据内容可与原始载体分离,并可多次复制到其他载体,如果只认可原始载体中的电子数据,会将相当数量的电子证据排除在案件事实证明之外。为此,联合国国际贸易法委员会《电子商务示范法》第8条第1款规定:“如法律要求信息须以其原始形式展现或留存,倘若情况如下,则一项数据电文即满足了该项要求:(a)有办法可靠地保证自信息首次以其最终形式生成,到作为一项数据电文或充当其他用途之时起,该信息保持了完整性;和(b)如要求将信息展现,可将该信息显示给观看信息的人。”美国《联邦证据规则》规则1001(d)将准确反映电子数据信息的打印输出或者其他输出均视为原件。规则1003更是将原件与副本的可采性提升到同等程度。

3. 我国目前还缺乏完整成体系的电子数据鉴真规则,主要存在一些碎片化的鉴真方法。事实上,不只是电子数据鉴真,整个证据鉴真规则在我国立法中处于缺位状态,只在零星几个条文上能看到鉴真的影子,远未达到制度化、体系化程度。具体来说,《电子数据规定》第8条、第10条提到的扣押封存原始存储介质、制作笔录等传统鉴真方法存在明显瑕疵。在龚某某案中,采用了证据保管链鉴真,但这种方法并不能完全保真,因为笔录更多记载的是数据的收集、提取、鉴定,对保管几乎不予论及,而一旦保管过程中电子数据被污染,后续的鉴定、审查也会将错就错。关于《电子数据规定》第22条、第23条中提到的完整性校验、数字签名等技术性鉴真方法,其虽然较传统鉴真方法更适合电子数据,但在理论层面仍未得到系统性研析,对其原理特征、适用边界等事项尚未达成普遍共识。以哈希值校验为例,实践中主要采用MD5算法,一般只要哈希值一致,司法机关便会认定电子数据未被篡改,但MD5算法已被我国密码学家王小云及其研究团队攻破,可通过技术手段实现有效碰撞,存在数据被篡改而哈希值未变化的可能。除此之外,关于证据鉴真的证明标准及证明责任的问题,现有规范中亦未作出明确规定。

4. 合法性规则存在严重虚化问题,在电子数据审查中的作用极为有限。合法性是证据取得证据能力的重要属性之一,电子数据也不例外。《电子数据规定》第2条规定:"侦查机关应当遵守法定程序,遵循有关技术标准,全面、客观、及时地收集、提取电子数据;人民检察院、人民法院应当围绕真实性、合法性、关联性审查判断电子数据。"从整体上看,电子数据的合法性控制由取证规范、审查标准和排除规则三个部分组成。取证规范是对电子数据取证者的取证行为加以规范;审查标准是对取得的电子数据能否获得证据能力的基本要求;排除规则是对以不合法程序或手段取得的电子数据的制裁性措施。现有规范不同程度地规定了以上三部分的内容,初步建构起电子数据合法性控制的制度框架。举例而言,《刑诉法解释》第113条规定:"电子数据的收集、提取程序有下列瑕疵,经补正或者作出合理解释的,可以采用;不能补正或者作出合理解释的,不得作为定案的根据:(一)未以封存状态移送的;(二)笔录或者清单上没有调查人员或者侦查人员、电子数据持有人、提供人、见证人签名或者盖章的……"但同时,这三部分内容目前存在各自缺陷:(1)从取证规范来看,电子数据取证措施与刑事侦查的一般取证措施之间还没有实现对接和分类;(2)从合法性审查标准来看,合法性审查的标准存在被真实性标准吸收覆盖的倾向;(3)从规范效力来看,合法性控制的制度框架缺乏有效的效力保障。通过分析龚某某案,可以明显看到合法性规则的虚化问题,司法人员在审查时重点围绕着真实性与相关性。

(七)电子数据综合式审查的必要性与规范运用

因电子数据具有系统性、虚拟性、技术性等特点,司法办案人员在对电子数据的合法性、真实性与相关性进行审查时面临难以着手的窘境,用于传统证据的审查路径和方法基本失效。具体而言,其一,电子数据是由内容信息和附属信息按照一定规律构成的系统,这使电子数据往往具有超容性。超容性是指一种客观现象,即一个普通电子介质(如硬盘、U盘)所承载的电子数据量远远大于纸面、实物材料所蕴含的信息量,某种程度上超出了人工逐一审查的负担能力。其二,电子数据的虚拟性特点使人在物理空间中难以通过身体器官直接予以感知和理解,而必须借助技术设备,无形中增加了证据审查的难度。其三,对于现有电子数据的审查规则,一方面,其在内容上不构成体系,部分条款之间的关系有待明确(如《电子数据规定》第22条和第23条);另一方面,其技术色彩较浓厚,对于司法办案人员来说具有一定的理解与适用障碍。基于以上原因,可发现要想实现电子数据的有效审查,必须精准把握涉案电子数据的特性,再结合拟证明的事项,针对性选取审查方法。循此逻辑,便可推导出综合式审查的应然路径。事实上,《人民检察院办理网络犯罪案件规定》已经充分肯定了对电子数据进行综合式审查的必要性与正当性,如第7条规定:"人民检察院办理网络犯罪案件应当加强对电子数据收集、提取、保全、固定等的审查,充分运用同一电子数据往往具有的多元关联证明作用,综合运用电子数据与其他证据,准确认定案件事实。"第27~45条具体规定了多方面的审查内容与路径,如第33条就体现了双重相关性审查,即"对电子数据的关联性,注重审查以下内容:(一)电子数据与案件事实之间的关联性;(二)电子数据及其存储介质与案件当事人之间的关联性"。

综合式审查的内涵并不复杂,本质上就是基于不同应用场景选择最有可能实现电子数据有效审查的方法或技巧。有研究分析司法办案实践,总结归纳出了11种电子数据有效审查的方法和技巧,而对于这些方法和技巧进行灵活、精准的适用便是综合式审查的灵魂。具体而言,包括证据单独审查项下的聚焦式审查、还原式审查、实验式审查、勘验式审查、辅助式审查,证据比较审查项下的对照式审查、递进式审查、错位式审查,以及证据综合审查项下的体系式审查、关联式审查、组合式审查。应当指出的是,以上审查方法和技巧在适用上是有自身规律的,即优先单独审查,之后比较审查,最后进行综合审查。这也是具有专业范式的审查三阶段,得到了电子数据基础理论的佐证,有助于电子数据的有效审查以及案件事实的准确认定。值得注意的是,在对电子数据进行综合式审查时,一定要将电子数据审查的焦点集中于某处,严格遵循"抓住争议""剥离无关"的要义。所谓的"抓住争议",要求司法人员围绕可能的案件争点,梳理可能产生证明或反驳作用的电子证据及其组合,针对影响电子数据是否具有证据效力的采用标准,并依据具有一定刚性的可操作性法律条款开展审查工作,具体分为审查方向、审查对象与审查标准三个方面的聚焦;所谓的"剥离无关",是指审查全过程要尽可能将无关信息、无关行为剥离。在龚某某案中,司法人员就抓住了两处主要争议,进而选定了审查对象:(1)通过核实被害单位服务器与网络的映射关系，确定被侵入服务器的外网 IP 地址，进而审查龚某某作案使用的设备与被害单位服务器被侵入之间有无关联；(2)通过确认龚某某电脑中涉案文档的附属信息（“创建内容的时间”“最后一次保存的日期”“作者”“最后一次保存者”），并将其与被告人离职时间进行比对，从而判断涉案文档是合法备份还是非法侵入获得。

三、配套教材

1. 潘金贵主编：《证据法学》，法律出版社 2022 年版。

2. 何家弘、刘品新：《证据法学》（第 4 版），法律出版社 2011 年版。

3. 刘品新：《电子证据法》，中国人民大学出版社 2021 年版。

4. 胡铭：《刑事诉讼法学》，法律出版社 2016 年版。

5. 胡铭、周翔等：《数字法治：实践与变革》，浙江大学出版社 2022 年版。

6. 胡铭主编：《聚焦智慧社会：大数据方法、范式与应用》，浙江大学出版社 2018 年版。

7. 易延友：《证据法学：原则　规则　案例》，法律出版社 2017 年版。

8. 王进喜：《美国〈联邦证据规则〉(2011 年重塑版)条解》，中国法制出版社 2012 年版。

四、启发思考题与实践题

（一）思考题

1. 如何看待电子数据的规范定义？有无必要修改？

2. 如何理解和看待电子数据的系统性原理？

3. 电子数据被视为新时代的证据之王，理由为何？

4. 刑事司法实践中电子数据取证需要注意什么？如何保障电子数据的原始性和同一性？

5. 司法实践中电子数据的常见类型有哪些？它们在裁判文书中以何种身份呈现？是否存在类型化的审查经验或方法？

6. 是否认可电子数据的双重相关性，以及司法实践中应当如何进行审查？

7. 在电子数据的真实性、合法性与相关性中，哪一属性是审查判断的重点？哪一属性是审查判断的难点？

8. 应当以何种方式使用电子数据的附属信息进行鉴真？需要注意哪些事项？

9. 电子数据鉴定能否实现电子数据的有效审查？如果不能，原因是什么？

10. 对电子数据进行综合式审查时,应当如何选定相应的审查技巧?在诸多审查技巧之间如何避免冲突?

11. 对于大数据证据、区块链证据等电子数据的新样态应该持何种态度?现有的电子数据审查规则是否足以应对?倘若不能,如何进行规则的优化完善?

(二)实践题

1. 根据本案的相关报道与裁判信息,撰写一份辩护意见书。

2. 根据本案裁判文书的相关信息以及类似案件的审理结果,结合诉讼法及证据法原理,分析判决书的优劣之处。

3. 根据本案的相关报道与裁判信息,尝试对电子数据相关性审查进行全面系统的文献梳理,包括理论研究与实务观点。

4. 根据本案的相关报道与裁判信息,在条件允许的情况下,对公检法机关、律师团体、高校师生进行问卷调查,了解以上人群对电子数据审查的看法,撰写一篇学术论文。

五、理论依据

证据属性与证据分类　电子数据取证规则　电子数据系统性原理　电子数据双重相关性　电子数据鉴真

六、背景信息

随着信息网络和数字技术的快速发展,人类社会从传统社会逐步转向数字社会,生产方式和生活方式均出现数字化转型。在此背景下,电子数据作为信息交互、人际交往等的重要载体,越来越多地运用于纠纷案件中。中国人民大学法学院教授何家弘曾预言,"就司法证明方式的历史而言,人类曾从'神证'时代走入'人证'时代;又从'人证'时代走入'物证'时代。也许,我们即将走入另一个新的司法证明时代,即电子证据时代"[3]。立足当下,大数据、云计算、人工智能等数字技术的应用与迭代,使电子数据在各国司法证明活动中的作用日益突出,"电子证据时代"成为现实。

由于电子数据的系统性、虚拟性、技术性等特点,其审查判断面临着比传统证据更为严峻的挑战。然而,电子数据的有关规范在实质内容和规范体系方面都尚有明显不足,导致电子数据的收集取证、保管流转、司法鉴定、审查判断等规则无法充分发挥作用,限制着电子数据证明价值的充分实现。例如,因电子数据

[3] 何家弘主编:《电子证据法研究》,法律出版社2002年版,第4页。

易被伪造、篡改且痕迹难以察觉,故而其真实性审查不但需要司法人员精通证据基础理论与诉讼程序原理,更要求审查人员具备一定的互联网、计算机系统的专门性知识;又如,电子数据具备无形性、瞬时性和易消失性等特点,这就需要在不破坏原始状态的前提下合法有效地进行收集和保全。除此之外,跨国电子数据的收集与审查还涉及国际法律合作和跨境取证问题,目前仍是一个亟待解决的重点问题。

可以肯定的是,电子数据的产生与发展、审查与运用均离不开现代科学技术的不断发展,一旦数字技术进行迭代升级,电子数据规范就不可避免地要进行相应调整和优化。是故,唯有基于法律与技术的双重逻辑,对电子数据的概念、分类、特征等内容有准确合理的认知,并进一步结合新兴数字技术的发展,优化证据审查规则中的缺陷,及时补足其缺陷,方可最大限度地实现电子数据有效审查。综合式审查正是在该思维路径下推导出的应然选择,不但指明"单独审查—比较审查—综合审查"的审查三阶段,更为每个阶段的具体审查提供了相应的审查方法或技巧,切实形成了"实践提炼理论—理论指导实践—实践反哺理论"的良性循环。

七、关键要点

1. 本案是一起基于电子数据特性,进而综合运用多种审查方法的典型案例,具有较强的代表性与示范性意义,为同类案件的证据裁判提供了重要参考。对于电子数据而言,系统性、虚拟性与技术性特点在带来挑战的同时,也提供了更为科学有效的审查路径。因此,一旦司法机关能够基于电子数据特性开展审查判断,便把握住了问题关键,可最大限度发挥电子数据的证明价值。当然,运用综合式审查时,应当遵循一定的逻辑与规律,否则可能导致审查方法之间冲突、混乱,加重证据审查乱象,恶化证据资源短缺的司法现状。

2. 以本案例为样本,分析电子数据的常见样态及司法人员在取证、保管、鉴定等活动中的惯常做法,并指明电子数据的审查困境与可行路径。从实践样态来看,电脑数据、IP 地址、聊天记录、电子文件、系统日志是较为常见的数据类型;司法机关在对涉案数据取证时,基本遵循着"以扣押原始存储介质为原则,以提取电子数据为例外,以打印、拍照、录像等方式固定为补充"的路径,潜意识里将原始存储介质作为电子数据原件;在具体审查时,司法人员的重心聚焦于相关性与真实性,其中前者的审查重点是如何确立信息载体同当事人或其他诉讼参与人之间的载体关联性,后者的审查重点是如何确保电子数据在提取、移送、保管、审查等多个阶段始终同一。基于以上内容,综合式审查主张采用针对性的审查方法或技巧来应对电子数据，在一定程度上推进了有效审查，但无力解决电子数据于相关性规则、最佳证据规则、鉴真规则、合法性规则上的痛点，所以理论发展与规则优化仍是必然之举。

3. 以本案例为基础，重点就电子数据特性与证据审查规则之间的衔接适用展开分析研究。特别是对取证规则、相关性规则、最佳证据规则、鉴真规则、合法性规则在电子数据审查上的痛点作成因挖掘与优化完善。一方面要加强学生结合案件事实运用法条的能力，另一方面也要培养、锻炼学生发现问题、分析问题与解决问题的批判性思维。

八、课堂计划

本案例可以作为专门的案例教学课来进行，整个案例课的课堂安排 6 个课时，每课时 45 分钟。如下课堂设计，仅供参考。

1. 课前计划：安排学生阅读案例及相关参考资料，对案例涉及问题进行思考，撰写实践题答案。

2. 课中计划：介绍教学目的，明确讨论主题；学生分组讨论，回答各项思考题，讨论实践题的撰写要点；小组代表提出撰写要点，学生讨论和分析；教师归纳总结。

3. 课后计划：布置学生思考电子数据的证据定位、电子数据新样态、电子数据系统性原理、电子数据双重相关性、电子数据合法性原则等内容，并进一步思考在智慧司法背景下，如何利用人工智能的数据收集与分析、算法自动化决策等功能对电子数据展开证据规格、证据能力、证明力的审查判断，以及是否有必要删减、修改或增加部分证据审查规则。

九、参考文献

1. 胡铭、周翔等：《数字法治：实践与变革》，浙江大学出版社 2022 年版。

2. 王进喜：《美国〈联邦证据规则〉（2011 年重塑版）条解》，中国法制出版社 2012 年版。

3. 齐树洁主编：《英国证据法》，厦门大学出版社 2002 年版。

4. 高忠智：《美国证据法新解：相关性证据及其排除规则》，法律出版社 2004 年版。

5. 刘品新：《电子证据的基础理论》，载《国家检察官学院学报》2017 年第 1 期。

6. 刘品新：《电子证据的审查技巧》，载《中国检察官》2021 年第 14 期。

7. 胡铭:《电子数据在刑事证据体系中的定位与审查判断规则——基于网络假货犯罪案件裁判文书的分析》,载《法学研究》2019 年第 2 期。

8. 刘品新:《电子证据的关联性》,载《法学研究》2016 年第 6 期。

9. 胡铭:《区块链司法存证的应用及其规制》,载《现代法学》2022 年第 4 期。

10. 胡铭:《数字法学:定位、范畴与方法——兼论面向数智未来的法学教育》,载《政法论坛》2022 年第 3 期。

11. 陈瑞华:《实物证据的鉴真问题》,载《法学研究》2011 年第 5 期。

12. 郭金霞:《电子数据鉴真规则解构》,载《政法论坛》2019 年第 3 期。

13. 褚福民:《电子数据合法性规则体系研究》,载《证据科学》2023 年第 4 期。

14. 刘波:《电子数据鉴定意见质证难的破解之道》,载《重庆邮电大学学报(社会科学版)》2018 年第 1 期。

15. 刘品新:《论电子证据的原件理论》,载《法律科学(西北政法大学学报)》2009 年第 5 期。

16. 刘译矾:《论电子数据的双重鉴真》,载《当代法学》2018 年第 3 期。

17. 潘金贵、熊用坪:《人工智能介入科学证据审查判断的可行性与作用路径》,载《学术交流》2022 年第 3 期。

18. 褚福民:《电子证据真实性的三个层面——以刑事诉讼为例的分析》,载《法学研究》2018 年第 4 期。

19. 汪振林:《电子数据分类研究》,载《重庆邮电大学学报(社会科学版)》2013 年第 3 期。

20. 谢登科:《电子数据的技术性鉴真》,载《法学研究》2022 年第 2 期。

21. Nadine M. Smit, Ruth M. Morgan & David A. Lagnado, *A Systematic Analysis of Misleading Evidence in Unsafe Rulings in England and Wales*, 58 Science & Justice 128 (2017).

22. Sheila Jasanoff, *Science, Common Sense & Judicial Power in US Courts*, 147 Daedalus 15 (2018).

3-2 CASE 王某某小额多笔转账诈骗案

——区块链司法存证的审查判断规则

2017年1月至2019年3月13日,被告人王某某在江苏省、浙江省、江西省多地以“小额多笔”的方式实施诈骗行为。被告人王某某虚构“找不到老乡、钱包丢失”等理由,以“借款”方式骗取他人财物,每次诈骗行为通常骗取被害人人民币几十元。其中,通过微信转账的方式作案125起,通过支付宝转账的方式作案50起,通过给付现金的方式作案1起。被告人总计作案176起,骗得人民币9993元。王某某于2019年3月13日被公安机关抓获,到案后自愿如实供述自己的罪行,并于2019年6月10日向公安机关退缴人民币12,000元。另查明,公安机关从被告人王某某处扣押手表2只、游戏币1袋、手机2只、人民币135元。支付宝公司出具的光盘内储存内容的哈希值与“法证链”(电子证据存证网站)区块链上存放的哈希值一致。[1]

一、裁判要旨

根据被告人供述、旅馆住宿信息、铁路乘客信息、微信号、支付宝账号信息、刑事搜查笔录、扣押决定书、扣押清单、提取笔录及照片、微信支付账单明细列表、支付宝收支明细列表、询问笔录、辨认笔录、调取证据通知书、调取证据清单、支付宝公司出具的光盘及情况说明、被害人户籍及自述材料、支付截图、抓获经过及被告人王某某人员档案等证据,认定被告人王某某以非法占有为目的,虚构事实,骗取他人财物,数额较大,其行为已构成诈骗罪。被告人王某某已退赃,可酌情从轻处罚;被告人王某某自愿认罪,亦可酌情从轻处罚。公诉机关提出的量刑建议适当,予以采纳。判决如下:(1)被告人王某某犯诈骗罪,判处有期徒刑1年2个月,并处罚金人民币4000元;(2)供犯罪所用的手表2只、游戏币1袋、手机2只,由扣押机关予以没收。

---

[1] 浙江省绍兴市上虞区人民法院刑事判决书,(2019)浙0604刑初486号。

二、裁判思路

早在2018年6月，我国就已在民事司法实践中确认了区块链司法存证的效力，通过区块链技术对网页进行固定，据此认定了被告的侵权事实。随后，在2019年，我国司法机关在刑事案件中逐渐使用区块链司法存证。2021年8月，《人民法院在线诉讼规则》开始施行，首次明确规定了区块链存证的效力范围和审查规则。在这一过程中，我们可以看到近年来各地司法机关对区块链存证平台和区块链司法运用的实践冲动。

就本案而言，被告人王某某采取了"小额多笔"这一近年来常见的诈骗手段。此类案件中被害人通常分散于各地、诈骗金额小但总量大，导致取证困难，对于大量案件难以进行有效侦查与追诉。就该案件而言，由于被告人王某某大量使用微信和支付宝转账进行诈骗，公诉机关与审判机关得以有效运用区块链技术存证，并和其他证据如被告人供述相互印证，认定被告人的犯罪事实。在本案中，法院借由哈希值校验实现了对区块链证据的完整性审查，认可了区块链存证方式。无疑，区块链司法存证能够减少就电子数据真实性问题的争议，更多地聚焦于电子数据的关联性、合法性问题。在此种背景下，构建科学合理的区块链司法存证的审查判断规则，对进一步深化电子数据在刑事诉讼中的规范运用具有重要意义。

三、本案焦点的综合评述

我国区块链司法存证的理论研究明显滞后于司法实践探索。对于刑事案件而言，取证、认证标准比民事案件更为严格。区块链存证运用于刑事案件，标志着区块链存证技术的适用范围日益扩大，对于相关证据规则和当事人权利保障的影响也将日益深远。区块链作为一种计算机技术的新型应用，包括了分布式数据存储、加密算法、共识机制、点对点传输等技术，具有防篡改、可追溯、共享分布式记账等特点。在绍兴案中，司法机关利用区块链存证技术处理刑事案件，这对于电子数据的效力确认具有标志性意义，但是这种新技术在司法领域的新型应用尚缺乏深入研究。

纵使我国在规范层面确立了区块链的推定真实性，仍要警惕刑事司法过度技术化的风险。首先，区块链作为一种技术，其本质难以摆脱工具价值。倘若司法者对其给予过高的期待，过度依赖区块链证据，可能存在免除控方证明责任、降低证明标准以及不当剥夺被告人辩护权的问题。其次，如何限制区块链司法存证的运用范围，对于部分涉案证据如儿童色情等不宜长久保存的证据，如何避免取证行为带来的对被害人二次伤害的风险,仍有待研究。最后,区块链证据依赖极高的专业知识,而我国的裁判文书往往过于简略,对区块链证据的效力判断往往一笔带过。强化法官的释明义务、细化裁判文书的说理,既要从法律规范层面进行规定,又要加强法律人才队伍的建设,提升专业水平。

案例使用说明

一、教学目的与用途

本案例主要用于讲授司法实践中区块链司法存证技术应用的相关问题,以在经验层面解释区块链存证的实践逻辑并揭示其基本法理,并在此基础上探讨区块链存证的有效法律规制。以本案为例,具体要解决的问题包括:其一,区块链技术的内涵;其二,区块链司法存证的学理解读;其三,区块链司法存证的规范定位与实践模式;其四,区块链司法存证与电子数据的审查判断;其五,区块链司法存证的局限及其规制。

本案例供法律硕士案例教学使用,法学本科(大四)、刑法学硕士、诉讼法学硕士也可以参酌试用。

二、涉及知识点

(一)如何理解以去中心化、集体维护和安全可信为特征的区块链技术?

区块链是以比特币为代表的数字加密货币体系的核心支撑技术。简言之,区块链技术借由分布式计算等信息技术的发展,通过将需要巨大算力的问题划分为若干小问题,分配给互联的计算机系统协同处理,实现资源共享和负载平衡。鉴于去中心化的特征,分布式数据库将会记录验证所有的区块链交易行为。以比特币为例,没有人可以通过修改、复制数据的操作获取比特币,想要获取未被他人获取的比特币,只能解决数学难题,即"挖矿"。为获得不可预知的哈希值,加入"挖矿"的计算机数量爆炸式增长,数学问题也越发困难,"挖矿"成为算力的比拼。而每个区块的数值相互关联,如此多分布式计算机的加入使区块信息难以伪造,尚未有任何超级计算机能够达到其算力要求。因此,在区块链共识机制的强力约束下,所有的增删改行为都需要得到各个节点的同意并被记录。也就是说,任何单一组织或机构都无法单独对电子数据进行增删改,这就使相关主体可以做到分别提取、统一保管电子数据。

在去中心化、集体维护和安全可信的技术前提下,区块链司法存证使法庭减少了就电子数据真实性问题的争议，而更多地聚焦电子数据的关联性、合法性问题。一般而言，对于需要取证、固证的电子数据，如网页截图、网页源码、转账记录等，通过相关插件生成操作日志、调用时间以及处理内容等数据信息之后，通过打包并计算哈希值，再将其同步上传至区块链后，该电子数据的取证固证便已初步完成。此后，根据区块链查询交易哈希值，便可获取相关电子数据在区块链中的存放高度、上链时间等关键信息。基于此种司法存证技术，便可得出送检文件以及庭审中出示的电子数据是否在保全后未被修改的结论。

（二）如何从学理上理解区块链司法存证？

区块链司法存证的真实性并非绝对，其本身的审查判断亦需要一套规则。一般而言，法院多从存证平台的资质审查、取证技术手段可信性审查与保存完整性审查三个方面认定区块链司法存证的效力，其中，保存完整性审查是审查重点，既需要审查电子数据是否真实上传，又需要审查是否为诉争的电子数据。换言之，电子数据保存完整性审查的重点在于审查区块链存证的关联性与真实性。关联性审查在本质上仍是“求真”，对取证主体的资质审查等合法性审查亦主要为了保障真实性。

在实践中，司法机关通常以哈希值校验实现对区块链证据的完整性审查。法院认为，应当秉承开放、中立的态度进行个案分析认定。就区块链司法存证而言，鉴于技术手段的可信性，利用取证固证阶段形成的哈希值获取区块高度后与举证质证阶段进行校验的区块节点的哈希值一致，且区块链中的截图、源码信息、调用时间、操作日志等电子数据相互印证，可清晰反映数据的来源、生成及传递路径，此区块链证据便具有可靠性。

但是，区块链证据作为一种体现了数字时代“破坏式创新”的证据种类，在应用中势必与传统的证据法则如传闻证据规则、最佳证据规则以及非法证据排除规则等产生冲突。因此，数字时代就面临对传统证据法则再解释的问题。例如，区块链证据能否落入最佳证据规则、传闻证据规则的规制范围有待研究。最佳证据规则自确立以来，其规制范围的重心在于文书、录音和照片等文书证据，在我国的司法实践中也包括侦查实验笔录、勘验笔录等。然而，区块链证据能否属于文书证据，如何区分区块链证据的“原件”与“复印件”、二者在推定的真实性程度上有无区别以及在何种情况下可以出示所谓的作为“复印件”的区块链证据等问题均未得到解决。又如，区块链证据是否属于传闻证据，原则上是否需要排除也存在争议。传闻证据规则要求证人证言须在法庭上接受控辩双方交叉询问的检验，这种交叉询问被认为是保障被追诉人质证权的基本要求，也就是说，只有在符合法定例外情形时才允许采信庭外陈述，这便要求在庭审中原则上排除传闻证据的适用。但是,传统理论认为传闻证据所规制的对象是人的陈述而不是动物或者机器,就机器而言,即便是将其带到法庭,亦无法进行交叉询问。就区块链证据而言,其形成过程无疑具有人为因素,但能否作为传闻的主体,是否需要对区块链证据的形成过程、完整性问题设置交叉质询程序,仍有待实践摸索与理论探讨。此外,区块链存证的电子化材料和电子数据的收集、存储、提取等过程同样存在合法性风险,为了保障数字时代公民的基本权利,在《个人信息保护法》《数据安全法》等法律法规搭建的数据权利体系下,如何使用非法证据排除规则、确立排除的范围以及排除模式的选择等成为亟须解决的问题。

在证据法则之外,伴随区块链司法存证发展的迅猛趋势,其影响远不止于法庭对证据效力的审查判断问题。一方面,区块链存证对刑事辩护的传统模式与运行逻辑产生冲击。除对辩护律师自身技术知识、专业能力提出了更高要求外,辩护律师同样难以运用传统的质证手段和常规的语言逻辑来质疑控方的区块链存证。这便使刑事辩护在面对区块链技术时,越来越充满着不确定性的风险。另一方面,区块链存证本身的专业性要求我国快速发展完善专家辅助人和司法鉴定制度。与此同时,又需避免司法审判对鉴定意见的过度依赖,防止出现法庭胜负取决于鉴定意见之争的怪异现象。

(三)规范层面如何定位区块链司法存证审查判断规则?

2018 年 9 月 3 日,最高人民法院通过的《关于互联网法院审理案件若干问题的规定》就已对区块链等证据的真实性审查作出了初步规定。该规定第 11 条第 2 款规定:当事人提交的电子数据,通过电子签名、可信时间戳、哈希值校验、区块链等证据收集、固定和防篡改的技术手段或者通过电子取证存证平台认证,能够证明其真实性的,互联网法院应当确认。2021 年 8 月 1 日施行的《人民法院在线诉讼规则》,首次明确规定了区块链存证的效力范围,并确立了区块链存储的数据上链后推定未经篡改的效力。《人民法院在线诉讼规则》第 16 条规定了区块链的推定真实性:当事人作为证据提交的电子数据系通过区块链技术存储,并经技术核验一致的,人民法院可以认定该电子数据上链后未经篡改,但有相反证据足以推翻的除外。第 17 条规定了区块链存证上链后的审查判断规则:当事人对区块链技术存储的电子数据上链后的真实性提出异议,并有合理理由的,人民法院应当结合下列因素作出判断:(1)存证平台是否符合国家有关部门关于提供区块链存证服务的相关规定;(2)当事人与存证平台是否存在利害关系,并利用技术手段不当干预取证、存证过程;(3)存证平台的信息系统是否符合清洁性、安全性、可靠性、可用性的国家标准或者行业标准;(4)存证技术和过程是否符合相关国家标准或者行业标准中关于系统环境、技术安全、加密方式、数据传输、信息验证等方面的要求。具体而言,《人民法院在线诉讼规则》在推定真实性与有限真实性两个层面强调区块链司法存证的效力问题:第一个层面是推定真实,即对于上链存储数据的真实性问题,如果没有相反证据则可以推定其真实,也就是说,若要推翻就应由提出异议方而非存证方举证证明;第二个层面是有限真实,即推定真实规则仅限于认可"上链后"的真实性,也就是说,认可上链后不能篡改,但无法保证上链前存储的电子数据的真实性。除此之外,我国《电子签名法》第 8 条同样规定了数据电文作为证据的真实性审查判断因素:(1)生成、储存或者传递数据电文方法的可靠性;(2)保持内容完整性方法的可靠性;(3)用以鉴别发件人方法的可靠性;(4)其他相关因素的规定。

(四)司法实践中存在几种区块链存证模式?各模式具有怎样的特征?

从实践探索来看,区块链存证主要有三种模式。

1. 公有链模式。公有链是每个节点都向任何人开放,任何人均可以参与其中进行计算,而且任何人都可以下载并获得完整的区块链数据,典型的代表是数字货币,如比特币、以太币、瑞波币等代表性的数字货币都采用公有链技术。一般认为,公有链最大的优点就是去中心化、安全性,这些数字货币安全性很高,同时也不受任何人的控制;公有链的缺点也很明显,有这么多随意进出的节点,也就很难达成共识,黑客可能伪造很多虚假的节点,有些节点还可能随时死机。所以公有链有一套很严格的共识机制,而正是共识机制问题直接导致了公有链处理数据的速度很慢,如数字货币转账就需要很长的时间。从形式来看,公有链是理想的司法存证方式;然而,从实际操作来看,公有链存证模式却存在缺陷。

2. 私有链模式。有些区块链的应用场景并不希望任何人都可以参与这个系统,任何人都可以查看所有数据,只有被许可的节点才可以参与并查看所有数据,这种区块链结构被称为私有链。私有链的优点是可以完全自行定制策略且速度极快;相比较而言,缺点则是私有链还达不到完全的去中心化。

3. 联盟链模式。联盟链是由某些组织或者机构组成联合体以共同参与管理的一种区块链,参与的组织或者机构各自运行一个或多个节点,其数据只允许系统内不同的主体进行读取和发送交易,这些交易数据将被共同记录。相较于公有链,联盟链的优点是处理数据的速度快,节点的数量和身份都已明确,可以使用相对松散的共识机制,处理数据的速度便得以显著提升;联盟链的缺点则是并不能完全做到去中心化,因为主体的联盟之间从理论上看是可以联合起来修改区块链中的电子数据的。从本质来看,联盟链可以归入私有链,其区别在于私有程度有所不同,联盟链的权限设计要求更复杂,因此可信度也更高。

(五)司法实践中怎样看待电子数据的真实性与区块链存证的真实性?

法庭上对于电子数据的审查判断是以虚拟空间中信息的真实性为重点展开的,即对于电子数据的三性(真实性、关联性、合法性),法庭质证主要围绕真实性展开。区块链存证使法庭减少了就电子数据真实性问题的争议,而更多地聚焦电子数据的关联性、合法性问题,这对于提升庭审效率显然是有益的。换言之,区块链存证的直接目的在于解决电子数据的真实性问题。

长期以来,司法公信力问题一直是困扰司法机关及司法裁判的一大难题。现代科技的引入带来了革新性、颠覆性的思维理念,使司法公信力获得了高科技的支撑与背书,区块链技术所具有的去中心化、不可篡改性等特征,恰好是提升司法公信力所急需的要素。当然,区块链存证的真实性并非绝对,其本身的审查判断亦需要一套规则。例如,在北京案中,被告对原告的区块链存证过程提出了质疑:“IP360证据提取专用系统”页面显示的创建时间与保全时间不一致,且显示的存证机构为“个人”,因此难以证明取证过程的真实性。对于区块链存证的真实性审查,司法实践中根据区块链生成方式的不同,可将区块链存证分为原生型存证和非原生型存证两种类型。原生型存证是指电子数据在区块链系统生成并存储,其后的任何变动都被实时记录在区块链上。非原生型存证则是通过现代技术手段抓取电子数据的各种特征并备份到区块链上,上链后的真实性能够得到充分保障,但上链前数据的真实性可能会受到质疑。如果要证明上链前数据的真实性,便需要对上链前的取证过程提供相关过程性证据。上述不同存证方式所存储的电子数据在真实性、完整性等方面有所不同,对其真实性审查需要区分是上链后数据还是上链前数据。

(六)如何认识区块链存证对证据规则的影响?

区块链存证使法庭上对电子数据的审查判断发生了重要变化,这便要求对传统的证据规则作出重新诠释,特别是对最佳证据规则、传闻证据规则、非法证据排除规则等产生了重要影响。

区块链存证是否应适用最佳证据规则,关键在于区块链存储的电子化材料能否被视为原件。从前文关于区块链存证的本质、案例及相关技术的讨论可知,电子化材料一旦上链,区块链上各个节点就会对通过算法确认的数据同步进行记录并存储,各个节点所存储的信息在内容、时间等方面都是完全一致的,也正因此,区块链网络中各节点记录并存储的证据均可被视为原件。然而,区块链网络的每一个节点记录并存储的数据,实际上是根据最先得到记账权的节点确认对相关内容进行的同步备份,从这一意义来看,除享有最先记账权的区块链节点外,其余节点上存储的数据又可以被我们视为一种复制件。换言之,区块链存证网络各个节点保存的电子化材料既能被视为原件又可以被视为一种复制件，这便和传统的最佳证据规则有了显著的差异。

区块链存证的数字化材料在上链的时候要受到诸多人为因素的影响，与谷歌地图、高德地图这类纯电子的数据存入有着明显差异，区块链存证中的人为因素使上链前证据的真实性、完整性问题需要通过交叉询问来加以对质，否则就可能属于证据法上的传闻。比如，在一个交易中，两个交易人发生了交易，但是这个区块链的数据写入不是自动的原生型存储，而是最后交易完成由人写入区块链网络节点中的，这个时候就有可能加入了人为因素，存在成为证据法上的传闻的风险。从域外的司法实践来看，如在美国联邦第九巡回法院作出的判决中，并没有把区块链存证的电子化材料认定为传闻证据，其理由如下："传闻证据是庭外由人作出的陈述，区块链证据虽然有人为因素，但是实质上还是由机器来进行运行，不符合传闻证据的主体要求。"在这里，法院基本上是把区块链存证直接认定为机器行为，也就避免了区块链的传闻风险对其定性的影响。

采用区块链技术存证的电子数据并非自动获得程序上的合法性，还是需要按照法律及司法解释的要求对关键性要素进行合法性审查，以防止非法手段获取的电子化材料成为法庭裁判所依据的证据。区块链技术能第一时间自动对区块链存证的电子化材料进行完整性校验，并将自动生成的哈希值上链保存，以防止被篡改或删除，这便不再需要由取证人员记录、见证人见证取证过程、取证人员签名盖章等来证明合法性。但可以将电子版的搜查证、扣押令等法律文书，收集、提取电子数据的笔录类材料，区块链存证过程的录像等相关材料和需要存证的电子数据一起经哈希加密与电子签名后上链保存，以便在存证的电子数据受到异议时进行证明。司法解释还规定了电子数据的瑕疵补正规则，即电子数据收集、提取程序存在封存状态、笔录或清单不完整、注明不清等瑕疵，作出合理解释或者经过补正后可以采用为证据。这些电子数据存在取证瑕疵的情况，恰好是区块链存证中可以避免的，即使偶有出现，也可以通过补正或合理解释来解决。问题的重点在于，应将区块链存证中的严重程序违法纳入非法证据排除的范围，这是数字时代保障公民基本权利的必然要求，也是实现司法公正的应有之义。

（七）如何从刑事辩护的角度认识区块链司法存证的局限性？

从一定程度上来看，区块链存证使证据的确定性与辩护的不确定性交织在一起，从而加剧了辩护的不确定性。区块链存证在助益证据的真实性的同时，使传统的围绕着"案件真相"展开的刑事辩护面临巨大挑战。在刑事案件中，运用区块链技术的主要是国家公权力机关，而辩护律师在面对"求真"的区块链技术时,很难用传统的质证手段和常规的语言逻辑来质疑控方的区块链存证。这使刑事辩护在面对区块链技术时越来越充满着风险。不少海外学者早已经指出,现代世界中,我们正在用飞速发展的技术创造着越来越多的不确定性,甚至将人类置于危险的境地。

辩护律师在维护被追诉人的权利时变得更加艰难。特别是区块链技术在司法领域的运用,给了公权力更强的能力收集包括各种电子数据在内的公民信息,并难以避免地引发人们的担忧。区块链存证的颠覆性意味着其不兼容甚至是不支持传统的刑事辩护方法。对于辩护律师而言,面对区块链存证,其挑战不仅是学会并运用新技术来提升辩护水平的问题,更重要的是需要面临刑事辩护的新难题。与在线诉讼相伴相生的区块链存证使律师需要亲自到法庭的情况可能会越来越少,同时,虚拟出庭将会成为趋势,这便要求律师具备新的发言和辩护技巧。

辩护律师不能再执着于电子数据提取、制作、储存和保管过程的审查以及电子数据内容有无删除、修改、增加等情形的真实性审查,而应该更多地从以下方面着手:(1)关联性审查。区块链存证对于真实性审查的屏障使关联性在电子数据审查判断中处于更加重要的地位。(2)技术规范审查。作为一种特殊形式的证据,区块链存证对相关技术的依赖度较高,因此应当将技术规范、技术标准作为审查判断的重点内容。(3)司法鉴定和专家辅助人。区块链存证的专业性使律师本身很难就相关技术问题作出充分的辩护意见,而司法鉴定以及专家辅助人的引入,可以很好地帮助律师解决专业问题。

(八)应当从哪些方面入手规制区块链司法存证?

从规范区块链司法存证来看,涉及的问题很多,但以下三个方面应重点考虑。

1. 上链前电子数据的原始性。在“去中心化”的情况下,区块链实际上只对录入以后的数据负责,但是数据录入涉及多类主体,而主体的身份具有不确定性。数据上传到区块链之前,我们无法通过区块链技术本身来直接证明数据的真实性和完整性。这便需要结合取证过程的相关信息、勘验检查的相关笔录、见证人见证等来综合分析与研判,以便有效排除在上链之前就已经被篡改、污染的电子数据。对于司法个案中经常涉及的电子邮件、转账交易记录、微信或QQ聊天记录等电子数据,运用区块链技术时不仅需要将相关电子材料上传到区块链,还需要记录取证过程并进行完整性校验,校验方式、操作日志、环境参数等都需要做记录。此外,取证过程的合法性也非常重要,这便需要对取证人员的身份识别、取证时间与程序、对象的信息采集流程、现场GIS信息等是否合法与完整进行记录和审查，以便证实上链前电子数据的原始性与合法性。

2. 区块链特性可能带来的不利影响。基于区块链的特性（一是透明公开，二是不可篡改），一些取证行为会存在风险。比如，一些色情的内容，如果其被存储到区块链中，这些哈希值会永久存在而无法被删除，那么这种危险行为将会永远存在，尤其是儿童色情内容，将会对这些儿童造成持续的伤害。对此，处理方式是通过编码的方式进行转化（第三方机构），这样会增加诉讼成本，也会存在一些风险，比如，通过编码形成的新数据虽然有一种加密的功能，但是可能会难以被直接读取，在诉讼举证的时候也会存在困难。同时，因为区块链会存在分叉（fork）的可能，当产生分叉的时候，会选取长的新链条而舍弃短的链条，那么运用到存证中，就会有这么一种可能，即存储在短的链条上的数据将无法被存证。

3. 区块链数据的鉴真问题。关于区块链数据的鉴真，主要存在以下问题：第一，还是和上面身份问题所类似的一个问题，比如，在电子签名中，虽然可以证明某个交易行为和交易主体的独特性，但是对于这个签名和特定主体之间关系的审查是有困难的。第二，关于哈希值的认定问题，如果利用哈希值进行自我鉴真，当哈希值与待证数据共存于同一个设备，则可以鉴真；但是如果它被分离到了另外一个设备上，这个时候就可能存在风险，会被认定为不符合证据规则自我鉴真对同一份证据的形式要求（同一系统），可能就不能自我鉴真了。第三，对于机器的可信度存疑。一般认为，区块链也会存在错误，没有完美的软件，例如，2016 年 6 月，智能合同黑客就暴露过其中的一个易攻击点，并且这只是众多漏洞中的一个。因此在诉讼中，为了防止这种消极影响，还要额外证明区块链数据的精确程度，如可引入专家辅助人。第四，除了机器本身的错误，人的错误也不会被区块链自动修复，如果一开始就输入错误，那么后续是没有办法更正的。证据规则应要求，要保证数据的输入是准确的，法官仅对区块链数据的保管问题作出认定，但无法认定输入数据的同一性。

三、配套教材

1. 易延友：《证据法学：原则　规则　案例》，法律出版社 2017 年版。

2. 胡铭主编：《聚焦智慧社会：大数据方法、范式与应用》，浙江大学出版社 2018 年版。

3. 裴炜：《数字正当程序：网络时代的刑事诉讼》，中国法制出版社 2021 年版。

4. 胡铭、周翔等：《数字法治：实践与变革》，浙江大学出版社 2022 年版。

四、启发思考题与实践题

(一)思考题

1. 如何定义区块链司法存证?

2. 如何认识区块链司法存证的利与弊?

3. 区块链司法存证的规范发展脉络是怎样的? 当下的规范定位为何?

4. 实践中区块链存证有几种模式? 各模式的优缺点为何? 当下比较适合的模式是什么?

5. 司法实践中审查电子数据的真实性与审查区块链存证的真实性有何区分?

6. 区块链司法存证对于刑事司法中哪些证据规则将产生影响? 如何影响?

7. 区块链司法存证技术为何会对传统刑事辩护产生较大影响?

8. 在区块链司法存证方式应用的大背景下,刑事辩护律师应当如何转变辩护技巧和重点?

9. 从规范区块链司法存证的角度来看,今后应当重点从哪些方面入手对其进行规制?

10. 如何处理好区块链司法存证与传统司法存证之间的关系?

(二)实践题

1. 根据本案的相关报道与裁判信息,撰写一份辩护意见书。

2. 根据本案裁判文书的相关信息以及类似案件的审理结果,结合诉讼法原理,分析判决书的得失之处。

3. 根据本案的相关报道与裁判信息,尝试对区块链司法存证技术进行一次系统的文献梳理,包括理论与实践情况。

4. 根据本案的相关报道与裁判信息,在条件允许的情况下,前往公检法机关学习区块链司法存证的相关技术,并撰写一篇研究报告。

五、理论依据

审判中心主义　刑事正当程序　电子数据取证规则　有效辩护原则　比例原则

六、背景信息

数字时代对证据法提出了新问题、新挑战,我国司法实践的迫切需求和积极探索,正在倒逼工业时代的证据法学向数字时代的证据法学转型。区块链司法存证就是在这样的背景下所提出的新课题。

2018 年 6 月,杭州互联网法院宣判了全国首例区块链司法存证案件。法院采信了原告方运用区块链存证的证据并据此认定了侵权事实,这便首次在司法裁判层面认可了区块链存证方式。最早采信区块链存证的是互联网法院。在最高人民法院于 2018 年 9 月出台的针对互联网法院审判的司法解释中,首次确认了电子数据可通过区块链形式得到验证,即区块链存证的电子数据可在司法裁判中运用。最高人民法院《关于互联网法院审理案件若干问题的规定》第 11 条第 2 款规定:“当事人提交的电子数据,通过电子签名、可信时间戳、哈希值校验、区块链等证据收集、固定和防篡改的技术手段或者通过电子取证存证平台认证,能够证明其真实性的,互联网法院应当确认。”

2019 年 7 月,全国首例区块链存证刑事案件在浙江省绍兴市上虞区人民法院宣判。这意味着区块链存证开始运用于刑事司法。该案的基本情况如下:2019 年 7 月,绍兴市上虞区人民法院借助区块链加密技术,对全国首例区块链存证刑事案件进行宣判,判决被告人构成诈骗罪。在该案中,被害人众多、分散于全国各地,单笔犯罪数额小但总量大。为防止光盘中数据丢失或被篡改,上虞区司法机关联合互联网企业的区块链团队,以区块链技术对数据进行加密,并通过后期哈希值比对,确保电子证据的真实性,公检机关一致认可该案证据的流转和比对处理过程。

2021 年 8 月,《人民法院在线诉讼规则》开始施行,首次明确规定了区块链存证的效力范围和审查规则,主要在第 16 ~ 19 条明确了区块链司法存证推定有效规则。在这一过程中,我们可以看到近年来各地司法机关对区块链存证平台和区块链司法运用的实践冲动,显然,区块链司法存证的理论研究已经明显滞后于司法实践中的探索。

与此同时,区块链司法存证已经在各个层面开展探索。三大互联网法院都已建成自己的司法区块链,即杭州互联网法院“司法区块链”、广州互联网法院“网通法链”以及北京互联网法院“天平链”电子证据平台;最高人民法院还搭建了“人民法院司法区块链统一平台”,尝试自上而下统一搭建、统一协调区块链司法存证。各级地方人民法院也做了诸多探索。

七、关键要点

1. 本案是全国首例区块链存证的刑事案件,具有较强的代表性意义,打开了区块链存证运用于刑事司法领域的阀门。对于刑事案件而言,取证、认证标准比民事案件更为严格。区块链存证运用于刑事案件,标志着区块链存证技术的适用范围日益扩大,对于相关证据规则和当事人权利保障的影响也将日益深远。

2. 以本案例为基础,分析了区块链司法存证的规范定位与实践模式。从规范层面来看,区块链存证在司法中要解决的核心问题是推定真实性,这便决定了不能将区块链存证定性为一种新的证据种类,其仍然属于电子数据,是以区块链技术存储的电子数据。对于实践模式而言,相较于公有链模式,联盟链模式的优点是处理数据的速度快,节点的数量和身份都已明确,可以使用相对松散的共识机制,处理数据的速度便得以显著提升,联盟链模式正在日益成为主流。

3. 以本案例为基础,重点就区块链司法存证与刑事诉讼证据规则相交叉的领域展开分析研究,特别是对最佳证据规则、传闻证据规则、非法证据排除规则等产生的重要影响。加强学生结合案件事实运用法条的能力,培养、锻炼学生系统性分析问题的思维。

八、课堂计划

本案例可以作为专门的案例教学课来进行,整个案例课的课堂安排 6 个课时,每课时 45 分钟。如下课堂设计,仅供参考。

1. 课前计划:安排学生阅读案例及相关参考资料,对案例涉及问题进行思考,撰写实践题答案。

2. 课中计划:介绍教学目的,明确讨论主题;学生分组讨论,回答各项思考题,讨论实践题的撰写要点;小组代表提出撰写要点,学生讨论和分析;教师归纳总结。

3. 课后计划:布置学生思考刑事正当程序、数字正义理念、电子数据取证规则、有效辩护原则、比例原则等内容,并进一步思考在数字司法的大背景下,如何有效地发挥区块链司法存证的功能,以及如何迎接其给传统刑事司法带来的冲击,应当从哪些方面对其进行有效规制。

九、参考文献

1. 易延友:《证据法学:原则　规则　案例》,法律出版社 2017 年版。

2. 胡铭主编:《聚焦智慧社会:大数据方法、范式与应用》,浙江大学出版社 2018 年版。

3. 裴炜:《数字正当程序:网络时代的刑事诉讼》,中国法制出版社 2021 年版。

4. 胡铭、周翔等:《数字法治:实践与变革》,浙江大学出版社 2022 年版。

5. 王进喜:《美国〈联邦证据规则〉(2011 年重塑版)条解》,中国法制出版社 2012 年版。

6. [英]麦高伟、[英]路加·马什:《英国的刑事法官:正当性、法院与国家诱导的认罪答辩》,付欣译,商务印书馆2018年版。

7. [英]理查德·萨斯坎德:《法律人的明天会怎样?——法律职业的未来》(第2版),何广越译,北京大学出版社2019年版。

8. 胡铭:《数字法学:定位、范畴与方法——兼论面向数智未来的法学教育》,载《政法论坛》2022年第3期。

9. 胡铭:《电子数据在刑事证据体系中的定位与审查判断规则——基于网络假货犯罪案件裁判文书的分析》,载《法学研究》2019年第2期。

10. 杜乔:《区块链技术在全球司法体系中的应用前景》,载《中国审判》2019年第17期。

11. 马明亮:《区块链的兴起及其司法运用》,载《检察日报》2021年8月3日,第3版。

12. [美]安德烈亚·罗思:《论机器在刑事审判中的应用》,赖玉强、蒋艳林译,载赵万一、侯东德主编:《法律的人工智能时代》(1),法律出版社2020年版。

13. 杜磊:《在线诉讼技术障碍的规则应对》,载《民主与法制时报》2021年7月29日,第8版。

14. 张玉洁:《区块链技术的司法适用、体系难题与证据法革新》,载《东方法学》2019年第3期。

15. 褚福民:《电子证据真实性的三个层面——以刑事诉讼为例的分析》,载《法学研究》2018年第4期。

16. C. Alden Pelker, Christopher B. Brown & Richard M. Tucker, *Using Blockchain Analysis from Investigation to Trial*, 69 Department of Justice Journal of Federal Law and Practice 59(2021).

17. Emily Knight, *Blockchain Jenga: The Challenges of Blockchain Discovery and Admissibility under the Federal Rules*, 48 Hofstra Law Review 519(2019).

3-3 CASE 陈某某运输毒品案

——运用经验法则判断是否构成主观明知

2013年12月26日16时许，陈某某受庄某1的雇请，到广东省普宁市燎原镇果陇村驾驶庄某1的小汽车，搭载庄某2前往广东省惠来县东港镇后旗村。当天17时许，两人到达后旗村。庄某2让陈某某将车停在村旁，之后两人一直坐在车内等候。直至当天20时许，一名身份不明的男子来到停车位置，将一个纸箱和一个布袋放进车的后排座位。随后，陈某某驾车搭载庄某2返回普宁市，在途经广东省汕尾市华侨管理区三村老猪舍路段时，被公安机关设卡拦停，庄某2开枪击伤民警后逃离现场。民警当场控制住陈某某，并在陈某某驾驶的小汽车后排座位查获含量为65.71%的毒品甲基苯丙胺（俗称“冰毒”）14,047克。

广东省汕尾市中级人民法院于2014年10月14日作出一审判决，以运输毒品罪判处被告人陈某某死刑，剥夺政治权利终身，并处没收个人全部财产。陈某某不服，提出上诉。广东省高级人民法院经审理认为，原判认定事实不清，证据不足，于2015年4月24日裁定撤销原判，发回重审。广东省汕尾市中级人民法院重新审理后，于2015年11月25日作出判决，以运输毒品罪判处陈某某有期徒刑10年，并处罚金人民币10万元。原审被告人陈某某不服，提出上诉。广东省高级人民法院审理后，于2016年12月12日作出二审判决，改判陈某某无罪。[1]

一、重新审理后的一审判决情况

重新审理后，广东省汕尾市中级人民法院认为，被告人陈某某明知是毒品而运输，数量大，其行为已构成运输毒品罪，依法应予惩处。陈某某受人雇请帮助他人运输毒品，主观恶性及罪责相对较小，在共同犯罪中起次要作用，是从犯，依法应当给予从轻或减轻处罚。根据陈某某犯罪的事实、情节及对社会的危害程

〔1〕 广东省高级人民法院刑事判决书，(2016)粤刑终321号。

度,依法认定被告人陈某某犯运输毒品罪,判处有期徒刑10年,并处罚金人民币10万元。

一审宣判后,被告人陈某某提出上诉,理由如下:除两次在侦查阶段所作的有罪供述外,没有任何证据证明其明知是毒品而实施运输行为。但这两次有罪供述系侦查机关违法取得,且笔录内容与其当时亲口所述内容严重不符,不能作为证据使用,应予排除。另外,其与庄某1无深交,与庄某2也素未谋面,不可能会为了50元或100元且未兑现的报酬铤而走险,由此亦可推定其并不知道所运输之物为毒品等违禁品。

二、争议焦点及各方意见

(一)争议焦点

案件争议焦点为被告人陈某某主观上是否明知或者应当知道庄某2到惠来县东港镇后旗村所取之物是毒品等违禁品。

(二)控方意见

检察机关认为,被告人陈某某知道至少是应当知道庄某2在东港镇后旗村所取物品是毒品等违禁品。认定依据有:(1)陈某某在侦查阶段的两次有罪供述,均称他怀疑庄某2是去东港镇后旗村买毒品的。(2)由侦查机关汕尾市公安局尖山分局出具的陈某某手机信息内容查证说明及手机信息内容照片,证实案发时在被告人陈某某身上查获苹果牌手机1部。经翻查该部手机,发现2013年12月26日(案发当日),该部手机共有3条信息,并未发现陈某某在翻供中所称庄某1发给他的"没事,我不会害你的"的信息内容。(3)陈某某案发当天有诸多行为反常之处:其一,陈某某作为一名出租车司机,案发当天没有驾驶自己的车,却驾驶庄某1的车进行经营活动;其二,陈某某案发时和庄某1有很频繁的电话联系;其三,陈某某和庄某2到达后旗村后,就为了取一个纸箱,在村口路边等待3个多小时,交接方式明显不合常理。

(三)辩方意见

被告人陈某某及其辩护人提出,仅有两次有罪供述能够证明被告人明知是毒品而实施运输行为,但这两次有罪供述都是侦查机关违法取得,且笔录内容与被告人当时亲口所述内容严重不符,不能作为证据使用,应予排除。另外,陈某某与庄某1无深交,与庄某2也素未谋面,不可能会为了50元或100元且未兑现的报酬铤而走险，由此亦可推定其并不知道所运输之物为毒品等违禁品。

（四）二审法院评判

1. 关于侦查机关收集的陈某某有罪供述能否作为定案证据使用的问题（略写）

经查，上诉人陈某某在侦查、审判阶段作过多次供述，只有归案后在侦查机关所作的两次供述称他怀疑车上所载物品为毒品；进入看守所关押一直至重审后二审法院庭审，陈某某均翻供，称自己不知道车上所载物品是毒品，也没有怀疑过车上有毒品。

二审法院根据陈某某及其辩护人的申请，于二审庭审前召开了庭前会议，会同检察员、陈某某的辩护人一起观看了侦查机关随案移送的陈某某唯一的一次审讯录像，并对录像中陈某某的供述与其对应的讯问笔录予以核对。根据庭前会议的情况，二审法院决定在二审庭审中启动证据收集的合法性调查程序，并依法通知3名参与审讯的侦查人员林某、麦某某、周某某出庭说明情况，以准确认定陈某某在侦查阶段所作有罪供述的合法性。根据查明的情况，二审法院认为，陈某某在侦查阶段所作有罪供述的合法性存疑，本案不能排除存在侦查机关以非法方法收集证据的情形，故依法应当对陈某某在侦查阶段所作有罪供述予以排除。

2. 有无足够证据证明陈某某明知或应当知道车上运输的是毒品等违禁物品

二审法院在排除陈某某在侦查阶段所作的有罪供述的情况下，根据在案相关证据，认为本案没有足够证据能够证明陈某某明知车上运输的是毒品，亦没有相关事实能够推定陈某某应当知道车上运输的是毒品等违禁物品。陈某某对其相关反常行为表现，能够作出较合理解释，其辩解并不明显违背常理，且侦查机关不能提供足够证据予以否定，故不能据此合理推定陈某某应当知道车上载有毒品。具体情况如下。

（1）没有同案人指证陈某某知道或应当知道协助运输的物品是毒品等违禁物品。雇请陈某某开车的庄某1目前尚未归案，而另一同案人庄某2虽已归案，但自归案后一直否认他在2013年12月26日下午乘坐陈某某驾驶的小汽车前往惠来县东港镇后旗村购买运输毒品，否认在返回途中开枪击伤民警逃跑的犯罪事实。

（2）本案无证据证明陈某某在接受侦查机关查车时，有异常表现或者反抗行为。

（3）现场勘查笔录及扣押清单证明在陈某某驾驶的车上查获的14,047克毒品甲基苯丙胺被装在一个纸箱内放置于车后排座位，而查获的毒品经包装后从外观上无法判断为何物。陈某某与庄某2之前互不认识，庄某2没有告诉陈某某纸箱内装的是毒品符合常理，且该纸箱并未放在车上隐密位置刻意隐藏，不足以让人怀疑是违禁物品，陈某某不知道纸箱内装的是何物及未对纸箱内的物品产生怀疑也并不违背常理。

（4）本案的证据证明陈某某为出租车司机，一般情况下应使用自己的车辆运营，他搭载庄某2前往后旗村使用的却是庄某1的车，这看似反常，但陈某某辩解称“庄某1叫他帮忙开车载朋友，称很快就可以回来，于是他答应了，而且他认为不用自己的车，不用自己的油，工钱收50元或100元都可以”。按照陈某某的辩解，其认为这趟出车无须用自己的车及汽油，能赚取50元或100元，非常合算，同时在现实生活中，雇请他人代驾的情况也属常见，而且本案无证据证明陈某某收取了高额的报酬。故陈某某作为一名出租车司机，不开自己的车却驾驶庄某1的车搭载庄某2前往后旗村也并不违背常理。

（5）陈某某的手机通话记录证明陈某某与庄某1不仅在案发当天18时至20时许有通话联系，平时亦有大量的通话联系。从二人的通话记录来看，平时基本是庄某1先联系陈某某，且两人的通话时间很短，符合陈某某所辩称的“庄某1要乘坐他的车时就会联系他”的实际工作生活状态。陈某某与庄某1于案发当天18时至20时许频繁的通话联系及庄某2让他把车停在后旗村旁，两人在车内等待了3个多小时，看似确有反常，但陈某某对此辩解称“他见庄某2一直在等，自己也急了，他问庄某2，庄某2说人还没有来，要等一下，他跟庄某1反映该情况，庄某1发信息称不会害他，于是他催庄某2，庄某2说如果他没有时间可以先走，叫庄某1来载，他认为都等了那么久，而且车也开了那么远，加上他认为自己作为一名司机，是不管乘客的事情的，所以就一直在车里等”。从陈某某的辩解来看，他在长时间等待后，也着急催促过庄某2，亦跟庄某1反映了长时间等待的情况，在庄某1发信息称不会害他的情况下，他本着不过问乘客事情的态度，认为既然已经等了，而且又开了那么远路，就继续等下去。因此，陈某某的辩解也符合常理。

（6）侦查机关虽然出具了关于在陈某某被缴获的手机上没有查到陈某某所辩解的庄某1发给他的“没事，我不会害你的”信息的说明，但在调取陈某某的手机通信记录时，仅调取了通话记录，却没有调取接收和发送短信息的记录，不能全面客观地反映陈某某手机通信的真实情况，侦查机关出具的上述说明缺乏相应证据印证，不足以推翻陈某某的辩解，不足以证明庄某1没有发送上述信息给陈某某。

综上,二审法院认为,原审判决采信的证据仅能证实上诉人陈某某确有协助他人运输毒品甲基苯丙胺的客观行为,但不能证实陈某某主观上有参与运输毒品的故意。原审判决认定上诉人陈某某犯运输毒品罪的事实不清,证据不足,依法应当予以撤销。最终判决上诉人陈某某无罪。

三、本案焦点的综合评述

本案焦点之一在于被告人陈某某在侦查阶段所作的有罪供述能否作为证据使用。二审法院在庭前会议中,会同控辩双方一同观看了审讯录像,并对录像中陈某某的供述与其对应的讯问笔录予以核对。在二审庭审过程中,二审法院启动了证据合法性调查程序,并依法通知侦查人员出庭说明情况,以准确认定陈某某在侦查阶段所作有罪供述的合法性。本案足以表明,证据合法性调查是准确认定案件事实的前提。

本案焦点之二在于能否认定被告人陈某某主观明知或应当知道车上运输的是毒品等违禁品。一审法官根据陈某某作为出租车司机却驾驶他人车辆运营、陈某某与庄某1频繁电话联系、陈某某陪同庄某2等待3个多小时等情况,综合认定陈某某主观上明知或应当知道同案人运输毒品而予以协助。相较而言,二审法官说理更加充分,采纳了被告人关于上述“反常”行为的解释,认为“在现实生活中,雇请他人代驾的情况也属常见”“与庄某1频繁联系符合实际工作状态”“司机不过问乘客事情符合常理”等。由此可见,法官运用经验法则认定事实需要进行抽丝剥茧式的推理、论证,尽量完善自己的心证历程。

案例使用说明

一、教学目的与用途

本案例主要用于讲授运用经验法则判断是否构成主观明知的相关问题。主观明知要件的认定,一直是司法证明实践的重点和难点,尤其是在毒品案件之中。以本案为例,可切实感受到刑事诉讼中主观明知要件的证明困境,也可反映出经验法则在判断主观明知要件方面的作用,进而展开阐述经验法则的内涵、基本特征、运用原理以及运用规则等问题。具体包括:其一,刑事诉讼中主观明知要件的证明困境;其二,经验法则的内涵、基本特征、运用原理;其三,运用经验法则判断主观明知要件的正当性基础;其四,运用经验法则判断主观明知要件的相关规则。

本案例供法律硕士案例教学使用,法学本科(大四)、刑法学硕士、诉讼法学硕士也可以参酌试用。

二、涉及知识点

(一)刑事诉讼中主观明知要件的证明困境

根据《刑法》第14条第1款的规定,明知自己的行为会发生危害社会的结果,并且希望或放任这种结果发生,因而构成犯罪的,是故意犯罪。可见,明知是犯罪主观方面的认识要素,也是故意犯罪是否存在的判断起点。但是,如何认定行为人的主观明知是司法实践中常常面临的难题。

由于明知属于行为人内心世界的认识因素,是非物质性的,因此无法通过肉眼观察。当前并无可靠技术能够准确探知人类行为时的心理状态,口供依然是证明行为人行为时内心状态的关键证据。但在一些较为隐蔽的犯罪中,行为人往往会以对特定对象不明知为由加以辩解,如不明知所携带的物品是毒品、不明知性交对象是幼女等。在此情况下,如何通过行为人的客观行为或者行为人行为时的客观环境来推断行为人行为时的内心状态,就显得尤为重要了。目前,学界、实务界普遍认可的解决主观明知要件证明困境的路径有两种:一是通过推定证明机制解决。例如,有学者认为,事实的推定往往是能够证明被告人主观心理状态的唯一手段,因而在刑事司法中起着非常重要的作用。二是通过间接证据证明解决。例如,有实务法官认为,认定明知需要从以下几个方面来加以分析判断,即超常高额的运费或酬劳费用,高度隐蔽诡秘的交接方式,被盘问、检查时的不正常反应和行为以及行为人对毒品的知识和经验。传统刑事证明模式可以称为印证证明模式,就主观明知要件的证明而言,印证证明模式对口供的需求较为强烈。取供困境的初步形成以及司法公开强化,意味着印证证明模式需要向情理推断模式转型。所谓情理推断模式,是根据对习惯的认知而进行事实推断,简而言之,即根据“常情常理”进行推断。而情理推断模式中的大前提就是经验法则。

(二)毒品犯罪案件中,如何认定行为人知道或应当知道所走私、贩卖、运输、非法持有的物品系毒品?

主观明知的认定历来是毒品犯罪案件的重点和难点。最高人民法院、最高人民检察院、公安部从2007年开始,即频繁出台相关司法解释,以明确“毒品明知”要件的认定,具体规范如下。

2007年最高人民法院、最高人民检察院、公安部印发的《办理毒品犯罪案件适用法律若干问题的意见》第2条规定,走私、贩卖、运输、非法持有毒品主观故意中的“明知”,是指行为人知道或者应当知道所实施的行为是走私、贩卖、运输、非法持有毒品行为。具有下列情形之一,并且犯罪嫌疑人、被告人不能作出合理解释的,可以认定其“应当知道”,但有证据证明确属被蒙骗的除外:(1)执法人员在口岸、机场、车站、港口和其他检查站检查时,要求行为人申报为他人携带的箱包、物品和其他疑似毒品物,并告知其法律责任,而行为人未如实申报,在其所携带的物品内查获毒品的;(2)以伪报、藏匿、伪装等蒙蔽手段逃避海关、边防等检查,在其携带、运输、邮寄的物品中查获毒品的;(3)执法人员检查时,有逃跑、丢弃携带物品或逃避、抗拒检查等行为,在其携带或丢弃的物品中查获毒品的;(4)体内藏匿毒品的;(5)为获取不同寻常的高额或不等值的报酬而携带、运输毒品的;(6)采用高度隐蔽的方式携带、运输毒品的;(7)采用高度隐蔽的方式交接毒品,明显违背合法物品惯常交接方式的;(8)其他有证据足以证明行为人应当知道的。

2008年《全国部分法院审理毒品犯罪案件工作座谈会纪要》(以下简称《大连会议纪要》)第10条规定,毒品犯罪中,判断被告人对涉案毒品是否明知,不能仅凭被告人供述,而应当依据被告人实施毒品犯罪行为的过程、方式、毒品被查获时的情形等证据,结合被告人的年龄、阅历、智力等情况,进行综合分析判断。具有下列情形之一,被告人不能作出合理解释的,可以认定其“明知”是毒品,但有证据证明确属被蒙骗的除外:(1)执法人员在口岸、机场、车站、港口和其他检查站点检查时,要求行为人申报为他人携带的物品和其他疑似毒品物,并告知其法律责任,而行为人未如实申报,在其携带的物品中查获毒品的;(2)以伪报、藏匿、伪装等蒙蔽手段,逃避海关、边防等检查,在其携带、运输、邮寄的物品中查获毒品的;(3)执法人员检查时,有逃跑、丢弃携带物品或者逃避、抗拒检查等行为,在其携带或者丢弃的物品中查获毒品的;(4)体内或者贴身隐秘处藏匿毒品的;(5)为获取不同寻常的高额、不等值报酬为他人携带、运输物品,从中查获毒品的;(6)采用高度隐蔽的方式携带、运输物品,从中查获毒品的;(7)采用高度隐蔽的方式交接物品,明显违背合法物品惯常交接方式,从中查获毒品的;(8)行程路线故意绕开检查站点,在其携带、运输的物品中查获毒品的;(9)以虚假身份或者地址办理托运手续,在其托运的物品中查获毒品的;(10)有其他证据足以认定行为人应当知道的。

2012年最高人民检察院、公安部《关于公安机关管辖的刑事案件立案追诉标准的规定(三)》第1条规定,走私、贩卖、运输毒品主观故意中的“明知”,是指行为人知道或者应当知道所实施的是走私、贩卖、运输毒品行为。具有下列情形之一,结合行为人的供述和其他证据综合审查判断,可以认定其“应当知道”,但有证据证明确属被蒙骗的除外:(1)执法人员在口岸、机场、车站、港口、邮局和其他检查站点检查时,要求行为人申报携带、运输、寄递的物品和其他疑似毒品物,并告知其法律责任,而行为人未如实申报,在其携带、运输、寄递的物品中查获毒品的;(2)以伪报、藏匿、伪装等蒙蔽手段逃避海关、边防等检查,在其携带、运输、寄递的物品中查获毒品的;(3)执法人员检查时,有逃跑、丢弃携带物品或者逃避、抗拒检查等行为,在其携带、藏匿或者丢弃的物品中查获毒品的;(4)体内或者贴身隐秘处藏匿毒品的;(5)为获取不同寻常的高额或者不等值的报酬为他人携带、运输、寄递、收取物品,从中查获毒品的;(6)采用高度隐蔽的方式携带、运输物品,从中查获毒品的;(7)采用高度隐蔽的方式交接物品,明显违背合法物品惯常交接方式,从中查获毒品的;(8)行程路线故意绕开检查站点,在其携带、运输的物品中查获毒品的;(9)以虚假身份、地址或者其他虚假方式办理托运、寄递手续,在托运、寄递的物品中查获毒品的;(10)有其他证据足以证明行为人应当知道的。

2023年《全国法院毒品案件审判工作会议纪要》(以下简称《昆明会议纪要》)第6条规定,被告人到案后否认明知是毒品的,应当综合运用在案证据加以证明,必要时可要求检察机关补充提供相关证据。综合被告人供述,相关证人证言,从涉毒场所、物品上提取的痕迹、生物检材,从被告人体内或者贴身隐秘处查获的毒品,从被告人体表、随身物品上提取的毒品残留物,以及调取的物流寄递单据、资金交易记录、通信记录、行程轨迹信息等证据,足以证明被告人明知是毒品的,可以依法认定。被告人到案后否认明知是毒品,又缺乏其他证据证明其明知的,可以根据其实施毒品犯罪的方式、过程及毒品被查获时的情形,结合其年龄、文化程度、生活状况、职业背景、是否有毒品违法犯罪经历及与共同犯罪人之间的关系等情况,综合分析判断。运用此方法认定明知的,应当认真审查被告人的辩解是否有事实依据、对异常行为的解释是否合理、是否存在被蒙骗的可能等,防止认定错误,在决定对被告人是否适用死刑时更要特别慎重。具有下列情形之一,被告人不能作出合理解释的,可以认定其明知走私、贩卖、运输、非法持有的是毒品,但有证据证明其确实不知情或者确系被蒙骗的除外:(1)执法人员在口岸、机场、车站、港口、邮局、快递站点等场所检查时,要求申报为他人运输、携带、寄递的物品和其他毒品疑似物,并告知法律责任,但被告人未如实申报,在其运输、携带、寄递的物品中查获毒品的;(2)以伪报、藏匿、伪装等蒙蔽手段逃避海关、边防等检查,或者行程路线故意绕开检查站点,在其运输、携带、寄递的物品中查获毒品的;(3)在执法人员检查时有逃跑、藏匿、丢弃、试图销毁其携带的物品、弃车逃离或者其他逃避、抗拒检查行为,在其携带的物品或者遗弃的车辆中查获毒品的;(4)采用高度隐蔽方式运输、携带、交接物品,明显违背合法物品的惯常运输、携带、交接方式,从中查获毒品的;(5)以虚假的身份、地址或者物品名称办理托运、寄递手续,从托运、寄递的物品中查获毒品的;(6)采用隐匿真实身份、支付不等值报酬等不合理方式,指使、雇用他人运输、携带、寄递物品或者代为接收物流寄递的物品,从中查获毒品的;(7)为获取不同寻常的高额、不等值报酬,为他人运输、携带、寄递物品或者接收物流寄递的物品,从中查获毒品的;(8)其他可以认定被告人明知的情形。

从上述规范内容来看,判断“毒品明知”的实体法条文存在以下三层结构:第一,要素指导。例如,《大连会议纪要》提出,判断“毒品明知”需要综合分析的要素包括被告人供述,被告人实施毒品犯罪行为的过程、方式,毒品被查获时的情形,被告人的年龄、阅历、智力等。这些因素的概括源于日常生活经验和案件审判经验的总结。第二,情形列举。上述四部文件均列举多种可以认定“毒品明知”的情形,这些情形的共同特征是行为均存在反常性。可以看出,这些情形是对上述考量因素的具体化,但也可以发现,这些情形依然无法绝对客观量化,存在进一步概念解释的必要,如何谓“不同寻常的高额、不等值报酬”,何谓“高度隐蔽方式”,这些都需交由司法人员依据具体案情具体裁量认定。第三,除外规定。上述四部文件均规定了“有证据证明确属被蒙骗的除外”,说明上述情形列举仅是一种概括性规定,并不意味着必然认定“毒品明知”。对这些实体法规定展开分析,存在两个问题值得探讨:其一,此类规定在证据学上属于法律推定还是事实推定?其二,证明行为人确属被蒙骗是否存在举证责任倒置,证明标准如何?

(三)经验法则的内涵及基本特征

关于经验法则的内涵,目前的观点大致可以分为“知识说”和“规则说”两种。“知识说”认为,经验法则是指人们从生活经验中归纳获得的关于事物因果关系或属性状态的法则或知识,其本质是一种经验知识。“规则说”认为,经验法则是对法官经验运用的一种约束机制,旨在实现对事实认定的有效控制,其本质是一种运用规则。本书赞同“知识说”,同时认为应当构建起完备的经验法则运用规则体系。在明确经验法则的本质是经验知识的基础上,笔者认为应当从抽象和具体两个层面分述经验法则的内涵。在抽象层面,经验法则是指“人们从过往经验事实中归纳、抽象所得的能够反映事物属性以及事物间的联系的知识或规律”。在具体层面,即在司法证明语境下,经验法则是指“当事实认定者受到具体案件信息引导、刺激和催化后,某些被援引为命题判断依据的个性经验认识”。

关于经验法则的基本特征,学界已有诸多概括,主要包括范围广泛性、数量无限性、差异盖然性、适用具体性、内容客观性、相对性、地域性、时效性等。笔者认为,在运用经验法则之前,应重点关注经验法则以下几个特征。

1. 普遍性。经验法则之所以能够成为司法证明的前提,是因为其代表了人们对事物的普遍认识,即当一定条件得到满足时,人们可以期待发生或不发生某种结果的规律。可以说,普遍性是经验法则的立身之本。经验法则的普遍性又包括两方面内涵:其一,内容的普遍性,即公众熟知、普遍接受的经验认识才可被称为经验法则。当然,普遍性是相对的。具体经验法则是在特定范围内被普遍接受的,可能是地域范围,可能是行业范围,也可能是因为某些个人情况而形成的群体范围。经验法则的普遍性只能为法官提供一个参考标准和检验标准。其二,运用的普遍性。正如英国哲学家休谟所言,"我们如果没有经验和观察的帮助,要想决定任何个别的事情或推出任何原因或结果,那是办不到的"。现代法理学认为,法律论证的基本推理方法包括归纳推理、演绎推理、溯因推理三种。可以发现,这三种推理方法都与经验法则有着密切的联系。认识经验法则在刑事审判中的普遍性,一是可以正视主观经验在证据评价过程中的作用地位,扭转过度客观化、印证化的证据裁判模式,二是可以加强对经验法则的理论重视,探求如何从制度层面加以正确引导。

2. 差异性。虽然说经验法则具有普遍性,是超越个体的对事物的规律性的普遍认识,但不可否认的是,超越个体的普遍认识是抽象的,具体的经验法则必须依托具体的认识个体,成为个体经验认识中的抽象认识。也就是说,个体所感觉的经验法则未必就是实际上为社会多数人所认可的事物的归纳认识,因此对特定经验法则的认同必然存在一定的差异。这种差异性正是经验法则的风险之源,也是进行诉讼辩论的基础。经验法则的差异性,可从以下几个方面加以认识:其一,经验法则所涉领域范围十分广泛,包括日常生活、学术、艺术、技术、工商业、语言等各类活动的一切惯例和习惯。范围的广泛性也就决定了经验法则在数量上具有无限性。其二,经验法则的来源途径具有差异性。有的经验法则受到过科学确认,有的经验法则从实证数据验证所得,而有的经验法则仅仅是基于纯粹的"经验"。其三,不同主体对经验法则的认识存在差异性。

3. 盖然性。简单来说就是"有可能但又不是必然",这是经验法则的核心特征。经验法则的盖然性可从以下几方面理解:其一,经验法则并非必然正确,存在发生错误的可能性。其二,经验法则的确定性处于支配地位,一般大于其不确定性。其三,经验法则的盖然性是主观盖然性。所谓"主观盖然性",是指一个人对某一关于客观事实的假设之主观评价,反映的是评价主体的内在心理,如事实认定者根据相关信息判断事实存在的真伪情况。其四,经验法则的盖然性无法量化。1977 年,英国哲学家乔纳森·科恩(Jonathan Cohen)提出了“培根式盖然性”和“帕斯卡式盖然性”,前者是非数学的盖然性,后者是数学上的概率。科恩认为,司法领域中绝大多数盖然性都是非数学的,是不能通过数学进行量化的。其五,经验法则的盖然性是相对于所处背景而言的。经验法则的盖然性强度并非固定不变,是相对于案件环境而言的。经验法则的盖然性无法用数值表述,对案件事实的推导亦不能采用数理演算,必须根据具体情况具体分析。同一经验法则在不同案件中被运用,所得结果都可能是迥异的。

(四)经验法则的运用原理

根据证明目的不同,经验法则的适用可分为证成性、证否性、评判性三种模式。

1. 经验法则凭借其常态规律性特征,能够充当证据推论的大前提以及复合推论的黏合剂,进而实现命题证成。事实的推论证成,需要经历两个阶段:其一,实感为真的证据到事实的推论;其二,中间事实到最终待证事实的复合性推论。在这两个阶段中,经验法则都起到了重要的“媒介”作用。一方面,经验法则体现的是事物间联系。当一项经验法则在抽象层面同时包含“证据”和“待证事实”所含要素时,即可用来充当媒介,向前对接具体层面的“证据”,向后对接具体层面的“待证事实”,最终形成推论。另一方面,经验法则源于归纳概括,反映的是事物间的一般联系规律。这种常态联系表明经验法则具有盖然性,这既是经验法则用于证明的正当性基础,又是风险所在。证明推论的准确性受制于所用经验法则的盖然性,经验法则的盖然性可用“通常”“时常”等模态词加以描述。综上,经验法则反映的是事物发展的一般规律和事物间的常态联系,凭借常态性、规律性等特征能够在司法证明中发挥重要的情理性联结功能,进而实现待证事实的证成。尤其在间接证据定案过程中,由于证据间不存在明显联系,此时需要通过经验法则来反映间接证据的相关性,从而将其联结起来。

2. 经验法则具有盖然性,因此可对对方证明所用经验法则的可靠性质疑、反驳,进而实现命题证否。刑事诉讼中辩方对控方指控的证否可分为直接证否和引起某一证据事实的合理怀疑两种。前者是指辩方通过证成抗辩事实来实现指控事实的直接证否。后者是指辩方通过质疑控方所用经验法则的联结性、盖然性,来实现指控事实的证否,具体而言包括三种情况:第一,质疑控方证据的可信性,使其无法被经验法则正当联结。第二,通过提出新的证据事实来质疑控方所用经验法则忽略的背景限定,进而提出控方指控存在的反常性。第三,通过质疑控方所用经验法则的盖然性或提出具有更高盖然性的经验法则,来说明指控事实在常情常理范围内存在例外，即证明控方指控未达到法定证明标准。需要说明的是，控方对辩方主张事实的证否则不只引起合理怀疑，还应证实辩方主张明显不合常理。

3. 经验法则具有个体认识差异性，法官以其主观认识的经验法则为依据，评判控辩双方提出的证据和证明推论，并检验最终事实认定的证明强度。首先，经验法则可作为证据准入性评判依据。第一，真实性存疑的证据，在未经补正或作出合理解释之前，不得作为定案依据。实践中，证据真实性存疑的情况不胜枚举，司法解释仅能对其中极少部分进行归纳确认，绝大部分还需法官结合经验进行具体审查。真实可靠的证据往往符合常情常理，不真实的证据往往会暴露反常性疑点，法官可以通过职权或对方主张发现证据的真实性疑点，进而作出评判。第二，经验法则也是评判证据合法性的重要依据。例如，根据同步录音录像中被告人的神态、语速来判断讯问合法性，需要结合"神情自若、语速平和状态下所作供述通常真实、自愿"的经验法则进行推断。第三，证据具有相关性意味着存在联结证据和待证事实的经验法则。在评判证据是否具有相关性的过程中，法官会在自身"经验库"中寻找是否存在反映证据和待证事实间常态联系的经验法则。如果存在，法官就认为该证据具有相关性，否则就会认为证据不具有相关性。其次，当控辩双方所提证据推论产生分歧时，法官需要对二者进行评判，评判对象是双方推论的可靠性，评判依据是法官主观认识的经验法则，评判标准是法官主观认可的事物发展规律。实践中，法官以"明显不符合常理"为由驳回当事人的主张或辩解，意味着该主张或辩解在法官主观认识的经验法则体系内存在的可能性极低。最后，适格的证据、理据被采信至法官证明体系之后，法官再据此进行综合判断，得出查证事实。近年来，越来越多的学者呼吁我国刑事司法证明应更加强调整体认知的证明逻辑，提出"刑事综合型证明模式""平衡型事实认定模式""整体主义"等概念。刑事司法证明的整体认知转型的关键在于重视以经验法则为基础的情理推断。证明体系的整体强度受其中每一个推论链条强度的影响，但并非简单的量化叠加，而是建立在经验基础上的整体整合，是以经验知识为前提的心证检验。

（五）运用经验法则判断主观明知要件的正当性基础

为何具有盖然性和主观性的经验法则能用来判断主观明知要件，其中具有的经验性和不确定性是否存在侵犯人权之嫌，是否违反我国刑事诉讼中"案件事实清楚，证据确实、充分"的证明标准。解答上述问题，需要对运用经验法则认定案件事实的正当性加以阐释。

关于刑事案件事实认定，存在"客观事实"和"法律事实"的争论，与之相对应的，就刑事证明标准存在“绝对真实”和“相对真实”的争论。一般认为，我国刑事证明标准是“案件事实清楚，证据确实、充分”，是一种“绝对真实”的体现，而西方国家刑事证明标准是“内心确信”“排除合理怀疑”等，是一种“相对真实”的体现。

刑事案件事实认定是一个通过证据认定过去发生事实的过程，是一个回溯性推理的过程。司法证明是一种面向过去的回溯性认识，其所要认识的客体是一种发生在过去且无法逆转的事实，需要同时运用经验方法和逻辑方法，即刑事案件事实认定不可避免地具有经验性。在审判活动中，事实认定者只能根据客观事实发生时遗留下来的痕迹和线索进行主观认识层面的事实重构，即法律事实认定。基于经验的局限性、证据来源的不可靠、证据资源的有限性、证明过程与证明方法的主观性等原因，重构的法律事实不可能与客观事实完全吻合。真理符合论注定只能成为证据学的美好理想，亦不能作为检验法律事实是否准确的标准，因为客观事实不可重复且无法查明。无奈之下，司法证明只能放弃客观事实的阵地，转而开始接受一个充满不确定性和盖然性的概念——法律事实，至此经验方法的正当性也得以承认。在司法证明中，经验方法主要负责在实质向度上保证法律事实的可接受性，逻辑方法则负责引导经验在思维框架内正确运行，保证法律论证的形式正确性。

司法证明领域中关于“客观真实”“主观真实”“法律真实”的争论，体现出事实认定存在确定性和不确定性的悖论问题。可以认为，“客观真实说”旨在追求司法证明的绝对准确，并不认可模糊现象的客观存在，或视其为“错误”；“主观真实说”推崇不可知论，认为不确定因素的存在直接决定着司法证明不可能达到理想要求的程度，司法证明的科学性只是来自事实认定者的权威；“法律真实说”承认法既有确定性的一面，也有不确定的一面，但在承认法的不确定这一现实的同时，依旧保持确定性的理性。“法律真实说”把不确定性产生的原因简单归结于非理性，并寻求理性以排斥模糊，从而意图达到科学化。为此，司法模糊理论作为协调司法证明确定性和不确定性的折中路径应运而生。案件事实是过去发生在法庭之外的客观事实，对此事实，认定者没有任何直接知识，只能通过证据推论而间接地加以认定。证据成为认定案件事实的唯一“桥梁”，此即案件事实认定的“证据之镜”原理。受制于“证据之镜”原理存在三方面局限性，事实认定不可避免地具有模糊性：(1)司法实践中，能够用于事实认定的证据片段始终是有限的；(2)证据是否真实就像所认定的案件事实是否真实一样捉摸不定；(3)事实认定的主观经验性决定事实认定存在多重可能性。

（六）运用经验法则判断主观明知要件的相关规则

由于经验法则的盖然性无法量化，亦缺乏比较的标准，我们不能基于“高强度”的要求去否定某个经验法则，这不利于法官自由裁量权的行使，也不符合证据法“鼓励采纳证据”的宗旨。经验法则是法官自由裁量的体现，对其只能采用“合理性”的最低检验标准。另外，无法在经验法则的实质内容层面提出要求，只能从原则和程序方面提出要求。具体而言，有以下四点基本规则。

1. 运用经验法则需要遵循公平适用原则，具体包括三点要求：其一，刑事法官在对控辩双方主张进行审查的过程中要公平运用经验法则进行情理推断。从实证调研结果来看，法官所用经验法则中的绝大部分是为了否定辩方意见，虽然主要原因是辩方意见往往不够客观，但也有部分原因是法官存在追诉犯罪倾向以及有罪推定理念。其二，控辩双方主张的成立具有不同的标准，法官需要结合法律规定审查双方的主张。控方主张的成立需要达到证据确实、充分，排除合理怀疑的程度，而辩方主张的成立仅需要达到合理怀疑的程度即可。受此影响，法官对控方主张的审查，主要是依据经验法则的情理性联结功能判断控方证据能否形成完整的证明体系，证明控方主张的成立；法官对辩方主张的审查，主要是依据经验法则的反常性审查功能来判断辩方主张是否构成合理怀疑。其三，公平运用原则不代表统一适用原则。经验法则具有无限性、相对性等特点，要求法官公平运用经验法则只是为了在宏观层面排除对辩方的不利偏见，并不要求事实认定的统一性。若要求统一适用，轻则陷入经验法则盖然性固化的误区，重则回到法定证据制度的泥沼。经验法则的魅力就在于无限性，能随着案件证据、事实的变化，随时调动与之相适应的经验法则。

2. 运用经验法则推断的基础事实已经查证。经验法则在证据推论中充当大前提，连接基础事实和推断事实。经验法则的作用在于利用其常态性和联结性特征将小前提（基础事实）的真实性传递至结论（推断事实）。大前提（经验法则）是不完全归纳的产物，其常态性不能保证将小前提（基础事实）的真实性完全传递下去，结论（推断事实）具有一定的不确定性。然而，证据推论又不能完全排除经验法则，司法证明始终具有模糊性和不确定性，只能尽可能将不确定性控制在司法公正所能容忍的限度之内。在此情况下，为了控制证据推论的不确定性，法官必须首先保证基础事实的真实性。由此可见，依法被排除的证据（证据性事实）不得作为运用经验法则判断的基础事实。

3. 所用经验法则的合理例外情形已经排除。正如塔鲁否教授提出，“一个简单的相反例证就足以证明该法则的虚伪性，或者至少可以证明该法则不具有一般普遍有效性”。所以说，法官在运用经验法则的过程中，应重点关注例外情形存在的可能性,如此能够有效保障经验法则运用的准确性。对经验法则例外情形最有发言权的是当事人,一方面,当事人熟悉案件具体情况,若当事人据实陈述,必然能够引导法官发现事实认定存在的其他合理可能性。另一方面,若当事人出于"自利"等动机想方设法地"编造"怀疑,法官也可以通过情理推断逐一否定反证,其所用的经验法则的盖然性也会随之增强。如果当事人提出的反证符合常理能够成立,那么在证据法学意义上即构成"合理怀疑",根据经验法则认定的事实则不能成立。

4. 运用经验法则需遵循程序正当原则,具体包括以下几个方面:其一,以保障诉权为核心。与刑事诉讼法庭调查程序一致,法官要保持中立,要让所有的当事人都能得到同等的陈述自己意见的权利和机会,不能以裁量之名,行偏袒之实。法官要给予不利当事人提出反证、辩护的机会。其二,以提高共识性为目标。法官在运用经验法则时虽然无法对全体社会民众进行共识性调查,但可以通过程序设计尽可能提高经验法则的社会性,尽可能接近社会共识。目前主要是通过人民陪审员、合议庭等制度予以保障。其三,以公开运用为监督。"没有公开则无所谓正义。"经验法则作为法官自由裁量权的体现,公开运用也是其正当性基础之一。因此,法官在运用经验法则时应及时公开推断理由、推断过程、推断结果,双方当事人有异议的,还需要进一步说理回应。将经验法则运用过程公开是提高司法公信力的重要措施。经验法则是反映事物间常态联系的认识,需要获得社会共识的正当性支持。司法需要主动公开,自信地接受当事人、公众的监督,只有这样,才可以获得应有的尊重和支持。

三、配套教材

1. 陈光中主编:《证据法学》(第 5 版),法律出版社 2023 年版。
2. 张保生主编:《证据法学》(第 4 版),中国政法大学出版社 2023 年版。
3. 潘金贵主编:《证据运用实务教程》,法律出版社 2023 年版。
4. 何家弘、刘品新:《证据法学》(第 7 版),法律出版社 2022 年版。
5. 陈瑞华:《刑事证据法》(第 4 版),北京大学出版社 2021 年版。
6. 胡铭:《刑事诉讼法学》(2019 年修订版),法律出版社 2016 年版。
7. 张亚东:《经验法则:自由心证的尺度》,北京大学出版社 2012 年版。

四、启发思考题与实践题

(一)思考题

1. 如何理解最高人民法院、最高人民检察院、公安部《办理毒品犯罪案件适用法律若干问题的意见》,《大连会议纪要》,最高人民检察院、公安部《关于公安机关管辖的刑事案件立案追诉标准的规定(三)》,《昆明会议纪要》等文件中关于主观明知认定的规定?

2. 经验法则的本质属性是知识还是规则?

3. 运用经验法则认定案件事实和证据裁判原则的关系是什么?经验法则是证据裁判的前提还是补充?

4. 如何理解经验法则和刑事证明标准的关系?如何理解经验法则和排除合理怀疑的关系?运用经验法则认定案件事实能否达到案件事实清楚、证据确实充分?

5. 如何理解经验法则和印证证明方法的关系?如何理解经验法则运用和自由心证的关系?

6. 刑事案件事实认定过程中,如何平衡客观证据和主观经验?

(二)实践题

1. 检索几例争议焦点是"毒品明知"的运输毒品案件进行比较,了解并学习关于"毒品明知"判断的裁判论证说理。

2. 检索几例争议焦点是"赃物明知"的掩饰、隐瞒犯罪所得、犯罪所得收益案件进行比较,了解并学习关于"赃物明知"判断的裁判论证说理。

3. 检索几例争议焦点是"肇事明知"的交通肇事逃逸案件进行比较,了解并学习关于"肇事明知"判断的裁判论证说理。

4. 检索几例争议焦点是"共犯明知"的共同犯罪案件进行比较,了解并学习关于"共犯明知"判断的裁判论证说理。

五、理论依据

证据裁判原则　自由心证主义　刑事证明标准　印证证明方法　刑事正当程序　司法证明模糊理论　似真推理　情理推断

六、背景信息

经验法则概念最早于1893年由德国学者弗里德里希·斯坦提出,其在《法官的私人知识》中将经验法则定义为一个在一般性确定性经验基础上所形成的一般性法则。提出经验法则概念,最初的目的是矫正大陆法系国家或地区在实行自由心证制度之初陷入的绝对自由心证主义。经验法则概念一经提出,便被意大利、西班牙、日本以及我国台湾地区等所接受。目前,经验法则在德国等大陆法系国家或地区被视为经验运用的柔性约束机制。相比于域外及我国民事诉讼领域，我国刑事诉讼领域对经验法则的研究起步较晚。

自2010年起，赵作海案、张氏叔侄案、呼格吉勒图案、聂树斌案等一系列冤假错案得以纠正，在彰显司法公正、人权保障的同时也促使司法追责力度加大。受此影响，法官自由心证被套上了无形的“枷锁”，在北京西客站故意杀人案、广东陈某昊涉嫌故意杀人案、云南陈某涉嫌故意杀人案等案件中，法官即使内心已达有罪确信，但由于证据不存在“强印证”，也不敢作出有罪判决。从表面上看，这是对无罪推定、疑罪从无原则的坚守，实际上却是对自由心证原则的放弃，可能存在过度放纵犯罪的风险，不利于保障被害人的合法权益，也不利于彰显司法公平正义。

对于事实认定，既不能以经验判断取代证据调查，又不可完全忽视经验在事实认定中的作用，从而走向高度客观化的证据裁判主义。准确理解经验法则，能够有效调和事实认定中客观证明与主观推断的动态关系，保证裁判者的经验能够在事实认定中被合理地运用，故亟须在我国刑事司法证明中明确经验法则的地位，规范经验法则的运用。在理论层面，深入研究经验法则，有助于准确理解证据裁判原则的内涵，有助于完善弥补印证证明理论的缺陷，有助于丰富刑事司法证明的方法论体系，进而实现从“过度客观化证据裁判主义”向“主客观平衡的证据裁判主义”的转变。在实践层面，深入研究经验法则，能为司法人员准确认定事实提供有力的理论支撑，解放对法官自由心证的不当“束缚”，实现惩罚犯罪和保障人权的有机统一。另外，强调经验法则在司法证明中的作用，有助于避免不必要的取证行为，减少虚假证据的产生，更有助于发挥法官主观能动性，提高其事实认定能力，提升司法公正水平。

七、关键要点

1. 刑事审判中经验法则的合理运用，与现代司法证明一致，都需要不断追求主客观相平衡的状态。经验法则的本质是法官个性经验认识，属于自由心证范畴，因此经验法则的运用也稳定在自由与控制之间。自由过量会导致臆测定案，容易造成冤假错案，控制过度则会导致机械定案，存在放纵犯罪的危险。

2. 保障经验法则的合理运用必须同时协调好“放权”和“限权”的关系。“放权”的主要目的是解放对法官自由裁量权的不当“束缚”，唤醒法官心证的热情和勇气，重点是要增强立法支持、理论支撑，降低法外压力。“限权”的主要目的是提高经验法则运用的准确性、合理性，以程序性控制为主要手段，重点是要增加经验法则运用的合理性和规范性。

3. 以本案为例，重点了解、学习运用经验法则认定案件事实的基本规则，特别是深刻领会运用经验法则证成案件事实、证否指控事实、评判主张事实等三种模式的异同点。综合证据裁判原则、司法证明方法、刑事证明标准等理论,提升案件事实认定能力,培养、锻炼学生系统性分析问题的思维和统领全局解决问题的能力。

八、课堂计划

本案例可以作为专门的案例教学课来进行,整个案例课的课堂安排 6 个课时,每课时 45 分钟。如下课堂设计,仅供参考。

1. 课前计划:安排学生阅读案例及相关参考资料,对案例涉及问题进行思考,撰写实践题答案。

2. 课中计划:介绍教学目的,明确讨论主题;学生分组讨论,回答各项思考题,讨论实践题的撰写要点;小组代表提出撰写要点,学生讨论和分析;教师归纳总结。

3. 课后计划:布置学生思考证据裁判原则、自由心证制度、印证证明方法、刑事证明标准等内容。10 余年来,重罪案件证据裁判开始走向高度客观主义,不可否认这一趋势的积极意义,但过于理想化、绝对化的色彩既背离了诉讼制度和纠纷解决的实践逻辑,也可能导致证据收集、运用与评价的一些问题。在此背景下,有必要反思高度乃至过度客观化的刑事证明理念、立法与实践,有必要在司法证明中合理运用经验法则,构建起一种既注重客观证明,又兼容合理推断的平衡型事实认定模式。学生需深入思考,如何在司法证明中平衡主观经验和客观证据之间的关系?

九、参考文献

1. 何家弘:《司法证明方法与推定规则》,法律出版社 2018 年版。

2. 李树真:《精细化司法证明中逻辑与经验基本问题研究》,中国社会科学出版社 2012 年版。

3. 栗峥:《司法证明的逻辑》,中国人民公安大学出版社 2012 年版。

4. 王彪:《犯罪主观要件证明问题研究》,法律出版社 2016 年版。

5. [美]特伦斯·安德森、[美]戴维·舒姆、[英]威廉·特文宁:《证据分析》(第 2 版),张保生、朱婷、张月波等译,中国人民大学出版社 2012 年版。

6. 封利强:《我国刑事证据推理模式的转型:从日常思维到精密论证》,载《中国法学》2016 年第 6 期。

7. 胡铭、邱士辉:《司法证明中的印证规则与事实认知》,载《浙江学刊》2018

年第 3 期。

8. 龙宗智:《刑事印证证明新探》,载《法学研究》2017 年第 2 期。

9. 罗维鹏:《刑事证明中经验法则确证的规则塑造》,载《法学家》2022 年第 4 期。

10. 汪海燕:《印证:经验法则、证据规则与证明模式》,载《当代法学》2018 年第 4 期。

11. 王志坚:《刑事证明结构视野下经验法则的适用模式展开》,载《证据科学》2023 年第 2 期。

12. 吴洪淇:《从经验到法则:经验在事实认定过程中的引入与规制》,载《证据科学》2011 年第 2 期。

13. 向燕:《论刑事综合型证明模式及其对印证模式的超越》,载《法学研究》2021 年第 1 期。

14. 羊震:《经验法则适用规则之探讨》,载《法商研究》2012 年第 2 期。

15. 张迪:《刑事证明中经验法则的精密运用》,载《法制与社会发展》2022 年第 5 期。

16. 张卫平:《认识经验法则》,载《清华法学》2008 年第 6 期。

17. 纵博:《论诉讼证明中的逻辑和经验》,载《新疆大学学报(哲学·人文社会科学版)》2016 年第 2 期。

18. 左卫民:《反思过度客观化的重罪案件证据裁判》,载《法律科学(西北政法大学学报)》2019 年第 1 期。

19. [意]米歇尔·塔鲁否:《关于经验法则的思考》,孙维萍译,载《证据科学》2009 年第 2 期。

3-4 CASE

萧山五青年抢劫杀人案

——刑事诉讼中的证明标准与疑罪从无原则的适用

1995年3月20日、8月12日，浙江杭州萧山相继发生两起抢劫杀人案，出租车司机徐某华、陈某江分别被人杀害、抛尸路边，财物被劫。公安机关认定这两起命案系陈某阳、田某冬、王某平、朱某平、田某平5人所为。历经一审、二审、再审，历时18年，最终法院于2013年宣告5名被告人的抢劫罪和故意杀人罪不成立。[1]

一、本案一审情况

（一）一审公诉机关的指控

（1）1995年3月20日，被告人陈某阳、田某冬、朱某平、田某平经事先预谋，结伙至萧山市（现为萧山区）衙前镇，乘坐被害人徐某华驾驶的出租车，并对徐某华实施抢劫，对其采用扼颈及石块猛击头部等手段，致徐某华死亡，并劫得现金、金饰等财物，后抛尸逃离。（2）1995年8月12日，被告人陈某阳、田某冬、王某平、田某平经预谋，携带双股白色电线、尖刀等作案工具至原绍兴县柯桥镇，先后乘坐被害人陈某江驾驶的出租车，并对陈某江实施抢劫。遭到反抗后，王某平持刀猛刺陈某江腹部，陈某阳用电线勒陈某江颈部，另两人协助，致陈某江当场死亡，并劫得若干现金，后弃车逃跑。（3）1995年9月2日晚，被告人陈某阳、田某冬结伙窜至城厢镇一居民家中，窃得21寸彩电一台及其他财物若干。（4）1995年10月5日晚，被告人田某平携带尖刀在萧山市某公路上，以搭车为由拦截石某基驾驶的农用货车，并以持刀威胁的手段实施抢劫，后因石某基说认识田某平的朋友，田某平将财物归还，但要求石某基帮忙拦截一辆车。石某基被迫拦截了金某华、阮某军驾驶的东风牌货车让田某平搭乘，继而田某平在该车上又一次实

[1] 项某源故意杀人案（萧山五青年冤案真凶），浙江省嘉兴市中级人民法院（2013）浙嘉刑初字第40号刑事判决书；浙江省高级人民法院（2013）浙刑一终字第129号刑事判决书。

施抢劫,后被执勤交警当场抓获。

(二)一审被告人及辩护人的辩护

被告人陈某阳、田某冬、王某平、朱某平均辩解其未参与抢劫作案,并声称遭受刑讯逼供。其辩护人分别提出,认定4人参与抢劫犯罪的证据不充分。被告人陈某阳、田某冬对盗窃这一犯罪事实无异议。被告人田某平对上述犯罪事实均无异议,其辩护人提出,被告人田某平在两次共同抢劫犯罪中作用较小,在进行其中一次犯罪时未满18周岁,且能如实交代犯罪事实,认罪态度较好,请求予以从轻处罚。

(三)一审法院的裁判

一审法院认为,被告人陈某阳、田某冬、王某平、朱某平、田某平以非法占有为目的,单独或分别结伙采用持械威胁或暴力等手段,劫取他人财物数额较大,其行为均已构成抢劫罪,且犯罪情节特别严重。被告人陈某阳、田某冬以非法占有为目的,秘密窃取他人财物数额较大,其行为均还构成盗窃罪,对陈某阳、田某冬应两罪并罚。公诉机关指控罪名成立。被告人田某平实施部分犯罪时未满18周岁,且归案后、庭审中能如实交代其犯罪事实,认罪态度较好,故予以从轻处罚。其辩护人以此为由请求予以从轻处罚的辩护意见予以采纳。法院判决:被告人陈某阳、田某冬犯抢劫罪,判处死刑,剥夺政治权利终身,犯盗窃罪,判处有期徒刑2年,两罪并罚,决定执行死刑,剥夺政治权利终身;被告人王某平,判处死刑,剥夺政治权利终身;被告人朱某平,判处死刑,缓期2年执行,剥夺政治权利终身;被告人田某平判处无期徒刑,剥夺政治权利终身。

二、本案二审情况

(一)上诉人及辩护人意见

辩护人认为,本案客观证据欠缺。

(1)卷宗材料中显示,“3·20”案、“8·12”案中,警方均从现场提取到指纹,但一审中并未提供指纹比对证据。(2)“3·20”案被害人徐某华系被石块猛击头部而死亡的,但庭上公诉人出示的带血石头大小与讯问笔录中的不一致,对石头上的血迹与被害人血液未做同一鉴定,也未对石头与陈某阳等人的手印或体味做同一鉴定。(3)“8·12”案中涉及的刀具、电线等物证并没有被公示。(4)“8·12”案中没有直接证据指向被告人,只有一名名为“朱某娟”的举报人,该名举报人以听他人说的方式指证了陈某阳等人于1995年8月的某一晚上在某地杀害了1名男司机,但"朱某娟"此人的来历去向无从查证。同时,其他涉案的34名证人也无一出庭。鉴定人也未出庭。(5)本案各被告的口供在作案时间、出发路线、工具凶器种类、死者的相貌、各被告在车上的位置、各被告是否事先认识等方面均相互矛盾。(6)本案存在严重的刑讯逼供:田某冬的口供中记载了具体的刑讯逼供的情节,如因被撞墙、咬舌等伤害到萧山城厢医院、萧山第一医院就诊,在一审称"我咬下舌头并吞下肚,是怕打我"。朱某平在一审描述了刑讯逼供非法伤害后果:左手手腕有伤痕,右手拇指失去知觉2个月。

(二)二审法院的判决

浙江省高级人民法院认定,本案基本事实清楚,基本证据确实。陈某阳、田某冬等人以非法占有为目的,单独或分别结伙采用持械威胁或暴力手段,劫取他人财物并致人死亡,其行为均已构成抢劫罪,犯罪情节特别严重,应予以严惩。根据本案具体情况,对被告人陈某阳、田某冬、王某平尚不能立即执行死刑。原审判决定罪正确,对被告人朱某平、田某平的量刑以及对被告人陈某阳、田某冬所犯盗窃罪的量刑适当,审判程序合法。唯对被告人陈某阳、田某冬、王某平所犯抢劫罪量刑不当,应予改判。二审法院判决被告人陈某阳、田某冬、王某平犯抢劫罪,判处死刑,缓期2年执行,剥夺政治权利终身。

三、本案再审情况

(一)被告人及其辩护人意见

(1)原审被告人陈某阳、田某冬、朱某平、田某平的辩护人均提出,新的证据证明1995年3月20日徐某华被害案的真凶系项某源,故原判认定事实有误,要求予以纠正。(2)陈某阳、田某冬、王某平、朱某平、田某平的辩护人提出,有线索表明侦查机关采取刑讯逼供等非法手段获取原审被告人的有罪供述及指认现场笔录等证据,申请对上述证据予以排除,不得将其作为定案的根据。(3)陈某阳、田某冬、王某平、田某平的辩护人提出,新的证据证明侦查机关于1995年8月12日在陈某江被害案现场提取的指掌纹均非原审四被告人所留;陈某阳、王某平、田某平的有罪供述前后矛盾,不能相互印证,且与证人证言、现场勘查笔录反映的情况不符,原判认定1995年8月12日陈某江被害案事实不清,证据不足,请求予以纠正。(4)陈某阳的辩护人提出,陈某阳关于盗窃的供述亦属侦查机关采取刑讯逼供等非法方法获取,亦应予以排除,不得将其作为定案证据。

(5)陈某阳、田某冬的辩护人均提出即使陈某阳、田某冬构成盗窃罪,鉴于陈某阳、田某冬盗窃部分系二人因涉嫌抢劫到案后主动交代的不同种罪行,也应以自首论,原判对二人盗窃部分量刑过重,请求对陈某阳、田某冬免予刑事处罚。(6)田某平的辩护人提出,田某平在1995年10月5日晚第一起抢劫中,主动将现金归还被害人,属于犯罪中止;在当晚实施的第二起抢劫中,未占有他人钱财,并被公安人员抓获,属于犯罪未遂;田某平犯罪情节较轻,请求对田某平减轻处罚。

(二)检察院意见

浙江省人民检察院派员出庭参加庭审。出庭检察员提出:(1)有足够证据认定1995年3月20日徐某华被害案的真凶系项某源,原判认定系原审被告人陈某阳、田某冬、朱某平、田某平作案事实有误,建议予以纠正。(2)陈某阳、王某平、田某平关于1995年8月12日陈某江被害案的有罪供述前后不一致,且不能相互印证,与证人证言、现场勘查笔录反映的情况不符;侦查机关在案发现场提取的指掌纹均非原审被告所留,原判认定陈某江被害案事实不清,证据不足,亦建议予以纠正。(3)虽然现有证据不能确认在侦查过程中存在刑讯逼供的情形,但通过阅卷、听取原审被告人的辩解和走访相关人员发现,侦查人员在审讯过程中存在不规范、不文明的行为。(4)原判认定陈某阳、田某冬盗窃的事实清楚,证据确实、充分,建议法庭考虑陈某阳、田某冬有自首情节予以从轻处罚。(5)原判认定田某平于1995年10月5日晚实施的两起抢劫事实清楚,证据确实、充分,该两起抢劫从犯罪形态上分别属于既遂、未遂,田某平抢劫犯罪情节较轻微,建议法庭依法判处。

(三)再审法院的判决

再审法院认为,原一审、二审判决认定陈某阳、田某冬、朱某平、田某平抢劫并杀害被害人徐某华的事实错误;认定陈某阳、田某冬、王某平、田某平抢劫并杀害被害人陈某江的事实不能成立,均应予以纠正。原审被告人陈某阳、田某冬以非法占有为目的,结伙秘密窃取他人数额较大之财物,其行为均已构成盗窃罪,应依法惩处。原判对盗窃罪定罪准确,鉴于陈某阳、田某冬就盗窃犯罪有自首情节,可对陈某阳、田某冬从轻改判。原审被告人田某平以非法占有为目的,采用暴力、胁迫手段劫取他人财物,其行为已构成抢劫罪。鉴于田某平在第一起抢劫后能主动归还赃物、第二起抢劫属犯罪未遂,可对其从轻处罚。原审对被告人陈某阳、田某冬、王某平、朱某平的死缓刑判决和对田某平的无期徒刑判决均应撤销,再审法院改判:原审被告人王某平、朱某平无罪;原审被告人陈某阳、田某冬犯盗窃罪,分别判处有期徒刑1年;原审被告人田某平犯抢劫罪,判处有期徒刑3年。

案例使用说明

一、教学目的与用途

本案例主要就审判监督程序的启动与纠错机制、刑事证明标准、非法证据的排除和疑罪从无原则的确立进行讲授。具体要解决的问题包括:其一,刑事诉讼中的证明标准,证据确实、充分的具体内涵;其二,非法证据的排除范围和排除程序;其三,以本案为例,剖析中国刑事司法实践中的疑罪从无原则的运用情况;其四,以本案为例,探究应如何避免冤错案件。

本案例供法律硕士案例教学使用,法学本科(大四)、刑法学硕士、诉讼法学硕士也可以参酌试用。

二、涉及知识点

(一)刑事诉讼中的证明标准是什么?在刑事判决中的具体内涵如何?

证明标准是指法律所规定的运用证据证明待证事实所要达到的程度或者要求。积极主张的一方提供的证据达到了证明标准,则意味着其完成了自己的证明责任,其诉讼主张可以得到积极的评价。积极主张的一方提供的证据未达到证明标准,则意味着其未完成自己的证明责任,其诉讼主张会得到消极的评价。在刑事公诉案件中,积极主张的一方在一般情况下就是公诉机关。《刑事诉讼法》第55条第2款规定:“证据确实、充分,应当符合以下条件:(一)定罪量刑的事实都有证据证明;(二)据以定案的证据均经法定程序查证属实;(三)综合全案证据,对所认定事实已排除合理怀疑。”也就是说,在我国,有罪判决的证明标准是:案件事实清楚、证据确实充分,排除合理怀疑。

(二)如何理解排除合理怀疑?合理怀疑应当具备哪些特点?

2012年修正的《刑事诉讼法》引入了“排除合理怀疑”标准。将“排除合理怀疑”引入我国刑事诉讼的证明标准,意味着在原来客观化的证明标准中注入了一种带有主观性的证明要求。所谓“主观性的证明要求”,原本是自由心证原则的内在应有之义,是指法律对裁判者认定案件事实提出了内心确信程度的要求。按照英美法系主流观点,对排除合理怀疑的理解只承认高度盖然性,即最大限度地接近确定性，尚未达到“确定性”的程度，用概率来表示就是95%以上确定即可。我国法律语境下的排除合理怀疑是对有罪判决证明标准的解释。对排除合理怀疑的定义可以参考全国人大常委会法制工作委员会在《〈关于修改《中华人民共和国刑事诉讼法》的决定〉条文说明、立法理由及相关规定》中的说法：“‘排除合理怀疑’是指对认定的事实，已没有符合常理的、有根据的怀疑，实际上达到确信的程度。”我国刑事诉讼有罪证明标准应当将高度盖然性与“确定性”“唯一性”结合适用。《刑诉法解释》第140条第4项明确规定：“根据证据认定案件事实足以排除合理怀疑，结论具有唯一性。”具体而言，应当对有关定罪和量刑的主要事实的证明达到“唯一性”。其中，主要事实包括以下三项内容：(1)犯罪事实是否已经发生；(2)犯罪的主体是谁；(3)加重量刑的情节，特别是足以判处死刑的从重情节。至于其他情节，如犯罪的主观方面等，因为涉及被告人的内心世界而难以查证，因此可以适度降低证明标准。

合理怀疑在我国制度背景下具有以下特点：(1)合理怀疑应当建立在对全案证据慎重细致地进行分析推理的基础之上。只有对全案证据慎重细致地进行分析推理，才能使产生的怀疑有理有据，具有合理性。(2)合理怀疑应当有具体的事实根据。合理怀疑应当以客观存在的、经过调查属实的、有证据证明的事实为根据，而不是靠主观想象、臆测、怀疑的所谓事实。(3)合理怀疑应当符合经验法则与逻辑规则。以一般的常识、经验、知识为前提，通过推理工具推导出符合逻辑的怀疑，这是怀疑具有合理性的最基本要求。(4)合理怀疑应当足以动摇事实确认。一般而言，如果对“犯罪是否已经发生”和“实际犯罪的主体是谁”这两项内容产生怀疑，则可认定为足以动摇事实确认的怀疑。

(三)什么是疑罪从无原则？疑罪从无原则的确立对我国司法实践有何影响？

“疑罪从无”原则是指因事实不清或证据不足而不能证实被告人有罪，也不能排除其犯罪存疑时，作出有利于被告人的处理的原则，它是现代国际社会普遍通行的法治原则。《刑事诉讼法》第12条规定，“未经人民法院依法判决，对任何人都不得确定有罪”。在起诉阶段中，如果发现疑罪，应当以不起诉的形式作无罪处理，《刑事诉讼法》第175条第4款规定，“对于二次补充侦查的案件，人民检察院仍然认为证据不足，不符合起诉条件的，应当作出不起诉的决定”。在审判阶段中，如果发现疑罪，应当作出无罪判决，《刑事诉讼法》第200条第3项规定，“证据不足，不能认定被告人有罪的，应当作出证据不足、指控的犯罪不能成立的无罪判决”。这一规定要求控方对所指控的犯罪行为，必须提出确实、充分的依据，如系用间接证据定案，则要求证据之间必须形成证据链。要注意审查案件证据与证据之间，证据与事实之间是否互相一致，互相印证，彼此间是否存在矛盾;如果曾经存在疑问和矛盾,是否已得到合理排除;特别是依靠间接证据定案的,更应注意用来证明案件事实的间接证据是否真实可靠,各个证据间是否形成符合证明条件的"证据群",是否具有排他性的证明体系。如果证据不足,不能证明被告人有罪,法院就应推定并宣告被告人无罪。

萧山五青年抢劫杀人案的再审对涉及的证据重新进行了审查,并依据"疑罪从无"的原则,对"8·20"陈某江案作出无罪宣判。此案一审、二审时,疑罪从无原则虽已在1996年修正的《刑事诉讼法》中确立,但在当时尚未得到彻底的贯彻执行,对证据不足的案件,在司法实践中一般仍采取疑罪从轻的原则处理。再审时,该法已颁布实施多年,随着审判人员的司法理念的转变,其在面对证据不足的案件时,就采取了"疑罪从无"的原则处理。从本案可看出,刑事审判从重口供到重证据,从疑罪从轻到疑罪从无,体现了刑事审判向现代司法理念的转变;体现了人权理念既要依法惩罚犯罪,又需依法保障人权;更加突出反映了司法文明、进步和民主。

(四)为什么会有冤错案件的发生?如何能够有效地避免冤错案件的发生?

冤假错案严重侵犯了受害人的权益,给受害人的人身、财产造成了难以弥补的损失,主要有以下一些因素造成了冤假错案的发生。

1.受"重实体轻程序""重集体轻个人"等传统思维的影响:首先,我国刑事司法长期以来主要关注实体真实,而缺乏程序正义的传统;其次,我国比较注重对群体利益的保护,容易忽视对个人利益的保障,导致在实践中公安、司法机关办案时会在二者之间作对比并作出取舍;最后,惩罚意识至上,导致犯罪嫌疑人、被告人一直被作为犯罪客体而非犯罪主体来对待,其相关权利未能得到重视。

2.刑事诉讼制度设计上的缺陷,主要包括以下几个方面:(1)被指控者防御机制弱化,主要表现为犯罪嫌疑人、被告人辩护权弱化。第一,我国比较重视庭审阶段的辩护权,弱化了庭前阶段包括侦查和审查起诉阶段的辩护权。在审前阶段,诉讼的主动权掌握在公安和检察院的手里,且存在不符合刑事诉讼法程序规定的做法,犯罪嫌疑人、被告人的权利保障被弱化。尤其是侦查阶段,辩护律师仅享有与在押的犯罪嫌疑人进行会见通信等权利,且可能会受到不合理的限制,同时,缺乏讯问犯罪嫌疑人时的在场权、调查取证权等重要的实质性权利。第二,辩方知悉权受限,缺乏证据开示程序。所有与案件相关的证据资料在公安及检察院的手中,在整个侦查阶段辩护律师都无法接触案卷材料,直到审查起诉之日起律师才可以阅卷,即查阅相关的案件事实及证据材料。(2)不恰当的诉讼配合义务。根据《刑事诉讼法》的规定,犯罪嫌疑人对侦查人员的讯问有"如实回答"的义务,这为侦查机关强迫其回答相关问题留下了空间,也使反对强迫自证其罪特权很容易流于形式。(3)证人、鉴定人不出庭现象较为严重,导致无法对有争议的关键证人、鉴定人进行有效的交叉询问。书面的证人证言、鉴定意见难以得到核实确认,存在造假的证人证言及鉴定意见难以被发现及排除的情况。(4)对口供的依赖性比较强,对实物证据的审查标准不严格,导致存在刑讯逼供情况,而非法证据在刑诉程序中难以被排除。

3. 公安、司法机关的权力配置和工作机制存在问题。检察院忽视对侦查的引导,弱化了对冤假错案的预防,而检察院作为法律监督机关,相关的监督往往滞后乏力;公检法过度强调配合而忽视了相互制约,尚未形成真正符合审判中心主义要求的刑事司法体制。

针对以上原因,可以从以下几个方面着手来预防及纠正冤假错案的发生:(1)转变观念:惩罚犯罪与保证人权并重,尊重犯罪嫌人、被告人的诉讼主体地位,凸显程序的独立价值。(2)加强对辩护权的保障,确立证据开示制度,实施讯问时律师在场制度。(3)强化对客观证据的收集与审查,降低对口供的依赖,严格适用非法证据排除制度,从源头上防止刑讯逼供、暴力取证等非法方法取得的证据,严格反对强迫自证其罪,可以设立沉默权制度。(4)检警关系紧密化,检察院引导侦查机关收集证据,积极行使侦查监督权。(5)改变现行的奖惩体制,实践中对错案问责的认定标准包括检察院不起诉的,就属于侦查机关的错案,法院作出无罪判决的,就属于检察院的错案,二审改判的,就属于一审法院的错案等,导致检察院、法院发现错案也不敢纠正,建议改采过错责任制,将重点放在枉法裁判和程序性违法的追究上。

三、配套教材

1. 胡铭:《刑事诉讼法学》(2019 年修订版),法律出版社 2016 年版。
2. 胡铭等:《刑事诉讼法入门笔记》,法律出版社 2019 年版。
3. 陈瑞华:《论法学研究方法》,法律出版社 2017 年版。

四、启发思考题与实践题

(一)思考题

1. 启动审判监督程序的途径有哪些?
2. 审判监督程序的审判形式、审理方式有哪些?再审会出现哪些处理结果?
3. 辩护律师可以在什么阶段提出排除非法证据?
4. 辩护律师是否需要证明非法证据的存在?
5. 辩护律师提出非法证据排除申请后,人民法院应启动非法证据排除调查程序,具体应包括哪些步骤和内容?

6. 庭审阶段如何进行质证?哪些证据需要质证?

7. 证据不得作为定案根据的情形具体有哪些?

8. 非法证据排除的证明责任如何分配?

9. 证据的证明标准有哪些?证据能力及证明力不足的证据应当如何处理?

10. 如何有效避免冤错案件的发生?

(二)实践题

1. 作为一名辩护律师,请根据本案相关情况,分析本案辩护人的辩护策略的得失之处。

2. 结合本案案情,选择其中一名被告人为其撰写再审辩护词。

3. 根据一审、二审、再审的相关信息,分析对五被告人涉及的抢劫罪、盗窃罪分别应如何定性(刑事责任能力、犯罪形态、自首立功情节等)。

4. 在本案一审、二审之间《刑法》经历了修改,16 年后再审时,《刑法》经历了多次修改,新的《刑事诉讼法》也出台了,相关法律条文均有修改,根据“从旧兼从轻”原则,分析各条文溯及力,以及在本案中的运用。

五、理论依据

排除合理怀疑(自由心证)　证据裁判主义　职权主义与当事人主义　侦查中心主义与审判中心主义

六、背景信息

1995 年 3 月 20 日,在萧山农垦一场 16 队四号桥南的机耕路发生出租车司机徐某华被杀案件;同年 8 月 12 日,在萧山新街镇九号坝公路铁板桥上,发现陈某江被人杀害在出租车中。

1997 年 7 月 11 日,杭州市中级人民法院分别以抢劫罪判处陈某阳、田某冬死刑,以盗窃罪判处其有期徒刑 2 年,两罪并罚执行死刑;以抢劫罪分别判处王某平死刑,朱某平死刑、缓期 2 年执行,田某平无期徒刑。

陈某阳、田某冬、王某平、朱某平提出上诉,田某平未提出上诉。1997 年 12 月 29 日,浙江省高级人民法院改判陈某阳、田某冬、王某平 3 人死刑、缓期 2 年执行,核准朱某平死刑、缓期 2 年执行。

2012 年 12 月下旬,犯罪嫌疑人项某源被抓获,通过审讯和指纹比对,其被确认为 1995 年 3 月 20 日萧山抢劫出租车案的犯罪嫌疑人。

2013 年 1 月 4 日,浙江省高级人民法院以原判决确有错误为由,对该案进行立案复查,并于5月21日决定进行再审。6月25日,浙江省高级人民法院公开开庭审理此案,当庭宣告两名被告人无罪。宣判后,审判长、浙江省高级人民法院审判委员会专职委员向陈某阳、田某冬等5人表示道歉并告知当事人申请国家赔偿的权利。

2014年1月18日,浙江省高级人民法院、省检察院在向省人大所作的工作报告中,均提到"萧山五青年案"的纠正平反,该案与"张氏叔侄案"共列为典型案例。

七、关键要点

1.对于本案例的分析可以从程序入手,对案发、一审、二审、再审等重要节点有所把握,着重理解各环节在程序法上应发挥的作用,并结合案件审理结果与其实际发挥的作用进行对比。增进学生对诉讼环节的法条规定与程序原理两方面的了解,提高其辩证分析能力。

2.重点分析本案例中涉及的证据问题,包括非法证据认定、非法证据排除、再审启动与新证据的关系等,尤其对于口供的证据地位与刑讯逼供的关系应进行深入探讨,最好能进一步引申至对冤假错案防范的相关思考。加强学生结合案件事实运用法条的能力,鼓励学生运用批判性思维对法条背后的立法原理进行讨论,进一步加深学生对制度的省思能力。

3.关注案例中所体现的刑法与刑事诉讼法交叉的内容,包括抢劫罪、盗窃罪及其犯罪形态的认定,自首、坦白等情节的处理,历经新旧法更替的刑事案件中溯及力的问题。锻炼学生跨部门法思维的形成。

八、课堂计划

本案例可以作为专门的案例教学课来进行,整个案例课的课堂安排6个课时,每课时45分钟。如下课堂设计,仅供参考。

1.课前计划:安排学生阅读案例及相关参考资料,对案例涉及问题进行思考,撰写实践题答案。

2.课中计划:介绍教学目的,明确讨论主题;学生分组讨论,回答各项思考题,讨论实践题的撰写要点;小组代表提出撰写要点,学生讨论和分析;教师归纳总结。

3.课后计划:布置学生进一步思考疑罪从无原则的相关问题,并就本案及相关冤错案件的避免进行延伸思考。

九、参考文献

1. 胡铭等:《错案是如何发生的——转型期中国式错案的程序逻辑》,浙江大学出版社2013年版。

2. 胡铭:《刑事诉讼法学》(2019年修订版),法律出版社2016年版。

3. 陈光中、于增尊:《严防冤案若干问题思考》,载《法学家》2014年第1期。

4. 陈卫东:《羁押必要性审查制度试点研究报告》,载《法学研究》2018年第2期。

5. 陈瑞华:《刑事证明标准中主客观要素的关系》,载《中国法学》2014年第3期。

6. 龙宗智:《庭审实质化的路径和方法》,载《法学研究》2015年第5期。

3–5 CASE 念某投放危险物质案

——刑事审判中的证据采信与非法证据排除规则的适用

2006年7月27日，福建省平潭县澳前村17号两户居民家中多人出现中毒症状，致两人死亡。警方侦查确定系人为投放氟乙酸盐鼠药所致，并认为其邻居念某有重大作案嫌疑。此后，念某被逮捕，并被提起公诉。本案历经多次审判，念某四次被判处死刑，案件一度被报请最高人民法院进行死刑复核，但未被核准。最终，福建省高级人民法院作出刑事附带民事判决，撤销一审判决，宣告被告人念某无罪。

一、本案一审情况[1]

2007年2月21日，福州市人民检察院以念某犯投放危险物质罪向福州市中级人民法院提起公诉，2008年2月1日，福州市中级人民法院作出一审判决。后因被告人念某上诉，本案被多次发回福州市中级人民法院重新审判，并于2011年11月7日作出最后一次一审判决。

（一）一审公诉机关的指控

2007年2月21日，福州市人民检察院以念某犯投放危险物质罪向福州市中级人民法院提起公诉，指控念某犯有如下罪行：2006年7月26日，被告人念某在其食杂店中看到顾客被丁某虾招揽过去而怀恨在心。次日凌晨1时许，被告人念某到其与丁某虾等人共同租用的厨房，将半包鼠药倒入矿泉水瓶掺入水后倒入丁某虾放置在与他人共同租用的厨房烧水的铝壶中，剩余的半包鼠药及装鼠药的矿泉水瓶被丢弃在附近的竹筐里。当天下午，陈某娇用铝壶中的水帮助丁

---

〔1〕 念某投放危险物质案，福建省福州市中级人民法院（2011）榕刑初字第104号刑事附带民事判决书。

某虾煮鱿鱼,傍晚丁某虾用铝壶中的水煮稀饭。当晚被害人俞甲、俞乙、俞丙、丁某虾、陈某娇、念某珠食用了稀饭、鱿鱼相继中毒。其中,俞乙、俞丙经抢救无效死亡。经福州市公安局法医检验,俞乙、俞丙的心血尿液中检出含氟乙酸盐鼠药,二人系氟乙酸盐鼠药中毒死亡。丁某虾的铝壶内的水、高压锅残留物、铁锅残留物中均检出氟乙酸盐成分。

(二)一审法院认定的事实及证据采信情况

被告人念某与丁某虾分别租用平潭县陈某娇家相邻的两间店面经营食杂店,存在生意竞争。2006 年 7 月 26 日晚,念某认为丁某虾抢走其顾客而心怀不满。次日凌晨 1 时许,念某产生投放鼠药让丁某虾吃了肚子痛、拉稀的念头,遂将案发前在平潭县医院附近向摆地摊的杨某炎购买的鼠药取出半包,并将其倒在矿泉水瓶中加水溶解,后潜入其食杂店后丁家厨房将鼠药水从壶嘴倒入烧水铝壶的水里。当晚,丁某虾的孩子俞乙(被害人,男,殁年 10 岁)、俞丙(被害人,女,殁年 8 岁)、俞甲(被害人,男,时年 6 岁)食用了使用壶水烹制的稀饭和青椒炒鱿鱼,丁某虾食用了其中的稀饭和青椒,房东陈某娇及其女儿念某珠食用了其中的青椒炒鱿鱼。后俞乙、俞丙、俞甲等人相继出现中毒症状。次日凌晨,俞乙、俞丙经抢救无效死亡,经鉴定系氟乙酸盐鼠药中毒。俞甲接受住院治疗。

认定上述事实的证据有:被害人俞甲、丁某虾的陈述,证人陈某娇、念某珠、俞某发、陈某钦、巫某龙、杨某炎、张某、洪某强、杨某平、张某文、刘某珠、吴某英等人的证言;现场勘验检查笔录和现场照片,搜查笔录、扣押物品清单和照片;医院病历材料;福州市公安局法医学鉴定书、理化检验报告、侦查实验笔录、公安部物证鉴定中心物证检验意见书;被告人念某的供述和辨认笔录,以及户籍证明、经济损失相关票证等。

(三)一审法院的裁判

福州市中级人民法院认为,被告人念某投放危险物质致 2 人死亡的行为已构成投放危险物质罪。念某对其犯罪行为给附带民事诉讼原告人造成的经济损失,依法应当赔偿。依照《刑法》第 115 条第 1 款、第 57 条第 1 款、第 48 条第 1 款、第 36 条第 1 款,原《民法通则》第 119 条以及最高人民法院《关于审理人身损害赔偿案件适用法律若干问题的解释》第 17 条第 1 款和第 3 款、第 20 条、第 21 条、第 22 条、第 23 条、第 27 条、第 29 条之规定,判决:被告人念某犯投放危险物质罪,判处死刑,剥夺政治权利终身;念某应赔偿附带民事诉讼原告人丁某虾经济损失人民币 216,651.09 元,赔偿附带民事诉讼原告人俞甲经济损失人民币

3410.67 元;驳回附带民事诉讼原告人丁某虾、俞甲的其他诉讼请求。

二、本案二审情况[2]

被告人念某不服福州市中级人民法院的有罪判决,再次提出上诉。上诉理由为,其没有作案,有罪供述内容不真实,系违法取证所得,请求宣告无罪,且不承担民事赔偿责任。福建省高级人民法院依法组成合议庭,于 2013 年 7 月 4 日至 7 日依法公开开庭审理了本案。后检辩双方补充了部分证据材料,福建省高级人民法院依职权对有疑问的证据进行了核实,并于 2014 年 6 月 25 日至 26 日再次公开开庭审理了本案,且作出了终审判决。

在两次法庭审理中,针对原判认定的事实,上诉人念某陈述了上诉理由,检、辩双方重点围绕被害人中毒原因、上诉人投毒方式、投放的毒物来源、上诉人供述情况等出示了证据,申请法庭依法通知了相关证人、鉴定人出庭作证,侦查人员出庭说明情况,专业人员出庭就理化检验报告和法医学鉴定意见提出意见。念某及辩护人、出庭检察员对上述出示的证据进行了质证,对证人、鉴定人、侦查人员和专业人员分别作了询问。在审理过程中,法庭依法对有疑问的证据进行了核实。

(一)上诉人及辩护人意见

辩护人的主要辩护观点是:本案现场勘验检查笔录制作不合法、不真实,不能作为定案依据;物证铝壶、高压锅和铁锅提取送检过程不清;理化检验报告均存在检验程序违法、检验结论不真实等问题,不能作为定案依据;现有证据不能证实被害人的中毒原因;没有证据证实念某购买了氟乙酸盐鼠药,在食杂店内调配好鼠药水,然后潜入被害人家厨房将鼠药水投入铝壶水中;原判认定鼠药投放在铝壶水中,与本案的中毒情况也不相符;念某曾供述的作案工具均不存在。没有证据证实念某实施投毒行为,请求宣告念某无罪。辩护人斯某江的主要辩护观点是:本案补充勘查提取铝壶未制作相应笔录,物证铝壶应予排除,不能作为定案依据;有关被害人死因的理化检验报告的质谱图出现明显问题,原判据此认定死因错误;毒物检验方法和操作过程不规范,检验结果均不能认定检出了氟乙酸盐鼠药成分,理化检验报告不能作为定案依据;上诉人念某的有罪供述与其他证据不能相互印证。请求宣告念某无罪。

---

〔2〕 念某投放危险物质案,福建省高级人民法院(2012)闽刑终字第 10 号刑事附带民事判决书。

(二)出庭检察员的主要出庭意见

福建省人民检察院出庭检察员的主要出庭意见是:上诉人念某在侦查阶段多次稳定供述犯罪事实,在检察机关审查批捕提讯时仍然作了有罪供述;供述的作案动机得到了证人证言印证;供述将鼠药投放在被害人家的铝壶水中,得到了从铝壶水和厨具中检出与被害人中毒相同成分鼠药的理化检验报告、法医学鉴定意见的印证;供述的鼠药来源,得到证人证言及从配制鼠药工具中检出与被害人中毒相同成分鼠药的理化检验报告印证;被害人中毒当天的食物来源、烹制过程、进食情况及食物中毒排查得到了证人证言证实;证据取证程序瑕疵问题经侦查人员、鉴定人出庭作了解释说明。念某及辩护人提出的上诉理由和辩护意见,均不符合案件的事实和证据。一审定性准确,审判程序合法,请二审法院根据事实、证据与法律规定作出公正判决。

(三)二审法院的判决

二被害人系中毒死亡,但原判认定致死原因为氟乙酸盐鼠药中毒依据不足,认定的投毒方式依据不确实,毒物来源依据不充分,与上诉人的有罪供述不能相互印证,相关证据矛盾和疑点无法得到合理解释、排除,全案证据达不到确实、充分的证明标准,不能得出系上诉人念某作案的唯一结论。因此,原判认定上诉人念某犯投放危险物质罪的事实不清,证据不足,原公诉机关指控上诉人念某所犯罪名不能成立。原审判决上诉人念某赔偿附带民事诉讼原告人丁某虾、俞甲的经济损失无事实依据。依照《刑事诉讼法》第 53 条、第 195 条第 3 项、第 225 条第 1 款第 3 项以及《民事诉讼法》第 170 条第 1 款第 3 项的规定,判决如下:(1)撤销福州市中级人民法院一审判决;(2)上诉人念某无罪;(3)上诉人念某不承担民事赔偿责任。

案例使用说明

一、教学目的与用途

本案例主要围绕刑事审判中的事实认定、证据采信与非法证据排除规则的适用进行讲授。具体要解决的问题包括:其一,刑事审判中的事实认定与证据采信,刑事诉讼的证明标准;其二,非法证据的排除范围和排除程序;其三,以本案为例,剖析中国刑事司法实践中各类证据,尤其是言词证据的采信情况;其四,以本案为例,如何通过严格遵守证据裁判原则、疑罪从无的裁判规则依法认定案件事实,避免冤错案件的发生。

本案例供法律硕士案例教学使用,法学本科(大四)、刑法学硕士、诉讼法学硕士也可以参酌试用。

二、涉及知识点

(一)我国刑事证据排除的类型主要有哪几种?分别如何加以排除?

在我国刑事证据排除规范体系中,证据排除规则主要有三种:一是非法证据排除规则;二是瑕疵证据排除规则;三是不可靠证据排除规则。

刑事证据排除通过价值评价与结果评断,构建起“法定排除”与“裁量排除”的两分排除模式。在价值评价层面,刑事诉讼以公民基本权保护为核心要旨之一,具有宪法基本权利救济的性质。在结果评断层面,一方面,刑事正当程序保护之权利存在内部位阶,不同程序的违反对应差异化的权利侵害,亦应赋予差别化的法律后果;另一方面,法律无法穷尽所有程序违法事项并明确严重程度,为了满足权利保护位阶需求并克服成文法的相对滞后性缺陷,应将取证程序违法的后果——证据排除,分为绝对的法定排除与相对的裁量排除。

首先,对于非法证据而言,2017 年颁布并施行的最高人民法院、最高人民检察院、公安部、国家安全部、司法部(以下简称“两高三部”)《关于办理刑事案件严格排除非法证据若干问题的规定》明确规定,非法言词证据为法定排除的对象,而对于非法实物证据则应进行裁量排除。其次,对于瑕疵证据而言,《刑诉法解释》将取证行为的违法程度作为评定标准,并将补正、解释型的裁量排除作为此类证据的排除方式。最后,对于不可靠证据而言,我国《刑诉法解释》中多次出现的“不得作为定案的根据”这一措辞,实则将之归为法定排除的对象。

(二)我国非法证据排除的立法历程是怎样的?

早期,我国的刑事诉讼法及相关司法解释均未涉及非法证据排除规则的相关内容,在此期间,非法证据排除规则在立法上属于“空白领域”。1988 年 10 月,联合国《禁止酷刑和其他残忍、不人道或有辱人格的待遇或处罚公约》对我国生效,我国开始在防止刑讯逼供等方面做出努力。1996 年修正《刑事诉讼法》时,第一次引入了非法证据排除的理念,要求司法人员全面收集证据,包括能够证明有罪的证据和证明无罪的证据、证明罪轻的证据和证明罪重的证据,并且规定不得以刑讯逼供以及威胁、引诱、欺骗等其他手段收集证据。这次修正从立法上填补了非法证据排除的立法空白。之后,针对司法实际,最高人民法院于 1998 年出台了《关于执行〈中华人民共和国刑事诉讼法〉若干问题的解释》(已失效),该解释明确规定,严禁以非法的方法收集证据,非法收集的证据不得作为定案的根据。1999 年,最高人民检察院对《人民检察院刑事诉讼规则》进行修正,同样规定以非法的方法收集的犯罪嫌疑人供述、被害人陈述、证人证言等,不能作为指控犯罪的根据,并进一步规定,人民检察院审查起诉部门应当对侦查部门的侦查过程进行监督,发现以非法的方法收集证据的,应当提出纠正意见并要求侦查机关重新派员调查取证。之后,最高人民检察院进一步加大了对刑讯逼供等非法取证行为的监督力度,出台了《关于严禁将刑讯逼供获取的犯罪嫌疑人供述作为定案依据的通知》(已失效),要求坚决排除非法证据,不给刑讯逼供等非法取证行为留下任何空间。

为进一步完善非法证据排除规则,增强其可操作性,"两高三部"于 2010 年 6 月联合发布了《关于办理死刑案件审查判断证据若干问题的规定》和《关于办理刑事案件排除非法证据若干问题的规定》,这两个证据规定不仅进一步强调了非法言词证据不能作为定案依据,同时对排除非法证据的启动程序、举证责任分配、退回补充侦查、侦查人员出庭等相关问题作了详细规定,这些都标志着具有中国特色的非法证据排除规则正式确立,同时也意味着我国的非法证据排除规则进入实质性运作阶段,司法机关和侦查机关排除非法证据有了法律依据。2012 年,《刑事诉讼法》修正之时吸纳了上述两个证据规定的相关内容并加以完善,第一次系统地以立法形式将非法证据排除规则从非法证据的内涵和外延、排除程序及证明标准等方面作出完备详细的规定。2017 年 6 月,"两高三部"联合发布《关于办理刑事案件严格排除非法证据若干问题的规定》,再一次从侦查、起诉、辩护、审判等方面明确非法证据的认定标准和排除程序,对办案人员严格依法收集、审查和运用证据提出了更高的要求。

(三)刑事诉讼中非法证据的主要类型有哪些?不同类型的非法证据应当如何处置?

从大类上分,非法证据可分为非法言词证据和非法实物证据。

非法言词证据,是指采用刑讯逼供等非法方法收集的犯罪嫌疑人、被告人供述和采用暴力、威胁等非法方法收集的证人证言、被害人陈述。其中"刑讯逼供等非法方法"是指使用肉刑或者变相肉刑,或者采用其他使犯罪嫌疑人、被告人在肉体上或精神上遭受剧烈疼痛和痛苦的方法,迫使犯罪嫌疑人、被告人违背意愿供述的情形。根据《刑事诉讼法》第 56 条第 1 款的规定,采用刑讯逼供等非法方法收集的犯罪嫌疑人、被告人供述和采用暴力、威胁等非法方法收集的证人证言、被害人陈述,应当予以排除。就排除结果而言,《刑事诉讼法》以"应当予以排除"的措辞确立了非法言词证据为绝对的法定排除,即由法律明确规定证据排除，严格限制法官的自由裁量空间。在念某案中，由于法庭不能排除侦查机关以非法方法获取念某口供的情况，因此采信了其庭前供述。

实物证据是指以物品或痕迹等实在物为其存在状态和表现形式的证据，包括物证，书证，勘验、检查笔录，现场笔录，视听资料等。非法实物证据是指不符合法定程序收集的书证、物证。认定《刑事诉讼法》第56条规定的“可能严重影响司法公正”应当综合考虑收集物证、书证违反法定程序以及所造成后果的严重程度。如果司法工作人员在违反法定程序收集证据的过程中，主观恶性大、严重违反法定程序、严重侵害他人人身权利、收集到的证据是关键性证据，则这一类证据要排除；反之，经过补正或作出合理解释，则可以作为定案根据。在排除程序和法律后果层面，非法实物证据的排除兼具法定与裁量特色，违法后果的认定须经过事实与价值的双重判定。

（四）非法证据的证明责任及证明标准是什么？

《刑事诉讼法》第58条表明，在法院开庭审理的过程中，被告人及其辩护人、诉讼代理人发现案件材料中存在非法证据的，可以向法官申请予以排除，同时要求提供必要的证明材料或线索。也就是说，在辩方申请排除非法证据的案件中，辩方承担初步的证明责任，需要就侦查行为的违法性提供证据或者线索，以说服法庭正式启动非法证据排除程序。上述规定为辩方申请启动正式的非法证据排除程序设置了一道门槛，被告人为启动非法证据排除程序所承担的证明责任，需要达到令法官对侦查行为合法性产生疑问的程度，即合理怀疑。

在法庭认为辩方提出的排除非法证据申请及相关线索材料足以使其对取证程序的合法性产生合理怀疑后，根据证明责任转移原则，控方需要承担合法性存在争议之证据的证明责任。由于2010年出台的《关于办理刑事案件排除非法证据若干问题的规定》第11条仅规定了检察机关对供述证据合法性的证明标准应当达到“确实、充分”的程度，而未对物证、书证等证据的合法性证明标准作出规定。因此，结合《刑事诉讼法》第56、60条，若控方无法将言词证据证明至“确实、充分（确实合法）”的程度，法庭便应当予以排除。控方若无法将实物证据证明至“盖然性优势（可能合法）”的程度，首先应予以补正或作出合理解释，既不能补正又不能作出合理解释的，法庭应当予以排除。

（五）重复性供述应当如何排除？

办案人员以违法行为获得犯罪嫌疑人、被告人的第一次供述后，再次进行第二次或后续讯问时，虽然其未采用非法手段，但后者仍作出了供述。根据《刑事诉讼法》及相关规定，排除第一次非法供述自无异议，是否可以采信后续审讯所得之供述，就属于重复供述的问题。在2010年“两高三部”发布的《关于办理死刑案件审查判断证据若干问题的规定》和《关于办理刑事案件排除非法证据若干问题的规定》初步确立非法证据排除规则后，我国在很长一段时间内都未对重复供述问题加以规定，该问题成为非法证据规制实践中最为突出的问题。我们在处理重复供述问题时面临着“两难境地”：一律排除重复供述，将给办案人员造成压力，有损查明真相和惩罚犯罪的效率；若对重复供述不加规制，即使排除了第一次非法供述，办案人员仍可以将重复供述作为指控和判决的依据，不利于非法证据排除规则的实施。对此，2017年6月，“两高三部”颁布了《关于办理刑事案件严格排除非法证据若干问题的规定》，其第5条要求原则上排除重复供述，但在讯问主体和诉讼阶段出现变更的情况下，办案人员告知诉讼权利和认罪的法律后果后，嫌疑人、被告人自愿供述的，不排除重复供述。可见，“两高三部”《关于办理刑事案件严格排除非法证据若干问题的规定》第5条采用了“原则加例外”模式，即要求原则上排除重复供述，同时为了平衡惩罚犯罪和保障人权，设定了两个例外情形。

（六）庭前会议制度对于非法证据排除发挥了何种作用？庭前会议中非法证据排除程序是如何逐步进行完善的？

自2012年《刑事诉讼法》首度确立庭前会议制度，并将非法证据排除问题纳入其中后，庭前会议制度排除非法证据的功能便在不断地加以细化。

非法证据在庭前会议阶段予以排除，迈出实质一步的当属“两高三部”《关于办理刑事案件严格排除非法证据若干问题的规定》。该规定不仅确立了庭前会议对非法证据的初步审查功能，而且明确了排除审查的具体程序：一是明确了启动条件。对于被告人及辩护人排除非法证据且提供了相关线索或材料的申请，法院应当召开庭前会议；如果未能提供相应线索或材料则不予召开。二是明确了检察院的证明责任与法院的审查义务。在庭前会议中人民检察院应当有针对性地对证据收集的合法性作出说明，人民法院可以核实相关情况，法官如果对于证据收集合法性有疑问，可以启动正式调查程序，如果没有疑问且无证据表明存在非法取证，则将驳回被告方的申请。需要注意的是，2017年11月最高人民法院出台了“三项规程”并部署了试点工作，其中包括《人民法院办理刑事案件庭前会议规程（试行）》（以下简称《庭前会议规程》，已失效）。该试行规程在“两高三部”《关于推进以审判为中心的刑事诉讼制度改革的意见》、“两高三部”《关于办理刑事案件严格排除非法证据若干问题的规定》的基础上，细化了庭前会议阶段非法证据排除的程序。上述具体排除程序，与庭审中的程序无异。可以这么理解，非法证据排除程序前移至庭前会议阶段，目的不仅在于确保庭审集中审理实体争议问题,更在于排除的非法证据不会让法官产生预断,真正切断非法证据与案件事实认定之间的关联。这就真正改变了庭前会议制度的使命:不再是简单地了解争点,而是要解决程序争议问题。这似乎志在构建庭审前的程序问题司法审查制度,可以称之为“审判之前的审判”。

相较于2013年施行的《刑诉法解释》,《庭前会议规程》进一步完善了庭前会议非法证据排除程序:其一,在启动方面,除人民法院依职权决定召开庭前会议外,控辩双方也可以申请召开庭前会议,人民法院经审查后决定是否召开。其二,为维护被告人诉讼权利,被告人申请参加庭前会议或者申请排除非法证据的,人民法院应当通知其到场。其三,进一步明确庭前会议的处理事项和效力。对于管辖、回避、非法证据排除、出庭证人名单等可能导致庭审中断的程序性事项,以及控辩双方庭前提出的各种申请,应当通过庭前会议依法作出处理。其四,明确了庭前会议处理结果与庭审的关系。人民法院依法对有关事项或者申请作出处理后,控辩双方没有新的理由,在庭审中再次提出有关申请或者异议的,法庭应当依法予以驳回。如果控辩双方在庭前会议中就有关事项达成一致意见,又在庭审中提出异议,除有正当理由外,法庭一般不再对有关事项进行处理。

三、配套教材

1. 胡铭:《刑事诉讼法学》(2019年修订版),法律出版社2016年版。
2. 胡铭等:《刑事诉讼法入门笔记》,法律出版社2019年版。
3. 陈瑞华:《刑事证据法》(第4版),北京大学出版社2021年版。

四、启发思考题与实践题

(一)思考题

1. “以审判为中心”的诉讼制度改革对非法证据排除有何影响?
2. 证据裁判原则与非法证据排除规则存在什么关系?
3. 辩护律师在排除非法证据中能够发挥何种作用?
4. 辩护律师是否需要证明侦查机关存在非法取证行为?
5. 证据不得作为定案根据的情形具体有哪些?
6. 在庭审阶段如何进行质证? 哪些证据需要质证?
7. 法官应当如何审查证据?
8. 刑事证据规则主要规范的是证据的证据能力还是证明力?
9. 非法证据排除在不同诉讼阶段的程序是怎样的?

10. 刑事诉讼的证明标准是什么？“排除合理怀疑”与“证据确实、充分”的关系是什么？

11. 侦查人员出庭说明情况的程序设计是怎样的？

（二）实践题

1. 作为一名辩护律师，请根据本案相关情况，分析本案辩护人的辩护思路，以及在当前条件下可进一步完善的地方。

2. 结合本案案情，选择其中一名被告人为其撰写二审辩护词。

3. 根据本案一审、二审的相关信息，对本案证据的证据能力进行评价。

4. 根据本案一审、二审情况，并结合各类公开信息，对本案证据应分别适用何种排除规则进行探讨。

五、理论依据

审判中心主义　证据裁判原则　非法证据排除规则　排除合理怀疑　印证证明模式　证据能力与证明力

六、背景信息

2007 年 2 月，福州市人民检察院以念某犯投放危险物质罪向福州市中级人民法院提起公诉。同年 3 月，福州市中级人民法院首次开庭审理了此案，在庭审中，念某当庭翻供，并表示，其有罪供述均是在遭受了警方严重的刑讯逼供后作出的。

2008 年 2 月 1 日，福州市中级人民法院对此案作出一审判决，念某不服判决，提起上诉。

2008 年 12 月 18 日，福建省高级人民法院裁定：事实不清，证据不足，撤销原判，发回重审。

2009 年 6 月 8 日，福州市中级人民法院再次判决念某死刑立即执行，被告人念某不服，提出上诉。

2010 年 4 月 7 日，福建省高级人民法院驳回上诉，维持原判，并将该案报请最高人民法院进行死刑复核；最高人民法院经复核，于 2010 年 10 月 28 日作出裁定，不核准被告人念某死刑，发回福建省高级人民法院重新审判。

2011 年 5 月 5 日，福建省高级人民法院裁定：事实不清，证据不足，撤销原判，发回福州市中级人民法院重审。

2011 年 11 月 7 日，被告人念某“又一次”被福州市中级人民法院判处了死刑立即执行，被告人念某不服，再次提出上诉。2014 年 6 月，该案在福建省高级人民法院开庭审理。

2014 年 8 月 22 日，福建省高级人民法院作出刑事附带民事判决，撤销一审判决，宣告被告人念某无罪。

本案入选“2014 年十大刑事案件”，先后被写入最高人民法院 2014 年工作报告和国务院新闻办《2014 年中国人权事业的进展》白皮书，并被作为指导案例收录至最高人民法院的《刑事审判参考》一书。

七、关键要点

1. 对于本案例的探讨可以从刑事诉讼程序入手，对侦查、审查起诉、一审、二审等重要节点进行把握，着重理解各环节在排除非法证据上能够发挥的作用，并结合案件处理结果体会各阶段实际发挥的作用与应当发挥的作用之间存在的差距。增进学生对各诉讼阶段的法条规定与程序原理两方面的了解。

2. 重点分析本案例中涉及的证据问题，包括证据采信、非法证据的认定、非法证据排除等，尤其对于口供的证据地位及其采信过程进行深入探讨，最好能进一步引申至对冤假错案防范的相关思考。加强学生结合案件事实运用法条的能力，鼓励学生运用批判性思维对法条背后的立法原理进行讨论，进一步加深学生对制度的省思能力。

3. 关注庭前会议对非法证据的审查功能与审查程序，对如何进一步细化完善庭前会议中的非法证据排除程序进行探讨。培养学生以司法实践逻辑为依据对规范进行合理建构的能力。

八、课堂计划

本案例可以作为专门的案例教学课来进行，整个案例课的课堂安排 6 个课时，每课时 45 分钟。如下课堂设计，仅供参考。

1. 课前计划：安排学生阅读案例及相关参考资料，对案例涉及问题进行思考，撰写实践题答案。

2. 课中计划：介绍教学目的，明确讨论主题；学生分组讨论，回答各项思考题，讨论实践题的撰写要点；小组代表提出撰写要点，学生讨论和分析；教师归纳总结。

3. 课后计划：布置学生进一步思考非法证据排除相关问题，并就该案及冤错案件的防范进行延伸思考。

九、参考文献

1. 胡铭:《司法制度的中国模式与实践逻辑》,商务印书馆2023年版。

2. 胡铭:《刑事诉讼法学》(2019年修订版),法律出版社2016年版。

3. 胡铭:《审判中心与刑事诉讼》,中国法制出版社2018年版。

4. 胡铭等:《错案是如何发生的——转型期中国式错案的程序逻辑》,浙江大学出版社2013年版。

5. 陈瑞华:《非法证据排除规则的中国模式》,载《中国法学》2010年第6期。

6. 龙宗智:《我国非法口供排除的"痛苦规则"及相关问题》,载《政法论坛》2013年第5期。

7. 熊秋红:《以念某案为标本推动审判中心式的诉讼制度改革》,载《中国法律评论》2015年第1期。

8. 贾志强:《刑事庭前会议制度实施状况研究》,载《中国刑事法杂志》2020年第6期。

第四编　通过刑事诉讼的社会治理与检察监督

4-1 CASE 张某某故意伤害案

——新时代“枫桥经验”与非诉讼纠纷解决机制

2023年2月，诸暨市枫桥镇Z快递职工楼某在送快递业务中与收件人张某某发生了口角。张某某因此怀恨在心，伺机报复。次日，楼某上门取件时，与张某某再次因快递问题发生争吵。争吵中张某某用事先准备好的小刀刺伤楼某背部、肩部。随后楼某报警，出警民警到场后，对双方当事人当即进行调查取证，并将伤者送往枫桥医院治疗。经过治疗，楼某的伤情基本恢复，花去医药费6000余元。经鉴定，楼某的人体损伤程度达到轻伤二级。另外，经公安机关调查取证，行为人张某某患有严重肾脏疾病，家庭离婚，本人生活靠兄弟照顾，享受政府低保户待遇，赔偿难度较大。双方当事人在办案民警互通情况的前提下，均自愿请求公安机关调解。事后，公安机关枫桥派出所将张某某与楼某的伤害（二级轻伤）案件的赔偿纠纷移送给枫桥镇调解委员会调解。[1]

一、调解经过

枫桥镇调解委员会在接到枫桥派出所委托的张某某与楼某的伤害民事赔偿纠纷案件后，当即受理。因案情涉及轻伤，为完善法律程序，调解委员会当即与枫桥检察室做了联系请求检察院检察官加入调解，并预约双方当事人及枫桥检察室、派出所参与，于2023年4月6日下午到枫桥镇调解委员会参与诉调（检调）对接调解。调解采用背面结合、依法疏导等多元调解方法。调解员和检察官首先对行为人张某某进行单独谈话教育，讲清故意伤害应承担的法律责任和民事赔偿责任，按照《刑法》第234条第1款的规定，“故意伤害他人身体的，处三年以下有期徒刑、拘役或者管制”；《民法典》第1179条规定：“侵害他人造成人身损害的，应当赔偿医疗费、护理费、交通费、营养费、住院伙食补助费等为治

---

〔1〕 本案例源自浙江省诸暨市枫桥镇人民调解委员会2023年4月10日案件调解记录，案件事实信息得到调解员确认，对相关当事人已作掩饰处理。

疗和康复支出的合理费用,以及因误工减少的收入……”在调解员和检察官的耐心劝导教育下,通过释法说理,在理法情感化下,行为人张某某认识到自己的行为过错,表示认错认赔,并表态自愿接受调解。事后,调解员又将行为人的态度及身体疾病、家庭困境、生活现状等实际情况反馈给受害人楼某,并讲清如对行为人张某某追究法律责任,民事赔偿部分更难以兑现,应根据特殊对象作出特殊应对。行为人张某某陈述其所能承担的最高民事赔偿为2000元,但受害人楼某请求最少也应赔偿医药损失费6000余元。虽然双方预期的赔偿金额差距较大,但双方都有调解意愿,为使纠纷不扩大,调解员抱着不放弃的态度,与检察官共同努力,继续做好双方当事人的工作。

二、调解结果

经过调解员摆事实讲道理,实事求是分析双方当事人的主客观原因和各方的实际困难以及走司法程序的利弊关系,双方当事人作出让步,各方当事人都有了相应的认识。调解员再三以将心比心、换位思考的方法说服行为人,适当提升赔偿金额,为达到案结事了的目的,也要求受害人楼某适当降低索要的赔偿金额。双方折中考虑,调解员建议由行为人张某某一次性补偿楼某医药损失费2000元,同时经过调解员的多方沟通,Z快递公司补偿3000元,行为人所在村以人性化救助的形式补偿1000元。最终受害人楼某获得一次性各类损失补偿费6000元,补偿款于调解之日当场兑现,达到了案结事了、握手言和的社会效果。

三、本案焦点的综合评述

传统上认为犯罪行为既是对被害人权益的侵犯,也是对社会公共利益与公共秩序的破坏,因此要通过公共权力来对该行为进行否定性的评价,从而实现救济与法益的恢复。但从结果论的角度,司法审判程序与监狱改造是否在实现上述目的时具有绝对的优势,在轻罪案件中是否真正有助于矛盾纠纷的实质化解是需要思考的问题。在本案中,行为人作为低保户经济状况很差,且身体具有严重疾病,伤害行为也是小事引起的情绪激动所致,其社会危害性与人身危险性并非十分严重。对受害者来说,其经过治疗伤情基本痊愈,其主要诉求变为人身损害赔偿,因此通过调解的方式,在与加害方的协商下,力求达成最为可行的赔偿数额与赔偿方案,就成了从根源处化解矛盾的最为可行有效的方式,也为各方所接受,有利于社会和谐的实现。

人民调解是非诉讼纠纷解决机制的主要方式,其以当事人的自愿平等协商为基础,在人民调解委员会的主持下进行。人民调解的优势在于调解员往往能站在当事人双方的立场上，以灵活的方式、接地气的话语，综合运用情、理、法等多元要素，来促使当事人达到内心的服膺，从而实现案结事了，而这正是常规的正式司法流程所欠缺的。在本案中，人民调解员在双方自愿的基础上，从情感、常识、法律等方面积极进行劝导，促使当事人双方认清道理、互相谅解。如果单纯从法律的角度看，本案事实清楚、适用法条明确，不属于疑难案件。但如果将司法视为国家治理与社会治理的一个环节，就应该思考如何以更小成本、更有效率的方式实质性化解矛盾纠纷，而不是简单地僵硬适用法条。同时，依法进行调解工作同样重要。本案中派出所、检察室均参与了调解过程，发挥了良好的法治保障作用。

案例使用说明

一、教学目的与用途

本案例主要用于讲授以人民调解为主要形式的非诉讼纠纷解决机制坚持与发展新时代“枫桥经验”的相关情况。从理论与实践两个层面，探讨作为社会治理方式的调解之学理基础与操作可行性，在中国背景下，阐发纠纷解决、化解社会矛盾的中国智慧。以本案为例，具体要解决的问题包括：其一，新时代“枫桥经验”与非诉讼纠纷解决机制的联系；其二，非诉讼纠纷解决机制的正当性依据；其三，非诉讼纠纷解决机制的规范定位与实践模式；其四，非诉讼纠纷解决机制的衔接问题；其五，非诉讼纠纷解决机制的局限性及其规制。

本案例供法律硕士案例教学使用，法学本科（大四）、刑法学硕士、诉讼法学硕士也可以参酌试用。

二、涉及知识点

（一）如何理解坚持新时代“枫桥经验”与推进非诉讼纠纷解决机制的内在关系？

坚持和发展新时代“枫桥经验”是党在新的时代背景下预防化解矛盾风险，推进平安中国建设的重要部署。其主要内容是完善正确处理新形势下人民内部矛盾机制，加强和改进人民信访工作，畅通和规范群众诉求表达、利益协调、权益保障通道，完善网格化管理、精细化服务、信息化支撑的基层治理平台，健全城乡社区治理体系，及时把矛盾纠纷化解在基层、化解在萌芽状态。“矛盾不上交”是新时代“枫桥经验”的核心要义，在这一思想下，近年来我国以平安建设为主线,不断加强和创新基层社会治理,正确处理人民内部矛盾,切实维护人民群众合法权益,形成了“党建统领、人民主体、多元共治、三治融合,做到矛盾不上交、平安不出事、服务不缺位”的新时代“枫桥经验”。

可以说,新时代“枫桥经验”的基本指向就是矛盾纠纷的化解。传统上认为,处理矛盾纠纷的基本方式是司法审判程序,但新时代“枫桥经验”恰恰注重的是从源头化解矛盾,强调社会和谐,由此产生了以人民调解为主要表现的非诉讼纠纷解决机制。我国有着14亿多人口的基本国情决定了我们不能成为“诉讼大国”。如果大大小小的事都要通过诉讼,那法院必然不堪重负。因此,法治建设既要“抓末端、治已病”,又要“抓前端、治未病”。非诉讼纠纷解决机制强调对于民间矛盾纠纷调解先行,对一般的矛盾纠纷,都通过调解组织的调解加以解决。对司法机关来说也要注重审判与调解的联动,对没有经过调解直接起诉到法院的矛盾纠纷,要积极劝导当事人寻求调解途径,解决矛盾纠纷。

(二)非诉讼纠纷解决机制具有正当性的依据是什么?

中国传统上一直有追求社会和谐,化解矛盾纠纷的文化传承。孔子曰:“听讼,吾犹人也,必也使无讼乎!”在儒家关于诉讼的思想中,诉讼被视为一种消极的社会现象,儒家的理想就是实现“无讼”的社会。虽然中国古代社会对解决纠纷有不同的方法,但是,占主导地位的儒家思想要求有关民间纠纷应尽量通过调解来处理,最好先由邻居、亲属、长辈或士绅进行社区层次的调解,如果这种调解失败,可由地方官员亲自进行调解。只有在这两种调解都未能劝说当事人和解并放弃诉讼的情况下,才由地方官员进行判决。这种民间调解方式在中国古代社会中是一种比较有效的纠纷解决方法。在中国共产党的革命、建设、改革过程中,动员和依靠群众的群众路线一直是重要法宝。早在抗日根据地时期,我党就总结出了“马锡五审判方式”,其以紧紧依靠群众,实行审判与调解相结合,诉讼要简便利民,坚持为人民服务的宗旨为基本特点,对于非诉讼纠纷解决有着良好的实践。改革开放之后我国在参考西方司法理论的同时,也在实践的探索中总结了适合我国国情,适用于广大基层社会、乡村社会的诉讼与非诉讼相结合的矛盾纠纷解决方式。

随着中国特色社会主义进入新时代,人们不仅对物质文化生活提出了更高要求,而且在民主、法治、公平、正义、安全、环境等方面的要求日益增长。诉求的多样化导致矛盾纠纷呈现多发性、多领域、多主体发展态势。正确处理新形势下人民内部矛盾,畅通和规范群众诉求表达、利益协调、权益保障渠道,促进矛盾纠纷多渠道化解,引导社会成员在法治轨道上主张权利、解决纷争,有利于加快推进社会治理体系和治理能力现代化。虽然司法在社会纠纷解决模式中处于主导地位,发挥保障作用,但并不意味着“打官司”越多越好。社会矛盾纠纷的性质、形式、对抗程度不同,解决纠纷的手段、方式也必然是多元对应的。从彰显民主政治看,国家引导各种社会力量有序参与矛盾纠纷解决,有利于实现共建共治共享。从国家治理经验看,司法诉讼不是解决矛盾纠纷的唯一手段,有时也不是最好的手段。从矛盾纠纷特点看,新时代很多纠纷涉及利益平衡问题,通过协商解决纠纷,可以更好地维系经济社会秩序、更多地增强社会宽容。多元解纷机制具有对话性、协商性、灵活性等特质,更能实现“情、理、法”的兼顾,有利于引导人们理性表达诉求、化解各类矛盾纠纷、促进社会和谐稳定,是促进市域社会治理现代化的重要举措。

把非诉纠纷解决机制挺在前面,防范化解矛盾纠纷,有利于坚持和发挥党的领导。应把党的领导落实到多元解纷工作全过程,充分发挥党委总揽全局、协调各方的作用,合理突破地域、部门和层级限制,完善相关制度指引,统筹推进一站式多元解纷和诉讼服务体系建设工作,真正把党的领导的政治优势、制度优势、密切联系群众优势转化为社会治理效能,彰显中国特色社会主义司法制度的巨大优越性。非诉讼纠纷解决机制的适用,还有利于扭转人民法院案件大幅增长的趋势,有利于矛盾纠纷及时、有效地化解,有利于案结、事了、人和。党的十九大报告中明确要求“推动社会治理重心向基层下移”“打造共建共治共享的社会治理格局”。非诉讼纠纷解决机制更能够聚焦群众司法需求,广泛调动人民调解、行业调解、行政调解等社会各方力量,积极引入律师、心理咨询师、志愿者等第三方人员,以及银行、邮政、公证等第三方机构,参与开展诉讼引导、法律援助、代理申诉、公共服务等工作。应广泛吸纳代表委员、专家学者、退休司法人员、基层工作者、人民调解员等解纷力量,形成解决矛盾纠纷的强大合力。

(三)规范层面如何定位非诉讼纠纷解决机制?

目前,非诉讼纠纷解决机制在规范层面最大的依据就是《人民调解法》,其于2011年实施,立法目的是完善人民调解制度,规范人民调解活动,及时解决民间纠纷,维护社会和谐稳定,是规范人民调解活动的专门立法。对于非诉讼纠纷解决机制的定位,在实践中有着很强的司法化、行政化的倾向,甚至在司法行政系统一直有声音希望将人民调解改造为一种司法化、专业化的纠纷解决机构,从而超越《宪法》的定位、使之脱离对基层自治组织的依附,吸纳大量法律职业者参与,同时加强司法行政机关对人民调解的管理,提高调解程序的正规化和调解协议的法律效力,使人民调解的法律地位和权威性得以进一步提升。但如果这样,必将危及人民调解作为社区调解的定位及群众性特点。《人民调解法》正是出于这一考量,对调解组织和人员的构成、学历、职业背景等均未作统一和过高的要求,以适应那些乡土性、群众性的基层社区调解的实际,为乡镇、街道、社团的人民调解组织保留发展空间。这有利于避免法律职业和公权力对调解的深度渗透或垄断,维护人民调解的基础和多元化模式。同时,在开放式的制度设计中,这种“就低不就高”的做法,并不会妨碍新型或高端的调解机构根据相关法规及其特殊需要,设立专门的调解员遴选程序及准入标准。《人民调解法》第2条规定:“本法所称人民调解,是指人民调解委员会通过说服、疏导等方法,促使当事人在平等协商基础上自愿达成调解协议,解决民间纠纷的活动。”其将人民调解的对象定义为民间纠纷,而该法第7条规定,“人民调解委员会是依法设立的调解民间纠纷的群众性组织”,将人民调解委员会的性质定义为群众性组织。这限制了人民调解的对象范围,肯定了人民调解组织的群众性,避免了人民调解走向官方化、行政化、司法化。然而这并不意味着政府与人民调解完全无涉,相反,公权力应该发挥其能力与优势,支持源自民间的非诉讼纠纷解决机制的发展,给予其相应指导,并搭建其与正式诉讼流程的衔接机制。同时,非诉讼纠纷解决机制自身也应当走向规范化,在人员培训、程序确定、文书专业等方面不断努力。但这一追求往往又会导致行政化的后果,因为其在很大程度上需要政府的财政、人员支持才能做到,因此司法化与民间化、群众性与职业化、统一与多元、灵活适宜与规范程序、垄断与开放间的平衡与取舍是非诉讼纠纷解决机制进一步发展需要思考的课题。

（四）非诉讼纠纷解决机制在实践中是如何展开的?

总的来说,非诉讼纠纷解决机制在实践中的展开有这样几个主要方面:党政主导、综合协调;非诉讼纠纷解决机制的制度与平台建设;现代信息技术在非诉讼纠纷解决机制中的应用。

党政主导、综合协调。非诉讼纠纷解决机制的推进是一个系统工程,涉及党委、综治、政府部门、司法机关、调解组织、仲裁机构、社会团体和民众等诸多主体。要将非诉讼纠纷解决机制放到整个社会治理的大体系中谋划,不是仅限于非诉讼纠纷解决领域体制的调整和修补,而是将非诉讼解纷的理念贯穿于社会综合治理各方面,实现资源共享与优势互补,与司法领域、行政领域、经济领域等诸多方面的工作结合起来。各地党委及其综治部门在综合治理、平台建设、机制建设等方面发挥领导决策、统筹资源、工作协调等作用,各级行政机关在各自职能领域承担一定的纠纷解决职责。

非诉讼纠纷解决机制的制度与平台建设。建设人民调解、诉调对接、检调对接、特邀调解、在线解纷等平台,并将其制度化、规范化,进一步健全和完善非诉讼纠纷解决平台功能,推动诉讼与非诉讼对接平台一体化、便民化。通过配置专门人员，强化工作职责，发挥诉调对接中心诉讼辅导、分流过滤、调解速裁等功能，完善诉调对接中心建设，逐步提高诉至法院纠纷的过滤分流比例。推动建设各行业专业化调解委员会，并发挥一体化平台快速便捷有效化解纠纷的作用。非诉讼纠纷解决机制既强调充分发挥群众自治的作用，及时以调解解决纠纷，同时又通过司法确认赋予其强制力，将国家强制力和群众自治有机结合起来，综合发挥了两方面优势，最大化满足人民群众纠纷解决的需求。

现代信息技术在非诉讼纠纷解决机制中的应用。随着信息化水平的提高，从农村乡镇田间地头的民间调解走上远程视频、在线调解的纠纷解决互联网平台；从线下走到线上，线下线上跨界融合，成为非诉讼纠纷解决机制建设的重要组成部分；调解模式的灵活性，调解方式的多样性，对非诉讼纠纷解决机制进一步推进提出了更加信息化、智能化、便捷化的要求。

（五）非诉讼纠纷解决机制内部之间及其与诉讼程序如何衔接？

调解是非诉讼纠纷解决机制的主要方式，也被区分为人民调解、行政调解与司法调解。对于广义的人民调解来说，又有当事人自行协商和解、人民调解委员会的调解、其他基层社会组织的调解、行业专业调解、商事调解、律师调解等形式，可以说多种调解方式的有序衔接、互相配合是非诉讼纠纷解决机制有效运转的重要前提。同时，非诉讼纠纷解决机制与诉讼程序之间存在如何衔接的问题。总体来说，上述衔接问题可分为主体上的衔接、法律程序上的衔接、效力上的衔接。主体上的衔接主要是指在纠纷化解过程中，不同的调解主体之间存在一种调解顺序上的承接的关系，需要相关主体加强协调配合。比如，在调解组织化解纠纷过程中，可以邀请有关行政机关、社会组织共同参与调解。公安机关、检察机关和审判机关在化解纠纷过程中，也可以邀请调解组织共同参与化解社会矛盾。这就应该建立多主体、多层次的调解机制体系，并在矛盾纠纷出现时引导当事人在村、镇、县市等各层级、多主体的调解机构中找到合适的调解主体，如果一次调解不成功可在不同主体处进行多次调解。法律程序上的衔接主要是指调解与诉讼程序间的衔接，调解要建立在真正的当事人自愿的基础之上，如果在劝导之后当事人仍不愿进入调解程序，则应尊重与保障当事人正常的诉讼权利。对调解协议书的司法确认是效力上的衔接的重要表现。《人民调解法》规定了调解协议的司法确认程序，从法律上赋予了调解协议强制执行力，对符合要求的调解协议书，司法机关要积极确认其法律效力，同时对经过了调解又最终进入诉讼程序的案件来说，调解协议书应仅被视为证据的一种，对其证明效力仍需依法审查。

(六)域外关于非诉讼纠纷解决机制有何做法经验?

非诉讼纠纷解决机制既是中国古代"无讼""狱空"等思想的赓续,又是建设社会主义和谐社会的要求,同时也对域外类似的做法的有益经验有所参考。替代性纠纷解决机制(ADR)在欧美及亚洲等国均有着丰富的探索与实践,并展现出制度化与立法化的趋势。但必须阐明的是,域外的替代性纠纷解决机制和我们的非诉讼纠纷解决机制在一些基本概念和出发点上还是有所不同,域外的替代性纠纷解决机制往往仅指诉讼之外的非诉讼纠纷解决机制,而我国的该机制指的是在党委政府的领导下,一种适应我国国情与法治社会发展的需求,注重调解、仲裁等非诉讼纠纷解决机制与诉讼之间的有机衔接、相互协调和均衡发展的理论与实践。在此基础上我们可以寻找双方的共性,以参考域外之有益经验。

美国在 20 世纪末即颁布了世界上第一部 ADR 促进法,但其仅针对行政争议,授权和鼓励联邦机构使用 ADR 方式解决纠纷。德国《法庭外争议解决促进法》于 2012 年生效,同时德国通过统筹立法的方式颁布了《调解法》,并对《民事诉讼法》《家事事件和非讼事件程序法》《劳动法》等法律进行了一次性修改。日本于 2007 年实施的《促进使用诉讼外纠纷解决程序法》是专门针对市场化民间非诉讼机制的,这种机制与民事调解、家事调解同时存在,并成立"ADR 促进法调查委员会"专门对实施情况进行实证研究。这是以综合性立法的方式确立替代性纠纷解决机制。1951 年日本的《民事调停法》、1990 年韩国的《民事调解法》、2008 年欧盟颁布的《关于民商事调解若干问题的 2008/52 号指令》(至 2013 年,大多数成员国相继根据这一指令修改民商法、诉讼法中关于调解的规定或者制定或修改本国的调解法)则是通过单行立法的方式建立替代性纠纷解决机制。

从法系的角度看,大陆法系国家与普通法系国家发展替代性纠纷解决机制的原因与着眼点有所不同。普通法系国家对 ADR 的探索更多地来源于一种自下而上的诉求。由于普通法系国家法律文化中对创新和当事人自治的包容程度较高,即使在没有立法支持的背景下,基于现实需求,调解作为一种创新型的、赋予当事人权利的形式,其发展也没有受到太大阻力,反而越加蓬勃。英美属于事实出发型的裁判思维,英美法院一般有权改变他们自己的实践规则。英美国家调解能够为纠纷各方提供一个相比较而言更为正式的、灵活的、快速的和便宜的方式,在减少法院积案、减轻法官负担和当事人的诉讼耗费、缩短解纷周期、解决执行难等诸多方面都显现出"结构性条件"优势。对于大陆法系国家来说,职权主义的司法往往将促进调解视为司法活动的延伸,并期待通过这一机制应对严重的案多人少带来的案件拖延,正因如此,其反而往往对相对独立的 ADR 缺乏兴趣。同时大陆法系国家的法官传统上受到成文法的限制较大，相对普通法系国家的法官而言，其司法体制的创新需要克服更多的困难。总的来说，各国的ADR立法均需要处理其制度和司法改革体制之间、立法的统一性与实践的丰富性之间、调解的自愿性与强制性之间、民间性与职业性之间、公益性和市场化之间的关系问题。各国根据自己的国情在这些关系中进行了不同的选择。

（七）非诉讼纠纷解决机制在适用范围与适用方式上的局限性在哪里？

非诉讼纠纷解决机制具有诸多的优势，但我们也必须看到其在适用范围和适用方式上的局限性，厘清调解与审判间的不同与界限，避免调解适用的不当泛化。目前部分地方曲解了国家推动非诉讼纠纷解决机制的本意，一味压低立案、审判数量，试图使所有的矛盾纠纷都适用调解程序，甚至出现了当事人想要起诉而起诉无门的现象。同时实践中还存在调解组织官方化、政府一些职能向调解组织让渡的现象。这些现象违背了新时代“枫桥经验”坚持依靠发动群众，推动群众性社会组织、自治组织发展的初衷，也会损伤调解正常作用的发挥。人民调解的定位不清、功能异化，调解所依赖的传统话语与现代话语不相协调，不同的调解种类之间边界模糊等一系列因素带来了非诉讼纠纷解决机制的非正常泛化。

我们必须认识到非诉讼纠纷解决机制的局限性，由于其作用的发挥很多时候依赖于调解员个人的人格魅力或在当地的威望，其往往在基层社会、乡镇农村地区更能够发挥作用，而在城市之陌生人社会环境下，发挥作用的方式就需要得到创新与调整。同时，我们必须坚持《人民调解法》中对于适用调解的案件范围的规定，即调解的对象只能是民间纠纷，法律明确规定构成犯罪的重大的刑事案件绝非可以调解的范畴。还应避免调解在行政诉讼中成为阻碍正常诉讼流程，推动当事人放弃诉求的工具。从长远来看，非诉讼纠纷解决机制想要长效发挥效能，就必须在党的领导下，协调处理好其国家性与社会性、官方性与民间性之间的关系，找准自身定位，真正实现多元共治的全民共建共治共享。

（八）如何在中国背景下进一步完善非诉讼纠纷解决机制？

1. 从司法机关的角度，应进一步完善诉调对接、检调对接机制。诉调对接是法院系统与法院外的人民调解组织相互衔接的一种机制，是非诉讼纠纷解决机制正常运转的重要组成部分。其基本内涵是指经诉讼外调解机构调解依法达成的调解协议，在征得双方当事人同意移送法院或者当事人双方共同申请法院进行司法确认后，赋予其强制执行力，从而解决纠纷的制度。诉调对接的前提是按照不同纠纷的不同种类特点，按照其各自的需求来提供不同的纠纷解决路径与方式，给予纠纷当事人充分的选择程序之权利。在此基础上要进一步完善在基层法院已经普遍设立的诉讼服务中心，在其中建立诉调对接中心，使其依托于法院的工作平台，配备专门的工作人员，建立完备的工作制度，明确相应的工作职责，来实现调解机制与诉讼流程的无缝衔接，并在这一过程中厘清二者间的关系与非诉讼纠纷解决机制的合理定位。诉调对接中心承担着法院的诉前调解机制、速裁程序、审判程序与非诉调解协议的司法确认及社会调解组织的调解活动的衔接整合工作。其中核心是对调解协议的司法确认，这是使调解具有更强的法律效力与强制执行效力的关键。对需要司法确认的诉前调解协议，法院应进行适当的司法审查，经审查认为合法有效的制作确认裁定书，赋予其强制执行效力。应更加积极主动地推动司法确认工作的充分应用，加强法院与社会调解组织的联系，明确司法确认的流程和期限，强化在这一工作上的人员配置。与诉调对接在民商事案件中的广泛应用相比，检调对接则更专注于刑事和解及其民事赔偿部分的纠纷。这事实上给检察机关提出了更为多样、丰富的工作要求，其必须加强与其他公权力部门及社会组织的工作协作，转变传统刑事司法的思维定式，以追求案件所涉矛盾纠纷的化解为主要目标，积极主动推动被害人或其亲属自愿同犯罪嫌疑人就财产损失、人身伤害达成和解协议。

2. 从人民调解组织的角度，必须不断推动其调解工作的专业化。人民调解的专业化是我国经济社会发展的必然方向，如果说过去人民调解工作主要依靠的是调解员对于基层社会的熟悉和在当地的威望，那么在市场经济、数字时代不断发展的今天，矛盾纠纷有着不断专业化、类型化的发展趋势，人民调解也必须以专业化的方式予以回应。医患矛盾、道路交通、物业管理、劳动争议等民生领域的纠纷和投资、贸易、金融、房地产等经济领域的纠纷不断出现，其均具有相当的专业属性。同时对于调解工作的依法开展、依法调解的水平的要求也不断提高。因此吸纳具有相关专业知识背景的人员进入调解员的队伍，以及吸纳退休的公安民警、法官、检察官等担任调解员，就成了目前的主要方式。从长远来看，必须加强司法机关、司法行政机关对调解工作的规范性、合法性的指导与专业知识技能的培训。要努力吸纳年轻人进入调解员队伍，通过培训，让他们了解相关的法律法规、必要的调解流程与调解文书，再跟着有经验的调解员学习锻炼，逐渐掌握调解的一些技能和知识。另外，某一专门行业的专业调解委员会，如道路交通调解委员会、金融调解委员、物业调解委员会等，是与百姓生活息息相关、具有相当的专业性的调解组织，应加大建设力度与工作规范，并加强其与相关行业主管单位的合作衔接。总的来说，只有不断推动非诉讼纠纷解决机制的专业化建设，才能使其拥有在第一线有效处理矛盾纠纷的能力，完成与案件审判的合理分流，助力社会和谐稳定的任务。

三、配套教材

1. 胡铭、赵骏、周翠:《转型社会多元纠纷解决》,知识产权出版社 2011 年版。

2. 范愉:《纠纷解决的理论与实践》,清华大学出版社 2007 年版。

3. 龙飞:《多元化纠纷解决机制促进法研究》,中国人民大学出版社 2020 年版。

4. 汪世荣主编:《枫桥经验:基层社会治理的实践》(第 2 版),法律出版社 2018 年版。

四、启发思考题与实践题

(一)思考题

1. 如何定位非诉讼纠纷解决机制?

2. 如何认识非诉讼纠纷解决机制的时代与国情背景?

3. 如何理解非诉讼纠纷解决机制与传统法律文化及社会主义法治的关系?

4. 非诉讼纠纷解决机制的规范性依据在哪里?各地的实践有何异同?

5. 实践中非诉讼纠纷解决机制有哪些典型的做法?这些做法的优点是什么?

6. 如何认识非诉讼纠纷解决机制与诉讼解纷的关系?二者如何衔接?

7. 非诉讼纠纷解决机制是否存在适用的边界?其风险与局限性在哪里?

8. 如何处理非诉讼纠纷解决机制发展过程中官方性与民间性、规范性与灵活性的矛盾?

9. 非诉讼纠纷解决机制的未来发展方向在哪里?如何从立法的角度对其进行更好的规制?

10. 数字技术、人工智能技术在非诉讼纠纷解决机制中有何应用空间?

(二)实践题

1. 根据本案的相关案情,撰写一份调解书。

2. 根据本案的调解经过与调解结果,结合非诉讼纠纷解决的理论,分析调解中可能存在的困难之处。

3. 根据本案的相关案情,分析如果采用诉讼方式解决纠纷,其与非诉讼方式相比有何优劣。

4. 根据本案的相关案情,查找类似案例,并在条件允许的情况下,前往公检法机关就非诉讼纠纷解决机制的实践情况进行采访调研,撰写一篇调研报告。

五、理论依据

新时代"枫桥经验" ADR 理论 国家治理与社会治理现代化要求

六、背景信息

法治建设既要抓末端、治已病，又要抓前端、治未病。习近平总书记曾深刻指出："要坚持和发展新时代'枫桥经验'，把非诉讼纠纷解决机制挺在前面，推动更多法治力量向引导和疏导端用力，加强矛盾纠纷源头预防、前端化解、关口把控，完善预防性法律制度，从源头上减少诉讼增量。"[2]这些重要指示精神，为做好新时代纠纷解决和诉讼服务工作提供了强大思想武器和科学行动指南。把非诉讼纠纷解决机制挺在前面，推动更多法治力量向引导和疏导端用力，这是推进法治建设、推进社会治理现代化的重大理论和实践创新。诉讼是化解矛盾的必要手段，但不是唯一手段。人民法院要坚持把非诉讼纠纷解决机制挺在前面，推动完善预防性法律制度，形成矛盾纠纷化解的"多车道"。加强诉讼与仲裁、公证、行政裁决、行政复议等非诉讼解纷方式的衔接，完善人民调解、行政调解、司法调解联动工作体系，充分发挥替代性纠纷解决机制和在线纠纷解决机制作用，为群众提供便捷快捷、诉非衔接、线上线下联动的多元化纠纷解决方式。党的十八大以来，习近平总书记从推进国家治理体系和治理能力现代化、建设更高水平的平安中国的高度，就正确处理人民内部矛盾、加强和创新社会治理、预防和化解社会矛盾等提出一系列新理念、新思想、新战略，体现了真挚为民情怀和对社会治理规律的深刻把握，为坚持和发展新时代"枫桥经验"，推进中国特色非诉讼纠纷解决机制建设提供了根本遵循。

坚持把党的领导作为根本保证。"枫桥经验"之所以历久弥新，充满生机活力，最根本的就在于把党的领导贯彻到社会治理全过程、落实到基层治理第一线。坚持以人民为中心。完善群众参与矛盾化解的制度化渠道，创造更多依靠基层、发动群众、就地化解矛盾的办法，最大限度满足群众多层次多样化司法需求。把纠纷解决工作深深扎根于人民群众的创造性实践中，真正让人民群众成为非诉讼纠纷解决机制建设的实践参与者、直接受益者和成效评判者。坚持从中国国情和实际出发。中华优秀传统法律文化崇尚以和为贵。"枫桥经验"和"马锡五审判方式"是党领导人民推进法治建设和社会治理的成功经验。我国作为拥有 14 亿多人口的大国，推进法治建设必须抓前端、治未病。要传承中华

---

〔2〕《完整准确全面贯彻新发展理念 发挥改革在构建新发展格局中关键作用》，载《人民日报》2021 年 2 月 20 日，第 1 版。

优秀传统法律文化，发扬人民司法优良传统，突出非诉讼纠纷解决机制建设的中国特色、时代特色、实践特色。坚持正确处理新形势下人民内部矛盾。进入新时代，我国社会主要矛盾发生变化，人民群众的利益关系更加复杂多样。国家应引导群众正确处理个人利益和集体利益、局部利益和全局利益、眼前利益和长远利益等关系，提供化解矛盾纠纷、解决利益诉求的多元化渠道，从源头上预防和减少社会矛盾。非诉讼纠纷解决机制通过和解、调解等方式公正高效化解人民内部矛盾，尽快修复破损的社会关系、人际关系，更好地维护国家长治久安和社会安全稳定。

七、关键要点

1. 本案是"枫桥经验"的发源地诸暨市枫桥镇所发生的基层真实案件，且由著名的"老杨调解中心"——全国人民调解专家杨光照同志主持调解，具有较强的代表性意义。非诉讼纠纷解决机制以调解为主要表现，在诸多调解形式中人民调解又最为符合群众性、自发性、协商式的本意，人民调解委员会是人民调解的主要规范形式。由本案可以看出，对于发生在基层的轻微刑事案件，经由人民调解可以实现良好的社会治理效果。

2. 以本案例为基础，分析了非诉讼纠纷解决机制的正当性依据、规范定位与实践展开。从正当性依据来看，新时代背景下我国主要矛盾的变化、社会主义人民司法的传统、和谐社会的追求、矛盾多元化的现实，使非诉讼纠纷解决机制有了广泛的适用空间。从规范定位来看，法律赋予了人民调解群众性组织的性质与处理民间纠纷的功能，坚持了非诉讼纠纷解决机制的人民性。从实践展开来看，非诉讼纠纷解决机制以人民调解委员会、诉调对接中心、一站式解纷平台等形式，在全国范围内有着丰富的实践。

3. 以本案例为基础，重点就非诉讼纠纷解决机制的适用范围与适用方式展开探讨，特别是对该机制发展过程中司法化与民间化、群众性与职业化、统一与多元、灵活适宜与规范程序、垄断与开放间的平衡问题进行了阐述。加强学生结合案件事实进行理论思考的能力，培养、锻炼学生的辩证分析问题的思维。

八、课堂计划

本案例可以作为专门的案例教学课来进行，整个案例课的课堂安排 6 个课时，每课时 45 分钟。如下课堂设计，仅供参考。

1. 课前计划：安排学生阅读案例及相关参考资料，对案例涉及问题进行思考，撰写实践题答案。

2. 课中计划:介绍教学目的,明确讨论主题;学生分组讨论,回答各项思考题,讨论实践题的撰写要点;小组代表提出撰写要点,学生讨论和分析;教师归纳总结。

3. 课后计划:布置学生思考新时代"枫桥经验"、矛盾纠纷化解、基层社会治理、案结事了追求等内容,并进一步思考在国家治理与社会治理现代化的大背景下,如何有效地发挥非诉讼纠纷解决机制的价值,以及如何处理其与诉讼纠纷解决的关系,应当从哪些方面对其进行有效规范。

九、参考文献

1. 胡铭、赵骏、周翠:《转型社会多元纠纷解决》,知识产权出版社 2011 年版。

2. 范愉:《纠纷解决的理论与实践》,清华大学出版社 2007 年版。

3. 龙飞:《多元化纠纷解决机制促进法研究》,中国人民大学出版社 2020 年版。

4. 汪世荣主编:《枫桥经验:基层社会治理的实践》(第 2 版),法律出版社 2018 年版。

5. 张文显:《新时代"枫桥经验"的核心要义》,载《社会治理》2021 年第 9 期。

6. 胡铭:《论刑事和解的理念基础——浙江"枫桥经验"与美国 VOR 模式之比较》,载《浙江社会科学》2010 年第 9 期。

7. 顾培东:《国家治理视野下多元解纷机制的调整与重塑》,载《法学研究》2023 年第 3 期。

8. 胡铭、仇塍迪:《新时代"枫桥经验"的法治基因与治理创新》,载《学习论坛》2022 年第 6 期。

9. 龙飞:《"把非诉讼纠纷解决机制挺在前面"的实证研究——以重庆法院实践为样本》,载《法律适用》2019 年第 23 期。

10. 胡仕浩:《多元化纠纷解决机制的"中国方案"》,载《中国应用法学》2017 年第 3 期。

11. 范愉:《〈人民调解法〉的历史使命与人民调解的创新发展》,载《中国司法》2021 年第 1 期。

12. 廖永安、王聪:《人民调解泛化现象的反思与社会调解体系的重塑》,载《财经法学》2019 年第 5 期。

13. 黄文艺:《中国的多元化纠纷解决机制:成就与不足》,载《学习与探索》

2012 年第 11 期。

14. 左卫民:《常态纠纷的非司法解决体系如何和谐与有效——以 S 县为分析样本》,载《法制与社会发展》2010 年第 5 期。

15. 汪世荣:《“枫桥经验”视野下的基层社会治理制度供给研究》,载《中国法学》2018 年第 6 期。

16. 范愉:《当代世界多元化纠纷解决机制的发展与启示》,载《中国应用法学》2017 年第 3 期。

17. 胡铭:《法律现实主义与转型社会刑事司法》,载《法学研究》2011 年第 2 期。

4-2 CASE 浙江检察机关督促规范成品油领域税收监管秩序行政公益诉讼案

——司法大数据在社会治理中的应用

一、案情内容及检察机关履职过程[1]

受不法利益驱使，大量"非标油"（指除正规成品油以外所有非法油品，包括来源不明确、渠道不合规、质量不达标或偷逃税款的非法油品）在市场上流通、销售，混乱无序的竞争严重破坏成品油市场秩序，催生无证无照黑加油点、流动加油车等地下非法供油服务，形成隐蔽性极强且稳定的黑色产业链，造成国有财产严重流失，威胁危害公共安全，污染大气环境。

2019年12月，嵊州市人民检察院对在专项法律监督活动中发现的无证无照加油点损害公共利益问题进行立案调查。该院抓住用油企业将购油资金作为经营成本入账抵税的特征，探索运用大数据思维，碰撞多部门行政监管数据，锁定72家用油企业使用非成品油增值税发票进行抵扣，涉及发票品名有"复合柴油""导热油""轻质循环油"等9种，涉案货值共计6200余万元。上述用油企业将非成品油发票作为成品油增值税发票进行违规抵扣税款，造成国家税收流失，损害了国家利益。

2020年3月20日，嵊州市人民检察院向税务部门送达检察建议书，建议对非成品油发票不符合实际用途、品名的违法现象进行整治，切实防控税收风险。税务部门收到检察建议书后，依法履行税收监管职责，督促涉案企业补缴税费共计1008.11万元，有效规范成品油消费端市场秩序。

在本案办理过程中，嵊州市人民检察院以油罐车运行轨迹数据为突破口，将监督视野从终端消费市场延伸至前端销售市场。通过与中国科学院空天信息创

[1] 浙江检察机关督促规范成品油领域税收监管秩序行政公益诉讼案，最高人民检察院检例第183号（2023年）。

新研究院密切协作，嵊州市人民检察院从油罐车的物流时空数据入手，共同打造监督模型。利用交通部门掌握的油罐车“行驶轨迹”，结合装卸油需要 15 分钟以上的时间规律特征，将轨迹数据投射到卫星地图坐标上，可以清晰显示危险化学品车辆运输的时间、起点和终点，锁定油品装卸货地点和数量，再比对加油站税务申报数据，精准计算出偷逃税数额，从而有效破解困扰税务机关多年的加油站进销项数量无法确定的核心监管难题。设计研发了“非标油”综合治理监督模型（以下简称监督模型）。该监督模型依据“非标油”物流运输规律计算出加油站实际应税销售收入，与税务部门监管数据进行碰撞分析，从而锁定偷逃税款违法线索。

在通过该监督模型排查某加油站的过程中，嵊州市人民检察院发现，2021 年 1 月至 8 月该加油站自行申报的应税销售收入与实际应税销售收入存在较大差距。针对新发现的加油站销售“非标油”偷逃税款损害国家利益的情形，2021 年 10 月 11 日，嵊州市人民检察院向税务部门发出检察建议书，建议采取有效措施追缴加油站偷逃税款，规范加油站纳税申报工作等。税务部门在收到检察建议书后，组成专案组开展调查工作，并作出责令涉案加油站补缴税费、罚款共计人民币 605 万元的行政处罚。

截至 2022 年年底，浙江检察机关推广应用监督模型，督促税务部门追缴税款共计 2.8 亿余元；通过监督模型还发现黑加油点线索 93 处，移送相关部门依法处理，并推动浙江省人民政府成立专班，打造“成品油综合智治”数字化多跨场景应用，规范成品油税收监管秩序，助力省域成品油市场“全链条”数字化闭环管理。

二、案例述评

本案焦点之一在于司法大数据模型的应用。在本案涉及的“非标油”监管领域，一直存在无票销售、账外走账等违规经营方式，导致传统税收以“资金流”和“发票流”为主的监管方式失灵。从物流角度去统计卸货量，进而评估应纳税申报销售额具有现实操作性，且物流无法被加油站实际控制，难以存在弄虚作假的空间，数据的客观性和真实性能够得到有效保障，正是在这种数据思维的导向下，检察机关聚焦物流环节，将大数据技术与公益诉讼案件办理紧密结合，充分释放车辆轨迹数据的巨大价值，破解了涉物流运输监管难题。

本案焦点之二在于数字检察对于社会治理效能的提升。通过构建大数据法律监督模型，提升法律监督质效。对于在履职中发现的具有普遍性的社会治理难题，检察机关应高度重视相关数据的收集与整理，尤其是对依法采集、具有统一标准的数据,要提炼特征要素进行数据解析,并融入公益诉讼办案规则流程,转化为计算机能够识别的“语言”,即发挥大数据法律监督模型在发现线索、调查取证、固定证据以及提供解决问题方案等多方面的作用,实现从个案办理到类案监督的转变。此外,检察机关在依法履职的同时应注重与行政机关协作配合,提升社会治理效能。检察机关与行政机关在保护国家利益和社会公共利益方面目标一致,办案中应立足法律监督职能定位,发挥公益诉讼检察统筹协调多元主体协同共治职能作用,助力行政机关深入推进系统治理、综合治理,将公益诉讼制度优势实实在在转化为社会治理效能。

案例使用说明

一、教学目的与用途

本案例主要用于讲授司法大数据参与社会基层治理的相关问题。现代社会基层治理面临“新时代之变”,大数据在司法领域中的应用不仅是数字时代的必然要求,也是贯彻数字法治的应有之义。对此,各级司法机关积极运用以大数据应用为代表的现代科技,在办案过程中取得了良好的法律效果与社会效果。本案作为典型案例之一,鲜活地体现出新时代检察机关办案过程中的数据思维,也切实反映了现代科技对于社会治理的积极作用。以本案为切入点,可以展开基层治理、数字赋能、大数据应用及其风险控制等重要问题。具体包括:其一,数字时代社会治理的难点与困境;其二,数字赋能的内涵与基本特征;其三,司法大数据应用的具体样态与使用原理;其四,司法大数据应用的可能风险及理论反思。

本案例供法学博士案例教学使用,法律博士、刑法学硕士、诉讼法学硕士、法学理论硕士也可以参酌试用。

二、涉及知识点

(一)如何理解数字时代下社会治理的特殊性?

当今时代,数字科技的突飞猛进已经深深影响了人类文明的发展格局,也深刻改变了人类社会秩序管理的外在形态与内在逻辑。一方面,以算法、数据为核心的先进科技对人类文明进步发挥着巨大推动作用,大数据、互联网、人工智能等数字科技带来了解放个性、便利生活、繁荣经济、民主多元、社会安全等诸多福祉。另一方面,随着数据泛在、网络泛在成为人类生活新常态,传统治理模式下的自上而下的权力层级结构被撼动,曾经的权力之治所依凭的物理时空基础和载体,逐渐被数字时代扁平化、破碎化、去中心化的社会关系和社会结构所消解。一系列新型的社会纠纷与治理困境应运而生,数据鸿沟、信息茧房、网络犯罪、算法歧视、数字异化层出不穷,滥采、窃取、倒卖公民信息,侵害个人隐私、侵犯知识产权有增无减,非法移动跟踪、人脸识别滥用、网络暴力、网络犯罪恶性事件时有发生,网络监听、网络攻击、网络恐怖主义活动等成为全球公害,严重危及公民权利、社会福祉、公共秩序、国家安全、全球和平。数字领域的风险治理和公害治理迫在眉睫,对国家治理与社会治理的现代化建设提出了严峻而深刻的挑战。然而值得我们注意的是,此类新问题、新矛盾,已然超出了传统治理理论的涵摄范围。究其原因,既有传统信息途径不畅或不足而导致社会治理体制、模式与方式的落后,又有数据技术落后或处理效果不佳而导致无法迅速作出社会治理的有效决策。总之,面对数字社会的信息爆炸,社会治理的新矛盾呼唤着新治理思维、新治理工具。

近年来,党和国家不断推进以智慧司法建设为重要内容的智慧治理,力图突破传统治理格局的落后局面,真正迈向国家治理体系和治理能力现代化。日益崛起的网络化、数字化和智能化平台,不断地加速万物联通、业务覆盖和智能升级,使人力、物力和财力能够突破以往的物理时空限制而进行全景融合、高量赋能。这种数字赋能的发展趋势正在深刻改变社会治理体系,全新的智慧治理正从中孕育。同样地,为了与数字时代和数字社会相适应,我国的法治现代化必然是法治与数治深度融合的现代化,必然是法科共治的现代化,必然是依法治国和以数治国相结合的现代化。一方面,把科技能量特别是算法融入法治之中,促进法治的数字化、智能化、程序化,充分发挥数字科技对国家治理体系和治理能力的支撑作用;另一方面,把尊重和保障人权、维护公平正义、弘扬新风正气的法治精神和以人为本、增进福祉、和平利用、保护隐私、公正透明、安全可控、敏捷治理、共担责任的科技伦理和法理嵌入数字科技之中,使之公正向善、缘法循理,在法治轨道上良性运行。

(二)何为数字赋能?其在法律领域具体有何应用?

数字赋能,是指通过数字技术,赋予组织和个人更多的能力和机会来实现更高效、更创新和更智能的工作与生活方式。这是全体人类社会面向第四次科技革命所应协力达到的目标。在此目标之下,以大数据为首的现代科技与司法融合共生的局面不断拓展延伸,大数据的应用浪潮出现在司法活动的各个环节,并进一步向着“全流程、全覆盖、深层次”的应用目标进发。若要在 2035 年基本实现国家治理体系和治理能力现代化,司法能力的现代化建设自然不可或缺,而借助科技赋能、实现司法体制改革的“弯道超车”亦是中国特色社会主义法治建设之所在。

在最高人民法院发布的《人民法院信息化建设五年发展规划（2019—2023）》中提到，人民法院未来的建设目标是“促进审判体系和审判能力现代化”，要“以提高‘数据治理’能力为目标，构建信息资源智能服务体系”，并在2023年实现90%以上的法院具备通过大数据提供服务的能力。2021年中共中央《关于加强新时代检察机关法律监督工作的意见》强调，“加强检察机关信息化、智能化建设，运用大数据、区块链等技术推进公安机关、检察机关、审判机关、司法行政机关等跨部门大数据协同办案”。此后，全国检察机关启动检察大数据战略，强调以大数据赋能法律监督，并取得明显成效。可知，从“信息化建设”到“智慧司法/智慧检务/智慧警务建设”，司法改革的不断推进似乎也昭示着现代科技引入司法的势在必行，甚至迫在眉睫。事实上，各级司法机关、检察机关在司法大数据的应用方面已经作出了多种多样、效果卓著的探索，这一方面归功于大数据技术本身丰富多元的技术潜力，另一方面也昭示着数字时代下的法治格局存在多重维度，需要以多种方式加以探索与回应。限于篇幅，在此仅就司法机关与检察机关的大数据应用各举一例。

1. 审判辅助

大数据的出现，尤其是大数据平台的类案推送机制的建立，为法官的同案同判提供了参考与度量。虽然目前各类量刑建议系统或类案推送系统的数据库仍然存在较大缺陷，相关分析也较为呆板，但在夯实类案识别的基础上，对案件详情进行深度拆解分析将不再困难，对海量裁判文书进行一系列裁剪、抓取、语义分析等结构化处理，最终使案件核心提炼、风险预警、裁量建议成为可能。与案件相关的一切规范性的判断或都可被涵盖进统计学的框架加以解释。目前，我国各级法院系统已经建立多种基于大数据智能服务的审判支持系统，可以实现多种辅助功能。就简单的程序性辅助而言，文书辅助能够将法官从繁杂的事务性工作中解脱出来，极大地提高了工作效率。更为关键的裁量性辅助功能则包括类案推送、结果预判、调解建议等，能够提供诉讼风险分析，引导诉讼参与人通过调解方式解决纠纷，化解“案多人少”矛盾。根据相关统计，[2]近年来，能够实现裁判文书辅助的法院数量由2830家增长到3345家，能够实现案例推送的法院数量由1786家增长到3208家，能够实现结果预判的法院数量由1218家增长至2824家，能够实现调解建议的法院数量由1615家增长至2943家。此外，针对刑事案件，基于大数据整合的信息系统可以提取刑事案件法定和酌定量刑

〔2〕 刘雁鹏：《中国司法大数据应用的主要成就与理论逻辑》，载《齐鲁学刊》2023年第4期。

情节、自动推送量刑规范化司法解释、通过大数据分析提供量刑参考等，从而帮助法官规范量刑，统一法律适用，避免出现“类案异判”。

以“法信”平台为例，其主要使用两个大数据引擎：裁判剖析（LD）大数据引擎和同案智推（SP）大数据引擎。从其运作模式来看，LD大数据引擎对裁判文书本身进行多维度的组合和剖析，SP大数据引擎则利用大数据的聚类分析和智能排序功能实现法律事实的比对、法律关系的匹配、法律依据的核校以及裁判量刑的参照。LD大数据引擎首先借助演绎逻辑，对法律知识和规则进行推送；其次借由法律专业知识服务和案例大数据服务的交替运用，对案件进行匹配，并对相应的规律加以总结。其所采用的逻辑结构类似于Westlaw系统所采用的Key Number System。在该逻辑结构之下，任何一个有意义的要素均能找到其自身的定位。在“法信”大纲层层递进的知识树的框架之下，通过不断发散的枝干，使用者经过顺藤摸瓜，即可直达其所需的知识内容。SP引擎功能的发挥在LD引擎功能发挥的基础之上。在LD引擎对裁判文书本身进行剖析之后，SP引擎根据已有数据，计算个体或变量之间亲属关系的统计量。根据某种准则，同一类内的差别较小，而类与类之间的差别较大，最终将目标的个体或变量分为若干类。由此，即可实现对“同案”“同判”的界定。

从理论层面分析，这种基于海量裁判数据的抓取、整合而形成的裁量性辅助功能，本质上是借助“数据组织”的力量突破法官个体的“有限理性”，通过与类似判决的对比尽可能降低法官个人因素导致的差异，促使判决向最优法律效果与社会效果靠拢，根本目的在于纠正不相统一的裁量标准，通过同案同判实现个案公正。在司法大数据的加持下，我们曾经认为的建构性、主观性的案件事实将日趋认知化、客观化。如同美国法律现实主义者弗兰克所言，在R（规则）×F（事实）=D（判决）的审判公式中，“事实”将逐渐从SF（Subjective facts，主观事实）转向OF（Objective facts，客观事实），曾经基于事实的不确定性而衍生出的一系列制度设计，如证据规则、举证责任、陪审团制度等，可能都将因事实的日渐清晰而被加以调整，未来事实问题的认定或将整体性地转变为技术性的问题。

2.数字法律监督

数字检察作为新时代检察机关依法履职的一种工作理念、工作样态、工作模式，在“检察大数据运用”或“技术赋能法律监督”框架内与时俱进，具有实质性、指导性、前瞻性。[3] 数字检察是检察机关运用数字赋能深化法律监督，通过数据共享、线索归集、类案办理，推进社会治理体系、治理能力现代化的数字监督思

〔3〕 胡铭：《论数字时代的积极主义法律监督观》，载《中国法学》2023年第1期。

维、理念、程序、效应的集成、跨越、引领、再造、重塑性变革。其中，大数据法律监督是最为典型的代表之一，大数据法律监督是检察机关因应数字时代需求的选择。对于什么是大数据法律监督，尚未有明确的界定。一般认为，大数据法律监督是各级检察院基于内生的、外引的政法数据，通过专门算法智能化地履行刑事、民事、行政和公益诉讼检察职能，履行宪法法律赋予的法律监督职责。

在数字时代，传统的法律监督理念及方式受到极大限制。过往检察机关被动性监督的履职方式已然无法适应当今时代的治理需求。办案人员往往只聚焦于单一诉讼流程中的相关信息，对于其他程序环节、其他案件类型、其他社会治理关联问题的关注往往相对匮乏。面对数字时代案件数量多、类型广、隐性关联极强、社会矛盾复杂等情况，传统监督力度显然是乏力的。因此，出于对检察机关高效履职、积极捍卫国家利益和社会公众利益的要求，数字时代下积极主义的新型法律监督理念应运而生。其主要特征体现在以下三个方面。

（1）基于数据的主动监督。检察机关需要“化被动为主动”，通过与地方司法机关、执法机关、行政机关联合搭建数据平台等方式，实现数据的共联共享共用。在司法大数据内部，以及司法数据与社会数据碰撞过程中，主动爬梳、索引各类型诉讼案件流程中的显性问题及其隐性关联。通过检察建议等方式，实现在事前层面的主动监督。

（2）基于相似案例的类案监督。在大数据汇集统合的过程中，不仅相似案件更容易被识别、整合，相似案件的共有特性也更容易被提炼出来，从而进行理性分析。比如，前文提到的嵊州市人民检察院在办理“非标油”案件的过程中，正是基于长期、巨量、类型近似的物流信息，才能构建起盈利与税收之间的宏观收支模型，从而摸排出了“非标油”买卖等人民群众强烈反映的社会痛点问题，也才能就偷漏税这一行政机关长期关注却难以解决的难点问题加以整治。可以想见，在应用得当的情况下，大数据模型甚至可以使许多问题在进入诉讼程序之前就被发现，不仅有助于进行专项监督整治，还有助于杜绝、防止更多类似个案的发生。

（3）大数据法律监督与社会治理存在内在的耦合关系，检察机关行使法律监督职能是推进国家治理体系和治理能力现代化的重要环节。传统的法律监督方式虽在一定程度上也有利于社会治理，但更多的是个案层面的治理，而不是具有普遍效应的社会治理。数字时代的算法正逐渐从过去单一的数据分析工具，转变为能够对社会治理产生重要影响的力量，法律监督可以借助大数据和机器获得越来越强的自主学习与决策功能。

（三）司法大数据应用有什么潜在风险？

与所有新型科技一样，大数据的应用同样存在风险与隐患。对于刑事诉讼案件而言，其与公民人身权利、财产权利最为相关，所涉及的纠纷繁杂，对社会秩序破坏严重，由国家强制力进行追诉，裁判结果对被告人基本权利造成限制。其负面因素一旦经由大数据而放大，对公民及社会产生的不良影响将不可想象。因此，在大数据对司法改革及社会治理前景昭示着无限可能的同时，我们也必须对滥用、误用大数据而产生的可能风险有所警惕。

1. 反向造成司法僵化

"同案同判"似乎与"公平公正"是同义关系，但实际上前者可以被化约为统计学中的偏离度问题，通过对最小或最优偏差的追求体现形式理性，而后者则是典型的价值判断，是实质理性的标的，二者之间并不总是重合无隙的。判决的融贯性、一致性对于法秩序的维护来说至关重要，然而"法律必须稳定，但不能一成不变"，个案的裁量结果在统计学意义上出现偏颇并不意味着法律层面上必须被纠正，刚性一致的裁判结果势必导致法秩序的僵化，反而可能造成更加恶劣的社会效果。在大数据的回归计算中，两个意见雷同的法官与他们观点彼此对立时的均值可能是一样的，但前者却缺少了后者那种推动法律更迭的可能性，而裁量建议的出现无疑增大了法官持"不同"意见的心理压力，对于整个司法体制而言，也变相削弱了对新、难、复杂案件的处理能力，在个体纠偏似乎变得容易的同时，体制性的纠偏却变得更加困难。

在司法实务中，每一个案件都包含诸多复杂的要素，涉及社会经济生活的方方面面，法律的适用离不开具体的语境，离不开法与情与理的结合。在传统的司法中，法官的判决是在运用法律知识的同时结合自身生活工作经验和理性考量形成的，而机器学习的对象是固定的法律条文和裁判文书，机器根据特定规则进行数理运算和推理，从而作出裁判结果，整个过程是闭合的、机械的。机器无法认知案件背后复杂的社会关系和具体语境因素，只能进行策略分析和逻辑推理，其并不擅长价值判断，因此其所作出的判决是机械的、僵化的。机械的裁判常常在表面上符合法律，其实破坏了公民对公平正义的理解，违背了社会的一般公正观，反而制造了新的社会矛盾。

2. 侵犯个人信息权利

我国《个人信息保护法》特别规定，国家机关为履行法定职责处理个人信息的，应当履行告知义务，还应当依照法律、行政法规规定的权限、程序进行，不得超出履行法定职责所必需的范围和限度。这无疑意味着，在大数据模型的搭建过程中，有关部门为了尽可能地收集数据，以保证算法分析与数据决策建立在全量数据之上，势必将对公民的信息权、隐私权造成干扰。首先，对于公民数据的收集往往采用单方面通知或技术设备自动收集的方式，其用途在收集过程中往往十分模糊，这使公民的知情同意以及机构信任往往得不到充分尊重，公民往往没有拒绝的空间。其次，以社会治理为目标的数据处理往往采用不完全契约，即出于应收尽收的原则而不加筛选、不加处理、不加过滤。这无疑会加重公权力滥权的可能，也为未来个人数据的不当泄露留下隐患。最后，关于个人数据收集及处理的比例原则尚未得到明确规定。按照最小范围、最短时间、最小成本、最基本必要等四项信息收集原则，公权力机关在收集和保存数据时必须遵守一定的尺度，不能无限扩张。例如，随着区块链技术的普遍使用，数以百万计的日常行为与数据将被记录在区块链上，人们交换的信息内容、访问的地方以及与他人互动的数字痕迹，将永久地以不可变的方式保留在那里。从实际情况来看，检察机关积极行使法律监督职能时，在涉及个人信息数据的获取、存储、使用、销毁等方面可能存在忽视个人信息权利的问题。虽然当下关于个人信息保护依然需要衡量更多的利益关系，但检察机关在开展法律监督工作中，尤其是在涉及个人信息的数据获取、存储、使用、销毁等方面与《个人信息保护法》的相关规定还存在差距，可能超越履责范围与限度，导致人权、自由等基本法律价值被侵蚀。

3. 司法信任被削弱

《中共中央关于全面推进依法治国若干重大问题的决定》中提到，要“努力让人民群众在每一个司法案件中感受到公平正义”，将公民感受与个案公正相结合，突出了我国对通过司法判决实现良好社会效果的重视。法官对大数据尤其是源自司法过程以外的大数据的利用，将有助于了解“公众理性”、揣度社会舆论与大众认知，通过建立“覆盖审判全阶段的风险预警”避免作出“不通民意”的判决。

然而需要注意的是，公检法机关在适用司法大数据时必须注重其公开透明、经得起程序检验以及可被解读。如果当事人发现公检法机关使用了大数据所呈递的分析结果，而其使用自然语言所作的解释并未使人信服，那么即便大数据是某种事实上的先验产物也未必一定能增加判决的正当性，反而会引起当事人的困惑乃至排斥；对于更广范围的社会公众也是如此。以目前运用较多的商业大数据为例，消费者往往仅在使用某款应用前被告知个人信息可能被采集，其对于具体被采集的时间、方式、数据流向的具体成果无从得知，个人信息以一种完全静默的方式被合法“窃取”，这种单向沟通的方式或许在商业大数据中可被应用，但司法大数据的情况则完全不同。假如司法大数据想要真正在判决中实现“公共理性”，仅依靠作为技术手段的大数据本身是远远不够的，还必须获得数据主体的公共性授权,而这是一则消息推送式的“信息收集告知书”做不到的,必须像陪审制将直接民主导流进法庭审判一样,设计成体系的配套机制将“民意”导流进司法程序中,让社会公众对大数据的使用有参与感,才能对最终得出的结论有认同感。否则,大数据的应用将异化为一种实质非理性甚至形式同样非理性的行为。

可以想见,在这个“肉身人”同“数字人”共存的时代里,未来司法中的参与者可能会涉及类似“数据支配”“困在系统里”的困惑,如果社会公众感知到的是一种不可知的、未授权的、独立于自己的因素介入了司法程序中,这将削弱司法的公信力,甚至可能诱发司法界的“塔西佗陷阱”:即便叫停大数据的不合理应用,法官不受影响、依法独立行使审判权的形象已经不复如初,人类法官自由裁量的“黑箱”依然将饱受社会质疑,科技对司法可能产生的浸入式损害莫过于此。总而言之,真正值得追求的“社会效果”并非对某种既有观点的迎合,而是来自案件当事人及社会公众的“信服感”,如果把大数据仅仅视为一种先验的、形式理性的、可以直接运用的工具,那信服感显然是难以建立其上的。

(四)该如何应对司法大数据可能存在的风险?

1. 坚守大数据应用的补充、辅助定位。将以大数据为代表的现代科技引入法律领域,尤其是司法审判领域时,其所发挥的应当是补充作用而非替代作用。“非强制”作为大数据及人工智能应用于司法的底线必须得到澄清。司法判决是情理与法理交融的结果,而不是理性逻辑的堆砌,机器无法代替人来审理案件、作出判断。司法的特征决定了人在司法中的核心地位。归根结底,人工智能等技术只是智慧司法实践中的手段和工具,而非智慧司法的目的,在智慧司法中,始终应由人发挥能动的主导作用,技术应当遵循司法规律和法学原理,为司法工作提供服务和辅助,而非替代法官的裁判,以达到维护司法公正、保障公民权利的根本目的。这要求大数据在诉讼不同流程中的具体应用应当严格类型化、区别化,尽快探索基于案件繁简分流的不同层级大数据应用“白名单”,在整体把握上将大数据应用的重心放在侦查阶段的事实发现层面。

2. 厘清应用界限,谨防大数据应用的盲目扩张。在司法大数据的应用中,也需要我们重点思考其适用范围。目前利用司法大数据进行的研究,主要是针对最简单的类型化的案件,如醉驾案件。对于部分案件事实高度类型化、结构化的简单案件进行的裁量建议应当尽可能分割化、模块化,如细化到某一犯罪情节的有无、轻重,尽量避免对案件整体情况作出概率判断,基于大数据呈递的偏离预警亦不宜作硬性规定、强制可采,始终为法官预留出人性判断的空间。在大数据的具体使用过程中,法院系统内部应当设置统一的数据管理单位,负责司法大数据适用的审批、调度、集中管理等,使法官与大数据的适用拉开一定距离,尽可能减少大数据适用的恣意性。

3. 贯彻比例原则。以检察机关在法律监督过程中应用大数据为例,首先,应当以比例原则中的必然性原则为要求,即检察机关履行法律监督时采取的方法与所意欲达到的监督效果之间存在必然性。也就是说,是否启动监督、是否运用大数据作为技术手段是一个递进的追问。法律监督的核心目的在于维护现实法秩序,进而促进社会治理,绝非普遍性、一般性的日常工作。其监督方式应当有其必要性,坚决杜绝基于权力扩张目的或纯粹的便利考量而使用大数据。其次,应当以适当性原则为要求,即要选择使用对当事人的利益限制或损害最小的手段,审慎地权衡公共利益与个人权利之后再采取相关措施。比如,采用传统的法律监督方式就可以达到监督效果的,便不需要引入数据分析等可能侵犯公民隐私权的科技手段。最后,应当以比例原则中的均衡性原则为要求,即检察机关履行法律监督时采取的方法与所意欲达到的监督效果之间合乎比例或相称。这还体现在救济渠道的设立上。例如,在程序开始前给予当事人选择的机会,当事人有权拒绝采取智能化的审判方式,要求普通法官进行审理和判决。又如,在程序结束前,也要考虑给予当事人选择的机会,即当事人是否可以拥有选择一切归零的机会。

三、配套教材

1. 贾宇、王敏远主编:《检察学》,中国检察出版社、中国政法大学出版社2023年版。

2. 马长山主编:《数字法治概论》,法律出版社2022年版。

3. 林维主编:《刑事司法大数据蓝皮书》,北京大学出版社2020年版。

4. 胡铭:《刑事诉讼法学》(2019年修订版),法律出版社2016年版。

四、启发思考题

1. 什么是司法大数据?它与经济、文化、商业等领域中的大数据应用有何区别与联系?

2. 回想一下,在你的生活中你是否接触过司法大数据?

3. 假如你是一名律师,你认为大数据可以在你工作的哪些方面发挥作用?

4. 假如你是一名法官/检察官,你认为大数据可以在你工作的哪些方面发挥作用?

5. 检索几例人民法院运用大数据的案件进行比较,你认为不同层级人民法院适用大数据辅助裁判的范围是否应有所区别？有何区别？

6. 检索几例检察机关运用大数据的案件进行比较，你认为不同层级检察机关适用大数据辅助裁判的范围是否应有所区别？有何区别？

7. 有人认为，检察机关运用大数据积极展开法律监督，模糊了检察与侦查之间的界限，你怎么看？

8. 德国社会学家韦伯曾经提出过一个“理性化悖论”，即一件事情的形式理性与实质理性难以兼得。他认为过度追求案件裁判的形式一致会使司法沦为“自动贩售机”，缺乏因地制宜的实质公平。你认同他的观点吗？你认为大数据的运用会对我国法治的形式理性和实质理性各有什么影响？

五、理论依据

数字法治　基层治理　积极主义法律监督观　公共利益　理性化

六、背景信息

随着信息技术的飞速发展，人类逐渐步入数字化、网络化、智能化的互联网时代和数字社会。现代科技的迅猛发展正在深刻地改变着司法的现实样态，呈现出冲击与重塑并存的格局：一方面，以大数据为代表的新兴技术的蓬勃发展，为司法的智慧化提供了技术支撑，使司法展现出更多的可能性；另一方面，现代科技的发展也冲击着传统的司法制度，挑战着人们固有的观念基础和法治理念，并呼唤着数字化社会治理的新型格局。可以说，以大数据为首的现代科技与司法融合共生的局面不断拓展延伸，大数据的应用浪潮出现在司法活动的各个环节，并进一步向着“全流程、全覆盖、深层次”的应用目标进发。若要在2035年基本实现国家治理体系和治理能力现代化，司法能力的现代化建设自然不可或缺，而借助科技赋能、实现司法体制改革的“弯道超车”亦是中国特色社会主义法治建设之所在。

2018年司法部印发《“数字法治　智慧司法”信息化体系建设指导意见》，提出以信息化引领和带动司法事业发展，提升全面推进依法治国实践的能力和水平的建设目标。同年，最高人民检察院发布《关于深化智慧检务建设的意见》，提出要全面实现检察工作数字化、网络化、应用化、智能化。总而言之，从“信息化建设”到“智慧司法/智慧检务/智慧警务建设”，司法改革的不断推进似乎也昭示着现代科技引入司法的势在必行。大数据在司法领域的引入，既为我国的司法进步创造了机遇，又带来了诸多的问题和挑战。对司法大数据而言，其不加限制的应用在促进司法活动形式理性化的同时，可能会在价值层面消解司法的实质理性，唯有在司法大数据“方兴未艾”之时预先对其应用的性质予以明确，以未雨绸缪的姿态对其边界加以限制，并认真对待大数据应用对于法治与社会治理可能产生的负面影响，才能最大可能地利用大数据的工具价值，并尽可能降低大数据应用所带来的弊害。

七、关键要点

1. 大数据在司法活动中运用的基本背景与具体样态。司法大数据的应用，是数字时代下的法治建设与社会治理的双重要求。就人民法院而言，司法大数据可以发挥文书生成等程序性辅助功能，尽力降低法官事务性工作的内容占比。同时，司法大数据也可以发挥包括类案推送、结果预判、调解建议等在内的裁量性辅助功能，能够提供诉讼风险分析，引导诉讼参与人通过调解方式解决纠纷，化解“案多人少”矛盾。就检察机关而言，大数据可以助力检察机关履行法律监督职责。在数据思维的加持下，实现基于数据的主动监督、基于相似案例的类案监督，并不断巩固大数据法律监督与社会治理的内在耦合关系。

2. 正如其他所有前沿科技一样，大数据并非尽善尽美之物，在将其与司法结合时，需要保持必要的审慎。其潜在风险可能包括反向造成司法僵化、侵犯个人信息权利以及司法信任被削弱等诸多方面。因此，司法大数据的应用应当是有界限的，在定位上，大数据应当发挥补充性的作用而非替代性的作用。在范围上，应当严格控制大数据可以应用的案件类型及司法环节，限制仅仅出于便利目的的大数据应用。此外，也应当贯彻比例原则，就司法大数据应用的必要性、适当性、均衡性作出规定，并为当事人提供充分的救济途径，给予当事人选择的机会。

3. 以本案为例，重点了解、学习司法大数据参与社会治理的基本形态，特别是深刻理解现代科技引入司法、参与社会治理的必要性与优越性。同时，通过在法学理论、社会理论及科技伦理层面的发散，培养、锻炼学生建立批判性思考的视角，以及多维度多角度分析问题的能力。

八、课堂计划

本案例可以作为专门的案例教学课来进行，整个案例课的课堂安排 3 个课时，每课时 45 分钟。如下课堂设计，仅供参考。

1. 课前计划：安排学生阅读案例及相关参考资料，对案例涉及问题进行思考，撰写答案。

2. 课中计划：介绍教学目的，明确讨论主题；学生分组讨论，回答各项思考题,讨论撰写要点;小组代表提出撰写要点,学生讨论和分析;教师归纳总结。

3. 课后计划:布置学生思考数字法治、基层治理等内容。学生需深入思考在数字时代将大数据引入法治与社会治理的必要性,并采取反思性视角看待司法大数据的应用。

九、参考文献

1. 苏国勋:《理性化及其限制:韦伯思想引论》,商务印书馆 2016 年版。

2. [德]马克斯·韦伯:《新教伦理与资本主义精神》,康乐、简惠美译,广西师范大学出版社 2010 年版。

3. [德]马克斯·韦伯:《法律社会学:非正当性的支配》,康乐、简惠美译,广西师范大学出版社 2011 年版。

4. [美]本杰明·卡多佐:《司法过程的性质》,苏力译,商务印书馆 1998 年版。

5. [英]维克托·迈尔 - 舍恩伯格、[英]肯尼思·库克耶:《大数据时代:生活、工作与思维的大变革》,盛杨燕、周涛译,浙江人民出版社 2013 年版。

6. 刘雁鹏:《中国司法大数据应用的主要成就与理论逻辑》,载《齐鲁学刊》2023 年第 4 期。

7. 张文显:《推动依法治国和以数治国相结合》,载《数字法治》2023 年第 1 期。

8. 孙晓勇:《司法大数据在中国法院的应用与前景展望》,载《中国法学》2021 年第 4 期。

9. 马长山:《数字社会的治理逻辑及其法治化展开》,载《法律科学(西北政法大学学报)》2020 年第 5 期。

10. 胡铭:《论数字时代的积极主义法律监督观》,载《中国法学》2023 年第 1 期。

11. 郭洪平:《最高检印发意见深化智慧检务建设》,载《检察日报》2018 年 1 月 4 日,第 1 版。

12. 刘品新:《大数据法律监督的治理逻辑》,载《中国刑事法杂志》2023 年第 3 期。

13. 贾宇:《论数字检察》,载《中国法学》2023 年第 1 期。

14. 刘品新:《论大数据法律监督》,载《国家检察官学院学报》2023 年第 1 期。

15. 胡铭:《数字法学研究的实验方法与风险防控》,载《华东政法大学学报》

2023 年第 1 期。

16. 马春晓:《数字检察的缘起、实践与理论建构》,载《南京大学学报(哲学·人文科学·社会科学)》2023 年第 4 期。

17. 郑智航、徐昭曦:《大数据时代算法歧视的法律规制与司法审查——以美国法律实践为例》,载《比较法研究》2019 年第 4 期。

4-3 CASE

青海检察机关督促保护宏觉寺行政公益诉讼案

——检察法律监督推进行政机关依法履职

一、案例情况[1]

2023 年 9 月，青海省西宁市城中区人民检察院就督促保护宏觉寺行政公益诉讼案进行第 5 次“回头看”跟进监督，经实地查看，现宏觉寺修缮项目已全部竣工，并经青海省民族宗教事务委员会批准挂牌成立“铸牢中华民族共同体意识体验馆”。

在西宁市城中区，坐落着一座千年古刹——宗喀大慈宏觉寺。宏觉寺始建于明洪武二十三年（1390 年），历史上属甘肃拉卜楞寺。1929 年青海建省后，班禅驻青办事处、蒙藏招待所设于宏觉寺。作为古丝绸之路、唐蕃古道上各民族共同创建的古刹，宏觉寺是一处见证民族团结的珍贵历史文化遗产，也是维系民族团结的重要精神纽带。1998 年，宏觉寺被青海省政府批准为省级重点文物保护单位。

2020 年 6 月，西宁市城中区人民检察院在开展文物保护公益诉讼检察专项行动中发现该案线索。2021 年 1 月 7 日，经青海省人民检察院批准，城中区人民检察院立案进行调查，通过调取文物档案、询问相关人员等，查明宏觉寺过厅、大殿除梁架结构保持原状外，山墙、门窗等部分均已损毁，存在屋面塌陷、个别立柱下沉倾斜等问题，且前殿香厅被某印刷厂用于存放印刷物资及印刷设备，未能得到妥善保护和修缮。文物保护部门未依法履行职责。

2021 年 1 月 13 日，城中区人民检察院邀请区人大代表、政协委员、人民监督员、文物专家等担任听证员，就文物修复必要性等问题召开听证会，得到人大代

---

〔1〕 本案例为最高人民检察院发布的“2023 年度十大法律监督案例”之一。参见《2023 年度十大法律监督案例》，载最高人民检察院官网，https://www.spp.gov.cn/zdgz/202401/t20240129_641643.shtml。

表、政协委员、相关专家的一致支持。会后，依据文物保护法相关规定，该院向城中区文体旅游科技局公开送达检察建议书，建议其采取有效措施确保宏觉寺得到妥善保护和利用。1月28日，某印刷厂与区文体旅游科技局举行宏觉寺交接仪式，宏觉寺正式移交区文体旅游科技局管理。3月2日，区文体旅游科技局对检察建议进行书面回复，称已制定修缮方案，正向省、市文物局申请资金进行保护性修复。

城中区人民检察院持续开展跟进监督，针对文物保护中最棘手的印刷厂搬迁问题，该院会同区文体旅游科技局主动向区政府报告情况，推动区政府拨付1100万余元资金用于企业安置补偿及车间、办公楼拆除工作。区文体旅游科技局申请400万余元资金对周边街景进行整治，79.8万元专项资金用于文物主体修缮。

2022年3月，城中区人民检察院在此挂牌成立"文物保护公益诉讼示范点"，并在此后多次通过公益诉讼案件"回头看""实时看"活动，持续跟进寺院后期修缮进展情况。目前，所有修缮项目已全部竣工，并经青海省民族宗教事务委员会批准挂牌成立"铸牢中华民族共同体意识体验馆"。

二、案例述评

自2014年党的十八届四中全会提出"探索建立检察机关提起公益诉讼制度"以来，检察公益诉讼制度历经2015年中央全面深化改革领导小组通过试点方案，2017年《民事诉讼法》与《行政诉讼法》修改，正式在法律中确立了公益诉讼制度，2018年《人民检察院组织法》增加了人民检察院依法提起公益诉讼的职权规定，2021年《人民检察院公益诉讼办案规则》开始实行，检察公益诉讼在制度上已经成型。同时在实践中也全面铺开，2018～2022年全国检察机关办理公益诉讼案件已经达到19.5万件。检察机关是国家的法律监督机关，公益诉讼检察是检察机关履行法律监督职能的重要抓手，是检察机关代表国家利益和社会利益，通过办案的方式开展法律监督的重要形式。其中，行政公益诉讼针对的是事关重大公共利益之特定领域行政机关违法行使职权或者不作为，旨在构建对于行政执法机关的法律监督。这是建设法治国家和法治政府，在行政机关内部体系性监督之外加强外部法律监督，推动国家治理体系和治理能力现代化的重要举措。

在监督的案件范围上，《行政诉讼法》规定了生态环境和资源保护、食品药品安全、国有财产保护、国有土地使用权出让四大领域。同时，在多元主体的推动下，检察公益诉讼的案件范围从最初的四大领域不断扩展，呈现出目前

“4 + N”的格局。2021 年中共中央《关于加强新时代检察机关法律监督工作的意见》强调,要积极稳妥拓展公益诉讼案件范围,探索办理文物和文化遗产保护等领域公益损害案件。这一重要文件为行政公益诉讼有序扩展适用范围提供了支撑,而文物和文化遗产保护因为与社会利益和公共利益密切相关,在实践中容易受到侵害而缺乏适格起诉主体予以法律保护,便作为相对成熟与迫切的领域而首先被提了出来。全国人大及其常委会通过立法修法的方式,推动了法定领域的扩张。新的《文物保护法》于 2024 年 11 月 8 日通过,长期处于法定领域之外的文物和文化遗产保护领域被纳入法定范围,至此,法定领域达到了 15 个。

就法律监督具体发挥作用的方式来说,行政公益诉讼可分为诉前程序(主要是检察建议)与提起诉讼阶段。依照《行政诉讼法》,《人民检察院组织法》,最高人民法院、最高人民检察院《关于检察公益诉讼案件适用法律若干问题的解释》,《人民检察院公益诉讼办案规则》,《人民检察院检察建议工作规定》等法律、规定或司法解释,检察机关在履行职责的过程中发现特定国家利益与社会利益受到侵害,而行政机关履行监督管理职责不到位的,应当调查核实情况,确认事实存在的,应当提出检察建议。检察建议是检察机关开展法律监督的重要手段,是检察机关对行政机关进行督促,最终达到合作共赢推动国家利益和社会利益得到维护的良好方式。应该注意的是,检察机关的法律监督具有谦抑性与程序性,其针对的只是具体行政行为、具体案件的合法性问题,不具有实质上的行政处分效力,检察建议等方式也只是一种程序性的请求或决定。但是,正因为这些特性,检察机关的监督才得以具有鲜明的法律性质,体现出司法权威,才能够长期健康运转。对于检察机关提出的检察建议,一般来说被建议单位自收到检察建议书之日起 2 个月以内应当作出相应处理,并书面回复人民检察院。行政机关经检察建议督促仍然没有依法履行职责,国家利益或者社会公共利益处于受侵害状态的,人民检察院应当依法提起行政公益诉讼。但应该注意的是,在这一流程中,法律规定均十分注重“双赢多赢共赢”原则的体现。比如,规定检察官在调查核实时可以咨询专业人员、相关部门或者行业协会等对专门问题的意见;对于判断决定是否存在违法行使职权或者不作为、国家利益或者社会公共利益受到侵害的后果、整改方案等可以进行磋商讨论,或向行政机关发送事实确认书。对于涉及事项社会影响大、群众关注度高、违法情形具有典型性、所涉问题应当引起有关部门重视的检察建议书,可以抄送同级党委、人大、政府、纪检监察机关或者被建议单位的上级机关、行政主管部门以及行业自律组织。可以看到,检察机关十分注重综合履职,强调法律监督的实际效果,通过各种方式希望与当事人、被监督单位、第三方等进行良性互动。这是由行政公益诉讼本身涉及面广、要求行政机关配合的特性决定的。

青海检察机关督促保护宏觉寺行政公益诉讼案是最高人民检察院发布的“2023 年度十大法律监督案例”之一,也是《文物和文化遗产保护检察公益诉讼典型案例》之一,较好地体现了新时代检察机关通过行政公益诉讼等方式高质效开展法律监督的改革成果。本案中,检察机关是在开展文物保护公益诉讼检察专项行动中发现案件线索,经上级人民检察院批准,下级人民检察院立案调查,通过多种方式,查明文物保护不善,文保部门履职不力。后邀请区人大代表、政协委员、人民监督员、文物专家等,通过检察听证的方式听取相关意见,进行案件审查,确认案件事实。之后向相关文保主管单位送达检察建议,建议其及时整改。该单位收到检察建议之后迅速行动,对文物进行了保护修缮。检察机关也并未被动等待整改结果,而是在过程中会同文保主管部门一起,就有困难事项向区政府报告,协同推动解决。在后续的修缮工作中,检察机关也一直通过回头看的方式持续开展监督,最终助推体现中华民族共同体意识的宏觉寺得到了保护,文物价值得以体现。本案在检察机关依法高质效履行法律监督职责的推动下,通过检察建议与持续法律监督的方式使国家利益与社会利益得到挽救与维护,案件也在未发展到提起正式诉讼之前得以终结,实现了多方共赢,完美达成了法律监督的既定目标。

案例使用说明

一、教学目的与用途

本案例主要用于讲授检察机关通过履行法律监督职责,推动行政机关依法履职的相关知识。从基础理论和制度规范两个层面,探析作为国家法律监督机关的检察机关,在新的时代背景与理论指导下,如何更有效地履行法律监督职责,实现权力控制与法律落实的效果。以本案例为例,具体要讨论的问题包括:其一,检察机关法律监督的宪法基础;其二,检察机关法律监督的法理基础;其三,检察机关法律监督的法律规定与制度设计;其四,检察行政公益诉讼的相关制度规范及其法律监督意义;其五,检察行政公益诉讼中检察建议适用的相关问题;其六,新时代检察机关高质效开展法律监督的完善路径。

本案例供法律硕士案例教学使用,法学本科(大四)、刑法学硕士、诉讼法学硕士也可以参酌试用。

二、涉及知识点

（一）如何理解检察机关作为国家法律监督机关的宪法定位？

法律监督，指的是检察机关为了维护国家法制的统一、尊严和权威，依照法定职权和程序，通过侦查、公诉、诉讼监督等方式和手段，对法律实施活动进行的具有法律效力的专门性监督。要讨论新时代检察机关履行法律监督职责的相关问题，必须从检察机关的宪法定位开始讨论，以揭示我国检察机关的本质属性。我国《宪法》第 134 条规定："中华人民共和国人民检察院是国家的法律监督机关。"这一规定赋予了检察机关在国家机关体系中的独特定位，其是专门的法律监督机关。我国的根本政治制度是人民代表大会制度，全国人民代表大会是国家的最高权力机关，其他国家机关都由它产生、对它负责、受它监督，检察机关也不例外。我国《宪法》第 3 条规定："中华人民共和国的国家机构实行民主集中制的原则。全国人民代表大会和地方各级人民代表大会都由民主选举产生，对人民负责，受人民监督。国家行政机关、监察机关、审判机关、检察机关都由人民代表大会产生，对它负责，受它监督。"由此可见，我国在现代国家建构的过程中，对于公权力机关权力结构的设计，旨在确保人民主权的原则得以实现，将其他国家机关都置于由人民选举产生的人民代表大会之下。不同于西方国家的"三权分立"制度，我国的各个国家机关之间虽然也有职能上的不同分工与制约，但更多强调的是分工配合，共同为人民服务。从制度原理来说，我国的人民代表大会是一个"议行合一"的政权组织形式，所谓立法权、行政权、司法权均统合于一。这一设计更加有利于国家权力的统一行使，避免了西方式的各个机构之间的竞争与摩擦。

但同时，权力不受制约便容易走向恣意，这是亘古不变的真理。因此在我国议行合一的人民代表大会制度和民主集中制的组织原则之下，同样需要制度设计来实现对权力的常态化的监督和制约。当然，通过不同机关间基于权力分工的权力制约关系来实现权力的规范行使在我国宪法中同样有所体现。如《宪法》第 140 条规定的"人民法院、人民检察院和公安机关办理刑事案件，应当分工负责，互相配合，互相制约，以保证准确有效地执行法律"。不过，制约是以分工配合为基础的。依据《中国共产党政法工作条例》，公检法三机关均需服从于党委政法委员会的统一领导。三机关分工配合、互相监督，是为了更好地实现国家的司法职能。但是对于权力监督来说，则需要更多更丰富的形式。为此，宪法与其他法律及其实践中形成了包括党内监督、人大监督、政府内部监督、政协民主监督、法律监督、公民监督和舆论监督在内的具有中国特色的国家监督体系。其中，法律监督的职能由检察机关专门行使。人民代表大会在理论上拥有监督所有国家机关的权力，但由于其具有的体制机制特点，其无法对国家机关展开日常性的具体监督。因此便通过设置专门的检察机关的方式，来对各国家机关遵守、统一理解适用由其制定的法律的状况进行监督，进而实现其对于各国家机关的权威。在这一意义上，检察机关作为国家的法律监督机关的宪法定位，根本上是人民主权原则的体现。因此，从宪法层面来看，检察机关的法律监督具有特殊性与必要性。同时，《宪法》第 136 条规定："人民检察院依照法律规定独立行使检察权，不受行政机关、社会团体和个人的干涉。"这一条确认了检察机关依法独立行使检察权的原则，为检察机关排除其他因素的干扰，有效发挥其权力制约、法律监督的功能提供了宪法支撑。

（二）新时代检察机关履行法律监督职责的历史沿革与法理基础是什么？

审检分离与检察制度的引进开始于清末新政中的司法改革，其中检察厅由原来在职能上有所类似的都察院改制而来。之后在实践中，检察厅设置于各级审判机构内部，负责提起公诉。民国时期基本沿袭了清末司法改革的成果，于各级审判机构内设置各级检察机构，负责公诉、指挥侦查等事宜。

人民检察制度是在参考苏联检察制度的基础上开始建立的。1931 年《中华苏维埃共和国宪法大纲》规定，在中央执行委员会下组织人民委员会处理日常政务，人民委员会下即设工农检察人民委员部，作为最高检察机构。在具体工作中，各级检察机关设置于审判机关内，主要负责公诉工作。在著名的熊仙璧贪污渎职案中，时任最高特别法庭临时检察长梁柏台即作为公诉人撰写了控诉书，体现出检察职能的履行。在抗日战争时期，由于时局紧张，一度存在对于检察机关的存废之争。一直到解放战争时期，检察机关普遍恢复设置。1946 年《陕甘宁边区暂行检察条例》是对检察机关之职权与办案程序等的专门规定，之后逐步实现了审检分离，检察机关得以独立设置。中华人民共和国成立后，《中央人民政府组织法》中即规定了最高人民检察署为国家最高检察机关。"五四宪法"中规定了最高人民检察院的职权是对于各级国家机关、国家机关工作人员及公民是否遵守法律行使检察权。1967 ~ 1977 年，检察机关被取消，直到在"七八宪法"中才得以恢复。1979 年颁布的《人民检察院组织法》明确了人民检察院是我国法律监督机关的定位，"八二宪法"因之。

由人民检察制度的沿革可以看到，我国检察制度的发展在很大程度上受到了苏联检察制度特别是列宁法律监督思想的影响。马克思、恩格斯认为，国家是阶级矛盾不可调和的产物，国家从社会中产生同时又逐渐走向异化。国家权力容易在这一过程中走向集权而失去公共性。要想阻止这一过程，保障人民的自由与权利，就要允许人民对国家权力进行民主监督。列宁则进一步发展了这一思想,提出建立一个专门的法律监督机关,来确保监督国家权力的行使,以及国家工作人员、公民的行为均符合法律的规定。这一法律监督机关就是检察机关,检察机关负责监督国家法律的统一正确行使。可以看到,这里的法律监督指的是一般监督,其监督的范围是十分广泛的,即检察权不仅包括对犯罪行为和民事违法行为的监督,而且包括对国家行政机关和政府工作人员的行政违法行为的监督。列宁认为,专门法律监督机关的存在对于防范官僚主义、地方主义至关重要。列宁的法律监督思想直接影响了我国检察制度的建立与发展,特别是将检察机关独立于行政机关与审判机关设置,将其定位为国家的专门的法律监督机关。

在我国检察制度的逐渐实践过程中,我国又根据自身国情与经验,在新的时代背景下形成了具有中国特色的自主性的法律监督理论。列宁就检察机关的一般法律监督的职能定位始终无法处理一个问题,即谁来监督监督者的问题。在我国,人民检察院由人民代表大会产生,受其监督。因此,逐渐将人民检察院的法律监督从一般监督调整为有限监督,更加符合我国国家权力架构中检察机关的定位,即其不是监督法律实施的各个方面和环节,而是以司法权及行政权的运行为限,且其监督是针对具体行为、具体案件的监督,具有程序性。

另外,就一般性的法治原理来说,法律条文的抽象性、普适性与法律实践中的具体性、特殊性总会构成矛盾。法律制定的初衷是对人的行为的统一调整与规范,具有普遍的约束力,但是在具体适用时不同人、不同时期、不同地域对于同一法律可能会出现不同的理解,对法律的普适性构成挑战。因此,为保障法制的统一,就有必要建立制度性的法律监督机制,这就是检察机关开展法律监督的必要性所在。传统上,检察机关的法律监督以消极、被动的受理为主,即使是主动履职,也以就案办案为主,主要考虑的是法律效果。但是在新的时代背景下,在习近平法治思想的指引下,检察机关要以人民为中心,在党的领导下主动作为,积极维护国家利益与社会公众利益,将检察法律监督工作融入全面依法治国,推动国家治理体系和治理能力现代化的大局中。特别是在数字时代,检察机关的信息化、智能化建设,大数据、区块链等技术的应用给法律监督的开展带来了全新的机遇。通过数字技术,推动"四大检察"协同发展,联动发现案件线索,智能化开展类案监督,全过程监督检察建议整改落实,加强与行政、审判机关的沟通协作,是新时代积极主义法律监督观的具体体现。

（三）如何从检察权的具体法律制度设计上理解其法律监督本质?

检察权的本质是法律监督,其宪法基础上文已有论述。在其他法律对于检察机关职权之具体规定中,我们同样可以看到法律监督与检察职能的辩证统一。

《人民检察院组织法》第2条规定，人民检察院是国家的法律监督机关，接续规定，人民检察院通过行使检察权维护个人、国家与社会利益及法律尊严，说明了法律监督与检察权之间的本质属性与制度表现的关系。在第20条中规定了检察机关行使的侦查、批捕、审查起诉、支持公诉、提起公益诉讼、诉讼监督、执行监督、监所监督等职权，第21条将这些职权称为法律监督职权，并规定了为实现这些职权检察机关在工作方式上可以进行调查核实，并依法提出抗诉、纠正意见、检察建议。总的来说，检察机关开展法律监督，主要是通过刑事、民事、行政、公益诉讼“四大检察”实现的，所谓“在办案中监督，在监督中办案”。

刑事检察是检察机关的传统职能与核心业务，依据《人民检察院组织法》《刑事诉讼法》的规定，包含侦查、审查逮捕、起诉、诉讼监督、执行监督、未成年人检察中的刑事检察等内容。根据《刑事诉讼法》的规定，人民检察院在对诉讼活动实行法律监督中发现的司法工作人员利用职权实施的非法拘禁、刑讯逼供、非法搜查等侵犯公民权利、损害司法公正的犯罪，可以由人民检察院立案侦查。检察侦查权与其他机关行使的侦查权之间的显著区别，就是检察侦查权是为了对诉讼活动进行法律监督而存在的，其侦查范围也限于司法工作人员在司法过程中利用职权实施的犯罪。在监察体制改革后，检察机关对于这部分侦查权的保留正是为了给法律监督提供支撑。审查逮捕权则构成了对于侦查机关的制约与监督，是对于刑事强制措施的法律审查与法律控制，同样是法律监督的体现。审查起诉与支持公诉的职权处于沟通侦查与审判的位置，检察官必须坚守客观公正原则，在控诉者与监督者的角色间寻求平衡。事实上这两种角色同样是内在统一的，检察官作为国家利益与公共利益的代表，代表国家追诉犯罪。其不应简单追求胜诉，而应以司法公正的实现为目标，通过控制何种案件被提起刑事追诉，追诉的罪名与刑罚程度是什么，来实现法律监督的职能。

民事检察则包括对生效民事判决、裁定、调解书的监督，对审判程序中审判人员违法行为的监督，对人民法院执行活动的监督。与刑事检察不同，民事检察中检察机关并不作为庭审之一方而存在，而是更多从民事诉讼程序外部进行监督。但在民事诉讼中，检察机关的法律监督同样十分重要，是保障诉讼程序依法公正进行、诉讼结果依法公正落实的重要力量，起到维护公民、法人和其他组织合法权益的重要作用。如《民事诉讼法》规定，对于已经发生法律效力的判决、裁定，如果检察机关发现存在属于法律规定应当再审之情形，最高人民检察院对各级人民法院，上级人民检察院对下级人民法院应当提出抗诉，发现调解书损害国家利益、社会公共利益的也应当提出抗诉。对于相同情况地方各级人民检察院对同级人民法院可以提出检察建议，或提请上级人民检察院向同级人民法院提出抗诉。这一规定即是对于民事检察监督的有力制度支持,赋予了检察机关监督民事诉讼活动是否依法公正进行的权力。从这一角度来说,民事检察的本质也是对于公权力的监督,民事检察监督的对象是人民法院审判权、执行权等职权行使。

行政检察同样是针对公权力的监督,其直接指向的是人民法院依法公正审判和执行,行政机关依法行政、严格执法。《行政诉讼法》规定了人民检察院有权对行政诉讼实行法律监督,监督的方式与民事检察类似,是以抗诉、检察建议等方式对生效判决、裁定、调解书等进行事后监督。但与民事检察不同的是,由于行政诉讼涉及行政机关的行政行为,涉及行政机关(公权力)与行政相对人(私权利)之间的争议,具有更强的公共治理与社会治理属性,行政检察更应注重将法律监督导向行政争议实质性化解发挥作用。同时,对于行政诉讼之外的行政机关违法行使职权或不行使职权,国家利益与社会利益受到损害的,检察机关也应依法展开监督,进一步促进行政机关依法行政。

公益诉讼检察设置的初衷也即基于此,对于国家利益和难以通过私人诉讼来保护的分散性社会公共利益,由检察机关作为其代表发起诉讼程序,在实现对其法律保护的同时,也体现出对损害公益之民事违法行为、行政违法、不作为行为的法律监督。从检察原理来看,公益诉讼检察这一类似于对刑事违法之公诉权的设计,体现出检察机关法律监督职能全面涵盖刑事监督、民事监督与行政监督,是新时代检察机关作为法律监督机关的当然发展。目前,检察民事公益诉讼的受案范围包括破坏生态环境和资源保护、食品药品安全侵害众多消费者合法权益等领域;检察行政公益诉讼的受案范围包括生态环境和资源保护、食品药品安全、国有财产保护、国有土地使用权出让等领域。法律规定中的“等”给检察公益诉讼进一步探索拓展公益保护范围留下了空间。《英雄烈士保护法》《未成年人保护法》《个人信息保护法》等法律的制定或修改,给检察公益诉讼的适用拓展了新的领域。中共中央《关于加强新时代检察机关法律监督工作的意见》强调,要积极稳妥拓展公益诉讼案件范围,探索办理安全生产、公共卫生、妇女及残疾人权益保护、个人信息保护、文物和文化遗产保护等领域公益损害案件,总结实践经验,完善相关立法。这些规定为检察机关探索扩大公共利益保护范围提供了指引与依据,也给检察机关法律监督职能的进一步全面发挥提供了支撑。

(四)检察行政公益诉讼对于法律监督的意义是什么?

检察行政公益诉讼是检察机关依法开展法律监督的重要方式。在案件线索的搜集上,《行政诉讼法》规定为“在履行职责中发现”。对于何为“履行职责中”,《人民检察院公益诉讼办案规则》中规定公益诉讼案件线索的来源包括:自然人、法人和非法人组织向人民检察院控告、举报的；人民检察院在办案中发现的；行政执法信息共享平台上发现的；国家机关、社会团体和人大代表、政协委员等转交的；新闻媒体、社会舆论等反映的；其他在履行职责中发现的。这六类来源的规定范围十分宽泛，是对于“履行职责中”的广义的理解，有利于检察机关及时发现公益诉讼案件线索，对国家利益与社会利益受损的情况及时展开监督，同时也符合检察机关积极依法履职的要求。在管辖案件的类型上，《行政诉讼法》规定了生态环境和资源保护、食品药品安全、国有财产保护、国有土地使用权出让等领域。这些领域均与国家利益、社会利益息息相关，与老百姓切身利益密切关联，因而受到广泛关注。对这些领域行政机关的违法行为的纠正、怠于履职的督促，对于监督制约公权力，推进法治政府建设，维护宪法法律尊严有重要作用。在诉讼的程序上，检察公益诉讼特有的诉前程序，即检察建议制度，对发挥对行政机关的法律监督效果起着重要作用。案件线索经调查查明核实的，检察机关应向具有主管职责的行政机关提出检察建议，要求其实质性履行职责，积极整改落实，且行政机关一般在2个月以内作出相应处理，并书面回复人民检察院。检察机关应当积极督促和支持配合被建议单位落实检察建议。这些规定事实上赋予了检察机关及承办检察官对行政违法或不作为的制度性、程序性监督职权，行政机关及时整改与书面回复成了法定义务，否则就将进入正式起诉阶段。在这一意义上，检察建议具有相当强的督促与约束效果。同时，检察机关还通过报告同级党委、人大，通报同级政府、纪检监察机关等方式，积极协调，获得各方支持，强化监督的效果。应该强调的是，对行政机关的法律监督本身并非最终目的，检察行政公益诉讼根本上是希望通过这一形式，督促行政机关依法履职，使国家利益与社会公共利益得到维护，实现双赢多赢共赢的效果，因此对于检察行政公益诉讼的法律监督意义，应从国家治理与社会治理的角度深化理解。

（五）检察行政公益诉讼之诉前程序有何完善空间？

检察行政公益诉讼中的诉前程序是法定的前置性程序，给予行政机关在检察机关提出问题之后及时自行纠正的机会，对于节约司法资源，提升法律监督效率具有重要意义。从实践中来看，行政机关对于检察建议能够及时纠正，即检察行政公益诉讼通过诉前程序结案的比例相当高，很多案件无须进入正式的起诉阶段。但目前，在更好发挥检察建议的法律监督效果方面，还有很多地方需要完善，其中最关键的就是检察建议的刚性问题。检察建议只是建议性质且缺乏必要的强制力的观点受到了很多人的批评，这些人认为其作用的发挥过度依赖行政机关是否能够积极主动配合，尤其是检察机关对于同级政府部门的监督，敢于监督、善于监督并不容易做到，检察建议往往只是发出了事，整改效果很难保证。

但检察建议的非刚性是由法律监督的基本性质决定的，检察法律监督是程序性的督促权力，而不具有任何的行政处分性，不能僭越行政机关的权力。对此，时任最高人民检察院检察长的张军强调："要通过我们的努力，把所谓没有硬性要求的检察建议做成刚性、做到刚性。"〔2〕要做到这一点，首先要从检察建议的质量上下功夫，要加强检察建议的论证与说理，在内容上要提出具体的可操作性的要求，以方便与行政机关的沟通交流以及后续整改。其次是必要时要向党委、上级政府、上级检察机关请示汇报，以及积极寻求人大、政协、相关社会组织等的参与与支持，形成推动国家利益与公共利益保护的合力。最后则是对于未及时整改或整改不到位的，要及时提起行政公益诉讼。从长远来看，要进一步加强检察建议的规范化、制度化，提升检察建议的权威性。有些学者提出要提升诉前程序的司法化水平，通过适当的两造对抗、举证质证、检察官中立查明事实等方式来更好实现法律监督的目的，这不失为一种路径。

（六）数字检察建设如何推动依法开展法律监督？

传统的被动受案、就案办案式的检察监督模式，既与检察理念有待革新有关，又是技术水平之局限的结果。但是新的技术革命，特别是数字技术、人工智能技术在检察领域的发展与应用，给检察机关高质效开展法律监督，提高法律监督的治理效能提供了可能空间。中共中央《关于加强新时代检察机关法律监督工作的意见》明确要求加强检察机关信息化、智能化建设，运用大数据、区块链等技术推进公安机关、检察机关、审判机关、司法行政机关等跨部门大数据协同办案。通过检察机关内部统一大数据办案平台的建设，以及与其他部门跨部门信息数据的互联互通，检察机关既能够更好地实现内部的资源共享并发挥检察一体作用，又能够在外部形成协同办案的合力，更精准高效地发现案件线索，及时展开监督。同时，数字检察建设还有助于检察机关实现从个案办理向类案监督的跨越，推动检察机关积极参与社会治理与公共服务，实现"办理一案，治理一片"的社会效果。通过人工智能等技术的辅助，检察机关可以实现常态化的类案检索、归纳与分析，找出普遍性问题，通过一个案件的办理，推动对一个领域内相同问题的法律监督，实现社会治理的目标。

三、配套教材

1. 贾宇、王敏远主编：《检察学》，中国检察出版社、中国政法大学出版社 2023 年版。

---

〔2〕 史兆琨：《检察建议"刚性"作用正逐步显现》，载《检察日报》2018 年 8 月 24 日，第 1 版。

2. 朱孝清、张智辉主编:《检察学》,中国检察出版社 2010 年版。

3. 龙宗智:《检察制度教程》,法律出版社 2002 年版。

四、启发思考题

1. 如何理解检察权与法律监督之间的关系?

2. 如何理解检察行政公益诉讼的法律监督内涵?

3. 如何理解监察机关与法律监督机关的关系?

4. 法律监督与其他监督间的联系与区别是什么?

5. 如何看待部分学者对于检察机关权力扩张的担忧?

6. 如何理解本案中检察机关进行法律监督时与人大代表、政协委员、人民监督员、文物专家、同级政府间的沟通协作?这对于检察机关的工作方式创新有何启发?

7. 如何理解检察建议的柔性与刚性?

8. 检察法律监督的未来发展方向在哪里?数字技术如何更好地应用其中?

9. 检察法律监督如何参与国家治理与社会治理?

五、理论依据

国家治理与社会治理现代化要求　检察公益诉讼制度原理　权力监督与制约的原理　中华优秀传统法律文化的创造性转化

六、背景信息

2018 年之后,原由检察机关行使的反贪、反渎职能转由国家监察委员会集中行使,最高人民检察院反贪污贿赂总局摘牌,相关部门和工作人员完成转隶,《刑事诉讼法》也进行了相应修改。这一重大转变很大程度上带来了对检察机关地位、作用与职能设置的质疑,也使检察系统内部有了强烈的危机意识。但同时这也成为检察机关在新的时代背景下重新思考法律监督机关内涵,从根本上转变检察权行使思路,调整自身职能定位的契机。2019 年之后,刑事、民事、行政、公益诉讼"四大检察"的格局开始形成,改变了原来过分偏重刑事检察的局面,检察机关全面履行职权给检察权的新生提供了方向,也给学界为其转变之理论基础作出相应法理阐释提出了要求。自 1979 年以来,我国《宪法》中对于检察机关的定位便一直是国家的法律监督机关,2021 年的中共中央《关于加强新时代检察机关法律监督工作的意见》中也写明,人民检察院是国家的法律监督机关,是保障国家法律统一正确实施的司法机关,是保护国家利益和社会公共利益的重要力量,是国家监督体系的重要组成部分。因此,新时代检察机关的基本定位也就必然指向检察机关如何全面推动法律监督的更好实现。基于检察机关的宪法定位,在新时期其批捕、侦查、支持公诉、抗诉、民事诉讼监督、行政诉讼监督、公益诉讼、执法监督、发出检察建议、主导认罪认罚等诸多职能的行使,都服从于其法律监督的核心职责,都作为法律监督的手段和方式存在。更好地发挥检察机关法律监督的职能,对于推动依法治国,加强法治在国家治理和社会治理中的效用具有重要意义。

检察公益诉讼制度是以维护社会公共利益为核心的具有中国特色的法律制度。自2014年党的十八届四中全会《中共中央关于全面推进依法治国若干重大问题的决定》提出“探索建立检察机关提起公益诉讼制度”以来,检察公益诉讼制度已经走过了10个年头。《中共中央关于全面推进依法治国若干重大问题的决定》中这一表述跟在“检察机关在履行职责中发现行政机关违法行使职权或者不行使职权的行为,应该督促其纠正”一句之后,根据体系性解释的原理,检察公益诉讼制度的设计初衷,便是对行政机关行政行为的合法性情况进行监督。习近平总书记在对该决定进行说明时也指出:“由检察机关提起公益诉讼,有利于优化司法职权配置、完善行政诉讼制度,也有利于推进法治政府建设。”应勇检察长也提到中国检察公益诉讼制度的中国特色之一,就是“检察民事公益诉讼与检察行政公益诉讼并存,并以检察行政公益诉讼为主”。可见,检察公益诉讼制度主要针对的是政府的依法行政问题。党的二十大报告提出,“加大文物和文化遗产保护力度”。文物和文化遗产是公共利益的重要组成部分,而政府文物保护部门对于文物和文化遗产保护具有主体责任,检察机关通过检察行政公益诉讼的形式推动政府依法严格履职,是检察机关维护公共利益,推动法治政府建设,履行法律监督职责的重要体现。

七、关键要点

1. 关注检察公益诉讼制度作为中国原创性新生制度的制度背景与内涵。域外同样有公益诉讼制度,但普遍是民事公益诉讼,且在案件范围上较为狭窄,主要集中于环境保护领域,其检察机关并不具有监督行政机关行政行为的权力。我国检察机关具有法律监督机关的独特定位,检察公益诉讼制度正是在新的时代背景下,实践检察法律监督的重要抓手。通过这一案例,可以使学生认识到检察公益诉讼的独特制度定位与价值及其中国语境。

2. 重点分析本案例中展现的检察机关具有的法律监督者与公益保护人的双重定位。检察公益诉讼是用诉的方式实现法律监督目的,在这一制度中检察机关既作为诉讼关系的一方,代表公共利益来提起诉讼,又超越了这一诉讼结构本身,胜诉本身不是目的而履行法律监督职能才是。因此本案例中检察机关与行政机关展现出了协作而非对抗式的新型办案方式。

八、课堂计划

本案例可以作为专门的案例教学课来进行,整个案例课的课堂安排 6 个课时,每课时 45 分钟。如下课堂设计,仅供参考。

1. 课前计划:安排学生阅读案例及相关参考资料,对案例涉及问题进行思考,撰写答案。

2. 课中计划:介绍教学目的,明确讨论主题;学生分组讨论,回答各项思考题,讨论撰写要点;小组代表提出撰写要点,学生讨论和分析;教师归纳总结。

3. 课后计划:布置学生思考检察公益诉讼制度的制度边界应该在哪里,是否所有的公共利益范畴都应纳入这一制度的案件范围。并进一步思考,检察法律监督的范围与政府依法履职的范围是否完全一致。在数字时代背景下,人工智能技术的广泛应用带来了公共利益内涵的不断变化,检察公益诉讼制度如何适应数字时代的新变化,如何识别与选择公共利益。检察公益诉讼专门立法的制定有无必要,如何设置内容。

九、参考文献

1. 龙宗智等:《知识与路径:检查学理论体系及其探索》,中国检察出版社 2011 年版。

2. 王桂五主编:《中华人民共和国检察制度研究》,中国检察出版社 2008 年版。

3. 孙谦主编:《中国特色社会主义检察制度》,中国检察出版社 2009 年版。

4. 贾宇:《习近平法治思想引领新时代检察理念知与行》,中国检察出版社 2022 年版。

5. 樊崇义:《论检察》,中国人民公安大学出版社 2020 年版。

6. 魏晓娜:《依法治国语境下检察机关的性质与职权》,载《中国法学》2018 年第 1 期。

7. 胡铭:《论数字时代的积极主义法律监督观》,载《中国法学》2023 年第 1 期。

8. 张军:《关于检察工作的若干问题》,载《人民检察》2019 年第 13 期。

9. 陈光中、魏晓娜:《论我国司法体制的现代化改革》,载《中国法学》2015

年第1期。

10. 贾宇:《论数字检察》,载《中国法学》2023年第1期。

11. 颜运秋:《习近平法治思想中有关公益诉讼的重要论述及其展开》,载《中国政法大学学报》2022年第1期。

12. 江国华、王磊:《检察机关实质性化解行政争议的制度分析和实践完善》,载《国家检察官学院学报》2022年第3期。

13. 刘艺:《检察公益诉讼的司法实践与理论探索》,载《国家检察官学院学报》2017年第2期。

14. 马怀德:《新时代行政公益诉讼制度的发展与实践》,载《人民论坛·学术前沿》2019年第5期。

15. 刘艺:《检察公益诉讼的诉权迷思与理论重构》,载《当代法学》2021年第1期。

16. 陈瑞华:《论检察机关的法律职能》,载《政法论坛》2018年第1期。

17. 秦前红:《检察机关参与行政公益诉讼理论与实践的若干问题探讨》,载《政治与法律》2016年第11期。

18. 秦前红:《两种"法律监督"的概念分野与行政检察监督之归位》,载《东方法学》2018年第1期。

19. 胡铭:《全域数字法治监督体系的构建》,载《国家检察官学院学报》2023年第1期。

20. 朱全宝:《法律监督机关的宪法内涵》,载《中国法学》2022年第1期。

21. 姜涛:《检察机关提起行政公益诉讼制度:一个中国问题的思考》,载《政法论坛》2015年第6期。

22. 余凌云:《行政公益诉讼的运行与诉前检察建议的规范》,载《人民检察》2023年第21期。

23. 王锴:《人民检察院法律监督的体系分析》,载《法学研究》2024年第1期。

4-4 CASE 机构老师倒卖学生信息案
——个人信息保护刑事附带民事公益诉讼的争议与优化

2017年上海某教育机构从业人员刘某花费5000元从他处购买上海各区大量学生个人信息13万余条。2018年8月,刘某将持有的上海各区含学生住址的公民个人信息(含虹口区公民信息)139,826条与周某持有的北京各区含学生住址的公民个人信息387,585条进行交换。2019年3月至4月,刘某将本人持有的部分公民个人信息52万余条非法出售给黄老师、史老师,违法所得人民币16,000元。上述学生信息主要包括学生的姓名、出生日期、身份证号码、学籍号、所在学校、年级、户籍地址、家庭住址、家长姓名、家长电话等内容。2019年,周某通过网络从曾经的同事、上海某教育机构总经理李某处获取上海学生信息3万余条。经查,李某2015年通过网络花费200元向他人购买了上海市部分高中生信息13万余条,将其中一部分提供给了周某。[1]

一、裁判要旨

根据被告人供述、微信号、支付宝账号交易信息、刑事搜查笔录、扣押决定书、扣押清单、提取笔录及照片、微信支付账单明细列表、支付宝收支明细列表、询问笔录等证据,认定被告人刘某、周某、李某利用其从事教育培训行业的便利,实施非法收购、出售、交换公民个人信息的行为,侵害不特定公民的隐私权,且大量公民信息具有高度身份识别特征,对于公民人身和财产安全产生威胁,损害社会公共利益,构成侵犯公民个人信息罪,同时三人行为也构成民事侵权,侵害了不特定公民的人格权。

经过庭审,法院当庭判决支持检察机关提出的全部诉讼请求:(1)以侵犯公

[1] 机构老师倒卖学生信息案,上海市虹口区人民法院(2019)沪0109刑初1017号刑事附带民事判决书。

民个人信息罪分别判处刘某有期徒刑 3 年,缓刑 4 年,并处罚金 2 万元;周某有期徒刑 3 年,缓刑 3 年,并处罚金 2 万元;李某有期徒刑 2 年 6 个月,缓刑 2 年 6 个月,并处罚金 1 万元。(2)判令刘某、周某、李某在国家级新闻媒体上公开赔礼道歉。(3)判令刘某按照其侵犯公民个人信息的获利赔偿 1.6 万元。

二、裁判思路

2018 年 2 月通过的最高人民法院、最高人民检察院《关于检察公益诉讼案件适用法律若干问题的解释》(以下简称《公益诉讼解释》)第一次在司法解释层面确立了刑事附带民事公益诉讼制度,至今仍是公益诉讼中应用最广的形式。2021 年 11 月 1 日实施的《个人信息保护法》专门设立公益诉讼条款,明确将个人信息保护纳入检察公益诉讼法定领域。个人信息保护检察公益诉讼作为程序法治理最主要的手段之一,有效弥补了实体保障的不足,是检察机关参与个人信息协同治理的重要方式,体现了法律监督观的积极主义转型。

就本案而言,被告人刘某、周某、李某利用从事教育培训行业身份便利,非法收购、出售、交换北京和上海两地初中、高中学生信息 52 万余条,由于具有身份上的便利性以及隐秘性,学生及家长难以发现自己的个人信息被非法获取或利用。即使发现,也难以找到明确的侵权人以及固定证据,公民个体维权的成本较高,且本案涉及个人信息样本数量巨大,公民个体分散的维权反而会使一系列司法程序变得烦琐。无疑,检察机关就本案提起刑事附带民事公益诉讼成了破题之道,检察机关运用自己的公权力,更快地发现证据,锁定明确的侵权人,概括涉及的个人信息数量和重要程度,在帮助众多的公民获得损害赔偿、赔礼道歉的同时,加重对侵权人的处罚,使其意识到这一类犯罪的成本其实是非常高昂的,从而起到震慑作用。在此种背景下,探究数字时代个人信息保护的结构性困境、个人信息保护的刑事附带民事公益诉讼的实践争议以及个人信息保护的刑事附带民事公益诉讼的优化路径,对个人信息保护具有深远意义。

三、本案焦点的综合评述

近年来,司法实务中以刑事附带民事公益诉讼方式处理涉及个人信息违法与侵权的案件逐渐增多,不少地方均公布了首例个人信息保护刑事附带民事公益诉讼案,但我国个人信息保护刑事附带民事公益诉讼制度的理论研究明显滞后于司法实践探索,个人信息保护仍存在诸多结构性困境。首先,个人信息保护实体法领域的相关规定效果不彰,对程序治理的牵引力不强。目前,我国个人信息保护实体法律体系已经建成,最核心的法律就是《民法典》《个人信息保护法》

《刑法》。但由于这些实体法大多是近年来才逐步确立的，一方面难以适应数字时代信息不断迭代升级的特点，另一方面作为司法程序处理的指引规范相对粗疏。其次，个人信息保护的程序法回应相对不足，相关诉讼程序的制度与规范设计相对散乱。主要表现为私益诉讼几乎被忽视以及公益诉讼体系尚处于初步构建阶段。在个人信息保护公益诉讼程序设置合理性、程序运作、程序独立性等问题上不乏争论，许多问题尚未进入法律框架，无法与数字信息化的迅猛发展相适应。鉴于此，在实践基础上，如何优化个人信息保护刑事附带民事公益诉讼成为迫切需要关注的内容。

案例使用说明

一、教学目的与用途

本案例主要用于讲授个人信息保护的刑事附带民事公益诉讼制度的相关问题，以在司法实践层面解释个人信息保护的刑事附带民事公益诉讼制度的困境并揭示制度背后的基本法理，并在此基础上探讨个人信息保护刑事附带民事公益诉讼制度的有效程序性回答。以本案为例，具体要解决的问题包括：其一，数字时代个人信息保护的结构性困境；其二，个人信息保护的刑事附带民事公益诉讼的独特价值；其三，个人信息保护的刑事附带民事公益诉讼的实践争议；其四，个人信息保护的刑事附带民事公益诉讼的优化路径。

本案例供法律硕士案例教学使用，法学本科（大四）、刑法学硕士、诉讼法学硕士也可以参酌试用。

二、涉及知识点

（一）检察机关提起个人信息保护刑事附带民事公益诉讼体现法律监督观上的何种转变？

数字时代背景下，传统法律监督观在新形势新制度新问题之下，已经难以满足新时代检察工作的要求，大数据法律监督等探索在实践中应运而生，积极主义法律监督观正是在此背景下提出的新理论，传统法律监督观进而向积极主义法律监督观转变。

所谓积极主义法律监督观，是指数字检察背景下检察机关积极、主动、高效地行使法律监督职能，提升刑事、民事、行政和公益诉讼等领域监督工作质效的法律监督新理念新方法新形态。

积极主义法律监督观区别于传统法律监督观的特征表现为三个方面：一是积极主义法律监督观发挥了检察机关的主观能动性，改变了传统监督模式下检察机关被动监督的局面。二是相较于传统法律监督，积极主义法律监督观更具广度和深度。在广度上，主要是检察机关的法律监督范围实现扩展和突破，这种范围的扩大不仅仅局限于单一层面上诸如刑事、民事、行政以及公益诉讼领域内的新兴、疑难问题等，还表现在双向甚至多向层面上的交叉复杂案件上，如本案例中的个人信息保护刑事附带民事公益诉讼案件，检察机关充分发挥刑事、公益诉讼检察职能联动优势，追究违法行为人的刑事与民事双重责任，追缴其违法所得并使其承担民事公益损害赔偿金，对非法获取、使用公民个人信息的行为形成惩治震慑，实现了“三个效果”的有机统一。在深度上，检察机关在发现问题之后，继而开展数据挖掘、数据碰撞、线索追踪、监督建议、提起诉讼、监督执行等工作，这在深度上超越了传统诉讼监督手段，也是传统监督模式下无法实现的。三是积极主义法律监督观更强调与各机关之间交流协作，打破了传统法律监督观孤立的监督地位。数字检察背景下，检察机关通过制发检察建议等方式致力于与各机关共同解决问题，检察建议在积极主义监督观下具有更加重要的地位和作用。比如，最高人民检察院发布检察机关个人信息保护公益诉讼典型案例——河南省濮阳市华龙区人民检察院督促整治装饰装修行业泄露公民个人信息行政公益诉讼案，检察机关综合采取“刑事 + 公益诉讼”办案模式，摸清现状，找准症结，通过个案办理和专项整治，督促行政机关健全、强化监管制度，指导相关行业优化自律自治，推动消费者个人信息安全保护，取得良好的社会效果和法律效果。

（二）刑事附带民事公益诉讼中刑事部分被告人与民事部分被告人的关系类型

在大规模侵害个人信息频发的数字时代，涉及单位犯罪、共同犯罪的案件较多，相关被告人的确认自然就成了难点。具体而言，刑事附带民事公益诉讼中刑事部分被告人与民事部分被告人之间的关系可细分为全同、包含、交叉与全异。

全同模式符合刑事附带民事公益诉讼的制度意旨——节约资源、提升效率。由于刑民部分的被告人相同，作用于同一主体的刑事责任与民事责任存在相互吸收的可能：一方面，被告人承担赔偿损失、消除影响、赔礼道歉等民事责任的情况是其认罪认罚的重要指标，进而影响量刑；另一方面，刑事责任的大小也会作用于民事部分，被告人的同一使责任闭环形成，其承担刑民责任的意愿较强，上诉率较低。这种模式在个人信息保护的刑事附带民事公益诉讼中运用最多，范围最广。

交叉模式一般与单位不构成犯罪但需承担民事责任有关，通常对单位的侵权行为在刑事起诉前已经进行了详尽的侦查（调查），只不过在民事起诉时单列，故其本质上属于一种特殊的包含关系。

全异模式则完全是胜诉率与绩效考核的产物，属于为了“附带”而“附带”。

包含模式，有学者对其进行类型化研究，即所谓刑事部分被告人确定民事部分被告人的“刑主民辅”模式以及相反的“民主刑辅”模式。“刑主民辅”模式诉讼流程顺畅，刑民交叉顺利，还能平衡其他起诉主体，但同时也可能呈现出“有偿付能力即可从宽”的功利性外观。“民主刑辅”模式的依据主要是《刑诉法解释》第180条，附带民事诉讼被告人还包括未被追究刑事责任的其他共同侵害人，而附带民事公益诉讼作为附带民事诉讼的下位概念，也应适用该规定。但此种做法是否符合实践逻辑存疑。倘若在审查起诉阶段就要求检察机关就构成民事侵权的行为主体展开调查、收集证据，在拖延诉讼效率的同时，也极大地增加了检察机关的工作负担。况且，前已述及，刑事附带民事公益诉讼不能被简单认为是刑事附带民事诉讼的下位概念，其具有独立价值。实际上，“刑主民辅”或“民主刑辅”的表达方式仅仅代表一种结果，真正需要探讨的是其背后的规则以及符合个人信息保护的逻辑。个人信息犯罪的隐蔽性决定了民事部分的线索来源通常是刑事部分或者公安机关的侦查，与其去谈被告人由何者决定倒不如剖析被告人由何种程序产生。对于侦查终结移送审查起诉的个人信息相关犯罪案件，检察机关根据侦查的结果对整个事件中的当事人进行初步判断，通常情况下对不够罪的当事人提起附带民事公益诉讼，对够罪的当事人同步提起刑事附带民事公益诉讼。因此，这是基于事实的判断，结果呈现一主一辅的外观。

（三）刑事附带民事公益诉讼与刑事诉讼和刑事附带民事诉讼有何区别？

与刑事诉讼相比，刑事附带民事公益诉讼兼顾依附性和独立性。当我们比较刑事附带民事公益诉讼和刑事诉讼的关系时，本质上是“特殊的、加了定语的”民事公益诉讼和刑事诉讼的对比。这种特殊性主要表现在：第一，补充性，即这种民事公益诉讼是对刑事诉讼的一种补充，这意味着此种附带的民事公益诉讼是基于与刑事诉讼相同的案件事实，在确定被告人的刑事责任后，对其民事责任进行的补充诉讼，这同时也意味着刑事附带民事公益诉讼不具有独立性。第二，非必要性，即审判机关在审理特定刑事案件的同时，附带解决（顺便解决）犯罪行为致使公共利益受到损害而引起的民事责任承担的问题，所以另行提起民事公益诉讼亦是可行的。第三，次要性，即这种民事公益诉讼并不是主要的，和刑事诉讼间具有主次、高低的位阶关系。

与刑事附带民事诉讼相比，刑事附带民事公益诉讼的附带性更弱。两者的诉讼目的都包括便利、迅速,意图在一个诉讼中同时追究被告人刑事责任和民事责任,即一次性解决刑民纠纷。在刑事附带民事诉讼中,遵循的是"刑优于民",刑事诉讼处于主导地位,民事争议并非诉讼的核心,而仅仅是刑事诉讼的附带品,具有从属性地位。在附带民事公益诉讼中,这种附带性要弱得多,刑事诉讼往往只是民事公益诉讼的线索来源,而非民事公益诉讼提起的前提,即使不存在犯罪行为,检察机关也能独立提起民事公益诉讼。同样,这种弱附带性还体现在判决效力的扩张上,检察机关提起的附带民事公益诉讼并不排除其他受侵害个体再次提起私益诉讼,判决的既判力扩张到了对原告有利的事实。

(四)刑事附带民事公益诉讼与民事公益诉讼、行政公益诉讼有何区别?

与民事公益诉讼相比,刑事附带民事公益诉讼民事程序完整性不强。由于《公益诉讼解释》与《民事诉讼法》存在位阶和调整范围的差异,不能简单地将它们的关系界定为一般和特殊的关系,而应当根据案件事实进行类型化分析。刑事诉讼是附带民事公益诉讼的"开关",但民事公益诉讼无须以刑事诉讼为充分条件。从刑事附带民事诉讼到刑事附带民事公益诉讼再到民事公益诉讼,是一个民事程序附带性逐渐减弱、民事程序完整性逐渐增强的过程。在刑事附带民事诉讼中,民事部分完全依附于刑事部分,不仅基于与刑事诉讼相同的案件事实,而且处分权主义和辩论权主义受到极大的限制。在刑事附带民事公益诉讼中,民事程序的独立性较强。在民事公益诉讼中,不仅程序独立性最强,诉讼主体也更为多元,诉讼权利与民事诉讼最为接近。

与行政公益诉讼相比,刑事附带民事公益诉讼兼顾惩罚与预防目的。行政公益诉讼是指特定当事人针对国家公权机关的作为或不作为提起的诉讼。从诉讼主体来说,检察机关是唯一适格诉讼主体。具体来说,检察机关以非诉或诉的方式行使法律监督职权。在刑事附带民事公益诉讼中,检察机关则是代位性诉讼主体。从诉讼目的来说,行政公益诉讼的目的在于督促相关行政机关纠正违法行为或不作为,促使相关行政机关履行保护公共利益的法定职责,体现的是国家权力的配置与制衡。从诉前程序来看,行政公益诉讼体现了检察权对行政权的补充和协调,检察机关发现行政机关违法或不作为时,首先通过检察建议的方式,突出行政执法优先原则;刑事附带民事公益诉讼则体现了检察权与公民权的衔接与合作,诉前公告完美地适配了其他适格主体的诉权与检察机关诉权的衔接,体现了吸收公民共同参与公益保护的制度安排。

(五)将个人信息保护纳入刑事附带民事公益诉讼研究范畴有何独特价值?

刑事附带民事公益诉讼的具体特征有三:第一,独立于刑事诉讼,不是刑事诉讼的环节之一;第二,在诉讼目的和功能上协助刑事诉讼发现实体真实、保障人权、提升效率,同时又具有独立价值;第三,与刑事诉讼在程序上具有一定程度的结合关系。个人信息极为特殊的法律属性意味着刑事诉讼或民事(行政)公益诉讼都无法通过单一程序路径保护公民个人信息权。当前,将个人信息保护纳入刑事附带民事公益诉讼框架至少具有以下内在或外在价值。

1. 随着我国公益诉讼的发展,容纳个人信息保护的制度环境已经形成,建构个人信息保护刑事附带民事公益诉讼的制度基础已经具备,在公益诉讼的发展过程中,其受案范围呈逐步扩张态势。

2. 个人信息在当下的社会环境中具有一定的公共属性,附带民事公益诉讼承载着维护公共利益的重任。数字时代,政府、企业在管理和服务中收集、存储了大量个人信息,进而形成了个人信息集合(公共数据资源)。这些具有公共属性的公共数据属于公共产品,其使用只能基于公共利益。

3. 个人信息保护刑事附带民事公益诉讼具有不同于其他公益诉讼的特殊性,通过公权力介入,消除侵害主体与被侵害主体之间的不平等地位。公共利益具有不可分性和公共性。个人信息的公共利益不能像私益那样被划分,不能由自然人按照他们的愿望来确定各种不同的保护。这意味着个人在整个信息处理过程中始终处于被动境地,传统私益救济手段难以抗衡信息侵害者处理个人信息的强大动力。由于公诉机关在刑事附带民事公益诉讼过程中承担了关于案件事实部分的证明责任,附带民事公益诉讼的原告仅需就个人信息受到侵害的损失及与此相关的诉讼请求进一步举证,大大减轻了举证责任。这种公权力的介入对公共利益进行了"再分配",确保了自然人在面对信息侵害时形成一个强大的代位共同体以抗衡信息侵害者。当然,附带民事公益诉讼的判决还具有"宣示"之效,个人信息侵害的隐蔽性使不特定主体对侵害事实一无所知,判决通过释明这一部分公共利益、适当延拓既判力的方式,消除了这一类"黑箱"里的主体与侵权者的信息差。此外,刑事附带民事公益诉讼充分适用公益诉讼的基本原则和制度,不因刑事诉讼的效率要求而牺牲公共利益。

(六)个人信息保护刑事附带民事公益诉讼制度的适用条件

《个人信息保护法》明确了"违反信息处理规定 + 侵害众多个人权益"的公益诉讼适用条件。当前,刑民二分法体系坚持民法与刑法可以配合但不能混同。此时,如果直接以刑事不法来论证民事侵权责任的承担,将严重冲击附带民事公益诉讼的独立价值,而使其沦为实现刑事诉讼惩罚性目的的产物。此外,对于向他人出售或者提供公民个人信息但没有达到情节严重条件的犯罪行为,如果不以民事法规范对侵权行为进行独立演绎,将无法弥补被害人的损失、抚慰其因信息被不当处分所受的精神伤害乃至于无法维护社会公共利益。从证据法学的角度看,不对附带民事公益诉讼部分进行独立论证还可能导致证明标准的适用错误。刑事诉讼采用极其严格的“排除合理怀疑”原则,而在附带民事公益诉讼部分采用的则是“优势证据规则”。这意味着,刑事部分可能因为部分证据被排除而只能作无罪处理,但民事侵权行为已经达到了证明标准。如果仍以刑事部分的结果直接代入附带民事公益诉讼程序,则可能导致对民事责任的放纵。基于此,实践中法院对处理个人信息的行为是否构成民事侵权的判断,还是应当以《民法典》、《个人信息保护法》及相关规定为基准,并在裁判文书中充分释明论证。

(七)检察机关是否为个人信息保护刑事附带民事公益诉讼的唯一起诉主体?

对于刑事附带民事公益诉讼,《公益诉讼解释》将检察机关确定为唯一起诉主体。笔者支持在个人信息保护领域中采用此种方式,理由在于:首先,个人信息保护案件具有特殊性,技术性、层次性问题突出。此类犯罪的调查取证并非一般的行政机关和组织所能完成的,需要依托检察机关对技术手段和证据类型多样性的把控。其次,检察机关作为唯一起诉主体符合立法意旨。《个人信息保护法》列出了3个起诉主体,实际上是指个人信息保护民事公益诉讼的起诉主体有选择性,具体到刑事附带民事公益诉讼这一种具体诉讼类型中,由于民事程序的独立性在民事公益诉讼中没有那么强,刑事诉讼程序仍然处于主导地位,检察机关作为唯一主体符合诉讼力量和成本效益的分配。再次,个人信息保护刑事附带民事公益诉讼主体的唯一性也不违反《民事诉讼法》的规定和公权力谦抑原则。如果其他机关和组织欲提起诉讼,民事部分就独立为完整的民事公益诉讼,检察机关的职能也转变为支持起诉,以此方式提交支持起诉意见书、协助调查取证,也可以避免案件材料移交对接等问题。最后,司法实践支持这种模式。

(八)如何处理个人信息保护刑事附带民事公益诉讼中刑民责任交叉问题?

刑事附带民事公益诉讼的责任承担是刑事责任与民事责任承担的结合,具有威慑、安抚、补偿、教育的多重社会效应,最终实现综合治理,实践中尚在探索。对于个人信息保护刑事附带民事公益诉讼,除刑事责任的主刑,以及罚金、没收财产等附加刑之外,如何平衡民事侵权责任是实务中的难点问题。

刑事附带民事公益诉讼的责任类型主要有恢复性责任、赔偿性责任以及预防性责任。个人信息侵权领域的恢复性责任主要体现在人格恢复,通过赔礼道歉的形式实现对特定个体与不特定社会公众精神损害的修复。实践中法院最终判决被告人通过不同层级的媒体向社会公开赔礼道歉,当然,具体履行的形式还包括在庭审直播中当庭道歉。但是,也有极个别法院认为赔礼道歉的诉讼请求不属物质损失,不予支持。赔偿性责任在刑事附带民事公益诉讼中体现为以被告人被追缴的违法所得或另行赔付的款项赔付其所侵害的公共利益。预防性责任包括停止侵害、排除妨碍和消除危险,实践中一般排除妨碍与消除危险并用,主要体现在要求被告人立即删除存储介质中非法获取的个人信息。

（九）个人信息保护刑事附带民事公益诉讼的优化举措

1. 针对性加强个人信息保护公益诉讼的法律供给。当前,个人信息保护公益诉讼的法律依据仅有《个人信息保护法》第70条;刑事附带民事公益诉讼作为一种新生的独立诉讼制度,其渊源只有《公益诉讼解释》第20条和《人民检察院公益诉讼办案规则》第14条、第97条,不仅未对具体程序作出规定,其效力与位阶也显著不足。更有甚者,诉讼制度是《立法法》规定的法律保留事项,相关法律规定的缺失,会动摇刑事附带民事公益诉讼的正当性根基。并且,如果“挂靠”《刑事诉讼法》中关于附带民事诉讼的规定,又会在立案标准、起诉条件等重大问题上面临实践与立法互斥的困境。刑事附带民事公益诉讼的预设制度规定,必须与诉讼原则及一般诉讼理念在一个相互关联的(类比的)过程中彼此被加工,以使它们相互适应。第一步,应当持续推动单行立法、地方性立法、规范性文件增设个人信息保护公益诉讼的内容,与相关行政机关、群团组织等制定公益诉讼协作配合文件,加强沟通联络和相互支持,为个人信息保护公益诉讼提供良好的外部环境。第二步,通过司法解释先行再到“挂靠”《刑事诉讼法》,最终实现制定“公益诉讼法”,遵循个人信息保护公益诉讼的改革规律。

2. 细化个人信息保护程序处理的相关规范。第一,明确诉前程序的核心是公告程序。在前置的刑事诉讼中,检察机关通过侦查机关移送的证据材料,审查侵犯个人信息的基本犯罪事实,向法院提起刑事诉讼。但这并不意味着附带民事公益诉讼的顺理成章,检察机关应当通过调查和公告审慎推进不同的诉讼类型。第二,明确和细化惩罚性赔偿的相关规定。为避免过罚不当,须实现惩罚性赔偿与罚没的协同。首先,应当确立惩罚性赔偿在个人信息侵权中适用的法律依据;其次,严格限制惩罚性赔偿的适用,以类型化方式细化“以个人信息为侵权对象的行为”和“以个人信息为侵权手段的行为”中故意的认定,同时对基数、倍数的酌定予以研究论证;最后,在相当案件中,无论行政罚款还是刑事罚金,都足以从经济上制裁被告人,因此惩罚性赔偿应当与罚金,特别是与没收犯罪所得相抵扣。第三,进一步明确检察机关在个人信息保护公益诉讼二审、再审程序中的诉讼地位。

3. 强化同步监督与事后监督。个人信息保护刑事附带民事公益诉讼的总抓手是检察机关,检察机关的核心工作是法律监督。新时代检察机关的监督权与检察权始终是一个内生的整体,因此,当检察机关法律监督者的地位在诉讼过程中发生转置时,必须进行制度强化,以保证检察机关在公权力制约和数字信息社会治理之间地位的转变。具体而言,优化检察机关参与个人信息保护公益诉讼与法律监督职能之间的关系,包括同步监督以及事后监督。

4. 注重各种诉讼类型之间的协同。虽然刑事附带民事公益诉讼有极高的适用率,在个人信息保护的公益诉讼领域,检察机关也更倾向于以附带的形式提起民事公益诉讼,但刑事附带民事公益诉讼并非万能。为避免这种很高的国家治理站位与现实效果之间的落差,检察机关在办理个人信息侵权案件时不宜过度采用附带民事公益诉讼的形式,而应注重与其他公益诉讼形式、其他部门间的协同。

三、配套教材

1. 贾宇:《习近平法治思想引领新时代检察理念知与行》,中国检察出版社 2022 年版。

2. 胡铭主编:《聚焦智慧社会:大数据方法、范式与应用》,浙江大学出版社 2018 年版。

3. 刘学在:《民事公益诉讼制度研究——以团体诉讼制度的构建为中心》,中国政法大学出版社 2015 年版。

4. 张嘉军主编:《公益诉讼法》,中国检察出版社 2022 年版。

5. 最高人民法院环境资源审判庭编著:《最高人民法院　最高人民检察院检察公益诉讼司法解释理解与适用》,人民法院出版社 2021 年版。

6. 胡铭、周翔等:《数字法治:实践与变革》,浙江大学出版社 2022 年版。

四、启发思考题与实践题

(一)思考题

1. 个人信息保护刑事附带民事公益诉讼中常见的诉讼请求类型有哪些?

2. 思考将惩罚性赔偿适用于个人信息保护刑事附带民事公益诉讼案件的必要性。

3. 公告程序是否为检察机关提起个人信息保护刑事附带民事公益诉讼的前置程序?

4. 如何合理定位检察机关在个人信息保护刑事附带民事公益诉讼中的地位和监督职能?

5. 数字时代,为什么个人信息保护刑事附带民事公益诉讼在治理体系中变得越来越重要?

6. 刑事附带民事公益诉讼中应当包含三大诉讼的哪些诉讼理念?

(二)实践题

1. 根据本案的相关报道与裁判信息,撰写一份起诉书。

2. 根据本案裁判文书的相关信息以及类似案件的审理结果,结合法学原理,分析判决书的得失之处。

3. 根据本案的相关报道与裁判信息,尝试对刑事附带民事公益诉讼制度进行一次系统的文献梳理,包括理论与实践情况。

4. 根据类似案件的审理结果,在条件允许的情况下,前往公检法机关采访办案人员的办案心得与经验。

五、理论依据

积极主义法律监督观　公私法耦合机制　特别法优于普通法　法定主义　刑事正当程序　比例原则

六、背景信息

数字时代对国家法治水平与治理能力提出了更高的要求。当个人信息侵权作为新型社会冲突大量出现时,相应的诉讼形式便会应运而生,这是程序法的一种自然回应。

2018 年 2 月通过的《公益诉讼解释》第一次在司法解释层面确立了刑事附带民事公益诉讼制度。最高人民检察院 2020 年 9 月出台《关于积极稳妥拓展公益诉讼案件范围的指导意见》,明确将个人信息保护作为网络侵害领域的办案重点。2021 年 4 月,最高人民检察院又发布了 3 个关于个人信息保护的刑事附带民事公益诉讼案件。2021 年 6 月,最高人民检察院公布了《人民检察院公益诉讼办案规则》,为公益诉讼制度整体运行提供了支撑。2021 年 11 月 1 日实施的《个人信息保护法》专门设立公益诉讼条款,明确将个人信息保护纳入检察公益诉讼法定领域。2022 年,全国共办理个人信息保护领域公益诉讼 9109 件。

近年来,司法实务中以刑事附带民事公益诉讼方式处理涉及个人信息违法与侵权的案件逐渐增多,不少地方公布了首例个人信息保护的刑事附带民事公益诉讼案。比如,北京市房山区人民检察院针对兰某通过通信平台多次非法获取、出售、交换公民个人信息的违法行为,向法院提起北京市首例侵犯公民个人信息刑事附带民事公益诉讼,并请求判令兰某赔礼道歉、删除个人信息,并支付赔偿金;宝鸡市渭滨区人民检察院针对曾某某等多次购买公民个人信息 10 万余条的犯罪行为，提起陕西省首例个人信息保护的刑事附带民事公益诉讼，由于被侵权人人数众多且被侵权人的损失难以确定，请求判令被告人在国家级新闻媒体公开赔礼道歉，并按照获利金额进行民事赔偿。当然，最高人民检察院也通过典型案例的形式，发布了一批涉及通过技术软件、物业服务等不同手段非法获取并交易个人信息的刑事附带民事公益诉讼典型案例。由于相当一部分地方系首次办理此类案件，区域间办理同类案件的模式、程序存在不同程度的差异，加之公布的典型案例数量也远少于环境保护、食药安全等领域的案例，个人信息保护的刑事附带民事公益诉讼存在较多实践争议。因此，在开展个人信息保护的刑事附带民事公益诉讼的讨论时，确有必要加以分析研判，以明晰其在程序治理体系中的独特地位和实践逻辑。

七、关键要点

1. 本案是上海市一起典型的侵犯个人信息刑事附带民事公益诉讼案件，具有较强的代表性意义。为探索个人信息保护提供了案例支撑。对于个人信息保护，确定被告人、调查取证、寻找合理诉讼请求均更为困难，公民个体维权的成本较高，且此类案件涉及个人信息样本数量巨大，公民个体分散的维权反而会使一系列司法程序变得烦琐。无疑，检察机关就本案提起刑事附带民事公益诉讼成为破题之道。

2. 以本案例为基础，分析了数字时代将个人信息保护纳入刑事附带民事公益诉讼研究范畴的意义。当前数字时代的背景下，个人信息在当下的社会环境中具有一定的公共属性，附带民事公益诉讼承载着维护公共利益的重任；个人信息保护刑事附带民事公益诉讼具有不同于其他公益诉讼的特殊性，通过公权力介入，消除侵害主体与被侵害主体之间的不平等地位。

3. 以本案例为基础，重点就个人信息保护的刑事附带民事公益诉讼的实践争议展开分析研究并提出相应举措，特别是对适用条件、检察机关的主体地位、诉讼请求类型、刑民责任交叉、确定适格被告人作出分析，并提出加强立法、细化程序、强化监督、各诉讼类型协同的方法。加强学生结合案件事实运用法条的能力，培养、锻炼学生的系统性分析问题的思维和统领全局解决问题的能力。

八、课堂计划

本案例可以作为专门的案例教学课来进行，整个案例课的课堂安排 6 个课时，每课时 45 分钟。如下课堂设计，仅供参考。

1. 课前计划：安排学生阅读案例及相关参考资料，对案例涉及问题进行思考，撰写实践题答案。

2. 课中计划：介绍教学目的，明确讨论主题；学生分组讨论，回答各项思考题，讨论实践题的撰写要点；小组代表提出撰写要点，学生讨论和分析；教师归纳总结。

3. 课后计划：布置学生思考刑事正当程序、积极主义法律监督观等内容，思考在数字司法的大背景下，检察机关参与个人信息保护公益诉讼与法律监督职能之间的关系，检视个人信息保护刑事附带民事公益诉讼制度正当性问题，并进一步思考检察机关的工作理念将发生何种变化。

九、参考文献

1. 贾宇：《习近平法治思想引领新时代检察理念知与行》，中国检察出版社 2022 年版。

2. 胡铭主编：《聚焦智慧社会：大数据方法、范式与应用》，浙江大学出版社 2018 年版。

3. 刘学在：《民事公益诉讼制度研究——以团体诉讼制度的构建为中心》，中国政法大学出版社 2015 年版。

4. 张嘉军主编：《公益诉讼法》，中国检察出版社 2022 年版。

5. 最高人民法院环境资源审判庭编著：《最高人民法院　最高人民检察院检察公益诉讼司法解释理解与适用》，人民法院出版社 2021 年版。

6. 胡铭、周翔等：《数字法治：实践与变革》，浙江大学出版社 2022 年版。

7. [德]阿图尔·考夫曼、[德]温弗里德·哈斯默尔主编：《当代法哲学和法律理论导论》，郑永流译，法律出版社 2013 年版。

8. [美]本杰明·卡多佐：《司法过程的性质》，苏力译，商务印书馆 1997 年版。

9. 程啸：《论〈民法典〉与〈个人信息保护法〉的关系》，载《法律科学（西北政法大学学报）》2022 年第 3 期。

10. 彭辉：《数据权属的逻辑结构与赋权边界——基于“公地悲剧”和“反公地悲剧”的视角》，载《比较法研究》2022 年第 1 期。

11. 刘辉：《检察公益诉讼的目的与构造》，载《法学论坛》2019 年第 5 期。

12. 周新：《刑事附带民事公益诉讼研究》，载《中国刑事法杂志》2021 年第 3 期。

13. 刘艺：《论国家治理体系下的检察公益诉讼》，载《中国法学》2020 年第 2 期。

14. 韩静茹:《公益诉讼领域民事检察权的运行现状及优化路径》,载《当代法学》2020 年第 1 期。

15. 贾宇:《充分发挥公益诉讼检察制度效能》,载《学习时报》2022 年 12 月 7 日,第 A3 版。

16. 胡铭、陈高鸣:《数字时代个人信息保护的困境与程序法回应——以刑事附带民事公益诉讼为切入点》,载《浙江大学学报(人文社会科学版)》2023 年第 6 期。

17. David A. Sklansky, *The Nature and Function of Prosecutorial Power*, 106 Journal of Criminal Law and Criminology 473 (2016).

参考文献

一、著作类

1. 陈光中、[德]汉斯-约格·阿尔布莱希特主编:《中德不起诉制度比较研究》,中国检察出版社2002年版。
2. 樊崇义主编:《诉讼原理》(第2版),法律出版社2009年版。
3. 韩德明:《风险社会中犯罪的规制和侦查》,中国人民公安大学出版社2016年版。
4. 胡铭:《审判中心与刑事诉讼》,中国法制出版社2017年版。
5. 胡铭:《司法制度的中国模式与实践逻辑》,商务印书馆2023年版。
6. 胡铭:《刑事诉讼法学》(2019年修订版),法律出版社2016年版。
7. 胡铭、周翔等:《数字法治:实践与变革》,浙江大学出版社2022年版。
8. 贾宇、王敏远主编:《检察学》,中国检察出版社2023年版。
9. 林钰雄:《刑事诉讼法》,台北,新学林出版股份有限公司2020年版。
10. 孙长永主编:《中国刑事诉讼法制四十年:回顾、反思与展望》,中国政法大学出版社2021年版。
11. 王爱立、雷建斌主编:《〈中华人民共和国刑事诉讼法〉释解与适用》,人民法院出版社2018年版。
12. 王燃:《大数据侦查》,清华大学出版社2017年版。
13. 张智辉主编:《附条件不起诉制度研究》,中国检察出版社2011年版。
14. 郑曦:《数字时代的刑事诉讼变革》,法律出版社2023年版。
15. [德]尼克拉斯·卢曼:《风险社会学》,孙一洲译,广西人民出版社2020年版。
16. [德]诺伯特·霍斯特:《何以刑罚?:哲学立场的思辨》,王芳凯译,北京大学出版社2023年版。
17. [美]肯尼斯·卡尔普·戴维斯:《裁量正义—— 一项初步的研究》,毕洪海译,商务印书馆2009年版。
18. [美]约翰·罗尔斯:《正义论》,何怀宏等译,中国社会科学出版社2001年版。
19. [日]田口守一:《刑事诉讼法》,中国政法大学出版社2010年版。
20. Andrew Guthrie Ferguson, *The Rise of Big Data Policing: Surveillance, Race, and the Future of Law Enforcement*, New York University Press, 2017.
21. Sarah Brayne, *Predict and Surveil - Data, Discretion, and the Future of Policing*, Oxford University Press, 2021.

二、期刊文献类

1. 卞建林、桂梦美:《启动刑事审判监督程序的困境与出路》,载《法学》2016 年第 4 期。
2. 卞建林、钱程:《大数据侦查的适用限度与程序规制》,载《贵州社会科学》2022 年第 3 期。
3. 陈刚:《解释与规制:程序法定主义下的大数据侦查》,载《法学杂志》2020 年第 12 期。
4. 陈光中、魏晓娜:《论我国司法体制的现代化改革》,载《中国法学》2015 年第 1 期。
5. 陈苹、唐逸飞:《新时代司法背景下对逮捕认识的重塑》,载《上海法学研究》2023 年第 10 卷。
6. 陈瑞华:《论检察机关的法律职能》,载《政法论坛》2018 年第 1 期。
7. 陈卫东、崔鲲鹏:《逮捕措施适用条件反思与建构——从"一般逮捕"与"径行逮捕"展开》,载《上海政法学院学报(法治论丛)》2023 年第 5 期。
8. 陈卫东、赵恒:《刑事申诉听证制度研究》,载《法学杂志》2016 年第 1 期。
9. 陈逸宁:《刑事再审程序启动制度研究——以京津冀三地 2013 年到 2018 年间刑事再审判决书为样本》,载《厦门大学法律评论》2020 年第 1 期。
10. 陈永生、邵聪:《冤案难以纠正的制度反思——以审判监督程序为重点的分析》,载《比较法研究》2018 年第 4 期。
11. 程雷:《大数据侦查的法律控制》,载《中国社会科学》2018 年第 11 期。
12. 范跃红、方芳、方利利:《对非羁押人员"码"上监管——浙江杭州:应用"非羁码"降低审前羁押率提升监管效能》,载《检察日报》2020 年 11 月 9 日,第 2 版。
13. 顾永忠:《关于刑事冤案再审程序的几个问题——以刑事冤案应当专设再审程序为研究重点》,载《法学杂志》2016 年第 1 期。
14. 何家弘等:《大数据侦查给证据法带来的挑战》,载《人民检察》2018 年第 1 期。
15. 何军:《数据侦查启动时点问题研究》,载《中国人民公安大学学报(社会科学版)》2023 年第 1 期。
16. 何军:《数据侦查行为的法律性质及规制路径研究》,载《中国人民公安大学学报(社会科学版)》2021 年第 1 期。
17. 胡铭、龚中航:《大数据侦查的基本定位与法律规制》,载《浙江社会科学》2019 年第12 期。
18. 胡铭:《论数字时代的积极主义法律监督观》,载《中国法学》2023 年第 1 期。
19. 胡铭:《全域数字法治监督体系的构建》,载《国家检察官学院学报》2023 年第 1 期。
20. 胡铭、张传玺:《大数据时代侦查权的扩张与规制》,载《法学论坛》2021 年第 3 期。
21. 胡铭、郑昕:《错案追究制的法理思考与制度构建》,载《学习论坛》2013 年第 2 期。
22. 贾宇:《论数字检察》,载《中国法学》2023 年第 1 期。
23. 江国华、王磊:《检察机关实质性化解行政争议的制度分析和实践完善》,载《国家检察官学院学报》2022 年第 3 期。

24. 姜涛:《检察机关提起行政公益诉讼制度:一个中国问题的思考》,载《政法论坛》2015年第6期。
25. 李洪亮:《再论审查逮捕诉讼化》,载《中国检察官》2018年第21期。
26. 李涛:《数据侦查行为规制的逻辑解析与改革进路》,载《中国人民公安大学学报(社会科学版)》2023年第1期。
27. 李训虎:《刑事再审程序改革检讨》,载《政法论坛》2014年第3期。
28. 李卓恒:《正当性偏好影响下的再审实践与改革:1978—2021》,载《中山大学法律评论》2022年第2期。
29. 刘玫、陈雨楠:《从冲突到融入:刑事侦查中公民个人信息保护的规则建构》,载《法治研究》2021年第5期。
30. 刘品新:《论大数据证据》,载《环球法律评论》2019年第1期。
31. 刘仁琦:《我国刑事再审程序启动实体限制规则研究》,载《浙江工商大学学报》2019年第3期。
32. 刘艺:《检察公益诉讼的司法实践与理论探索》,载《国家检察官学院学报》2017年第2期。
33. 刘艺:《检察公益诉讼的诉权迷思与理论重构》,载《当代法学》2021年第1期。
34. 龙宗智:《刑事再审案件的审理方式与证据调查——兼论再审案件庭审实质化》,载《法商研究》2019年第6期。
35. 马怀德:《新时代行政公益诉讼制度的发展与实践》,载《人民论坛·学术前沿》2019年第5期。
36. 毛灵军:《刑事再审启动程序的类诉讼化改造》,载《江西社会科学》2021年第10期。
37. 聂友伦:《逮捕的实质化审查与诉讼化改革》,载《中国人民大学学报》2023年第4期。
38. 秦前红:《检察机关参与行政公益诉讼理论与实践的若干问题探讨》,载《政治与法律》2016年第11期。
39. 秦前红:《两种"法律监督"的概念分野与行政检察监督之归位》,载《东方法学》2018年第1期。
40. 商瀑:《人工智能时代的侦查变革及其法治图景》,载《中国人民公安大学学报(社会科学版)》2019年第6期。
41. 施鹏鹏:《"普遍嫌疑"及其规制以德国法为借鉴》,载《中外法学》2024年第1期。
42. 孙长永、李昭婧:《再审程序视野下认罪认罚从宽制度实证研究——基于426件再审案件的分析》,载《西南政法大学学报》2022年第3期。
43. 孙航:《数据驱动型侦查法律属性的重释与厘定》,载《甘肃政法大学学报》2024年第1期。
44. 万毅:《法定逮捕要件模式的反思与重构》,载《江苏行政学院学报》2023年第6期。
45. 汪海燕:《大数据侦查的哲学思考》,载《公安学研究》2019年第5期。

46. 汪海燕:《认罪认罚案件再审问题研究——以 541 份裁判文书为分析对象》,载《比较法研究》2023 年第 5 期。

47. 汪海燕:《刑事审判制度改革实证研究》,载《中国刑事法杂志》2018 年第 6 期。

48. 王锴:《人民检察院法律监督的体系分析》,载《法学研究》2024 年第 1 期。

49. 王敏远:《刑事程序法治的发展与学者的坚守》,载《法治研究》2017 年第 1 期。

50. 王敏远:《刑事诉讼法学研究的转型——以刑事再审问题为例的分析》,载《法学研究》2011 年第 5 期。

51. 魏晓娜:《依法治国语境下检察机关的性质与职权》,载《中国法学》2018 年第 1 期。

52. 吴宏耀、梁平:《论逮捕措施的适用条件》,载《人民检察》2012 年第 23 期。

53. 徐明:《大数据时代的隐私危机及其侵权法应对》,载《中国法学》2017 年第 1 期。

54. 杨建军:《数字治理的法治进路》,载《比较法研究》2023 年第 5 期。

55. 易延友:《我国刑事审级制度的建构与反思》,载《法学研究》2009 年第 3 期。

56. 殷闻:《刑事再审启动程序的理论反思——以冤假错案的司法治理为中心》,载《政法论坛》2020 年第 2 期。

57. 余凌云:《行政公益诉讼的运行与诉前检察建议的规范》,载《人民检察》2023 年第 21 期。

58. 张晶:《大数据侦查中的信息隐私权保护》,载《北京航空航天大学学报(社会科学版)》2023 年第 6 期。

59. 张军:《关于检察工作的若干问题》,载《人民检察》2019 年第 13 期。

60. 张全涛:《大数据时代侦查机关获取公民数据信息的权力边界与实践规制研究》,载《中国人民公安大学学报(社会科学版)》2023 年第 3 期。

61. 周涵:《刑事再审程序启动规则探析》,载《政法学刊》2023 年第 4 期。

62. 周慕涵:《论大数据证据的法律地位》,载《法律科学(西北政法大学学报)》2023 年第 4 期。

63. 朱全宝:《法律监督机关的宪法内涵》,载《中国法学》2022 年第 1 期。

64. 卓凯:《论审查逮捕程序的司法化及其限度》,载《中国检察官》2018 年第 3 期。

65. Doaa Abu Elyounes, *Bail or Jail? Judicial versus Algorithmic Decision-Making in the Pretrial System*, Columbia Science and Technology Law Review, Vol. 21:376(2020).

66. John Villasenor & Virginia Foggo, *Artificial Intelligence, Due Process and Criminal Sentencing*, Michigan State Law Review, Vol. 2020:295(2017).

67. Rebecca Wexler, *Life, Liberty, and Trade Secrets: Intellectual Property in the Criminal Justice System*, Stanford Law Review, Vol. 70:1343(2018).

68. Richard Berk, *Artificial Intelligence, Predictive Policing, and Risk Assessment for Law Enforcement*, Annual Review of Criminology, Vol. 4:209(2021).